Mesnevî'den Hikmet ve Hikâyelerle

Mevlânâ Konuşuyor

Hayat

Hayat Yayınları: 335
Hayat Edebiyat: 04

Kitabın Adı
Mevlana Konuşuyor

Yazarı
Prof. Dr. Cihan Okuyucu

Yayın Yönetmeni
M. Necati Bayrak

Yayın Danışmanı
İsa Bayrak

Editör
Yener Turan

ISBN: 975-8364-17-0
Sertifika No: 12451

Baskı Yeri ve Tarihi : İstanbul, 2011
Yayına Hazırlık : Hayat Yayıncılık
İç Düzen : Kadir Kara
Kapak Tasarımı : Mustafa Demirel
Baskı & Cilt : Alioğlu Matbaacılık
Orta Mahallesi Fatin Rüştü Sokak
No: 1- 3/A Bayrampaşa / İSTANBUL
Tel: (0212) 612 95 59 Fax: (0212) 613 09 83
Sertifika No: 11946

Hayat Yayın Grubu

Nişancı Mahallesi Davutağa Caddesi No: 26/1
34050 Eyüp - İstanbul
Tel: 0212 613 11 00 GSM: 0530 290 99 78 Faks: 0212 613 11 55
www.hayatyayingrubu.com - hayat@hayatyayinlari.com
facebook.com/hayatyayingrubu - twitter.com/hayatyayingrubu

Mesnevi'den Hikmet ve Hikâyelerle

Mevlânâ Konuşuyor

Hayat

Prof. Dr. CİHAN OKUYUCU

Adapazarı/Hendek'te dünyaya gelen Cihan Okuyucu, ilk, orta ve lise öğrenimini burada tamamladı. Ardından 1976-80 yılları arasında İstanbul Üniversitesi Edebiyat Fakültesi Türk Dili ve Edebiyatı Bölümünü bitiren yazar, edebiyat eğitimi esnasında yardımcı sertifika olmak üzere tarih ve felsefe derslerini de takip etti.

Mezuniyetinin ardından Kültür Bakanlığına bağlı Süleymaniye Kütüphanesinde memur olarak göreve başladı ve bu kuruluşta Türkiye Yazmaları Toplu Kataloğu (TÜYATOK) bünyesinde çalıştı. Mezun olduğu Bölümde "Cinani, Hayatı, Eserleri ve Divanı'nın Tenkitli Metni" adlı doktora çalışmasını 1985 yılında tamamlayan yazar, 1986 yılında Erciyes Üniversitesi Fen Edebiyat Fakültesi Türk Dili ve Edebiyatı Bölümünde Yardımcı Doçent olarak akademik hayatına başladı. Burada 1990 yılında Doçent, Nisan 1996 tarihinde de Profesörlüğe yükseldi. 1987 yılında fakültenin desteğiyle Paris Bibliotheque Nationale'de üç ay süreyle elyazmaları üzerinde araştırmalar yapmıştır. Bu araştırma sonuçları, daha sonra makaleler halinde yayımlanmıştır. 1996 yılında Başkırt Devlet Üniversitesinde Türk Edebiyatı dersleri okutan ve 1997-98 yıllarında bir araştırma bursunu kazanmak suretiyle 4 ay süreyle Tunus'ta bulunan Cihan Okuyucu, çeşitli vesilelerle birçok ülkeye de gitme imkânı bulmuştur. Kitap, sözlük, katalog çalışmaları ile makale ve tebliğlerinin yanı sıra Türk Dünyası Edebiyatı ve TDV İslam Ansiklopedisi gibi birçok ansiklopediye de madde yazmıştır.

Prof. Dr. Cihan Okuyucu, şu anda Fatih Üniversitesi Türk Dili ve Edebiyatı Bölümünde bölüm başkanlığı görevini yürütmektedir.

Felsefeye ve Klasik Türk Musikisine ilgi duyan, iyi derecede Fransızca ve Farsça'nın yanı sıra Arapça da bilen yazar, halen çeşitli edebiyat dergilerinde yazılarına devam etmektedir.

Evli ve beş çocuk babasıdır.

İÇİNDEKİLER

Bir Kitabın Yazılışına Dair

Alnını medresenin serin taşlarına dayayan Hüsam Çelebi, gece boyunca efendisinin kesilmeyen ayak seslerini dinlerken yıllardır hizmetinde bulunduğu üstadını anlamaktan ne kadar uzak olduğunu bir kere daha anladı. Mevlânâ nasıl bir insandı... Acıkmıyor, susamıyor, uyumuyor, yorulmuyordu. Çıplak bir ruh gibi bakmadan görüyor, söylenmeden işitip anlıyordu. Zayıf, kavruk bedeni güçlü ruhunun peşinde sürüklenen bir gölge gibiydi ve ona ayak bağı olma gücünü çoktan yitirmişti. Bu adam insanlarla diz dize, göz gözeyken yine herkesten kutup yıldızı kadar uzaktı. Onun öte âlemlerin manzaralarıyla büyülenmiş bakışlarıyla karşılaşan bir göz, mümkün müydü ki kamaşmasın ve zaruri olarak önüne eğilmesin?! Fakat Hüsamettin üzülüyordu. Bu büyük gönül; ne zamana kadar böyle kendi içinde çalkalanıp duracak ve dağ başındaki bir çağlayan gibi yapayalnız akıp duracaktı. Bu okyanus, söz incilerini sahile dökmeye ne zaman başlayacaktı? O fikir ve his çağlayanı ne zaman kelimelere, cümlelere dönüşecek, yazıya dökülecekti? Moğol baskısı altındaki Konya'nın her günü zulüm ve çalkantılarla doluydu ve şehir halkı yaşama sevinçlerini, gelecek ümitlerini kaybetmişlerdi. Bu insanlara yeni bir ruh üflemek ve ellerine hayat kılavuzu olacak bir kitap vermek lâzımdı. Ve bunu bu şehirde ancak tek bir kişi yapabilirdi...

Aylardır bu büyük arzuyla kıvranan Hüsamettin dün gece cesaretini toplamış ve efendisine gönül sırrını açmıştı. Attar'ın *İlahinamesi*'nden ulu babası Baha Veled'in *Maarif*'inden söz etmiş, onlar gibi sevenlerine yadigâr olacak bir kitap yazması niyazında bulunmuştu. Gerçi biliyordu ki şekle buuda sığmayan bu hür ruh öyle kafiye ve redifin esaretine gelemez, kalem ve kağıt külfetine katlanamazdı. Ama işte kendisi bin can ile bu hizmete hazırdı. O söylesindi yeter... Baştan ayağa kulak kesilmeye ve bir harfini bile kaçırmadan o sözleri yazmaya amadeydi. Fecre doğru medrese kapısı açıldığında, Hüsam kalbinin de yerinden oynayacağını sandı. Eşikteki efendisi bir lamba gibi ışıl ışıldı ve başının etrafındaki nur hâlesi ayan beyandı. Sağ elinde tuttuğu dürülmüş bir sayfayı sadık bendesine doğru uzattı ve:

- Çelebim, can dostum... Mahmur gözlerine müjdeler olsun. Bu kutlu gecede dileğin yerini buldu ve dil kilidi çözüldü. Bu 18 beyit senin ihlâsının mükâfatıdır. Şimdi git ve biraz dinlen. Akşama kadar divitin, kağıdın hazır olsun.

Çelebi, elindeki kağıda bakarken gözlerinin kamaştığını hissetti. Daha ilk beyit onun ayaklarını yerden kesmeye, kulağını öbür âlemin nağmeleriyle doldurmaya yetmişti. Üstadının bu büyük iltifatıyla mest yerinden sıçradı:

- Lebbeyk sultanım, lebbeyk hünkârım!

O günün akşamı, ziyaretçiler destur isteyip el ayak çekildiğinde boynunda yazı tahtası, elinde kalem kağıt hazır bekleyen sadık talebe ve efendisi baş başa kaldılar. Ve yazımı yıllar sürecek olan bir insanlık destanının ilk mısraları gönülden dile, dilden ele doğru aktı, kalemle kağıtla buluştu. Uykusuz günler ve geceler birbirine ulandı. Mevsimler mevsimleri, yıllar yılları kovaladı. Ne o ilham çağlayanı kuruyup tükendi, ne de onları yazıya döken el yoruldu. Söz ırmağı mecradan mecraya aktı, vadiden vadiye döküldü. Kâh heyecanlarla köpürüp taştı, kâh durgunlaşıp derinleşti. Ama nereden doğarsa doğsun ve nereye akarsa aksın, bu ırmağın başında da ortasında da sonunda da konu insan ve onun evrensel macerasıydı. O büyük söz sihirbazı kelime ve cümlelerden 6 ciltlik dev bir insanlık panaroması çizdi. Ta ki erkek ve kadın; çocuk, genç ve ihtiyar yediden yetmişe herkes kendisini o tabloda bulabilsin, o aynada iç portresini seyredebilsin. Seyretsin ki nereden gelip nereye gittiğini kavrasın; hamlar hamlığını bilsin ve olgunlaşma çarelerini arasın; elmas kömürden, muhlis mukallitten seçilsin. O yedi asırlık parlak ayna, bugün de yedi kıtada elden ele dolaşıp duruyor ve hem kendimizi hem başkalarını tanımaya çağırıyor. O halde gel ey sevgili okuyucu, biz de bu çağlar üstü sese kulak verelim ve o aynayı yüzümüze tutalım.* O konuşsun biz dinleyelim!

* Metindeki alıntılar için Manzum Nahifi Tercümesi (Haz.A. Çelebioğlu, İst.1967) kullanılmıştır.

I
BEN KİMİM?

Ey birâder tu hemie endişeî
Mâ-bekâa üstühân u rişeî

Ey kardeş! Sen bütünüyle akıl, fikir ve düşüncesin. Geri tarafınsa kemikten ve damardan ibaret.

Sevgili okuyucu! Bazan kendisini beğenmiş biri için; "kendisini dünyanın merkezi sanıyor!" dendiğini duymuş olmalısın. Hakikatte bu sözün sen de dahil herkes için geçerli olduğunu hiç düşündün mü? Hakikatte hepimiz ben merkezli bir dünyada yaşamaz mıyız? Bir pergelin sabit ayağı gibi her şey kendimizden başlayıp uzağa doğru genişlemez mi? Bir koza gibi dünya, bu ben çekirdeğimiz etrafında örülmez mi? Herkes bir benlikle yaratıldığına göre bu durum ayıplanacak bir şey olmasa gerek. Ama garip olanı insanın her şeyden fazla önem verdiği ve *ben* dediği kendi öz varlığını tanıma konusundaki şaşırtıcı tembelliği... Her iki kelimede bir tekrar ettiğim bu benliğim nasıl bir benliktir? Onun ve mensubu olduğu insan türünün bu varlık denizindeki yeri ve değeri nedir? Benliğimin mükemmel bir ben haline gelmesinin yolu nereden geçer?... İşte bu sorular, gelmiş geçmiş bütün medeniyetlerin en temel sorularıdır. Zira bir kültür veya medeniyeti oluşturan diğer bütün kavramlar, bu çekirdek sorulara verilen cevaplar etrafında örülür, şekil kazanır. Bu yüzden denebilir ki her yeni medeniyet; özde, insanın ve insanlığın yeni bir tarifidir ve diğerlerinden bu yönüyle ayrılır. O halde sevgili okuyucu, insanın bu varlık denizindeki yerini ve değerini bilmek için -Merhum S. Ahmet Arvasi'nin *Kendini Arayan İnsan* isimli eserinde yaptığı gibi- varlık âlemini gözümüzde çokluktan azlığa, değersizden değerliye doğru piramid şeklinde bir yapı olarak canlandıralım. Sonra bu dört katmanlı piramidin en geniş olan alt ayağına cansızları, onun üzerindeki ikinci katmana bitkileri, üçüncü katmana hayvanları yerleştirelim. Nihayet incelip daralan tepe noktasını da insana ayıralım. Böylece insan, bütün maddi âlemi ayaklarının altına almış; başını göklere doğru uzatmış olsun. Bu sembolik yerleştirme, onun aynı anda hem yerlerin kurdu ve hem göklerin çocuğu olduğunu, madde ve madde ötesinin onda buluşup kucaklaştığını göstersin. Şimdi benzetmemizin bu noktadan sonrasını Hz. Mevlânâ'ya bırakalım:

Nerdübanhâyist pinhân der-cihân
Pâye pâye tâ inân-ı âsüman
Her gürührâ nerdübâni diğerest
Her revişra âsümâni diğerest
Her yekî ez hâl-i diğer bî-haber
Mülk-i bâ-pehnâ vü bî-pâyân u ser
İn der-ân hayran ki o ez çîst hoş
V'ân der-în hîre ki hayret çîsteş (5/2565-69)

Bu cihanda göğe kadar basamak basamak yol bulan gizli merdivenler vardır. Her topluluğun merdiveni başka ve her gidişin göğü başkadır. İnsanların her biri yekdiğerinin halinden habersizdir. Çünkü burası geniş bir memleket, ucu bucağı olmayan bir yerdir. Onun hoşluğu nedir diye bu ona şaşırmada; o ise bunun şaşırmasına hayret etmede.

Görüldüğü gibi Hz. Mevlânâ gözümüzün önünde uzun bir insanlık merdiveni canlandırıyor. Bu öyle bir merdiven ki, bir başı meleklerin bile üzerinde. Buna karşılık alt kısmı, hayvanlardan bile daha aşağılara inmekte. Bu benzetmeden anlaşıldığı gibi diğer bütün varlıkların varlık piramidinde ait oldukları katman da, değer de sabit. Sözgelimi; kötü bir melek ya da iyi bir şeytan düşünebilir miyiz? Elbette hayır. Buna mukabil bir insandan söz ederken; "melek gibi adam" ya da "şeytanın teki" gibi ifadelerimiz hiç de yadırganmaz. Demek ki her bir insan, kendi derecesine göre şeytanla melek arasındaki o uzun merdivenin bir basamağındadır. Diğer taraftan normal bir merdivende insan kendi üstünde olanları fark eder ve daima daha üst basamaklara yükselmek için çaba harcar. Halbuki -kimsenin kimseyi anlamadığı Babil kulesine benzeyen- bu merdivende durum farklıdır. Her insanın anlayış kapasitesi, ilmi, irfanı ve mizacı farklı olduğundan herkesin herkese hayret ettiği tuhaf bir merdivendir bu.

Peki ama insanın bu merdivendeki derecesi, ait olduğu basamak neye göre değişmektedir? O, bu konuda şu mealdeki bir hadis-i şeriften hareket ediyor: "*Hak Teâlâ melekleri yarattı ve onlara akıl verdi; hayvanları yarattı ve onlara da şehvet verdi. Sonra Ademoğullarını yarattı ve onlara hem akıl hem de şehvet yükledi. İnsanlardan kimin aklı şehvetine galip gelirse o melekten üstündür; kimin de şehveti aklına galip gelirse o da hayvanlardan aşağıdır.*" (4/59) Görülüyor ki Hz. Mevlânâ, insanı bütün kusurlarıyla birlikte takdis eden hümanist anlayışın aksine onu hadiste bildirilen ulvî değerleri temsil ölçüsünde değerli ya da değersiz buluyor. Bu noktada Mevlânâ da dahil bütün sufilerin şu ikileminden söz edebiliriz! Bir tarafta yaratılan her şeye, yaratanın hatırı dolayısıyla duyulan sevgi, diğer tarafta ise hak edişe dayalı bir seçkincilik... Yukarıdaki hadisin manzum tercümesi sayılabilecek aşağıdaki dörtlük, bu anlayışı özetlemektedir:

Ademîzâde turfa ma'cûnist
K'ez ferişte vü ez hayvan
Ger bedân meyl miküned kem ezîn
Ver bedîn meyl miküned bih ez-ân

Dörtlüğün serbest tercümesi şu: *İnsanoğlu ne tuhaf bir karışımdır! O bir tarafıyla melek, öbür tarafıyla hayvandır. Eğer hayvanlığa meyl ederse, hayvan mı olur? Hayır! İradesini kullanmadığı ve insanlığın kadrini düşürdüğü için hayvandan daha aşağı dereceye düşer. Peki melek yönüne meyl ederse? Bu sefer de o melekten daha yücelere yükselir. Zira insanda melekte olmayan, adına nefs dediğimiz bir ayakbağı vardır. Nitekim bu engeli aşan Hz. Peygamberin miraçta ulaştığı yakınlığa Cebrail dahil hiçbir melek ulaşamamıştır. O halde insan olmak ne büyük bir risk ve ne büyük bir potansiyel!*

İKİLİ YAPIM VE DEĞERİM

Yukarıdaki hadis-i şeriften ve dörtlükten anlaşıldığına göre bizde meleki ve şeytani özellikler; can ve ten, akıl ve şehvet gibi ulvi ve süfli hasletler bir araya gelmiş bulunuyor. Yani eskilerin camiü'l-ezdad dedikleri bir yapıdayız. Mevlânâ'ya göre Allah'ın bu zıtları birleştirmesinde bir hikmet vardır... Ruhsuz beden cansızdır, ama ruh da bedensiz bir iş yapamaz. Ne tek başına su baş yarabilir, ne de toprak. Ama toprakla suyu karıp kerpiç yaparsan bir adamın başını yararsın. Yine de sonunda her şey aslına döner; yani kerpiçin toprağı toprağa gider, suyu da suya. Bizim de aynı anda hem ulvî hem de süfli olana meyletmemiz, yaratılışımızdaki her unsurun kendi aslına çekmesinden dolayıdır... Dolayısıyla biz bu halimizle aşağıda tarif edilen bir kuşa benzemekteyiz:

Can küşâyed sûy-ı bâlâ bâlihâ
Derzede ten der-zemin çengalhâ (4/1567)

Yani: *Can kuşu yücelere kanat çırpmakta; gözü yerde olan ten ise zemine tırnaklarını geçirmiş.*

Kuşun değeri gövdesinden değil kanadından gelir. Yükselebildiği kadar değerlidir kuş. İşte Mevlânâ'ya göre, bedeniyle pek küçük ve değersiz olan bizi bütün alemin en kıymetli unsuru haline getiren şey de içimizde taşıdığımız o mana, ötelere duyduğumuz o özlemdir:

Pes be-sûret âlem-i asgar tuyî
Pes be-ma'nâ âlem-i ekber tuyî (4/531)

Görünüşte bu alemde en küçük şeysin sen, ama taşıdığın mana bakımından en büyük alem sensin. O halde sen bu halinle en büyük saygıya layıksın. Oysa:

Eblehan tazim-i mescid mikünend
Der-cefâ-yı ehl-i dil cidd mikünend (2/3139)

Ahmaklar kul eseri olan mescide saygı gösterir de Cenab-ı Hakk'ın en değerli eseri olan gönlü yıkmaktan çekinmezler.

Hz. Mevlânâ bedenin canla ilişkisi ve bunların değer bakımından mukayesesi hakkında eserinin başka bir yerinde de şunları söylüyor:

"*Beden canla gelişir, günden güne büyür; fakat can gitti mi bedene bir bak, ne hale gelir? Bedeninin ancak bir iki arşın boyu vardır; fakat canın, ta göklere ağar, gökleri dolaşır. Can düşünmeye başladı mı a yüce kişi, Bağdat'a, Semerkant'a dek yol, yarım adımdan ibarettir. Can, bedenin sakalına, bıyığına aldırmaz; fakat beden, can olmadıkça bir leştir, aşağılık bir şeydir.*" (4/73)

Edebiyatımız; taşıdığı can ışığı ve mazhar olduğu ilahi nefha cihetiyle insanı yücelten beyitlerle doludur. Ama bunların belki de en güzeli ilhamını Mevlânâ'dan alan Şeyh Galib'in aşağıdaki mısralarıdır:

Bir şulesi var ki şem-i cânın
Fanusuna sığmaz âsumanın
Bu sine-i berk-âşiyanın
Sinâ dahi görmemiş nişanın

Bu can mumunun öyle bir yalımı, öyle bir parlayışı var ki şu gökyüzü fanusuna bile sığmaz. Gerçi Tûr-i Sinâ, Cenâb-ı Hakk'ın tecellisine mazhar oldu olmasına ama o bile ardı arkası kesilmeyen tecelli yıldırımlarının yuvası olan aşık sinelerinin yanına yanaşamaz...

Bu bahsi, yine Şeyh Galib'in insanın değerini anlatan şu nefis mısralarıyla bitirelim:

Ey dil ey dil niye bu rütbede pür-gamsın sen
Gerçi virâne isen genc-i mutalsamsın sen
Secde-fermâ-yı melek zât-ı mükerremsin sen
Bildiğin gibi değil cümleden akdemsin sen
Ruhsun nefha-i Cibril ile tevemsin sen
Sırr-ı Haksın mesel-i İsi-i Meryemsin sen
Hoşca bak zatına kim zübde-i âlemsin sen
Merdüm-i dide-i ekvan olan âdemsin sen

Tercüme: *Ey gönül, bu kadar gam, bu derece hüzün de neyin nesi! Gerçi sen ten bakımından bir viranesin ama mazhar olduğun ilahi tecelli bakımından, tılsımlı bir hazinesin. Sen, meleklerin bile kendisine secde etmesi emredilmiş yüce bir varlıksın. Öyle bildiğin filan gibi değil, sen, değer bakımından bütün yaratılmışların üstündesin. Zira, ruh denen ilahi bir nefha taşıyorsun ve bu ruh Cibril'in Hz. Meryem'e üflediği ruhun ikizi. O ruhun eseri olan Hz. İsa, nasıl Hakk'ın sırrı ise sen de -ruh cihetiyle- ona denk bir sırsın. Kendini küçümseme ve değer vererek bak. Çünkü sen bu alemin varlık sebebi, özü, aslı, mayasısın. Şayet bu kâinat -şekil bakımından- bir göze benzetilirse sen de onun bebeğisin, gören kısmısın.*

BİNİT MİYİM BİNİCİ Mİ?

İnsanın söz konusu ikili yapısı Mesnevî'de birçok benzetmeye konu olur. Sözgelimi Hz. Mevlânâ'ya göre ruh ve beden ilişkisi Hz. İsa ile eşeğinin durumuna benzer. Bu ikilide asl olan eşeğin sahibidir, eşek değil. Eşek, sahibine hizmetle yükümlüdür ve değeri de bu hizmetle orantılıdır. Ama durum tersine döner de hizmet eden ve edilen yer değiştirirse binicinin vay haline! Bu sefer eşek sahibi, eşek derecesine düşer; hatta aklını ve iradesini kullanamadığı için ondan da aşağılık hale gelir. Bu hale düşmemek için binicinin bilmesi gereken ilk husus, kendi istekleriyle eşeğin isteklerinin farklı olduğu gerçeğidir. Bu yüzden o daima tetik durmalı, eşeğini kontrol altında tutmalıdır:

"*Gel eşeği serbest bırakma. Zira o yeşillik tarafına meyleder. Bir an ondan gaflet edersen, önüne ardına bakmadan fersahlarca uzaklaşır. Yolda düşman var. Eşekse otun sarhoşu. Düşman, nice eşeğe kul olanları mahvetmiştir.*" (1/117) Madem ki istekleri temelden farklıdır, o halde akıl ve beden ilişkisi iki rakibin ilişkisidir. Sen de hangi tarafının gelişmesini istiyorsan mecburen öbür tarafını zayıflatmalısın!, "*Akıl galip olursa nefsin zayıflar, zira ağır binici taşıyan eşek halsiz düşer. Ama ey eşek değerli! Senin aklının zayıflığından bu hakir eşek ejderha oldu.*" (2/67)

Hz. Mevlânâ başka bir yerde bedeni bu sefer ata, ruhu da padişaha benzetir. Atın da gözü var, şahın da... Ama iyi bir at kendi gözüyle değil sahibinin gözüyle görür ve onun istediği yere gider: "*Süvarisiz at bir iş yapamaz. Atın gözüne yol gösteren, şahın gözüdür. Şahın gözü olmadan atın gözünün bir değeri olamaz.*" (2/47) Buna benzer tarzda bizde de iki göz var; baş gözü ve basiret gözü. Hz. Pire göre baş gözümüz de itaatli bir at gibi olmalı, kendisini yönlendiren akıl ve basiret padişahına uymalıdır: "*His nuruna Hak nuru binse can kendiliğinden Hak yoluna meyl eder.*" (2/47)

Sürekli birbirinin yolunu kesen, birbirine çelme atan beden ve ruhun; akılla nefsin durumunu Mevlânâ, Mecnun'la devesinin haline benzetiyor: "*Mecnun devesine binmiş Leyla'ya gitmek üzere yola çıkmıştı. Onun gözü Leyla tarafınaydı ama devesinin gözü arkada bıraktığı yavrusundaydı. Mecnun bir an uykuya dalsa deve yuların gevşemesinden durumu anlar, hemen gerisin geri dönüp yavrusu tarafına kaçardı. Bir müddet böylece yol aldıktan sonra hâlâ aynı yerde dolanıp durduklarını gören Mecnun bir ah etti ve dedi ki: Ey deve! İkimiz de aşığız ama aşık olduğumuz şeyler farklı. Vuslata giden yol iki günlüktür ama senin yüzünden 60 yıllık ömrüm boyunca tuzağa yakalanmış yollarda kaldım.*" (4/60) Mesnevi'de beden-can ilişkisi, yukarıdaki alıntılar dışında da birçok benzetmeye konu olmakta. Biz de bunlardan birkaç tanesini kısa kısa aktaralım:

Bedenim Tavuk Canım Kaz

Evvelce de belirtmiştik. Göklerden gelen canla topraktan gelenin kendisinde buluştuğu insan, daima kendisini oluşturan iki unsurun çekişme sahnesi. Mevlânâ insanın bu halini şu benzetmeyle açıklıyor: "*Sen, tavuğun kanadı altında yumurtadan çıkmış kaz gibisin. Dadın tavuk, aslınsa kaz. Gönlünün denize meyli aslının kaz oluşundan. Karaya meylin ise dadından. O halde o kötü dadını terk et.*" (2/137)

Ten Kesem ve Can Param

Aşağıdaki beyitlerde de insan, beden bakımından keseye; can bakımından ise paraya benzetilmekte. Tabiatıyla kesenin değeri içindeki paranın değeri kadardır:

Kıymet-i hemyân ü kîse ez-zerest
Bî-zer ân hemyân u kîse ebterest
Hemçünân ki kadr-i ten ez-cân buved
Kadr-i cân ez-pertev-i cânân buved (3/2546)

Kesenin değeri içindeki altındandır. Altın yoksa kese ve cüzdan ebterdir. Bunun gibi tenin kıymeti de candan gelir. Canın değeri ise Sevgilinin onda yansıyan ışığından. Bu benzetme zincirine göre ten canın kesesi olduğu gibi bizatihi can da İlâhî ışığın kesesi konumundadır. Demek ki o ışık yoksa canın da bir değeri yok.

Gençlikte bedenin tazeliği ve güzelliği keza canın eseridir. Mevlânâ bununla ilgili şu benzetmeleri yapıyor: "*Pencere, yahut ev aydınlanırsa, aydın sanma; güneşin verdiği aydınlıktır o; bunu bil. Beden de güzelliğiyle, alımlılığıyla nazlandıkça nazlanır. Can da bedene der ki: A çöplük, sen kimsin ki? Bir iki gün benim ışığımla yaşadın. Nazından, işvenden dünyaya sığmıyorsun; hele bekle, senden bir çıkayım da gör halini!*"(1/128)

HİKAYE

Ruhum beden sandığının tutsağı

Şimdiye kadar Mevlânâ'nın konuyla ilgili bazı tespitlerine ve benzetmelerine yer verdik. Mevlânâ tabiatıyla bu benzetmelerden ahlâki sonuçlar da çıkarıyor. Şimdi bu tip mesajlar içeren bir Mesnevi hikayesine yer verelim. Bizdeki sevimli Nasrettin Hoca hikayelerine benzer tarzda Araplarda da Cuha hikâyeleri meşhurdur. Hz. Mevlânâ da beden-can ilişkisini anlattığı aşağıdaki muzip hikâyede bu tipe başvuruyor. Hikâyemize göre insan, beden denilen eski bir sandığın içinde mahpustur. Bu eski sandık kırılıp ateşe atılmaktan başka işe yaramaz. Peki ya sandığın içindeki? Onu oradan kim kurtaracak? Şimdi hikayeyi birlikte takip edelim ve neticeyi görelim:

Cuha pek fakirdi, zengin olmak için karısıyla birlikte bir senaryo hazırladı ve onu güya kendisini şikâyet etmek üzere mahalle Kadısına gönderdi. Kadın pek güzeldi ve Kadı onu görür görmez âşık oldu. Kadın da derdini daha iyi anlatmak bahanesiyle onu evine davet etti. Bu ikisi, eve daha yeni girmişlerdi ki Cuha dışarıdan kapıyı çaldı. Yakalanma korkusuyla nereye saklanacağını şaşıran Kadı, telaşla ortada duran eski bir sandığın içine girdi. Cuha olan bitenden habersiz gibi karısına şöyle dedi:

- A hanım! Devamlı yoksulluktan şikâyet edip duruyorsun. Ne yapayım ki herkes bizde böyle bir sandık olduğunu biliyor ve içinde para biriktirdiğimizi sanarak yardım etmiyor. Ahdim olsun ben onu yarın şehir meydanına götürüp yakacağım. Böylece onun boş mu dolu mu olduğunu herkes kendi gözüyle görsün, anlasın, dedi. Bunları işiten zavallı Kadı ecel terleri dökmeye başladı. Daracık sandıkta güç bela sabahladı. Ertesi sabah Cuha bir hamal çağırıp sandığı onun sırtına yükledi. Hamal şehir meydanına doğru yola koyulunca Kadı yavaşça; "ey hamal, ey hamal" diye seslendi. Hamal önce yanlış duyduğunu sandı ama sonra sandıkta birinin gizlendiğini anlayıp kulak kabarttı. Başından geçenleri anlatan Kadı hamala yalvardı:

- Ne olur çabuk mahkemeye koş ve oradaki naibime (yardımcıma) haber ver. Gelip sandığı sahibinden satın alsın ve ağzı kapalı olarak eve götürsün. Yoksa aleme rezil rüsva olacağım, dedi. Durumu öğrenen Naib koşarak geldi ve Cuha'dan sandığın fiyatını sordu. Fırsatçı Cuha:

- Bana 900 altın verdiler ama ben 1000 altından azına razı olmadım, dedi. Beriki kızdı:

- Yahu insaf et. Böyle eski bir sandık için istediğin rakamdan utan! Cuha dedi ki:

- Madem öyle, istersen içini açayım da değerini sen takdir et. Naib:

- Aman bu aybı açma ki senin de aybını örtsünler. Böyle zulm etme ve kendi başına gelmesini istemediğini başkası için de isteme, dedi. Cuha:

- Evet, haklısın. Bu benim yaptığım zulum, ama, onu ilk yapan daha da zalimdir, cevabını verdi. Naib de:

- Birer birer hepimiz bir şekilde zalimiz... Ama Cenab-ı Hak lutfuyla aybımızı örter, dedi.

Cuha nihayet insafa geldi o eski sandığı 100 altına sattı. (6/167 vd)

Benzerlikler

Efendim, şimdi de bu hikâyedeki benzerlikler üzerinde duralım: Hz. Mevlânâ'ya göre hepimiz iç içe iki sandığa mahpusuz. Nedir bunlar? Birincisi burada zikredilen beden sandığı ve altı duyumuz. Ya ikincisi? O da bizi saran bu maddî âlem ve altı cihet. Nitekim Cenâb-ı Hak insanlara ve cinlere: "*Gücünüz yeterse bu göklerin ve yerin etrafından çıkıp gidin.*" buyurmuştur. Şimdi birileri diyebilir ki; A Mevlânâ, bu ne doyumsuzluk! Bu uçsuz bucaksız gökyüzü nasıl sandık oluyormuş! Ama unutmayalım ki ruh sonsuzdan gelmiştir ve sonsuzu özler. O yüzden ister dar ister geniş olsun sınırlayıcı her şey ona bir hapishane görünür. Peki insanların kaçta kaçı bir sandıkta olduğunun farkında? Mevlânâ'ya göre ancak bindi biri! Sandıkta olduğunu bilenler, kadı gibi tir tir titrer. Diğerleri ise köle olarak doğanlara benzer. Köle doğan kişi, hürriyeti kavrayamaz. Bunların hayatı bir sandıktan diğerine intikal etmekle geçer. Beden sandığından çıkar tabut sandığına girer, oradan çıkar kabir sandığına girer. Sandıktaki kadıyı yardımcısı kurtarmakta idi. Mevlânâ şöyle niyazda bulunuyor: "Allah'ım! Sen bize de bizi bu beden sandığından alıp kurtaracak kimseler gönder." Peki bu kurtarıcı kim olabilir? Sandıktakini ancak sandığın dışındaki biri kurtarabilir. Nitekim kuyuya düşen Yusuf'u da dışarıdan gelenler kurtarmışlardı. O halde kurtarıcılar daha önce kurtulmuş yüce erler, yani peygamberlerdir. Bu yüzden Mevlânâ'ya göre bütün müminler kendi idraklerini bu beden hapsinden kurtaran Peygamberin azatlısıdırlar.

Ahlâkî Sonuçlar

Ten-can ilişkisini ahlâki alana taşıdığımızda başka sonuçlara ulaşmak da mümkün: İnsan için iki tür güzellik söz konusudur: Ten güzelliği ve can güzelliği. Ahmağın aklı gözündedir ve daha ziyade ten güzelliğine aldanır. Mevlânâ bu ahmakça bakışı bakın nasıl ayıplıyor: "*Ne zamana kadar testinin süsüyle oyalanacaksın. Testinin süsünden geç de suyu ara. Her sedefin içinde inci bulunmaz. A canım! Sen de sedefe değil içindeki inciye bak, şekle aldanma.*" (2/38)

Bizim kendi bedenimizi seçme şansımız yok, ama canımızı olgunlaştırmak, ahlâkımızı güzelleştirmek kendi elimizdedir. Mesnevî baştan sona ahlâkı güzelleştirme kılavuzudur. Biz de bu bahsi, başka bir başlık altında ele alacağız. Şimdilik bu bölümü can güzelliğinin ten güzelliğinden daha önemli oluşuyla ilgili olarak Mesnevî'den seçtiğimiz bir hikâye ile bitirelim:

Yüz Çirkini, Can Çirkini

Bir sultanın iki kölesi vardı. Biri zenciydi fakat güzel huyluydu; diğeri ise simaca güzel fakat huyca çirkindi. Sultan, güzel olanını bir işe gönderdi ve diğerine dedi ki:

"Ben seni akıllı ve becerikli bir köle olarak biliyorum, fakat şu arkadaşın var ya! Senin için söylemediğini bırakmıyor, hırsızdır, hayasızdır, diye koğuculuk yapıyor. Bu sözlerin aslı nedir?"

Böylece şah izzet-i nefsine dokunacak sözlerle köleyi tahrik edip arkadaşı aleyhinde konuşturmak istedi. Fakat köle ona şu umulmadık cevabı verdi:

"Yüce sultanım! Arkadaşımın bütün söyledikleri gerçektir. Hatta bende onun saydığı kötü huylardan çok daha fazlası var. Ama anlaşılan o, kendi iyiliğinden bunların çoğunu saklayıp pek azını söylemiş."

Bunun üzerine Sultan:

"Peki. O senin kusurlarını saydığı gibi şimdi sen de onun bildiğin kusurlarını söyle." diye emretti. Köle:

"Onun kusurlarından biri muhabbettir; biri vefa, diğeri cömertliktir. Bir ayıbı fedakârlık, öbürü tevazudur..." diyerek ne kadar güzel özellik varsa hepsini bir bir saydı. İyice şaşıran Sultan:

"Galiba sen, onu över gibi yapıp aslında kendini övüyorsun..." diye köleyi sıkıştırdı. Ancak köle, arkadaşı hakkında söylediklerinden geri dönmedi. Sultan daha sonra onu bir işe gönderip dışarıdaki güzel yüzlü beyaz kölesini çağırdı ve ona da berikine söylediklerini tekrar etti:

"Şu siyahi köle, senin hakkında pek kötü şeyler söyledi. Halbuki ben sende onları göremiyorum. Aksine seni, zeki ve becerikli buluyorum." Bunları işiten köle, öfkeden köpürdü. Gözünü kapatıp ağzını açtı ve bir yandan kendisini temize çıkarırken diğer yandan dışarıdaki arkadaşı hakkında söylenmedik kötü laf bırakmadı. Bunun üzerine sultan, onu huzurundan kovdu ve şöyle dedi:

"Ey canı kokmuş kişi! Onun yüzü siyah ama içi bembeyaz. Seninse yüzün beyaz ama kalbin kararmış, çürümüş. Defol, çabuk benden uzaklaş." (2/32)

CEVHER BEYİTLER-I

1

Hem hayvansın hem melek:

Tâ be-ten hayvan be-câni ez-melek

Tâ revî hem ber-zemin hem ber-felek 2/3814

Ey insan, ne tuhaf bir varlıksın sen. Zıtlıklar sende birleşmiş. Hayvan da melek de yerinde sabit ama sen bunları nefsinde cem etmiş, ten hayvanıyla can meleğini bir araya getirmişsin. Bu yüzden hem göğe mensupsun hem yere. Bu ikili yapını bil ve ona göre dikkatli davran. Ta ki tenin canına diş geçirmesin, kötülük iyiliğine baş eğdirmesin. Gökler dururken börtü böcek gibi toprağın altını vatan edinmeyesin.

2

Eşek misin İsa mı:

İsîye bak rağbet-i har eyleme

Tab'ını akl üzre server eyleme 2/1871

Eşek de sensin, eşeğe binen de. Eşek senin maddî varlığın, yontulmamış tabiatındır. O eşeği sürüp götüren aklın ve ruhun ise İsa'ya benzer. Sen İsa'ya değer ver, eşeğe değil. Eşeğe benzeyen tabiatını akıl İsa'sının üzerine çıkarma. Bırak bedenin ruhuna hizmet etsin, ulvî gayelerin peşinde yorulsun. Yakışığı kölenin şaha hizmetidir, şahın köleye değil.

3

Sen bu libas değilsin:

Bil ki oldu rûha ten gûyâ libâs
Bî-libâs ol lâbisi kıl iltibâs 3/1616

Sen insan bedenini insanın kendisi sanmadasın. Oysa bu beden ruhun elbisesinden başka nedir ki? Hiç insanın değeri giydiği elbiseyle ölçülür mü? Değer ya da değersizlik onun ruhuyla ilgilidir, bedeniyle değil. O halde sen gözünü ten elbisesinden çek de o libasın içindekine dikkat et. Şekle değil manaya bak. Eğer şekilce benzerlik insan olmaya yetseydi iyi de kötü de bir olurdu.

4

Sen devesin akıl deveci:

Akl-ı tu hemçün şütürbân tu şütür
Mîküşâned her taraf der-hükm-i mur
Akl-i aklend evliyâ vü enbiyâ
Ber-misâl-i üştürân tâ-intihâ 1/2597

Deve yük taşımakta güçlüdür ama kendi başına iş göremez. Her devenin başında bir sahibi vardır. Devenin de gözü var ama o kendi gözünü bırakır sahibinin gözünü göz edinir. Deve kendi aklını ve isteğini sahibinin aklına ve isteğine kurban etmiştir. Kendi istediği yere değil çekildiği tarafa gider. Sen de tence deve gibisin, aklınsa deveci. Akıl tenini her tarafa çeker, durur. Sen tenine değil aklına uy. Nebi ve kâmil velilerse aklın aklıdırlar; bütün diğer akılları bir deve katarı gibi çekip götürürler. Akıllılık daha üstün akla uymaktır, kendi aklına değil.

II
İNSANLIK MERTEBELERİ

Ger be-sûret âdemi insan budî

Ahmed ü Bu-Cehl heme yeksân budî(1/1060)

Eğer insan şeklinde olmak insan olmaya yetseydi Hz. Peygamber ile Ebu Cehil aynı değerde olurdu.

İnsanım Ama Nasıl?

Yukarıda da belirtmiştik. İnsan dışındaki her türün varlık merdivenindeki yeri ve değeri sabit. Buna mukabil insanların değeri insan sayısı kadar farklı ve çeşitli. Bu yüzden kendimi tarif için; "Ben insanım" demem yetmiyor; "Ben nasıl bir insanım?" diye sormam gerekiyor. Hz. Mevlânâ kendi hayat serüveniyle birlikte insanlığın üç mertebesini üç kelimeyle özetler: *Hamdım, piştim, yandım.* Tenine kul olan insan biyolojik insandır, hamdır ve insanlık merdiveninin en alt basamaklarını mekân edinmiştir. Pişmesi ve nefsine galebesi oranında basamak basamak yükselir. Diğer taraftan insanlar birbirlerinden aşk, akıl ve can kapasiteleriyle de ayrılırlar. Mevlânâ aşağıdaki beyitlerde insan olmak için insan adı taşımanın yeterli olmadığını nefis benzetmelerle şöyle ifade ediyor:

İştirâk-i lafz dâim rehzenest

İştirâk-i gebr ü mümin der-tenest

Cismihâ çün kûzehâ-yı beste-ser
Tâ ki der-her kûze çi bud ân niger
Kûze-i ân ten pür ez-âb-ı hayat
Kûze-i în ten pür ez-zehr-i memât
Lafzrâ mânende-i în hum dân
Manieşrâ der-derûn mânend-i cân
Dîde-i ten dâima ten-bîn buved
Dîde-i cân cân-ı pür-fen-bîn büved (6/666vd)

İsim benzerliği daima aldatıcıdır. Kafir de mümin de insandır ama benzerlikleri sadece şekilde! Bu bedenler sanki ağzı kapalı testiler gibidir; önemli olan testinin şekli değil, içinde ne olup ne olmadığıdır. İkisi de testi ama o ten testisi âb-ı hayatla dolu, bu ise öldürücü zehirle. Sen kelimeleri de birer testi say, içindeki manaları ise onun canı kabul et. Ten gözü daima dışı görür, can gözü ise fen sahibi canı seyreder.

BENZERLİK GÖRÜNÜŞTEDİR

Demek ki olgun ve ham, gerçek ve taklit, değerli ve değersiz dışardan birbirine benzer ama içerden çok farklıdır. Yunus'un ifadesiyle bizi biz yapan elimiz, ayağımız, gözümüz, kaşımız değil; manamızdır ve mana bakımından insandan insana büyük farklar vardır:

Bu insan dedikleri el ayakla baş değil
İnsan manaya derler suret ile kaş değil

Mevlânâ da şekilce benzemekle birlikte Musa ve Firavun arasındaki büyük farka dikkat çekiyor:

Per hemân u ser hemân heykel hemân
Musiî ber-arş u Firavnî mehân (6/3032)

Kanat baş ve beden aynı ama Musa arşta, Firavn ise hor ve hakir.

Musa gibi mana erleri damla görünür ama gerçekte denizdir:

Dürreçe deryâ nihan der-katreî
Afitâbî mahfî ender-zerreî
Böylesi damlada gizlenmiş deniz, zerreye sığmış güneştir

Şeker başka, ekmek başkadır. Şekerin şekli ekmeğe benzetilse de, şüphesiz tadı, ekmek tadına benzemez! Kâmil insanlarla başkalarının farkı da ekmekle şeker farkı gibidir.

Nebilerin ve büyük velilerin halk arasında bulunması, onlara benzemesi ve onlar gibi davranması bazılarını yanıltır. Mevlânâ bu bulunuşu aşağıdaki gibi yorumluyor:

"Eğer Hak erlerinden birisi, bir delil gösterirse maksadı avamın anlayabilmesi içindir. Baba kendisi fazilet ve hüner sahibi de olsa çocuğuna çocuk gibi hareketler yapar. Ey aptal! Çocuklara öğretirken ebced okumaktan üstadın fazlına bir noksan gelir mi? Halk da sanki şeyhe kendi çocukları gibidir. Zamanın pirinin onlara kendi dillerince nasihat etmesi lâzımdır. (2/121)

Kemiyet-Keyfiyet

Gerçi her devirde hamlar çok, seçkin insanlar azdır. Ama önemli olan sayı değil keyfiyettir. Mevlânâ şöyle örnekler veriyor:

Yıldızlar çoksa da güneşin önünde hepsi kaybolur. Koyun çokluğundan kasaba ne gam. Aklın çokluğu uykuya mani olur mu hiç? On boynuzlu da olsa binlerce geyik aslanın saldırısında sanki yoka döner! (6/114)

HAMLIK VE OLGUNLUK ALÂMETLERİ

İnsanların birbirinden ne kadar farklı olabileceğini anlatan yukarıdaki alıntılardan sonra biz şimdi uzaktan seyrettiğimiz merdivenimize biraz daha yaklaşalım ve bu farklara yol açan temel özellikleri ve onları temsil eden ana tipleri sırayla tanımaya çalışalım. İlk sıradaki konumuz hamlık ve olgunluk özellikleri olsun.

Çocuklar ve Kocamış Çocuklar

İnsanları yaşlarına göre çocuk ve yetişkin diye tasnif ederiz. Acaba hamlık ve olgunluk da bir yaş meselesi midir? Üstada göre etrafında olup bitenden ibret almaz ve kendini olgunlaştırma gayretinde olmazsan, ne kadar yaşadığın hiç önemli değil, daima ham kalmaya mahkumsun. Onun bu konuyla ilgili bir nüktesi şöyle:

Arifin biri yolda rastladığı bir keşişe sordu:

- Sakalın mı yaşlı, sen mi daha yaşlısın? Keşiş dedi ki:

- Sakalımdan önce doğduğuma göre ben daha yaşlıyım.

Bunun üzerine ârif şöyle dedi:

- Sakalın ağarmış, eski karalığından geçmiş ama sen hâlâ kapkara cehalet üzeresin. Doğduğundan beri ileriye doğru bir adım bile atamamışsın... Musa'nın kavmi gibisin. Tih sahrasında 40 yıl kaldın ve nice mucizelere şahit oldun ama buzağıyı görür görmez o zamana kadarki bütün nimetler gönlünden siliniverdi. Sabahtan akşama kadar koştun ama hâlâ aynı yerdesin. (6/68)

Hevesine Mağlupsan Çocuksun

Demek ki -aşağıdaki beyitte de ifade edildiği gibi- *ancak dünya heveslerinden geçen Hak sarhoşları, yetişkin diye adlandırılmaya lâyık! Çocuklar gibi anlamsız heveslerinin mağlubu olanlar ise manen çocuk hükmünde:*

Halk etfâlend cüz mest-i Hüdâ
Nist bâliğ cüz rehide ez-hevâ (1/3536)

Bu kocamış çocuklar çocukça hevesler için savaşır, şekle aldanırlar. Meselâ çocuk ekmeğe nazlanır ama anası deve ve arslan şeklinde bir hamur pişirince onu hırsla yemeğe başlar. Ağızda o aslan da deve de ekmek olur ama çocuk bunu bilemez. Yediğimiz her şeyin aslı da topraktır ama Allah bu toprağa bir renk vermiştir de çocuk gibi onun üstüne savaşır dururuz... Hz. Mevlânâ'ya göre Cenâb-ı Hakk'ın arza beşik adını vermesi, halkın çocuk hükmünde oluşundan. O şöyle niyaz ediyor: "Bu beşikler yüzünden ev daraldıkça daraldı. Ey padişahım, sen bu çocukları kemale erdir ki ergenlere de yer kalsın!"(6/178)

Yetişkinsen Değerliyi İste

İnsanın ne olduğu, neye ilgi duyduğuyla da ölçülür. Aslında dünyada bir şeye ilgi duymayan ve ona âşık olmayan hiç kimse yoktur. Ne var ki ham ve olgun, çocuk ya da yetişkin her âşık yüzünü başka bir yöne çevirmiştir. Nitekim şeytanlar ve ona benzeyen insanlar aşağılık dünyanın âşığıdırlar. Peki bundan nasıl kurtulmalı? Mevlânâ bunun formülünü veriyor: "Daha büyük bir aşkla! Zira bir aşkı diğer bir aşktan başkası gidermez. Ten ehli, yılan gibi toprakta yaşar, toprak yer. Ağaç kurdu için ağaç; bok böceği için de gübre helva gibidir. O halde sen toprak yeme sevdasından geç de göz gibi nurla gıdalan! Melek gibi Hak tesbihini kendine gıda edin!

Şükret ki Gücün Yok

Bu anlatılanlara göre şu sonuç çıkıyor: Dünyada iki türlü çocuk var; gerçek çocuklar, kocamış çocuklar. Çocuklar daima tehlikeye açık olduğuna göre bunlardan hangisi daha tehlikeli olsa gerek? Mevlânâ bu iki tip çocukluğu kıyaslayarak şu neticeleri çıkarıyor:

Çocuğun yüzlerce inat ve şımarıklığı vardır, fırsat bulsa dünyayı harap eder, ama şükür ki güçleri yoktur. Fakat vay bu edepsiz koca bebeklere ki güç ve kuvvetleriyle hasımlarına bela olurlar. Silahla cehalet bir araya gelince Firavun zulümle cihanı yakar. A yoksul, şükret ki yoksulsun ve bu yüzden Firavunluktan uzaksın. Şükret ki mazlumsun, zalim değilsin. (6/177)

Nükte

Su Sığırı Gibi Olma: Ham aklın gözü bedene takılır; oysa insanı insan yapan can incisidir. Seçkin kişiler beden balçığına bulanmış bir inci gibidirler. Mesnevî'ye göre halkın gözü, bu balçığa bulanmış can incisini teşhiste aşağıdaki su sığırına benzer:

Su sığırı denizden bir cevher çıkarıp ışığında otluyordu. Onu gören bir tacir, sığırın bir miktar uzaklaşmasını fırsat bilip cevherin üzerini balçıkla kapladı. Çayır kararınca su sığırı, düşmanı aradı ama adam ağaca tırmanıp gizlenmişti. Sığır, taşı koyduğu yere gelince onu balçıkla kaplı gördü ve balçıktan ürküp kaçtı... Şeytan da Adem'in balçık ve çamurdan yaratılmış olması karşısında akıl körü olmuştu, sığır ne yapsın. Can incidir. "İnin!" emriyle o inci gelip beden balçığında gizlendi. Balçıktaki inciyi öküz bilmez, tacir bilir. (6/109)

Ne kadar doğru. Boşuna dememişler:

Kadr-i zer zerger şinâsed kadr-i gevher gevherî.

Altının değerini kuyumcu, incininkini de inci taciri bilir.

Canın Kandil mi, Güneş mi?

Mevlânâ'ya göre insanlık merdivenindeki diğer bir sıralanış da taşıdığımız canın cinsine göredir. O, insanda bulunan iki tür candan bahsediyor: Bedenî can, insanî can. Hayvanî can da denilen bedenî can zayıf bir kandil ışığı gibidir. Maddî gıdalardan meydana gelen bu soluk ışığa karşılık, güneşe benzeyen insanî canın kaynağı madde ötesidir. Mesnevî'de bu iki canın kaynağı ve farkı konusunda şu benzetmeler yapılıyor:

Bu ten kandil gibidir, ışığı da can. Kandile fitil ve yağ lâzım. Altı his kandilin fitili, uyku ve yemekse yağı. Ama bu kandilin ışığı eğretidir. Hayvanî ruha ait her şey, ölümle söner. Ama senin kandilin sönse de komşununki devam eder. Çünkü her insanın kandili ancak kendi evini aydınlatır. Buna mukabil, peygamberlerin ve mürşitlerin ışığı ay ve güneş gibi halka umumi bir rahmettir. Güneş doğunca kandilin hükmü kalmaz. Demek ki; *Peygamberlerin nuru güneş, bizimki ise kandil ve is hükmündedir; bunların biri söner öbürü parlar durur. Gece ay doğunca ışığı her cama vurur, o bir nurdan olduğu için ay kaybolunca bütün evler kararır. Güneş ışığı da bütün evlere misafir olur. Böyle olan can güneşi de batınca bütün ruhların nuru kaybolur.* (4/18) Hz. Mevlânâ aşağıda da bu sefer akıl kapasiteleri bakımından insanları derecelendiriyor ve bu sınıflamadan ahlâkî sonuçlar çıkarıyor.

Üç Akıl ve Üç Gözden Hangisine Sahipsin?

Dünya hayatı dediğimiz bu uzun ve karanlık yolda, insanın önünü aydınlatacak ışık akıl ışığıdır. Akıllarsa sonsuz derecede farklı:

İn tefâvüt aklihâra nik dân
Der-merâtib ez-zemin tâ-âsüman (5/461)

İyi bil ki akıllar, kapasitelerine göre yerden göğe kadar derece derece sıralanır.

Bu sonsuz farklılığa rağmen Hz. Mevlânâ akıl ışığının derecelerine göre insanları üç ana gruba ayırıyor: Tam akıllılar, yarım akıllılar ve akılsızlar. Tam akıllının alâmeti kendi şulesiyle aydınlanmasıdır. O, ışığıyla hem kendini aydınlatır hem de bir kafileye rehber olur. Bu akıl, içinde şüpheye yer olmayan kâmil müminin aklıdır. Kendi ışığı olmayan yarım akıllı ise başkasına uyacak kadar basiret gösteren ve onun gözünü göz edinendir. Böylesi kendi görmese bile başkasının görüşünden faydalanmasını bilmiştir. Üçüncü gruptakiler ise tam körlerdir ki bunların ne zerre kadar aklı vardır ne de aklı olana uymuşlardır. Bu yüzden zifiri karanlık içindedirler. Uzun sahralardan topallayarak geçmeye çalışır, beyhude dolaşır dururlar. (4/84) Bunların nasibi - Nahifi Efendi'nin manzum ifadesiyle- yorgunluktan ibarettir:

Can-ı a'mâ vaz ider her sû kadem
Mesleki bî-âkıbettir dembedem (4/2222)

Deve ile Deveci Bir mi?

Mevlânâ'ya göre akıl dereceleri bakımından avamla velilerin farkı, hayvanlarla insanlar arasındaki fark gibidir: "Aklın deveci, sen de bir deve gibisin. Akıl, ister istemez seni her tarafta hükmünce çeker. Velilerse aklın aklıdırlar. Diğer akıllar onların yanında âdeta deve gibidirler. (1/99)

Hakiki vuslata erecek olanlar da bunlardır. Nasıl ki gelinin cilvesini, dışarıda padişah da ondan başka birçokları da görür. Fakat vuslat zamanı gelinin yanında padişahtan başkası bulunmaz. (1/58)

Meşveret Nerde Biter?

Yukarıdaki tariflere göre akıllı olmanın bir ölçüsü de meşverettir. Madem ki aydın akıllar kandiller gibidir; yanyana gelen iki kandil elbette bir kandilden fazla ışık verir. Bu yüzden Peygamber dağlara çekilmeyi ve uzleti nehyetmiştir. İnsanların birbiriyle buluşması bir baht ve bir ebediyet iksiridir. O halde sen de meclislerde akıllar ara. Ama nass söz konusu olunca, akla da meşverete de yer yoktur:

Kıblerâ çün kerd dest-i Hak ayân

Pes taharri ba'd-ezin merdûd dân

Yani: *Hakk'ın eli kıbleyi gösterdikten sonra hâlâ kıbleyi aramak edebsizliğin ta kendisi!*

Körlüğün Çeşitleri

Şeriatte, kör kişi imam olamaz. O, hafız bile olsa gözü açık bir sefih, onun yerine tercih edilir. Zira kör, pisliklerden sakınamaz, zahirdeki pisliklere bulaşır, Kalp gözü kör olanların pislikliği ise içtedir:

Kûr-ı zâhir der-necâset zâhirest
Kûr-ı bâtın der-necâsât-ı sırest (3/2101)

Zahiri pislik suyla temizlenir, ya batıni günah? Onu da ancak gözyaşı temizler.

Mesnevî'ye göre akıl ve maneviyat körlüğü de, bir nevi maddi körlük gibidir. Gören kişinin kuyuya düşmesi tesadüfen ve nadiren mümkündür. Buna karşılık her an sürçmek ve düşmek, körün hayatının bir parçasıdır. O bir pisliğe düşse, kokunun kendisinden mi başkasından mı geldiğini bilemez. Bir kimse ona misk sürse, bunun da başkasından olduğunu fark etmez, kendinden sanır. O halde bu iki göz, insan için yüzlerce şefkatli ana-babadan daha iyidir. Tıpkı bunun gibi kendisini kötülüklerden koruyamayan mana körleri de, basiret sahibi müminlere nazaran bir nevi âmâ hükmündedirler. (4/15) Yukarıda Mevlânâ'nın görme ile iman arasında bir paralellik kurduğunu görmüştük. Zira iman nuru daha bu dünyada iken ahireti görür ve gösterir. İnsanlar, bu cihetle de çeşitli derecelere ayrılırlar. Aşağıda nakledeceğimiz sembolik hikâyede olduğu gibi:

HİKÂYE

Sultan Mahmut ve Hırsızlar

Sultan Mahmut bazı geceler tebdil-i kıyafetle şehrin sokaklarını dolaşır, asayişi kontrol ederdi. Yine bir gece yalnız dolaşırken bir grup hırsıza rastladı. Hırsızlar ona; "Sen kimsin, necisin?" diye sordular. Sultan; "Ben de sizdenim..." dedi. Bunun üzerine hırsızlar onu da aralarına aldılar ve bir köşeye çekilip o geceki planlarını yapmaya koyuldular. Biri diğerlerine:

- Herkes hırsızlıktaki hünerini söylesin ki ona göre bir iş paylaşımı yapalım, teklifinde bulundu. Bunun üzerine her biri sırayla kendi marifetini saymaya başladı. Biri:

- Ben bir köpek havlayınca, onun ne demek istediğini anlarım. Diğeri:

- Benim de gözlerim öyle keskindir ki, gece birini görsem gündüz onu gördüğümde hemen tanırım. Öbürü:

- Benim özelliğim kolumun çok kuvvetli oluşudur. Daha ötekisi:

- Ben burnumla topraktaki madenin sırrını anlarım. Altın gümüş ne varsa kokusundan tanırım. Sonuncusu:

- Ben de kement atmakta öyle mahirim ki kemendimle göktekini yere indiririm, dedi. Nihayet hırsızlar aralarına yeni katılan sultana döndüler ve:

- Sen de hünerini söyle, dediler. O:

- Benim bütün hünerim sakalımdadır. Onunla suçluları kurtarırım. Cellat birini öldürürken sakalımı bir kez oynatmam onu kurtarmaya yeter, dedi. Hırsızlar bunun üzerine:

- Madem ki böyle büyük bir hünerin var, bizim reisimiz sensin. Tehlikeye düştüğümüzde bizi sen kurtaracaksın, dediler.

Daha sonra hazinesini soymak üzere hep birlikte padişahın sarayına doğru ilerlemeye başladılar. O sırada bir köpek havlayınca ilki:

- Bu köpek, yakınınızda bir padişah var, diyor, dedi. Kement ustası kementini fırlattı ve ona tutunarak dama çıktılar. Kokudan anlayan eğilip toprağı kokladı ve:

- Padişahın hazinesi buradadır dedi. Kolu güçlü olan hemen o duvarı deldi ve hazineye ulaştı. Oradan alabildiklerini aldılar ve hemen uzaklaştılar. Padişah her birinin adını ve şeklini iyice hafızasına aldıktan sonra karanlıkta gizlice onlardan ayrıldı ve sarayına vardı. Sabah olunca çavuşlarını arkalarından göndererek hırsızları yakalattı. Bunlar huzura getirilince gece gördüğünü gündüz tanıyan hırsız bir bakışta sultanı çıkardı ve arkadaşlarına:

- Bu sultan, gece aramıza katılan ve hüneri sakalında gizli olan kişiden başkası değil, dedi. Sonra sultana hem kendisi hem arkadaşları hakkında bağış dileyerek şöyle niyaz etti: "Ey kimsenin görmediğini gizlice seyreden padişah! Bunların her biri kendi hünerini gösterdi ama bu hünerler onların bedbahtlığını arttırmaktan ve mevkilerini alçaltmaktan başka işe yaramadı. Şimdi senin hünerinin vakit geldi, hayr ile bir sakalını oynat da bunları celladın elinden kurtar." (6/105vd)

Benzerlikler

Efendim, hikâyemizin hikâye kısmı bu kadar. Bundan sonra Hz. Mevlânâ neyi neye benzettiğini açıklıyor. Buna göre Sultan Cenâb-ı Hakk'tır. "*Nerede olursanız olun o sizinle beraberdir.*" âyeti gereğince O, gece veya gündüz bir an bile bizden ayrılmaz ve bütün yaptıklarımızı görür, sırlarımızı işitir. Peki gece gördüğünü gündüz tanıyan kişi kim oluyor? Hikâyedeki görevine göre o da Peygamber! Tabiatıyla her benzetmede kusurlu bir taraf vardır. Bir peygamberin de hırsızlar arasında düşünülmesi elbette edebe aykırı. Ancak zarfa takılmayıp manaya ve maksada bakmak gerek. Peygamberler birkaç bakımdan böyle bir kişiye benzetilmiş. Birincisi onların da Allah huzurunda kendi ümmetlerinin şefaatçisi olmaları, diğeri ise daha dünya gecesinde ahiret gündüzünü bilip görmeleri. Nitekim Hz. Peygamber "*Gözü ne kaydı, ne de haddini aştı.*" sırrına mazhardır. O, bu dünya gecesinde başkalarına görünmeyeni görüyor, O'na dayanıyordu. Sultan, hüküm gününde geceleyin kendi yüzünü gören o kimseden utanır. Diğer taraftan Cenâb-ı Hak, her peygamberi kendi ümmetinin yapıp ettiklerine "şahid" tutmaktadır. Nasıl mahkemede binlerce davacı bulunsa bile hakimin kulağı sadece şahidi dinlerse ezel mahkemesinde de Allah'ın itibar edeceği ve dinleyeceği şahitler, resûllerdir. Zira davacı garazla görür; garazsa gönül gözüne perdedir. Cenâb-ı Hak ise bizim garazları terk ederek, şahid olmamızı ister. Nihayet her iki âlemde de şahidimiz Hakk'ın nazargâhı olan gönüldür. O padişah her an bu şahide bakar. O halde biz de Mevlânâ'nın duasına katılarak şöyle niyaz edelim: "İlahi! Sen nurumuzu artır. Gece seni gören dosta ayrılık gündüzü verme. Yakınlığa erişmiş canı uzaklaştırma! Senden ayrı olmak ölümlerin en acısı. Üstelik bu ayrılık kavuşmanın ardından gelirse. Bizi böyle bir ayrılığa duçar etme!"

İşin Sonunu Görmek

Yukarıda büyük insanların bugünden yarını görme ve olacakları önceden haber verme bakımından diğerlerinden ayrıldıklarını ifade etmiştik. Ancak başkaları onların gördüklerini göremedikleri için istikbale dair verilen haberleri yadırgar, anlamsız sanırlar. Şimdi vereceğimiz nükte, bu durumu gülünç hâle sokarak anlatıyor:

Bir komşusu kuyumcuya:

- Komşu, altın tartacağım terazini ödünç verir misin, dedi. Kuyumcu:

- Üzgünüm ama benim kalburum yok cevabını verdi. Diğeri:

- Yanlış anladın, ben terazi istiyorum deyince, bu sefer de:

- Dükkanımda süpürgem yok, cevabını aldı. Terazi isteyen artık dayanamadı:

- Bu kadar alay yeter, ben terazi istiyorum sen ise anlamazlıktan gelip başka başka şeyler söylüyorsun. Vereceksen ver, vermeyeceksen verme, deyince kuyumcu şu cevabı verdi:

- Hayır komşu, sağır değilim, söylediklerini tamamen duydum. Ama cevaplarımı saçma sapan sanma. Baktım ki zayıfsın elin titriyor. Bu titrek elle altın tartarken, ihtimal ki altın parçalarını yere dökersin. Bunun sonunda bana:

- Komşu, süpürge nerede, altınları toplamak lâzım, diyeceksin. Onları toplayınca da bu sefer benden -çeri çöpü ayırmak üzere- kalburu soracaksın. Kısacası ben, işin sonunu önceden gördüm vesselam." (3/62) Uzağı görmenin önemi için şu küçük nükteye de bir göz atalım:

Katır ve Deve

Bir katır, deveye:

- Ey arkadaş, iniş olsun yokuş olsun sen en dar yollarda bile hiç kapaklanmadan yürüyorsun. Ben niye böyle ikide bir düşüyorum. Bana sebebini anlat da ben de doğru dürüst yürüyeyim, dedi. Deve dedi ki:

- Bir kere benim gözüm seninkinden keskindir, daha uzağı görür. İkincisi ben senden daha yüksekten bakarım. Yüksekten bakınca yolun bütün iniş çıkışlarını görür ve aklımda tutarım. Böylece her adımımı basacağım yeri görerek atarım. Sense birkaç adım ötesini görmedesin. İnişi çıkışı olan yolda hiç görenle görmeyenin yürümesi bir olur mu? (3/67)

İnişli çıkışlı yol nedir? Tabiatıyla bu dünya.

Aklını Nereden Kazandın?

Yukarıda akılları, kapasitelerine göre derecelere ayıran Hz. Mevlânâ onları beslendiği kaynağa göre de ikiye ayırıyor. Bunlardan biri kesbi (kazanılmış) akıldır. Bu akıl, çocukken okulda kitaptan ve hocadan duyduklarımızla, hayat boyunca edindiğimiz tecrübelerle kazanılır. Gerçi öğrendikçe bu aklımız artar ama buna mukabil hıfzımız ağırlaşır ve böylece bir ezberleme tahtasına döneriz. Bu tür akıl sıradan insanların aklıdır. İkinci akıl ise Hakk'ın ihsanı olan vehbi akıldır ki kaynağı candadır. Böyle akıl sahiplerinin dışarıdaki kaynağı kesilse de ne gam; zira evin içindeki kaynakları coşmadadır. (4/76)

Dünyaya Hakim misin, Mahkum mu?

Ham ve olgunluk ölçülerinden biri de, insanın dünya karşısındaki tutumudur. Ham insanın temel özelliği; yüzünün tamamen dünyaya dönük olması, dalına sımsıkı yapışan ham meyve gibi dört elle dünyaya sarılmasıdır. Olgun insanın yüzü ise âhirete müteveccihdir:

"*Ham meyve dalına sıkıca yapışır. Olgunlaşıp tatlılaşınca da dalda duramaz, düşer. Dünyaya sımsıkı sarılmak hamlıktır, olgunlar daha hayırlı olanla ağızları tatlılaştığı için dünyaya soğumuştur.* (3/49) Meyvelerle ilgili diğer bir özellik de onların iç bakımından olgunlaştıkça kabuk olarak incelmeleridir. Tıpkı; *ceviz, fıstık ve bademin iç bakımından olgunlaştıkça kabuk bakımından incelmesi gibi.* (3/53) Buna uygun olarak kâmil insanlarda ruh zenginleştikçe beden zayıflar.

Dünyevi nimetlerden istifade bakımından çok zaman ham insanla olgun insanın farkı yoktur. Asıl fark, onların dünyaya karşı iç tutumlarındadır. Mevlânâ bu durumu şu örnekle açıklıyor:

"*Hz. Peygamberle Ebu Cehil puthaneye gitseler gidişleri bir değildir? Putlar Ahmed'e secde ederken, Ebu Cehil putlara secde eder.* (4/33) Hasılı benzerlik görünüştedir, niyet ve sonuç tamamen farklıdır.

Hasta mısın, Doktor mu?

İnsanlar, beden sağlığı ile ilgili konumları bakımından hastalar ve doktorlar diye iki sınıfa ayrılırlar. Hz. Mevlânâ'ya göre aynı ayırım ruh sağlığı ve manevî olgunluk için de söz konusudur. Böylece iki tip doktorluk söz konusu oluyor; beden doktorluğu ve ruh doktorluğu. Şimdi bu iki tip doktorun birbiri karşısındaki durumunu Mesnevî beyitlerinden takip edelim:

Ma tabibânim ü şâkirdan-ı Hak
Bahr-ı kulzüm did mârâ fenfalak

An tabibân-ı gıdâenḍ ü sımâr
Cân-ı hayvâni bedişân üstüvâr
An tabibânra buved bevli delil
İn delil-i mâ buved vahy-i celil
Dest-i müzde mi-nehâhim ez-kesî
Dest-i müzd-i mâ resed ez-Haḳ besî
Hin sala bimâri-i nâ-surrâ
Dâru-yı mâ yek-be-yek rencurrâ

Biz ilmini kitaptan değil Hak'tan almış olan tabibleriz. Cerrahlar ameliyatla bedeni açarlar, bizim önümüzdeyse -Hz. Musa'nın önünde olduğu gibi- kanlı bir organa benzeyen koca Kızıldeniz açılmakta. O doktorlar meyve ve gıda doktorlarıdır; yani yiyeceklerle ilgili olan rahatsızlıkları bilirler ve ancak hayvani ruhu tedavi edebilirler. Onlar hastalığı anlamak için idrara bakmak zorundadırlar... Bize ise Hakk'ın gönle tecelli eden ilmi yol gösterir (Mesnevî'nin başka bir yerindeki ifadeyle: *Beden tabipleri senin hastalığını senden iyi bilirler. Sen anlayamazken idrarından, kanından, yüz renginden hangi hastalık olduğunu anlarlar. O halde Hak tabibleri nasıl senin halini anlamaz, yüz rengine, gözüne, nabzına bakar da yüzlerce hastalık görmez. Üstelik onlar idrar gibi alamete de muhtaç değil.) Biz beden doktorları gibi kimseden bir tedavi ücreti de talep etmeyiz. Hak katında bizim ücretimiz fazla fazla verilmektedir. O halde gelin ey biçare hastalar, gelin. Tek tek bütün hastalıklarınızın devası bizim yanımızda.* (4/70)

Bu beyitler, insan ilişkileriyle ilgili birçok prensibi de beraberinde taşımakta. Sözgelimi eşit insanlar arasında denklik esastır. İnsan verdiği kadar karşılık bekler. Aksi halde incinir, küser. Oysa doktor ve hasta ilişkisinin mantığı tamamen başkadır. Biri daima karşılıksız vermek, diğeri de almak durumundadır. Hastanın hastalık sebebi her ne olursa olsun doktorun görevi onu tedavi etmektir. Doktor için elbette bunun bir karşılığı ve ücreti olacaktır. Karşılık; beden doktoru için dünyada, mânâ doktoru için ise ahirettedir. En güzel ücret, şüphesiz Cenâb-ı Hakk'ın rızasıdır. Maddî hastalık gözle görülebildiği için doktorun işi kolaylaşıyor. Ancak insanların iç manzaralarını kestirmek o kadar kolay olmadığı için onlardan gelen davranış bozukluklarına bir doktor tahammülü göstermek her zaman kolay olmasa gerek. Bu şefkati ancak ilahi rahmete ayna olan büyük gönüller gösterebilir.

Hasta Ne Yapmalı?

İster maddî ister manevî olsun hastadan beklenecek asgari tavır, kendisini doktora teslim etmesidir. Doktordan kaçan veya ona düşman olan hasta neye benzer? Mevlânâ'ya göre kızdığı efendisini zarara uğratmak için kendisini öldüren Hintli köleye. Eğer bir hasta doktora düşman olsa, yahut talebe hocasına kin tutsa, gerçekte bunların her ikisi kendi kendilerine düşman olmuş kendi yollarını kesmişlerdir. Bez yıkayıcı güneşe kızsa, balık suyun düşmanı olsa bundan kime ziyan vardır! Netice-i kelam, hasta ve ham olan da en azından hastalığını bilmeli, eksikliğinin farkında olmalı. (2/30)

Koyun musun, Çoban mı?

Bu büyük gönüller, sürüsünü koruyan bir çoban gibi çevrelerine karşı şefkat ve merhametle doludurlar. Bununla ilgili olarak Hz. Mevlânâ şu hadiseyi örnek veriyor: Bir zaman Hz. Musa'nın sürüsünden bir koyun kaçmıştı. Musa, kurt kapar endişesiyle akşama kadar onun peşinden koştu ve nihayet yorulan koyunu yakalayınca okşayıp sevmeye başladı. Dedi ki: "Şu parçalanan üstüme başıma ve papuçlarıma bak. Beni böyle peşinde koşturmaya acımadın mı? Tut ki bana acımıyorsun niye kendi kendine acımaz da tehlikeye atarsın?" Bu manzara karşısında Cenâb-ı Hak meleklere: "Musa peygamberliğe lâyık oldu." buyurdu. Hz. Peygamber de: "Gençlik veya çocukluğunda çobanlık yapmayan peygamber yoktur." demiştir. Zira her idareci kendi halkını koruyup kollamada bir nevi çoban hükmündedir. (6/122)

Cennet Yolunda Zoraki Yolcu Olma Sakın!

Cennet yolunun yolcuları da grup gruptur. Gönüllüler ve taklitçiler yanında bazıları da oraya zorla sürüklenirler. Hz. Mevlânâ bu sonuncularla ilgili olarak şu örneği veriyor:

Bir keresinde Hz. Peygamber, zincirlenmiş olarak çekilip götürülen esirlere bakıp gülümsemiş ve: "Şaşarım şu esirlere ki onları cennete zincirlerle sürükleyerek götürüyorlar." demişti. Kendilerini bekleyen saadetten gafil olan esirlerse feryat ediyor ve:

- Bu dertler nereden başımıza geldi, diye sızlanıyorlardı... Esirlerden biri Hz. Peygamberin gülmesini görünce içinden:

- Şayet bu adam peygamberse niçin bizim bu halimize güldü ve zaferinden dolayı gururlandı, diye geçirdi. Resûlullah bunu hissetti ve ona şöyle dedi:

- Sanmayın ki gülüşüm sizin zincirlenmenize. Ben, sizin ateşten gül bahçelerine böyle zorla çekilerek götürülüşünüze güldüm." Hz. Mevlânâ daha sonra bu hadiseye şu fikirlerini de ekliyor: Bu yolun gönüllü yolcuları ancak velilerdir; diğerleri ya taklit yoluyla ya da zorla çeke çeke götürülürler. Bu götürülüş çocukların zorla mektebe götürülmesine benzer. Ama çocuk faydasını anlayınca, artık mektebe kendi başına seve seve gitmeye başlar. İşte ameli korkuya veya bir menfaate bağlı olanlar, taklit defterine yazılanlardır. Gerçek âşıklar ise bütün başka kaygılardan sıyrılmış olarak Hakk'ı Hak için sever. Fakat ister öyle ister böyle olsun sonuçta her ikisi de iyidir ve kendisine doğru cezbeden yine Cenâb-ı Hak'tır. (3/171vd)

Eğiten misin, Eğitilen mi?

Madem ki insanlar arasında, gerek bilgi ve gerekse ahlâkî seviye bakımından sonsuz bir çeşitlilik ve farklılık söz konusudur, bunun tabiî sonucu olarak bazı insanların öğretmen diğer bazılarının da öğrenci konumunda bulunması kaçınılmazdır. Ama her öğretmenin üzerinde de başka öğretmenler, başka kılavuzlar olacaktır. İnsanlığın en büyük öğretmenleri peygamberlerdir. Çünkü peygamberlerin hocası bizzat Cenâb-ı Hak'tır. Bu sebeple onların bilgileri kâmil bilgilerdir ve kurtuluş da onların gösterdiği istikamettedir. Nitekim Hz. Peygamber: "*Ben ve ashabım Nuh'un (as) gemisi gibiyiz, biz kurtuluşun sığınağıyız.*" buyurmuştur. (4/22) Ne var ki eğitilenler eğitilmekten çok zaman hoşnut değildirler; eğiticilerin tavsiyeleri nefislerine bir külfet ve eziyet olarak görünür. Şimdi de eğitmek durumunda olan insanların çok zaman yanlış anlaşıldıklarına örnek olmak üzere Mesnevî'de geçen şu hikâyeye yer verelim:

Yılan Yutan Adamın Hikâyesi

"At üzerinde giden bir emir, yolu üzerindeki ağacın altında uyuyan bir adamın ağzına yılan girdiğini gördü. Yılanı engellemek için koştu ama yetişemedi. Hemen adama birkaç topuz vurup uyandırdı. Adam can acısıyla uyanıp karşısında eli gürzlü yolcuyu görünce korkusundan bir elma ağacının altına sığındı. Ağacın altı çürük elma doluydu. Emir; bunları ye, diye zorladı ve ona kusuncaya kadar yedirdi. Beriki; benim ne suçum var ki bu zulmü reva görüyorsun, diye ağlayıp sızlanıyordu. Atlı ise bu sızlanmalara aldırmadan onu korkutup koşturmaya başladı... Adam ayakları yara içinde düşe kalka akşama kadar koştu, bitkin düştü... Nihayet midesi kabardı ve köpürüp kusmaya başladı, içinde ne varsa çıkardı. Çıkardıkları arasında o zehirli simsiyah yılanı görünce dehşete kapıldı. Atlının kendisini niye bu kadar yorduğunu ancak o zaman anladı ve ayaklarına kapanarak dedi ki:

"Ben seni düşmanım sanıyordum, meğer benim için Cebrail gibiymişsin. Sana rastlamam benim için ne büyük rahmet ve ne büyük devletmiş. Hayret ki sen anne gibi ardımdan koşarken ben eşek gibi önünden kaçmadaymışım.

Ama niye bana durumu ta işin başında anlatmadın; ta ki sana öyle suizanda bulunmayaydım."

Atlı dedi ki:

"Eğer sana yuttuğun şeyi söyleseydim korkudan ödün patlardı ve zehirden önce korku seni öldürürdü. Tıpkı kedi pençesindeki fare, yahut kurt gören kuzu gibi şaşırır kalırdın, tedbire güç bulamazdın." Hz. Peygamber'in dediği gibi: *"Sizde gizli olan düşmanı söylesem yiğitlerin ödü patlar, aklı mahvolur."* (3/68) Hikâyedekine uygun olarak gerçek hayatta da birçok insan dini vecibeleri birer angarya, kendilerine bu görevleri hatırlatan rehberleri de can sıkıcı birer vaiz olarak kabul eder. İnsan kendisini yoran dini görevlerin yine kendi hayrına olduğunu ancak işin sonunda kavrayabilir. Hikâyede bir yandan manevi rehberlerin yanlış anlaşılması örneklendirilirken diğer taraftan insanın kendi içinde taşıdığı düşmandan habersiz olduğu gösteriliyor.

CEVHER BEYİTLER-II

5

Har şekerden ne anlar:

Yok şekerden fâida gav u hara

Kût-ı can olmakda amma âhara 2/1090

Her nimet o nimete lâyık olanın elinde anlam ve kıymet kazanır. Nitekim insan için şeker, pek kıymetli bir gıdadır ama onun öküzle eşeğin yanında kılca kıymeti yoktur. Çünkü ne eşeğin ne de öküzün damağında şekerden tat alacak bir kabiliyet bulunmaz. Lâyık olmayana verilen nimet de eşeğe şeker sunmaya benzer. Demek ki herkesin zevki ve hoşnutluğu kendi kabınca kabiliyetincedir.

6

Kâmil ve hamın eli:

Kâmilî ger hâk gired zer şeved

Nâkıs er zer bürd hâkister şeved 1/1674

Hamla olgunun bir farkı, eldeki imkânı kullanış biçimidir. Olgun kişi toprağı ellese altın kesilir. O kötülükten bile iyilik çıkarır, imkânsızlığı imkâna çevirir. Leşin kokusunu duymaz da parlayan dişlerine hayran olur. Güneş gibi çiği pişirir, misk gibi yaklaşanı kokular. Nasipsiz hamın elindeyse altın bile küle döner. Kendi yumsuzluğunu çevresine de bulaştırır,düşerken başkalarını da düşürür. Değer bilmediği için altın değerindeki insanlar onun yanında geçmez mangıra döner, hor ve hakir duruma düşerler.

7

Şeker ekmek olur mu:

Ger şekerler olsa şekl-i kurs-ı nân

Nan değil ta'mı şekerdir bî-gümân 1/2980

Dış benzerliği iç benzerliği demek değil. Nasıl ki şekeri ekmek şekline de soksan tadı ekmek değil yine şekerdir. Yediğin şeyin şeker mi ekmek olduğunu bilmek için tatmak lazım. Gözün tatmadan yana nasibi yok çünkü. O halde kalıbı şekere benzeyen her adamı da şeker sanma. Bu dünya elbisesiz adamlar ve adamsız elbiselerle doludur.

8

Balık resmi su içer mi:

Nakş-ı mâhîra çi deryâ vü çi hâk

Reng-i Hindûra çi sabûn u çi zâk 1/2866

Canlı balık için deniz, hayat kara ölümdür. Ama kağıdu bir balık resmi yapsan onun ne denizden haberi olur, ne karadan. Bunların benzerliği sadece şekilden ibarettir. İnsanların kimisi de yalnız kalıp insanıdır. Dışardan bakınca onların gözü kulağı, dili dudağı var sanırsın. Gerçekteyse kalıbın burnu yoktur ki iyilikten bir koku alsın, kulağı ve gözü yoktur ki hayırlı sözleri işitsin, güzeli görsün. Yüzü kara zenciye sabun da bir kara boya da. Gerçek zenci ise gönül zencisidir. O gönlün terazisi kırıktır; bu yüzden iyilikle kötülüğün farkını tartamaz.

9

Işık kirlenir mi:

Düşse kazûrâta tâb-ı şems eğer

Nûruna gelmez habâsetten keder 2/3447

Güneş ışığı pisliğe düşse ışığa o kirden hiç zarar gelir mi? Güneş tabiatlı insanlar bu dünya mezbeleliğinde ısıtmak ve ışıtmak için adam seçmezler. Düşkün ve çirkin kişilerle oturup kalkmaktan, onlara bir zarar gelmez. Nasıl ışığı yerde olan güneşin kendisi pek yükseklerde ise halk arasında görünen Hak erlerinin makamı da yücelerdedir.

10

Gündüz mumu kim yakar:

Rûz-ı Rûşen her ki o cûyed çerâğ

Ayn cesten kûriyeş dâred belâğ

Kim çerağ isterse gündüzde ayan

Ol talep kör olduğun eyler beyan 3/2733

Güneş ortalığı aydınlatmışken mum yakmaya kalkmak ortalığa "ben körüm" diye bağırmaktan başka nedir. Güneşin parlaklığından yarasaya ne fayda. O körlüğü kendine değil güneşe hamletmeye kalkar. Ey vahiy güneşi doğmuşken akıl mumuyla aydınlanmaya kalkan yarasa tabiatlı! Güneşin ışığında kusur yok; kusur senin gözlerinde. Hz.Mevlânâ'nın ifadesiyle senin güneşten anladığın ısıdan ibaret.

11

Körün nasibi:

Ger şu'â-ı âfitab pür zi-nûr

Gayr-ı germî mî-neyâbed çeşm-i kûr 3/4263

Güneşin par par parlayan ışığıyla bütün âlem dolup taşsa körün gözün bundan bir nasibi yok. Onun bütün kısmeti sırtına vuran ısıdan ibaret. Güneşin bin bir nimeti var, onu bir mangal mevkiine indirmek caiz mi? Akıl ve idrak körü de böyledir.O değerli bir şeyi kendi idrakine kendi seviyesine indirir de güneşi mangal, altını pul eder.

12

Bu nasıl körlük:

Ey dirîg ol dîde-i kûr u kebûd

Mihri görmez zerreyi eyler şuhûd 3/2770

Görmek ve körlük de çeşit çeşittir. Vah yazık o göze ki zerreyi görür de güneşi görmez. Uzaktakini tanır da yakındakini bilmez. Önemsizin farkındadır, önemli olandan gafil. Mahluk da halıka göre zerreden bile kemdir. Yaratılmışı görüp yaratanından gafil olmak! İşte gerçek körlük budur.

III
ÜÇ TİP: MUKALLİT, SUFİ VE AHMAK

Er çi merdüm miküned puzine hem
An küned k'ez-merd bined dembedem

İnsan her ne yaparsa maymun da takliden onu yapar. Peki bu ikisi yaptığında bir mi?

Mukallidin Halleri

Mesnevî'de sık sık ele alınan konulardan biri de taklit ve taklitçilik meselesidir. Her meslekte taklitçilik olur da din mesleğinde olmaz mı? Tasavvuf yolunun hakiki yolcuları kadar kalpazanları da yok mudur? Buna ne şüphe. Hatta belki de her meslekten daha fazla. Hz. Mevlânâ sahte sofuları, kof iddia sahiplerini çeşitli benzetmelerle teşhir ediyor. Söz gelimi nefis cihadı da adı üzerinde bir cihaddır, insandan sağlam bilek ve sağlam yürek ister. Canları tatlı olanların, korkakların, heveskarların bu yolda nasibi yoktur. Mevlânâ bu tip insanları savaşa soyunan kadınlara benzetiyor. Nasıl ki kadınlar savaşta bulunsa bile işleri saldırmak değil ağlayıp feryat etmektir. Ve nasıl ki onların ellerine keskin kılıç verilse bile o titreyen ellerden iş bitmez. Bu iş bir görüntü, bir sakal bıyık meselesi de değildir. Askerin önünde yürüse bile yüreğinde korkaklık bulunduktan sonra sakal ve bıyık kişiyi gülünç düşürmekten başka neye yarar.! İşte mukallid sofunun, sahte şeyhin durumu da bundan farklı değildir. Mukallid dışından misk görünür ama gerçekte miske bulanmış pisliktir. Hakiki şeyh bulut yağmuruna, mukallit ise olukta biriken yağmura benzer. Oluktaki yağmur iğretidir, ama bulut ve denizdeki yağmur yaratılıştandır. Mukallidin fikir ve düşüncesi de oluğa benzer, bu bilgiler şurdan burdan toplanmıştır. Buna mukabil yüce insanlara mahsus olan ilham ve vahiy kaynaklı bilgi bulut ve sema gibidir. Bu bilgi yağmur suyu gibi bahçeleri yemyeşil eder, oluk suyuna benzeyen fikirler ise komşular arasında kavga çıkarmaktan başka bir işe yaramaz. (1/100)

Kendisinde nur olmayanın başkalarını nurlandırması mümkün mü? Sahte şeyh kendi gözü hasta olduğu halde başkalarını gözünü tedavi etmek isteyen şarlatana benzer. (90) Mevlânâ'ya göre hakiki ile sahtenin farkı âdeta bir şeyin gerçeği ile resmi arasındaki fark gibidir:

"*İnsanın duvara resmini yapsalar, onun gerçek insandan eksiği nedir? Ondaki eksiklik şüphesiz bir can incisi olmayışıdır. Yahut kağıda dertli bir adam resmi çizseler onun ne dertten ne neşeden bir haberi vardır.*" (1/110) "*Balık resmi için deniz de, kara da birdir.*" (1/109)

İki Ağlama

Hz. Mevlânâ dışarıdan benzeyen iki davranışın özdeki farklılığına aşağıdaki ilginç örneği veriyor:

Bir mürit şeyhini ağlarken görünce kendisi de etkilenerek ağladı. Bu adam kapıdan çıkarken olaya şahit olan diğer bir mürit dedi ki:

- Sakın; şeyh ağladı ben de onunla ağladım, diye düşünme. Bu iki ağlayış görünüşte bir ise de hakikatte bir değil. Zira öyle bir ağlayışa ulaşman için senin de otuz yıl boyunca riyazet çekmen, kaplanlı dağlardan, timsahlı denizlerden geçmen gerekir. (5/53)Din yolunun yükünü çekmek güzel, ağlamak da pek değerli. Ama bunlar taklit olmamalı. Nasıl ki öküzün de ağır yükü var, ve kağnı da ağlıyor ama her ikisinin de bir değeri yok.

İki Gülme

Taklitçi bir nevi sağır gibidir. İki dost latife edince kulağı duyan bir kere gülerken sağır iki kere güler. Bu gülüşlerden birincisi taklittir; herkesi güler gördüğü içindir. Sağır etrafına sorup gülme sebebini öğrenince yeniden gülmeye başlar. Mukallid de böyledir. Şeyhin kalbine akseden ışığını kendisinden zanneder. Onun iğreti feyzi cama vuran ışığa ve sepetteki suya benzer. Ay batınca camdaki ışığın kaynağı anlaşılır. Sepet de sudan çıkarılınca içindeki suyun ırmaktan olduğu ortaya çıkar. Şekli benzese de somun ekmeği nerede ay yuvarlağı nerede!

Taklitçinin Sözü ve Ana Karnında Havlayan Köpek Yavruları

Mevlânâ'ya göre sözün de gerçeği ve taklidi vardır. O, taklitçilerin özsüz sözlerini aşağıdaki ilginç nükteyle açıklıyor:

Bir gece çiledeki bir derviş rüyasında gebe bir köpeğin karnındaki yavruların havladığını görüp hayrete düşer ve der ki:

- Bunlar ne kurt kovalayabilir, ne de hırsız!. Ne av avlayabilir, ne de bekçilik yapabilir! O halde bu havlama da ne oluyor? Hatiften ona şöyle dendi:

- İşte bu bilmeden söyleyen cahillerin lafına benzer. (5/59)

Taklitçinin sözleri başka bir benzetmeyle de papağan sözleri gibidir. Ustası papağanı konuşturmak için onu bir aynanın karşısına koyar ve kendisi de ayna arkasına geçerek bir şeyler söyler. Aynada kendisini seyreden zavallı kuş bu sözlerin kendisinden geldiğini sanır. Papağan konuşmayı öğrense bile konuştuğu şeyin manasından habersizdir. Onun insandan elde edebileceği şey ancak bu kadardır. Nitekim şair şöyle demiştir:

Etseler tûtiye talim-i edâ-yı kelimât
Sözü insan olur ammâ özü insan olmaz

Papağana konuşma öğretseler, sözü görünüşte insan sözüdür ama kendisi insan olmaz.

Nice ham gönüllüler de dervişlerin sözlerini minber ve meclislerde tekrar eder dururlar. Onların bütün kısmetleri bu kuru sözlerden ibarettir. Tabiatıyla da çok geçmeden foyaları ortaya çıkar. Aşağıdaki örnekte olduğu gibi:

Çakal Tavus Olur mu?

Çakalın biri bir boya küpüne düşmüştü. Çıkınca sarı kırmızı yeşil renklerle süslü postuna baktı ve:

- Ben makamı yüce bir tavusum, dedi. Güneş yükseldikçe üzerindeki boyaları kurutup daha çok parlattı. Çakal kurumlu kurumlu arkadaşlarının yanına gelince onlar:

- A çakalcık bu halin ne! Bu sevinç ve caka neyin nesi, dediler. Çakal kurumlanarak dedi ki:

- Nasıl kurumlanmam! Benim şu güzelliğime, alımlılığıma bakın; namım fahr-ı dünya olsa layık, tüm çakallar bana secde etse yeri. Hem artık beni çakal filan sanmayın; hangi çakalda bunca güzellik olur? Sordular:

- Çakal değilsen nesin peki? Seni hangi isimle çağıracağız?

- Namı yüce tavus!

- İyi ama buna delil gerek. Mesela tavuslar gül bahçesinde dolaşır, sen de orada mı dolaşırsın?

- Hayır.

- Peki tavus gibi ses çıkarabiliyor musun?

- Hayır!

- O halde sen tavus olamazsın. Tavusun güzelliği Hak'tandır. Hileyle iddiayla bu iş olmaz. (3/27)

Mevlânâ tanrılık iddia eden Firavunu tavusluk iddiasındaki çakala benzetiyor. Sahte şeyhler ve mukallitler de çakal gibidirler; nasıl konuşurlarsa konuşsunlar seslerinin tonundan iç halleri malum olur. "*Veletarifennehum fi lahni'l-kavli=Mutlaka sen onları lakırdıların edasından tanırsın.*" ayeti bu durumun delilidir. Nitekim testinin bile sağlam ve kırık olanı sesinden belli olur. Bu yüzden iş bilen alıcı testi alırken parmağıyla tınlatıp sesinden sağlamlığını kontrol eder.

Naz Makamı ve Taklitçinin Hali

Mevlânâ'nın bu bâbda altını çizdiği hususlardan biri de niyaz makamındaki sufilerden sudur eden bazı şatahatları veya fevkalade halleri taklit etmekten kaçınma lüzumudur. Kâmil bir velinin bir hikmet gereğince yaptığı şeyi, müridin yapması küstahlıktır. Cenab-ı Hak nasıl peygamberinin geçmiş ve gelecek bütün kusurlarını peşinen affetmişse bazı has kullarıyla kendisi arasında da böyle sırlar mevcuttur. Onların hallerini ham kişilerin takliti kendilerine zarar verir. Nasıl ki helva, hekime zarar vermez ama, hastaya zarar verir. Olgun üzüme kar ve kıştan ziyan gelmez ama koruğa gelir. Müridin durumu da böyledir. Maddi manevi her imkan bir tehlikeyle birliktedir. Bu bakımdan Süleyman peygamber; "Ey Rabbim, benden başkasına bu saltanatı verme!" diye dua etmiştir. (1/103) Yukarıda şatahattan söz etmiştik. Şatahat, naz makamındaki sufilerin Cenab-ı Hak'la münasebetlerinde takındıkları teklifsiz hallere ve sözlere denir. Yolun başındaki birinin Cenab-ı Hak'la böyle teklifsiz olması tıpkı şu nüktedeki cahil köylünün haline benzer:

Aslanı Öküz Sanma

Bir köylü hayvanların durumunu kontrol için gece vakti ahıra gitti. Bu arada bir aslan ahıra girmiş köylünün öküzünü yiyip yerine oturmuştu. Köylü karanlıkta öküzü sandığı aslanı okşayıp sevmeye başladı. Aslan içinden; "A ahmak!" diyordu. "Gözün görseydi de neyi okşadığını bilseydin yüreğin o an korkudan çatlardı." Bu benzetmeden hareketle Mevlânâ'ya göre Hak Teala da kendi adını ulu orta zikreden teklifsiz cahile der ki: "Ey mağrur kör, kimin adını andığının farkında mısın! Tur dağını işte o isim parçaladı... Sen kendini güvende mi sanıyorsun! Eğer biz itabımızı bir dağa indirseydik o bile parça parça olup dağılırdı. Nerede kalmış sen?" (2/20)

HİKAYE

Eşek Gitti, Eşek Gitti!

Demek ki mukallit ne yaptığının ve ne dediğinin farkında değildir. Şimdi bununla ilgili olarak Mesnevî'den seçtiğimiz hikâyemizi aktaralım. Efendim, eskiden tekkeler bir nevi otel gibi gelip geçen yolculara konaklama hizmeti de verirdi. Yolcu bir sofi de geceyi geçirmek üzere yolu üzerindeki bir tekkeye uğradı. O sırada içeride dervişler sema etmedeydi. Derviş eşeğini tekke hizmetçisine teslim edip hemen içerdeki semaya katıldı. Dervişler günlerdir açtı. Açlık ise her şeyi caiz kılar. Eşeği teslim alan derviş gidip eşeği sattı ve parasıyla güzel bir yemek hazırladı. Yemekten sonra dervişler tekrar semaya durdular ama semadaki sözler pek garipti. Hepsi semada aşkla ayaklarını yere vuruyor, el çırpıyor ve "Eşek gitti, eşek gitti!" diye tempo tutuyorlardı. Bu aşk şevk zavallı yolcunun çok hoşuna gitmişti. O hepsinden daha istekli bir şekilde çark çiziyor ve "Eşek gitti!" nakaratına katılıyordu... Nihayet seher vakti sofi yola çıkmak üzere kalktı. Eşyasının tozunu silkti hizmetkara:

- Şu eşeği getir de yükümü yükleyeyim, dedi. Adam:

- Şakayı bırak, dedi. Sen hangi eşekten bahsediyorsun? Eşek satıldı ve tekke yemeğine harcandı.

- Ama nasıl olur?

- Nasılı filan yok. Dervişler akşamdan beri zikirde "Eşek gitti, eşek gitti!" diye yeri göğü kaldırdı. Yoksa sen bu sözleri duymadın mı? Yolcu başına geleni anlayınca emanetçiye sitem etti:

- İyi ama eşeği ben sana teslim etmiştim. Niçin bana gelip olanı biteni haber vermedin?

- Gelmez olur muyum? Kaç kere geldim ama baktım ki sen hepsinden daha istekli bir şekilde "Eşek gitti!" diye el çırpıyor, seviniyorsun, ben de; demek biliyormuş, diye geri döndüm.

Bunu üzerine sofi:

- Ben bilmeden onları taklit ettim, taklide lanet olsun dedi. (2/20)

Taklidçi Sağır Hasta Ziyaret Ediyor

Taklitçi çok zaman kaş yapayım derken göz çıkarır. Şimdiki ironik hikâyemiz de bunu anlatıyor:

Sağırın biri hasta komşusunu ziyaret edip hal hatır soracak olmuş. Ziyaret edecek ama ona ne söyleyecek, ondan ne cevap gelecek? Bütün bu soru ve cevapları da kendi kendine kurgulamış. Şöyle düşünmüş: "O dudaklarını oynattıkça ben anlamış gibi yapar uygun bir karşılık veririm. Mesela ben ona; "Nasılsın?" derim, o; "Allaha hamd olsun, iyiyim" der. Bundan başka ne diyebilir ki! Sonra ne yiyip ne içtiğini sorarım. O ya mercimek çorbası yediğini ya da şerbet içtiğini söyler; ben de "Afiyet olsun" derim... Sonra ona hangi hekime muayene olduğunu sorarım, o da "Filancadır" diye cevap verir. Ben; "Onun ayağı mübarektir, nereye ayak basarsa orada maksat hasıl olur." derim." Böylece sağır bütün konuşmayı kendi zihninde tasarlayarak komşusunu ziyarete gitti ve halini sordu:

- Komşum, nasılsın, halin keyfin nasıl?

- Hiç sorma, ölü gibiyim.

- Oh, oh ne hoş, elhamdulillah.

Ziyaretçiden bu cevabı alan hastanın suratı asıldı ve içinden; bu ne biçim teselli, diye düşündü. Bu kızgınlıkla; "Ne yiyip ne içiyorsun?" diye soran komşuya:

- Yılan zehiri! diye karşılık verdi. Beriki yine mütebessim:

- Ne güzel! Afiyet şeker olsun, cevabını verdi. Hastanın morali iyice bozuldu ve, "Bu komşu anlaşılan benim iyiliğimi istemiyor." diye düşünmeye başladı. Beriki yine:

- Tedavi için gelen hekim kimdir? diye sorunca hasta:

- Hekimim Azrail! A adam, var git beni kötü kötü söyletme, dedi. Bizimki yine:

- O ne iyi hekimdir, işini ne kadar iyi yapar, bir bilsen! karşılığını verdi.

Hasta içinden; "Meğer bu komşu benim dostum değil düşmanımmış, ölümümü istemedeymiş." diyordu. Sağır ise hastanın yanından; "Bu gün ne iyi bir iş yaptım, ne büyük bir hayra girdim!" diye sevinerek çıktı. (1/132)

Kendi Aklınla Düşün, Kendi Kanadınla Uç

Sıradan insanların başkalarına ait sözleri yerli yersiz tekrar etmeleri bu sağırın davranışına benzer. O halde sözlerimiz ve fikirlerimiz ısmarlama değil bize ait olmalı. Kendi aklımızla düşünmeli kendi kanadımızla uçmalıyız.

Bi-zi-taklidi nazar-râ pişe kün
Hem berâ-yı akl-ı hod endişe kün (6/3371)

Yani: *Bakacaksan taklitsiz bakmayı meslek edin... Düşüneceksen kendi aklınla düşün.*

Ancak böyle olan bilgi bize ait bilgidir. Peki bu bilgi neye benzer? Bu bilgi kesilmeyen çeşme suyuna benzer:

Yek çeşme-i âb ez-derûn-ı hâne
Bih z'an cûyi ki ân z'i birûn âyed (6/134)

Yani: *Evin içindeki çeşme dışarıdaki ırmaktan daha iyidir.*

Başkasına ait bilgi kaleye dışardan gelen suya benzer. Bu su sulh zamanı iyidir ama savaşta düşman kaleyi kuşattığında kesilir ve içeridekiler aciz kalır. Böyle zamanda içerideki acı bir kuyu bile dışarıdaki tatlı sudan daha iyidir. (6/134)

Taklitçinin Bilgisi Kaya Yankısı!

Hz. Mevlânâ aşağıdaki beyitlerde hem taklidi şeylerin insana fayda sağlamayacağına dair ilginç örnekler veriyor, hem de ilahi bir kaynaktan beslenmeyen bilginin taklidi olmaktan kurtulamayacağını belirtiyor:

Kuhrâ güftâr key bâşed zi-hod
Aks-i gayrest an sadâ ey mu'temed
Güft-i tu z'ân san ki aks-i diğerest
Cümle ahvâlet be-cüz hem aks neyest
Ta ki güftâret z'i hâl-i tu buved
Seyr-i tu bâ-perr ü bâl-i tu buved
Sayd gired tir hem bâ-perr-i gayr
Lâ-cerem bî-behre-est ez lahm-ı tayr
Bâz sayd âred be-hod ez-kuhsâr
Lâ-cerem şâheş hurâned kebk ü sâr
Mantıki k'ez vahy nebud ez-hevâst
Hemçü hâki der-hevâ vü der-hebâst
Ta ki mâ-yentık Muhammed an-hevâ
İn huve illâ yuhâ ihtivâ (6/175)

Dağın kendiliğinden ses vermesi ne mümkün, a saf gönüllü o sada başkasının sesinin aksi. Senin dağ yankısına benzeyen ödünç sözlerin de böylece başkasının sözünün aksinden ibaret; keza bütün hallerin de böyle ödünçleme. Ancak sözlerin kendi halinden çağlamaya başlarsa kendi kanadınla uçarsın. Bak, başkasının kanadıyla uçan oka avladığı kuş etinden bir nasib var mı? Doğan dağlarda avlanır ama, kendi iradesine malik olmadığı için, yakaladığı keklik ve sığırcığı sultan yer. Vahiyden olmayan söz de heva ve hevesten ibarettir. Toza toprağa benzer, havada yok olur gider... Hz. Muhammed'in sözleri yok olmuyor. Zira onun konuşması heva ve hevesten değildi, Hakk'ın vahyine tercüman olmadaydı.

İyiyi Telkin Et

Yukarıda Mevlânâ'nın; kendi gözünle gör, kendi aklınla düşün mealindeki:

Bi-zi-taklidi nazar-râ pişe kün
Hem berâ-yı akl-ı hod endişe kün (6/125)

beytini nakletmiştik. İyi güzel de her insan hiçbir telkin ve tesir altında kalmadan böyle yapabilir mi? Şüphesiz hayır. Bu bir hakikat olduğuna göre başkalarına iyi telkinlerde bulunmalı ve onları hayra yönlendirmeliyiz. Mevlânâ iç içe başka mesajları da olan aşağıdaki hikâyede bunun ilginç bir örneğini veriyor:

Harzemşah komutanlarından birinin eşsiz güzellikte bir atı vardı. Bir geçit alayı esnasında sultanın gözü bu ata takıldı ve kalbi ona doğru aktı. Ne kadar çalıştı çabaladı ise atı aklından çıkaramadı. Kendi kendine hayret ediyor:

"Tavlamda yüzlerce soylu at bağlı iken bu hal de ne böyle!" diyordu. Sonunda sabredemedi ve çavuşlarına bu atı kendisine getirmelerini emretti. Görevliler durumu bildirince zavallı at sahibinin içine sanki bir ateş aktı, boğazı kurudu. Hemen sultanın yakını olan ve ona nazı geçen İmadülmülk'ün yanına koştu. Bu zatın bütün görevi, sultanın yanında zarar görenlere şefaatçi olmak, işlerini yoluna koymaktı. Kendisi sureta emir gibiydi ama hakikatte bir derviş gönüllüydü. At sahibi durumunu ona arzetti ve:

"Elimde her ne varsa vermeye razıyım, ama bu ata öyle gönül bağlamışım ki onsuz bir an bile yaşayamam, hemen ölürüm, bana medet..." dedi. Vezir at sahibinin çareyi Cenab-ı Hakk'a iltica yerine kendisinde aramasına şaşıyor ve:

"Ya Rabbi, sen bu yolunu şaşırmışın, çareyi başka yerde arayanın kusuruna bakma!" diyordu. Merhametli vezir sultanın huzuruna çıktığında çavuşlar da atı onun önüne çektiler. Atın endamı ve yürüyüşü göz kamaştırıcıydı. Sultan yanındaki vezire dönüp:

"A dostum, şu güzelliğe bak! Bu sanki dünyaya değil cennete ait bir at." dedi. Vezir ise:

"Sultanım ona duyduğun meyil senin gözünü almış. İyi dikkat edersen onun başının öküz başı gibi biçimsiz olduğunu görürsün." dedi. Bu söz sultana tesir etti ve ata karşı eski hevesi kalmadı. Bu böyledir. Tellalin anlatışı satışta aracıdır. Onun anlatmasına göre Yusuf bile çirkin görülür de ucuza gider. Böylece attan soğuyan padişah onu sahibine iade etti. (6/125)

GERÇEK VE SAHTE SUFİ

Madem ki her yolun gerçek ve sahte yolcuları var, bunları birbirinden nasıl ayırmalı? Peygamberlik iddiasında bulunan kişiyle gerçek peygamberi nasıl bilmeli? Hakiki şeyhle müteşeyyihi nasıl ayırmalı? Mevlânâ'ya göre gerçek bizatihi kendi kendisini isbat eder. Nasıl mı? Aşağıda örnekleri görelim:

"Bir Arap, Arapça olarak, "Ben Arapça bilirim!" dese bu sözü hem iddia olur hem de iddianın ispatı. Zira Arapça konuşması bizatihi ispattır. Bir katip de; "Ben katibim, işte bak!" diye yazsa, bu yazı hem iddiadır, hem de iddia edilen şeyin şahidi. Ya da bir derviş sana; "Rüyada gördüğün bendim, sana o zaman anlattıklarımı kulağına küpe yap!" dese, o rüyayı hatırlarsın ve canın buna "evet" der. Susamış birine "Kadehte su var al." desen o hiç; "Var git! Bu manasız bir iddiadır, şahidin delilin var mı, bu gerçek su mudur, sahte midir?" diye sorar mı! Annesi süt emen yavrusuna; "Ey annesinin canı, beri gel em!" dese o çocuk; "Ey anne, bana bir delil göster, ancak o zaman senden süt emerim!" der mi? (2/131) İşte

Mevlânâ'ya göre ümmetin gönlüne de aziz peygamberin ve gerçek velilerin yüzleri ve sesleri mucizedir, ümmetin kalp gözü o yüzü görür ve kalp kulağı o sesi işitir.

Sufi Kimdir?

Mevlânâ sufiliğin bir imaj meselesi değil bir öz meselesi olduğunu şu beyitle ortaya koyuyor.

Hest sûfi an ki şüd safvet taleb
N'ez libâs u sûf u hayyâti vü deb (5/364)

Sufi saflığı talep eden, kendisini iç kirlerinden arındırandır. Sof giymek, terzilik etmek veya vakarla ağır ağır yürümek değil.

Sufilik yokluk yoludur; iddialardan, namdan, şandan geçmektir. Oysa bazı sahte sufiler bu yokluk yolunu bile şöhret yoluna çevirmişlerdir. Aşağıdaki hikâyede buna ilginç bir örnek veriliyor:

Ben Yokum Diye Davul Çalmak!

Tirmiz padişahı Seyyid'in Semerkant'ta yapılacak mühim bir işi çıktı. Tellaller çıkarıp: "Kim beş gün içinde Semenkand'a gidip bana oradan haber getirecek olursa ona büyük ihsanda bulunacağım." diye nida ettirdi. Sultanın maskarası olan Delkak bu haberi duyunca hemen köyünden kalkıp aceleyle Tirmiz'e doğru yola koyuldu. Yolda o kadar telaş ediyordu ki bindiği iki at sakatlandı. O kendisine bir şey soranlara da sus işareti yapıyor ve bu hareketiyle vehimleri daha da büyütüyordu. Şehirde onun gidişini gören herkes; "Kimbilir nasıl bir felaket haberi getiriyor ki böyle acele ediyor." diye endişeleniyor, ellerini dizlerine vurup ah vah ediyordu... Delkak böylece paldır küldür sultanın sarayına vardı ve huzura girdi. Ancak orada da bir şey söylemiyor, soranlara sus işareti yapıyordu. Nihayet sultan sabredemeyip; "En kötü haberi işitmek bile böyle beklemekten daha iyi. Şimdi çabuk söyle! Bu telaş ve sıkıntının sebebi nedir. Kötü bir haber mi getirdin?" dedi. Bunun üzerine Delkak; "Telaşlı gelişimini sebebi şu, dedi. İşittim ki, Semerkant'a üç günde gidecek bir adama ihtiyacım var, diye tellallar çıkarmışsın. Bunu duyunca sana şunu bildirmek için hemen koşarak geldim: Şunu bil ki benim oraya üç günde gitmeme imkan yok. Zira buna gücüm kuvvetim yetmez. İşte söyleyeceğim budur!"

Bunun üzerine Sultan:

"A boyu devrilesice! Buncacık şey için mi bütün şehri böyle telaşa saldın korkuya düşürdün? Bir hiç için mi ortalığı velveleye verdin?" dedi. (6/94)

Mevlânâ'ya göre bazı sufilerin durumu böyledir. Sufilik yokluk yoludur, addan sandan geçmedir. Ama onlar Delkak gibi bayrak açıp, davul çalıp yokluk yolcusu olduklarını dört bir yana ilan ederler. Bunlar kendi kendilerine derviş ve şeyh olmuş, meclis kurmuşlardır. Bunların hali damat eviyle kız evinin haline benzer: Damat evi telaşa düşmüştür ama kız evinin bundan haberi bile yoktur. Damat tarafı; "Evi barkı süsledik, yapmamız gereken her şeyi yaptık!" diye kendi kendine gelin güvey olmuştur ama kız evinden ne bir haber gelmiş, ne bir kuş uçmuştur. Harputlu Hazmi'nin şu beyitleri böylelerin durumunu özetliyor:

Bu rütbe şarlatanlık etme vaız
Özün yok sözünden nesne gelmez
Söze istersen bin türlü düzen ver
Buruşmuş çehre düzgünle düzelmez

Yunus Emre de yukarıdaki fikirleri kendisine mahsus mucizeli lisanıyla şöyle ifade ediyor:

Dervişlik dedikleri hırka ile taç değil
Gönlü derviş eyleyen hırkaya muhtaç değil
Hırkanın ne suçu var sen yoluna varmazsan
Vargıl yolunca yürü er yolu kalmaç değil

Sufi Vaktin Oğludur

İn yekdem ömrra ganimet midân
Ez-refte meyendiş ü z'âyende metürs (82)

Şu içinde bulunduğun tek anlık ömrü bir fırsat bil ve onunla meşgul ol. Ne geçmişle üzül, ne gelecekten kork!

Efendim, İslam hayat dinidir. Hayat ise bir andır. İslam yaşar ve yaşatır. Bugün dururken dünle ve yarınla, gerçek dururken hayalle uğraşmaz. İnsana yaşadığı anın kıymetini ihtar eder ve ona bir sorumluluk yükler. Esasen her bir ibadetinin bir zaman dilimiyle sınırlı olduğu bu din bütün müntesiplerine hiçbir dinde bulunmayan bir zaman hassasiyeti kazandırmak ister. İslamın zaman anlayışı diğer kültürlerden farklıdır. Aslında zaman an dediğimiz halkaların bir toplamıdır ama biz onu bir bütün gibi algılarız. Mevlânâ bunu şu örnekle açıklıyor: İnsan eline bir meşale alıp çevirdiğinde meşale yarım bir daire şeklinde görünür. Aynı şekilde su devamlı aktığı için hep aynı suyun yerinde durduğu zannedilir. Netice şu: Madem ki zaman bir an, onu sakın fevt etme! Zaman konusundaki bu hassasiyetin tasavvuftaki karşılığı ibn-i vakt yani vaktin oğlu olmaktır. Şimdi Hz. Mevlânâ'nın bu vadideki bir beytini aktaralım:

Sûfi ibnü'l-vakt bâşed ey refik
Nist ferdâ güften ez-şart-ı tarik (3/1431)

Ey kardeş! Sufi vaktin oğlu olmalı. Yarın yarın demek tarikatın adabına aykırıdır!

Peki vaktin oğlu ne yapmalı, nasıl davranmalı? Bunu da Nahifi merhumun tercümesinden nakledelim:

Sufi ibnü'l-vakt olup ârâm ider
Vakte mânend-i peder ikram eder
Saf olanlar gark-ı aşkullah olur
Vakt u halden fâriğ olup şâh olur (3/54)

Şimdi de bu beyitlerin meali üzerinde düşünelim. Oğul babasına hizmetle yükümlüdür. Madem ki sufi vaktin oğludur o da kendi babasına yani vakte hizmet etmeli. Peki ama vakte hizmet etmek ne demek! Efendim, bizim anladığımız şu: Her zaman diliminin bize yüklediği vazifeler var. Nasıl baba kendisine yapılması gereken hizmetleri görmezse evladına küserse, vakit de böylece bizden görev bekler. Yani vakit hal diliyle bize seslenir ve der ki: Ey insan! Ömür dediğin zincir an halkalarından meydana gelir. Sen eline verilen bu an emanetlerini zayi etme. Her ana hakkını ver. Geçmişle oyalanma ve gelecek hayalleri kurma. Elindeki biricik zaman dilimi işte bu zamandır. Her ne yapacaksan işte şimdi yap.

Peşin mi Veresiye mi?

Cömert bir zat bir dervişe sordu:

"Bugün sana bir dirhem vermem mi hoşuna gider, yarın sabah üç dirhem vermem mi?" Derviş dedi ki:

"Dün yarım dirhemi verseydin bugünkü bir dirhemden de yarınki 100 dirhemden de iyiydi. Peşin sille veresiye ihsandan iyidir." (6/102)

Peki zaman idrakinin en üst hali böylece her anın tam olarak farkında olmak mıdır? Hayır, tam tersi. Mevlânâ ikinci beyitte bu idrakin bir üst basamağından bize sesleniyor ve şöyle diyor: Geçmiş ve gelecek kaygısından kurtulan ve gönül aynasını saflaştıranlar için zaman filan kalmaz. Zira onlar Cenab-ı Hakk'ın aşkında boğulmuşlar, hem dünyevi hem uhrevi endişelerden kurtulmuşlardır. Cenab-ı Hak için geçmiş ve gelecek diye bir şey var mı! O denizde boğulanlar da bu yüzden zamanın dışına çıkmıştır. Fuzulinin söylediği gibi:

Hikmet-i-dünya ve mâ-fiha bilen arif değil
Arif oldur bilmeye dünya ve-mâfiha nedir.

Arif olan, dünyayı ve içindeki her şeyi bilen değildir. Hakiki arif varlığını Hakk'ın varlığında ifna ettiği için bütün bunları bilgi defterinden silebilendir.

Enerjini Topla

İbn-i vakt olmanın bir anlamı da insanın bütün enerjisini bir ana toplaması, yoğunlaşmasıdır. Tıpkı start anında koşucuların dertop olmaları, nefeslerini tutup bütün enerjileriyle ileriye fırlamaları gibi. Mevlânâ bu fikre dini bir referans olarak şu hadis-i şerifi naklediyor: "*Kim himmetini bir yöne tevcih ederse Allah onu diğer güçlüklerden korur. Kim de gayretini bir yöne yöneltmez, Allah'a sım-*

sıkı yapışmazsa o helak olur." Demek ki insan ilgi ve dikkatini asıl o ilgi ve dikkate layık olan merciye ve merkeze yöneltmelidir. Bu hadiste bahsedilen dağılmayı her türlü bedeni ve zihni faaliyetimize teşmil edebiliriz. Mevlânâ zihni dağılmayla ilgili olarak bizi uyarıyor ve şöyle diyor: "*Aklını sen her tarafa dağıttın. Akıl suyunla her dikenin kökünü sularsan mana fidanı nasıl meyve verebilir?*" (5/44) Diğer taraftan ibn-i vaktin bir özelliği de pratik olması, görevlerini hemen yerine getirmesi, lugatinde *eğer* ve *şayet* gibi kelimelere yer vermemesidir. İşi eğer ve şayete kalan kişinin örneği şudur:

Eğer Demek Ne Demek

Bir yabancıya gurbette ev lazım oldu. Biri onu kandırmak niyetiyle bir harabeye götürdü ve dedi ki: "*Bak tavanı olsaydı şu ev ne güzel bir ev olurdu. Bir odası daha bulunsaydı çoluk çocuğuna ne güzel yeterdi. Ve sen burayı satın almış olsaydın ne güzel komşuluk ederdik.*" *Böyle "eğer"ler çoğalınca beriki sabredemedi ve; "Dosta yakın olmak güzeldir ama eğer'de oturmak ne mümkün!*" dedi. (2/28)

Helvayı Kim Yer

Bir Müslüman, bir Yahudi ve bir Hıristiyan yoldaş olmuştu. Bu nasıl olur deme! Doğan da karga ve baykuşla aynı kafese düşebilir. Ama kafes kalkınca her biri kendi yoluna gider. Hasılı bu üç yoldaş yolda dinlenmek için durduklarında biri onlara biraz helva getirdi. Müslüman oruçtu, diğerlerininse karnı toktu. Akşam olunca Müslüman, arkadaşlarına helvayı yemeyi teklif etti, ama berikiler;

"Bu gece tokuz, yarın yeriz." dediler.

Müslüman ısrar edince:

"Galiba sen bu helvayı tek başına yemek istiyorsun!" ithamında bulundular. O da:

"Öyle düşünüyorsanız, bari paylaşalım da herkes kendi hissesini yesin." dedi. Ama diğer ikisinin amacı Müslümanı aç yatırmak olduğu için paylaşmaya da razı olmadılar. Dediler ki:

"Bu gece uykuya yatalım, herkes uyanınca gördüğü rüyayı anlatsın. Rüyadaki işarete göre kim hak ediyorsa helvayı o yesin."

Böylece Yahudi ve Hıristiyan yatıp uyudu. Müslüman ise onların uyumasını bekledi ve oturup bütün helvayı tek başına yedi. Sabah olunca önce Musevi anlatmaya başladı:

"Ben rüyamda kendimi Hz. Musa'nın yanında gördüm. O ve ben birlikte Tur dağına yöneldik ve orada büyük bir nur bizi yuttu. O öyle bir nurdu ki şiddetinden dağ parçalandı ve biz de bayılıp yere düştük. Sonra diğer peygamberler de toplu halde geldiler ve Hakk'ı görmek için niyaza başladılar. Ancak onlardan hiçbiri bu devlete nail olamadı. Allah ile konuşan tek peygamber Hz. Musa olduğuna ve ben de onun ümmeti olduğuma göre bu helvayı yemek bana düşer."

Yahudiden sonra Hıristiyan söz aldı:

"Ben de rüyamda kendimi göğün 4. katında Hz. İsa'nın yanında buldum. Gök elbette yerden üstündür. O halde bu helvayı benim yemem münasiptir."

Sonra her ikisi ne anlatacak diye Müslümana baktılar. O da dedi ki:

"Ben de rüyamda efendimizi gördüm o bana:

"Yoldaşlarından biri Tur dağına diğeri ise 4. kat göğe gitti, böylece her biri kendi muradına erdi. Haydi sen de bari kalk da şu helvayı yiyiver. " dedi. Müslüman bunu anlatınca diğer ikisi telaşla:

"A aç gözlü, yoksa helvayı yedin mi?" dediler. O da dedi ki:

"Kendi peygamberleriniz size emretseydi siz yemez miydiniz? Elbette bana da bu emri tutmak yakışırdı. Bunun üzerine her ikisi:

"El-hak, senin rüyan da meğer uyanıklıkmış ve senin gördüğün bizimkinden hayırlıymış. Helvayı hak ettin, afiyet olsun." dediler. (6/89)

Hikâyede hüner davasındaki diğer iki din mensubu geçmişte kalmış. Oysa Müslüman bugünü temsil etmekte. Hak daima boş iddiadan güçlüdür. Hikâyenin içinde Mevlânâ benzer bir tartışma daha naklediyor. O da şu:

Koç, Deve ve Öküz: Bunlar arkadaş olmuşlar. Yolda giderken bir deste ot bulmuşlar. Koç uyanık davranarak:

"Bu tutamı bölsek hiçbirimize yetmez. Onu en yaşlımızın yesin. Değil mi ki yaşlılara hürmet Mustafa sünnetidir, demiş."

Mevlânâ bu bahse gelince toplumsal bir tenkitte bulunarak şöyle diyor:

"Yaşlıya saygı göstermek ve onu öne geçirmek sünnettir ya, bu devirde halk yaşlıyı ancak iki yerde öne geçirir: Ya çorba içmede ya yıkılacak köprüyü geçmede! Halkın saygısı böyle olursa saygısızlığı nasıl olur, sen düşün!"

Koçun teklifi üzerine üç hayvan arasında bir yaş tartışması başlamış. Koç demiş ki:

"Herhalde en yaşlınız benim. Hz. İbrahim'in İsmail için kestiği koç var ya! İşte ben onunla birlikte aynı merada otladım!" Öküz düşünmüş ve demiş ki:

"O da bir şey mi! Ben de Hz. Adem'in öküzüyle çift sürdüğünü görmüş kişiyim..." Bu iki palavra üzerine deve hiçbir şey demeden otu alıp yemeye başlamış ve:

-Benim delil getirmeme hiç lüzum yok. Siz buncacık bedeninizle bu kadar yaşlı olduğunuza göre benim sizden çok daha yaşlı olduğum ortada." demiş. (6/92)

Yarına Bırakma

Adamın biri yol üzerine diken ekti. Dikenler büyüdükçe yolcuların ayağını kanatmakta, elbiselerini parçalamaktaydı. Şehrin valisi ona; "Halka eziyet veren şu dikenleri sök!" dedikçe beriki; bugün yarın diye erteliyor ve; önümüzde gün mü yok diyordu. Böylece yıllar geçti. Bir gün vali ona şöyle dedi:

"İyi ama gün geçtikçe dikenler güçleniyor sense takattan düşüyorsun. Onları şimdi sökemezken ileride nasıl sökeceksin?" (2/45)

Ne kadar manidar değil mi? Bizdeki her kötü huy, insanları inciten bir diken gibi. Bunları sökmekte hiç vakit kaybetmemeli. Şeyh Sadi de bu mealde ne güzel söylemiştir:

Dirahtî ki eknûn giriftest pay
Be-nirû-yi şahsi berayed zi-cay
Vereş hemçünan ruzgari heli
Be-gerdûneş ez-bih ber-nek(ü)seli
Ser-i çeşme şâyed giriften be-bil
Çü pür şüd neşâyed güzeşten be-pil

Yeni dikilmiş bir fidanı bir adamın gücüyle kökünden sökmek mümkündür. Ama üzerinden bir müddet geçip de fidan kök saldığında onu artık fille bile sökmek imkansızdır. Küçük bir pınarı da çıktığı yerde elindeki kürekle kesebilirsin ama o pınar aşağılarda gürleşip ırmak olduğunda onu fil üstünde bile geçemez olursun.

AHMAKLARIN HALLERİ

Pend güften bâ-cuhûl-i hâbnâk
Tohm efkenden buved der-şûre-hâk (4/2285)

Ahmak cahile nasihat etmek, çorak yere tohum saçmak gibidir.

İnsanlık merdiveninin sakinleri arasında ilginç bir tip de ahmak tipidir. Şimdi Mesnevî'den alıntılarla bu tipi tanımaya çalışalım. Ahmaklığın belirtilerinden ilkini aşağıdaki bilge kuşumuz söylesin:

Kuşun Üç Nasihati

Bir avcı tuzakla bir kuş yakalamış. Kuş dile gelip demiş ki:

"Efendi, sen şimdiye kadar nice sığırlar, koyunlar ve develer yemiş doymamışsın, şimdi benim gibi üç dirhemlik bir kuşun etiyle mi doyacaksın? Beni serbest bırak ki işine yarayacak üç nasihatte bulunayım. Yalnız bu üç nasihat için üç de şartım var; birini elindeyken, öbürünü salıverince, üçüncüyü ise ağacın dalına konunca söylerim."

Adam şartları kabul edince kuş ilk nasihat olarak:

"Biri sana aklının kabul etmeyeceği bir şey söylerse sakın inanma." demiş.

Sonra adam ikinci nasihatın şartı olarak kuşu serbest bırakmış. Kuş uçup giderken tavsiyesini yapmış:

"Sakın geçmiş şeye üzülüp hayıflanma!"

Fakat ağaca konduğunda ilginç bir şey söylemiş:

"Biliyor musun, ne büyük bir servet kaçırdın. Benim kursağımda on dirhem ağırlığında bir inci var. Eğer beni bırakmasaydın bu inci sadece seni değil çocuklarını bile zengin etmeye yeterdi!"

Avcı bu sözleri duyunca; eyvahlar olsun diye dövünmeye, çırpınmaya başlamış. Daha sonra kuşa:

"Bari üçüncü nasihatını de söyle."" diye seslenmiş. Ama kuş:

"A nadan! Sanki evvelki tavsiyelerimi tuttun da şimdi de üçüncüyü mü istiyorsun! Ben ilk nasihat olarak sana; "Aklın kabul etmeyeceği şeye inanma." demedim mi? Oysa sen benim gibi üç dirhemlik bir kuşun kursağında 10 dirhemlik inci olduğuna hemen inandın. İkinci olarak sana; "Geçmiş şeye üzülme!" dedim, ama sen saçını sakalını yoldun. O halde üçüncü nasihatı duymasan da olur, deyip uçmuş gitmiş. (4/87)

Demek ki ahmağa yapılan nasihat yerini bulmuyor, hemen buharlaşıyor. İşte yukarıya aldığımız beyit, bu hakikati ifade etmekte. Beyitte, Mevlânâ ahmağa yapılan nasihatleri tohumun kötü toprakta çürümesine benzetiyor. Cahil bütün faydalı tavsiyeleri kendi içinde çürütür, işe yaramaz hale getirir. Diğer bir benzetişle de ahmak pervane gibidir; pervane mumda kanadını yakar ama ders almaz, aynı ateşe tekrar tekrar düşer.

Ahmağa bir şey anlatmak mümkün olsa bunu en iyi kimler yapardı? Şüphesiz mucize sahibi peygamberler. Mevlânâ onların bile ahmaklık karşısındaki aczini şu örnekle anlatıyor:

Ahmaktan Kaçıyorum

Adamın biri bir gün Hz. İsa'nın hızla dağa doğru kaçtığını görüp sebebini merak etti ve ardından seslendi:

"Ardında kimse görmüyorum, bu kaçışın da kimden?"

Hz. İsa ona cevap vermek için bile durmadı ve koşmasını sürdürdü... Beriki iyice merak etmişti; o da Hz. İsanın peşine takıldı:

"Allah rızası için söyle," dedi. "Senin gibi korunmuş bir insanı bu kadar korkutan şey ne olabilir, kimden kaçıyorsun?"

Hz. İsa:

"Bir ahmaktan kaçıyorum." cevabını verdi. Adam şaşırdı:

"Allah Allah. Sen kutlu nefesinle körleri ve sağırları iyileştiren, ölüleri dirilten İsa değil misin?" Çamurdan kuşlar bile senin elinde can bulup uçmuşken bir ahmaktan kaçmak da neyin nesi!

"Bütün bu söyledikleri doğru ama iş senin bildiğin gibi değil. Okuduğum ism-i azam duası köre ve sağıra tesir eder, ölüyü diriltir. Hatta dağa üflesem dağ bile parçalanır. Ama ahmağa yüzbinlerce defa okudum yine de nefesim çare olmadı. Kuma ekilmiş tohum gibi emeğimden bir mahsul alamadım."

"Peki ama bunun sebebi nedir? Niçin ahmak diğer dertliler gibi şifaya kavuşmuyor?"

"Çünkü ahmaklık Hakk'ın bir kahrıdır. Halbuki diğer bütün hastalıklar kahır değil bir iptila ve imtihandır. Hastalara ve dertlilere acınır; ahmaklıksa düşmanın ta kendisidir. Ezelde vurulan o mühre çare eli ulaşmaz." (3/98)

Ahmak Remizden Anlamaz

Arife bir işaret kafidir. Ahmak ise ne kinayeden anlar ne mecazdan. Mesnevî de bir üst dil olan mecaz ve kinayeye sık sık başvurur, anlatacağını remizlerle anlatır. Bazan hayali bir kahraman bazan bürtü böcek Mevlânâ'nın sözcüsü olur, onun fikirlerini bize taşır. Aslında bu yöntem bütün şark hikâyelerinin ortak özelliğidir. Fabl türü Şarkta doğmuş daha sonra Batıya intikal etmiş, özellikle de La Fontaine'den sonra yaygınlık kazanmıştır. Şarktaki hayvan hikâyelerinin en tanınmışı ise Kelile ve Dimne'dir. Bu sembolik dilden anlamayanlar, hayvan hikâyelerini yadırgar ve küçümserler. Bu da anlayış kıtlığının eseridir. Aşağıdaki parçada Mevlânâ önce niçin bu metodu benimsediğini açıklıyor sonra da durumu bir gramer örneğiyle açıklıyor.

Nüktenin anlaşılması için peşinen şu kısa açıklamayı yapalım: Arapça öğrenmeye başlayan müptedilere ilk öğretilen cümle: Daraba Zeydu Amrun = Zeyd Amr'ı dövdü, cümlesidir. Cümlenin ögeleri bu örnek üzerinde gösterilir. Zeyd ve Amr tabiatıyla birer sembolik isimdir. Amr kelimesi Ömer kelimesi gibi yazılır, fakat iki kelimenin karışmaması için Amr'a hiçbir fonksiyonu olmayan bir vav eklenir. Şimdi bu bilgiler çerçevesinde parçamızı nakledelim:

"Bu Dimne ile Kelile tamamen yalan, hiç karga ile leylek dost olur mu deme. Ey kardeş hikâye bir ölçektir, ondaki her mana bir tane gibidir. Akıllı kişi mana tanesini alır, asla ölçeğe aldırmaz. Nitekim nahivciler Zeyd Amr'ı dövdü derler. Birisi; bu kavga dövüş niçin? Amr'ın bir suçu var mı ki Zeyd yok yere bir köle gibi ona vuruyor, dedi. Ona dediler ki: Bu söz mana içindir, maksat buğdaydır, kap sanma. Zeyd ve Amr irab mevzuudur, ona yalan hamletmek olmaz. O yine dedi ki: Ben onu bunu bilmem, Amr'a bu hile bu zulum neden? Zeyd onu niçin suçsuz yere dövdü? Nahivciler çaresiz alayla cevap vererek: "Zavallı Amr bir vav-ı zait (yukarıda gerekçesinden bahsettiğimiz fazla bir vav) çalmıştı Zeyd bunu öğrendi ve onu cezalandırdı, çünkü haddini aşmıştı, haddini bildirmek gerekti dediler. O zaman; "İşte şimdi candan kabul ettim." dedi. (2/132) Eğri anlayışa eğri doğru görünür."

Demek ki ahmaklığın bir alameti sadece şekle bakmak, özü, manayı anlamamaktır. Mevlânâ bu özellikleriyle ahmağın gözlerini ölü gözüne benzetiyor:

Minümâyed sûret ey sûretperest
K'an dü çeşm-i mürdei o nâzırest

Ey şekle bağlanmış ahmak! Sen de gözleri bakar görünen ama hiçbir şey görmeyen ölü gibisin!

Yani bilirken de bilmez gibisin... Aşağıdaki adam gibi bilgini kullanmaktan acizsin.

Ahmakın Abdest Duası

Efendim iki türlü abdest duası var. Burna su çekilirken; "Allah'ım bana cennet kokusunu nasip et!" denir. Abdest bozunca da; "Allah'ım ben elden geldiğince bedenen temizlendim, sen de beni günah pisliğinden temizlenenlerden eyle." diye dua edilir. Ahmağın biri bunları ezberlemiş ama sırasını şaşırmış. Bir gün abdest bozduktan sonra yüksek sesle; "Ya Rab bana cennet kokusunu nasip et!"demiş. Bunu işiten biri demiş ki;

"Duan güzel ama deliğini şaşırmışsın. Cennet kokusu burunla duyulur; sen kokuyu tersinden mi alıyorsun.? Gül kokusu burundaki delik içindir, öbür deliğin gülden haberi olur mu? A nasipsiz onu yerinde ara." (4/86)

Ahmak Kaş Yaparken Göz Çıkarır

"Ahmak dostun olacağına akıllı düşmanın olsun." der bir atasözümüz. Aşağıdaki nükte bunun güzel bir örneği:

Kafir diyarında ezan okuyan çirkin sesli bir müezzin vardı. Ona birçok kereler;

- Burada ezan okuma, arada düşmanlığa sebep olur, dedilerse de aldırmadı. Halk kafirlerin bir karışıklık çıkarmasından çekinirken bir gün o taraftan bir adam elinde çeşitli hediyelerle çıkageldi ve dedi ki:

- Burada hoş sesli bir müezzin varmış, bu hediyeleri ona getirdim, kendisi nerede?

- Evet bir müezzin var ama senin aradığın değil. Zira onun sesi o kadar beddir ki halkta rahat huzur bırakmadı.

- İyi ya, ben de o sese zaten çirkinliği için hoş diyorum ya!. Benim gönlünü İslama kaptıran yeni yetme bir kızım var. Ne kadar dil döktüm, nasihat ettim onu bu hevesinden vazgeçiremedim. Çaresiz kalmış ne yapacağımı şaşırmıştım ki bir gün sizin müezzinin sesi bizim havraya kadar geldi. Kızım:

- Aman bu çirkin ses de nedir, bende huzur bırakmadı, dedi. Kızkardeşi:

- Bu Müslümanları namaza çağıran ezan sesidir deyince şaşırdı, inanmadı. Başkalarına da sorup hepsinden aynı cevabı alınca içindeki İslam sevgisi birden soğudu. Ben de ne zamandır ilk defa dün huzurla bir uyku uyudum ve bu gün o müezzini ödüllendirmeye geldim.

Sonra o müezzini buldu ve dedi ki:

- Şu hediyemi kabul et. Aslında imkanım olsa ağzını altınla doldurmak isterdim. Çünkü ben senin sayende rahat ve huzura kavuştum.

Mevlânâ daha sonra hikâyeye bir başka kapı daha açarak şöyle diyor:

"İşte sizin de riya ve yalandan ibaret imanınız da o ezan gibi yol kesici. Oysa Hz. Peygamberde o nur zuhur edince kafirlerin küfrü yok oldu gitti. Kimsede evvelki halis küfrü kalmadı. Ya Müslüman oldular ya da din korkusuyla doldular." (5/136)

İyiliğin Böyleyse

Ahmak iyilik yolunda bile ziyan edendir. "Nitekim bir sultan namaza niyet edip camiye yönelmiş. Önündeki muhafızlar yolu açmak için halkı itip kakıyor, kırbaçlıyormuş. Askerlerden kaçamayan biri sırtına on değnek yiyince şöyle demiş:

-Yahu cami yolunda yaptığın işe bak!. Hayrın böyle olursa kimbilir şerrin nasıl olur!"

Yukarıdan beri zavallı ahmağa çatıp durduk. Ama şöyle düşünmek lazım: Saydığımız özelliklerden bir kısmı acaba bizde de mevcut mu değil mi? Aşağıdaki hikâyeyi bu gözle incelemeli:

Hz. İsa ve Fırsatı Kaçıran Ahmak

Bir gün Hz. İsa cahil biriyle yol arkadaşı olmuş. /Nasıl öyle biri bir cahille yol arkadaşı olur, deme. Kâmil insanlar düşük insanlarla bir araya geliyorsa bil ki onlara insanlık öğretmek içindir, yoksa kendi ihtiyaçlarından değil/ Bunlar giderken yolda kemikler görmüşler. Hz. İsa'nın ism-i azam duasıyla ölüleri dirilttiğini bilen o ahmak:

- Ne olur bildiğin ism-i azam duasını bana da öğret de şu kemikleri diriltip kaldırayım, diye yalvarmış. Hz. İsa:

- Sus, bu iş senin haddin değil. Ancak içi dışı her türlü kirden arınmış olanlar o duayı bilmeye layık olur ve dua edince de geri çevrilmez. / Mevlânâ araya girerek diyor ki: Ey, dualar ezberleyip de bunlardan fayda görmedim diyen! Sende İsa'nın nefesi yok ki o duaların tesiri olsun./

Bunun üzerine o ahmak:

- Madem bende bu kabiliyet yok. O halde bari o kemiklere sen oku da dirildiğini görebileyim.

Hz. İsa bu işe şaştı ve:

- Ya Rabbi bu işin hikmeti nedir? Bu ahmağa düşen önce kendi ölü nefsini diriltmek iken niye başkalarını diriltmeye bu kadar hevesli, diye yakardı.

Ne kadar şaşılacak şey ki birçok kimse tıpkı bu ahmak gibi kendi kalbinin ıslahını unutur da başkalarını ihyaya kalkar. Hz. İsa gibi bir mürşit bulmuşken bu altın fırsatı nefsani isteklerle harcar. Kimisi böyle bir fırsatı hiç bulamaz ama her bulan da ondan istifade etmeyi bilmez.

Hasılı adamın ısrarı üzerine Hz. İsa kemiklere ism-i azam duasını okudu. Kemiklerden siyah bir arslan dirildi ve bir pençede o adamı öldürüp beynini yere döktü. Meğer adam kendi eceline susamış da ısarla onu çağırmakta imiş. Mevlânâ daha sonra bu benzetmeden hepimizi kapsayacak bir netice çıkarıyor: Bu aslan nedir? O senin kendi nefsindir. O halde uyanık ol! Nefs köpeğinin diriltilmesini isteme. Çünkü ilk avı yine sen olursun. (2/7)

Netice: İsmimizi Hak Ediyor muyuz?

Efendim, yukarıdan beri insanlık merdiveni sakinlerini ve onların temel özelliklerini tanımaya çalıştık. Bu merdivendeki derecemiz ne olursa olsun hepimiz şerefli "*insanlık camiası*"na dahiliz. Bu genel ismimizden başka özenilerek seçilmiş şahsi isimlerimiz de var. Ama bunları ne kadar hak edip etmediğimizi hiç düşündük mü? İşte bu bahsi Mevlânâ'nın bu konudaki fikirlerine ayıralım. Hz. Pir iki türlü isimden söz ediyor ve bunların farkları üzerinde duruyor. Bunların biri halkın verdiği eğreti isimdir; diğeri Hakk'ın verdiği gerçek isim. Doğduğumuzda anne babamız ileride ne olup ne olmayacağımızı bilmeden baştan bir isim verir. Allahın verdiği isim ise işin sonuna göredir. Onun için Hz. Mevlânâ şöyle der: "*Tanrı, insana sonuna göre bir ad takar; halkın taktığı eğreti ad gibi değildir o.*" Aslında bu durumu anlayabilmek için günümüze kadar gelen eski bir Türk geleneği olan göbek adı verme adetinden söz edebiliriz. Ta Oğuz Kağan destanından Dede Korkut hikâyelerine kadar sık sık karşımıza çıkan bu adete göre çocuğa önce basit bir göbek adı, geçici bir isim verilirdi... Bu isim geçiciydi, çünkü çocuğun büyüyünce yapacağı işe ve başarısına göre hak ederek yeni ve gerçek bir isim kazanması esastı... Oğuz'un karlı dağa kaçan atını tutup getiren kişiye üstü başı kara bulandığı için Karluk denmesi, yahut bir seferde kazanılan bol ganimeti taşımada kolaylık sağlamak üzere tekerli bir araç -kağnı- icat eden kişiye, aletin çıkardığı sese izafeten Kanglı adı verilmesi, keza Dede Korkut'ta boğayı alt eden delikanlıya Boğaç adının uygun görülmesi vs. bu tür örneklerdendir. Günümüzdeyse çocuğun ismini hak edip etmemesi üzerinde pek düşünmüyoruz. Daha çocuk doğmadan günlerce önce vereceğimiz ad için isim kataloglarını tarıyor ve kendimizce en güzel bir ismi seçiyoruz. Esasen evladın anne baba üzerindeki haklarından birinin de güzel bir isim olduğu malum. Biz de birçoğu peygamberlerden yahut büyük velilerden alınmış isimlerle çocuğumuza karşı görevimizi yerine getiriyoruz. Gerçekten yapılan araştırmalarda Türk toplumunda en sık rastlanan isimlerin Mehmet, Ahmet, Mustafa, Ali, Hasan gibi din ulularının isimleri olduğu tespit edilmiş. Bütün bunlar iyi güzel de isimlerimiz müsemmamıza ne kadar uygun? Eğer taşıdığımız ismi hak edebilecek işler yapabilmişsek ne mutlu bize. Yoksa ismimizle işimiz arasında Hz. Mevlânâ'nın parmak bastığı şu çelişki doğacaktır: "*Yeni doğan çocuğa gazi ya da hacı gibi isimler verirler. Daha onun gazi veya hacı olduğu yok. Sahibinde bu sıfatlar yoksa o gerçek olmaz.*" (4/10) Mehmet ve Ahmet, hamd/beğenilen, övülen kökünden geliyor. Bu adı taşıyanların ne kadar beğenilip beğenilmediği ancak hesap gününde ortaya çıkacak. Mustafa'nın ne kadar arı olup olmadığı, Ali'nin ne kadar bu ismi hak ettiği hep son güne kalmıştır. Ahirette insanlar, ya said ismiyle anılacak ya şaki, onlara ya mücrim denecek ya mümin. Kısacası oradaki ismimiz hak ettiğimiz bir isim olacak. Ne mutlu dünyadaki ismini ahirette de hak edenlere. Şimdi de ismini hak edip etmemeyle ilgili olarak Mesnevî'de yer alan hikâyelerden birini aktaralım:

İkisinin de Adı Hasan Ama...

"Şairin biri dönemin adetine uyarak şiirle padişahı methetti. Sultan da ona bin altınlık bir caizeyle mukabelede bulundu. Ancak iyi huylu vezir araya girdi ve evvelki sultanların ihsanlarını anarak rakamı 10 bin altına çıkardı. Şair önceden ihsan edilen miktarın arttırılma sebebini sordu ve o vezirin adını öğrendi. Vezirin adı Hasan'dı. Bir kaç yıl sonra parayı tüketen şair yeni bir kasideyle tekrar huzura geldi ve sultana sundu. Şairin saraydaki değişikliklerden haberi yoktu ve evvelkine benzer bir ihsan ummaktaydı. Oysa bu sırada eski vezir ölmüş ve yerine cimri bir vezir atanmıştı. Sultan adeti üzere bin altın verilmesini emredince yeni vezir araya girerek bunun azaltılmasını talep etti... Saray erkanı evvelki ihsanı hatırlatarak daha az bir caizenin sultanın şerefine yakışmayacağını söylediler. Ancak cimri vezir; "Görürsünüz, ben ona öyle bir tuzak kuracağım ki değil bin altını beğenmemek, bunun kırkta birine bile razı olacak." dedi. Bundan sonra uzun müddet şairi kapıda bekletti. Bekleme o kadar uzadı ki zavallı şair tam ümidini kesip kapıdan ayrılacakken kendisine o küçük parayı uzattılar. Şair evvelki ihsanla şimdiki arasındaki büyük fark karşısında hayretlere düştü ve sebebini sorunca aradakiler:

-Durum senin bildiğin gibi değil. Eski iyi vezir öldü ve yerine bu cimri vezir geldi. Şimdi bunu al ve hemen uzaklaş, yoksa fikrini değiştirir de verdiğini de geri almaya kalkar, dediler. Şair yeni vezirin ismini merak etti. Ona; adı Hasan, dediler. Şair:

"Aman Allahım ikisinin de adı bir ama yaptıkları iş birbirinden ne kadar uzak!" dedi. (4/46vd) Demek oluyor ki ismin Hasan olması huyun da hasen (iyi) olmasını sağlamıyor. Tıpkı adı insan olan herkesin hakiki insan olamayacağı gibi. Bu yazımızı Mesnevî'nin bu mealdeki bir nüktesiyle bitirelim:

İnsan Arıyorum

Bir rahip güpegündüz elinde bir kandille çarşı pazar dolaşıp dururdu. Bir ahmak ona sordu:

- Böyle güpegündüz elinde bu kandille çarşı çarşı, dükkan dükkan dolaşmaktan maksatın ne?

- Bir insan arıyorum.

- Allah, Allah. İşte çarşı pazar insan dolu ya.

- Hayır hayır. Öyle değil. Ben gerçek bir insan arıyorum. Onu bulsam da ayaklarına toprak olsam. (5/118)

CEVHER BEYİTLER-III

13

Ucuz alan ucuz verir:

Her ki o erzân hared erzân dehed

Gevherî tıflî be-kurs-ı nân dehed 1/1824

Her şeyin değeri ödenen bedel kadardır. Atadan dededen kalan, yolda belde bulunan şeyin değeri olmaz. Zira bir şeyi ucuza alan ucuza verir. Cahil çocuk yolda bulduğu incinin kıymetini ne bilsin. Bu yüzden bir hazine değerindeki o inciyi gider de bir somun ekmeğe değişir. İncinin kıymetini denizin dibine dalan dalgıça, ya da inci satıcısına sor sen. Aslında o çocuk sensin; inci de ata mirası olan dinin. Sen o hazineyi beşiğinde hazır buldun, sahip olduğun şeyin farkında olmayışın bundan.

14

Gerçek altın güneşi özler:

Kalb pehlû mîzened bâ-zer be-şeb

İntizâr-ı rûz mîdâred zeheb 1/3399

Gece kalpazanın bahtı sahihin bahtsızlığıdır. Karanlıkta iyiyle kötü, kalp altınla sahici olan kucak kucağadır. Kalp altın ister ki bu gece hiç bitmesin ve foyası ortaya çıkmasın. Saf altınsa gündüze âşıktır. Ta ki bulaşıklık töhmetinden kurtulsun, kadri kıymeti belli olsun. O gece dünyadır gündüzse ahiret. Bu âlemde hakla haksızlık, iyilikle kötülük, zulümle adalet iç içe kucak kucağadır. Ama hesap günü kurulacak terazi kimin kaç ayar olduğunu tek tek açıklayacak. O gün altın gibi bir gönül götürenlerin günüdür, gönül kalpazanlarının değil.

15

Senin ilmin boyadır:

İlmin olmazsa eger bî-vasıta

Pâyidâr olmaz çü reng-i mâşıta 1/3355

İki süs ve iki ilim var. Makyajcının bezediği yüzün boyası ilk yıkamada gelip geçer, Allahın süslediği yüzlerin güzelliği ise kalıcıdır. İlmin de sahici olanı ve makyaj olanı var. İlahi bir kaynaktan aracısız olarak gelen vehbi ilim gerçek ve kalıcı ilimdir. Kitap ve hocadan öğrenilen ama hazmedilmeyen ilim ise makyajcının boyası gibi bu gün vardır yarın yok. O halde..O halde kalıcı güzelliği iste ve gerçek ilme talip ol.

16-17

Ayna yalan söyler mi:

Oldu mîzân ile âyine mehek

Anlara hizmette çeksen bin emek 1/3654

Ger terazide olaydı meyl-i mâl

Müstakim olmazdı anda vasf-ı hâl 2/579

Bin türlü emek harcasan, diller döksen, iltifatlar etsen ne teraziyi ne de aynayı doğruyu söylemekten vazgeçiremezsin. Çirkinsen ayna sana çirkinsin demekten utanmaz. Terazi kaç paralık bir adam olduğunu söylemekten vazgeçmez. Çünkü ne ayna ne de terazi kendisi için tartmaz. Eğer terazide mal sevgisi olsaydı doğru tartamazdı. Sen Peygamber ve veliler de hizmetleri karşısında ücret istemedikleri için o ayna ve o terazi bil. Sana ne söylerlerse candan kabul et.

18

Sufi durduğu yerde koşar:

Dâhil-i keştî olup azm et devân

Cânib-i maşûka çün rûh-ı revân 4/567

Kimi koşar görünür ama yerinde durmadadır. Kimisiyse dururken de koşmadadır. Gemideki adam yerinde durmada ama gemi onu menzili maksuduna uçurmada. Gemiyi rüzgar götürür, sen de gönül yelkenlisini aşkın rüzgarlarıyla doldur ve durduğun yerde sevgiliye doğru koş. Diğer taraftan mürşidin seni sevdiğine götüren bir gemidir. Sen de böyle bir gemiye binmişsen yerinde saymaktan ve yolda kalmaktan korkma.

19

Kasap koyundan korkmaz:

Bî-şümâr u bî-hisâb olsa ganem

Merd-i kassaba o kesretten ne gam 3/4176

Koyunun kasaba rakip olması ne mümkün. Kasap, korkmak bir yana koyunun çokluğuna sevinir. Önemli olan yetki ve yetenektir, sayı değil. Yıldız sayısız da olsa güneşin karşısında duramaz. Hak ve Hak erlerinin karşısında da başkalarının gücü koyunun kasap karşısındaki gücü kadardır.

IV
BİLGİ VE BİLGİNİN DEĞERİ

Fikr ân bâşed ki bigüşâyed rehî
Reh an bâşed ki piş âyed şehî (2/3227)
Fikr odur ki insana bir yol açsın
Yol odur ki oradan bir şah geçsin

Efendim, insanlık merdiveni başlığı altında ele aldığımız kısımda Mevlânâ'nın insanları bilgilerine göre sınıflandırdığını görmüştük. Ancak bu bilgi nasıl bir bilgidir? Günümüzdeki bilgi anlayışıyla ne kadar benzeşir? Şimdi bu suallerin cevabını birlikte arayalım. Günümüzde amacı ve kullanım alanı düşünülmeksizin bilginin zati bir değer olarak yüceltildiğine şahit oluyoruz. Çağımıza verdiğimiz "bilgi çağı" isimlendirmesi de bir durum tespiti olduğu kadar bu yüceltmenin de ifadesi. Oysa İslam kültüründe her şeye olduğu gibi bilgiye de daha çok amacına ve yaradığı işe göre bir değer biçilmiştir. Bu kabule göre bilginin de işe yarayanı var yaramayanı var. Nitekim yukarıya aldığımız veciz beytinde Hz. Mevlânâ böyle bir tespitte bulunuyor ve mealen şöyle diyor: "*İnsana bir çıkış yolu göstermeyen fikri, bilgiyi, ilmi ne yapayım ben! Bilgi ve fikir bir işe yaramalı ki değeri olsun. Diğer taraftan bir fikrin ve bilginin değeri gördüğü hüsn-i kabulle de ölçülür. Bilginin açtığı yoldan bir padişah geçmeli ki o bilginin değeri belgelenmiş olsun.*" Şimdi bu fikirlere tercüman olan hikâyemizi aktaralım:

Filozof ve Bedevi

"Bedevinin biri buğdayını devesine yüklemiş, kendisi de üstüne oturmuş gidiyordu. Yolu üzerinde yaya gitmekte olan bir bilginle karşılaştı. Konuşarak bir müddet birlikte yürüdüler. Önce bilgin bedeviye kim olduğunu, nereden gelip nereye gittiğini ve çuvallarda ne taşıdığını sordu. Bedevi iki çuvalın birinde buğday, diğerinde kum taşıdığını söyledi. Bilgin, bunun sebebini sorunca beriki açıkladı:

- Tek çuval devenin sırtında durmaz, kayar. Kum çuvalı öbürünü dengelemek içindir.

Bilgin:

- İyi ama, böyle yapmakla devenin yükünü boş yere iki katına çıkarmışsın. Kum çuvalını boşaltıp buğdayı iki çuvala bölsen daha iyi değil mi? dedi.

- Bedevi bu aklı pek beğendi ve yol arkadaşının çok bilgili biri olduğunu anladı.

- Aferin dedi, ne güzel aklın var. Ben bin yıl düşünsem bunu bulamazdım.

Sonra onu devesine bindirdi ve:

-Şimdi sen de bana kendini anlat, dedi. Niçin böyle yaya ve arkadaşsız kalmışsın... Bu kadar bilgili ve akıllı olduğuna göre ya bey olmalısın ya vezir?

Beriki;

-Ne beyi, ne veziri birader, dedi, halim kıyafetim ortada değil mi!

Bedevi bu sefer onun varlıklı biri olduğunu düşündü; kaç devesi ve keçisi olduğunu sordu; dükkandan, paradan puldan söz açtı. Fakat bedevi her ne sorduysa bilgin hepsine hayır cevabı verdi ve dedi ki:

-O senin söylediklerinden hiçbirine sahip değilim. Gördüğün gibi yayan yapıldak dolaşan yoksul bir gezginim ben. Oradan oraya dolaşır, kim bir kap yemek verirse onun kapısında yatarım. Hasılı senin o kadar beğendiğin bunca bilgi ve hikmetten benim elime geçen baş ağrısından başka bir şey değil. Bunun üzerine bedevi onu hemen devesinden indirdi ve şöyle dedi:

- O halde tez yanımdan uzaklaş. Aklın da senin olsun, bilgin de! Sırtını giydirip, karnını doyuramayan o bilginin bana hiç lüzumu yok. Varsın bu cahil aklım kumla buğdayı denk etmeye devam etsin. Değil mi ki işlerimi görmeme yetiyor, bu aptallık ve bilgisizlik bana mübarektir." (2/116vd)

Bir Hatıra

Sevgili okuyucu, şimdi de Hazret-i Mevlânâ'nın bu hikâyesinin bana hatırlattığı talebelik yıllarıma ait küçük bir hatıramı paylaşayım. Efendim, yıl 1976, yer İstanbul Edebiyat Fakültesi. Tesadüfen aynı yıllarda okuyan bir okuyucu çıkarsa hatırlayacaktır; o yıllarda öğle yemeği olmak üzere öğrenciye naylon poşet içinde kumanya veriliyor... Poşetin içinde çeyrek ekmek, yumurta, peynir gibi öğrencinin her gün yemekten gına getirdiği kuru şeyler var. Dolayısıyla yarısı yeniyor, yarısı çöpe gidiyor. Neticede her yemek sonrası koridordaki kapaklı büyük çöp bidonları yemek artıklarıyla dolup taşıyor. Bir gün çöp kovalarını karıştırıp yemek artıklarını toplayan yaşlıca bir adam dikkatimi çekdi. Dökülen üstü başına nazaran herhangi bir sokak dilencisine benzemekte ama bir dilencinin fakülte koridorunda ne işi var? Bu çöp karıştırma işi sonraki günlerde de devam edince adamcağızı merak etmeye başladım. Meğer efendim, bizim çöpçü bu koridorların neredeyse 40 senedir aşina olduğu kıdemli bir talebe imiş. Bir bölümü bitirince diğerine yazılmak suretiyle şimdiye kadar 10 tane bölüm bitirmiş ve son olarak da Felsefe tahsil ediyormuş. Şimdi bu ilim aşkını ve gayreti takdir mi etmeli, yoksa herkesin tek diplomayla aş, eş ve iş sahibi olduğu bu dünyada onun bunca diplomayla karnını bile doyuramamasına acımalı mı? Yukarıda naklettiğimiz hikâyenin bakış açısıyla bizim yaşlı talebe daha çok acınmaya layık görünüyor. Zira Hz. Mevlânâ metnin başına aldığmız beytinde de ifade ettiği üzere bilginin pratik olanına, işe yarayanına, yol açanına değer veriyor. Sadece kitabi olan ve kullanılamayan bilgiyi küçümsüyor. Şimdi de işe yaramayan bilgiye örnek olarak da aşağıdaki -meşhur- hikâyeyi nakledelim:

Gramerci-Gemici:

Kibirli bir lisan alimi bir gemiye binmiş ve gemiciye dönüp:

- Sen hiç nahiv okudun mu arkadaş, diye sormuş.

Beriki; hayır, deyince aşağılayıcı bir uslupla:

- Vah, vah! Ömrünün yarısı boşa gitmiş dostum, demiş. Gemici üzülmüş ama sabredip susmuş. Bir müddet sonra fırtına çıkmış ve girdaba yakalanan gemi batmaya başlamış. Kaptan can telaşına düşen dil alimine:

- Hey nahivci, demiş, sen yüzme biliyor musun?

Beriki; hayır, cevabını vermiş. Bunu üzerine gemici:

- Desene, demiş. Şimdi senin de ömrünün tamamı gitti.

Hz. Mevlânâ bu hikâyeden birden fazla ahlâki sonuç çıkarıyor. Ezcümle demek istiyor ki; her bilgi her yerde geçmez. Şayet denizdeysen gramer bilmenin sana hiçbir yararı yok. Diğer taraftan bilgi bir varlık iddiasıdır, oysa denizde olana varlık değil, yok olma bilgisi lazım. Nasıl ki su önce öldürür sonra ölüyü başında taşırsa, sen de ölü gibi ol ki su seni taşısın. Yoksa kendi bilgi ve kabiliyetine güvenen kişinin bu deryadan kurtulması zor. (1/112)

Gerçek Bilgi ve Fil Tarifi

Çok zaman bilgi dediğimizde insanın beş duyu ile kavradığı ve elde ettiği şeyleri kastederiz. Halbuki bu tür bir bilgi, bilgi araçlarının yetersizliği dolayısıyla eksik ve yanıltıcıdır. Diğer taraftan her insan gerçeğin sadece belli bir tarafını görür ve onu hakikatin ta kendisi sanır. Sezai Karakaoç'un benzetmesiyle; gerçek, 7 cephesi olan bir ehram gibidir; her insan ehramın sadece kendisine bakan yüzünü görebilir. Hz. Mevlânâ bu durumu birçok vesileyle tekrar edilen o meşhur fil benzetmesiyle açıklar. Efendim özetle hikâye şu:

"Bir padişaha hediye olarak Hindistan'dan bir fil gelmişti. Onu sarayın ahırına koydular. Hayatlarında hiç fil görmemiş insanlar onu görmeye geldiler ama ahır karanlıktı. Biri fikir edinmek için ellerini uzattığında filin hortumunu yakaladı. Adam hortumu yokladı, eğdi büktü ve arkadaşlarına:

-Bu fil içi boş yumuşak bir boruya benziyor, dedi.

Bir diğeri filin kulağını tutmuştu, onu kadife gibi kalın ve yumuşak bir yelpazeye benzetti. Başka bir adam filin ayağını yokladı ve onun kalın bir sütun olduğunu sandı. Geniş sırtına elini değdiren bir diğeri filin bir taht olduğunu düşündü. Böylece her biri kendi zanlarınca bir fil tarifi yaptılar."

Benzetmesinin sonunda Mevlânâ şöyle der: "Bu adamların ellerinde bir mum olsaydı, filin nasıl bir şey olduğunu herkes görürdü de aralarındaki ihtilaf ortadan kalkardı." (3/48)

Yukarıdaki benzetme birçok yönden tefsire müsait. Bir kere bütün fil tarifleri hem doğru hem yanlış... Parça olarak doğru olan şey onun bütün sanılmasıyla yanlışa dönüyor. Fil benzetmesi bize herhangi bir konuda sabit fikirli olmamamız, bizden başkalarının da gerçeğin başka bir parçasıyla yüz yüze gelebilecekleri ihtimalini hatırda tutmamızı ihtar ediyor. Peki ama ahır karanlık olmasaydı ya da bir mumla aydınlatılsaydı gözümüzün gördüğü varlık, yani bütün o parçaların bir araya gelmesiyle oluşan şey acaba yine bizatihi filin kendisi olur muydu? İşte bu noktada Hz. Mevlânâ -burada izahı yersiz olan- bilgi felsefesi ile ilgili bir probleme geçiyor ve duyu organlarıyla kavranan bilginin hiçbir zaman mutlak bilgi olamayacağını belirtiyor: "*Aslında bu baş gözü de bir nevi avuca benzer. Avucun bütün fili kuşatmasının imkansızlığı gibi göz de hakikati kuşatamaz.*" Peki ama duyu organlarının ve aklın verdiği bilgi mutlak değilse mutlak bilgi nerede ve bu bilgi hangi vasıtayla elde edilir? İşte burada sufilerin sıkça bahsettiği, kalbe ihsan olunan ilahi bir hediye olarak irfani bilgi devreye girmektedir. Bundan daha gerçek olanı ise vahye dayalı bilgilerdir.

Halkın Bilgisi ve Gerçek Bilgi

Meseleye yukarıdaki zaviyeden bakan Hz. Mevlânâ'ya göre insan olgunluğu nisbetinde gerçek bilgiye yaklaşır. Dünya bir oyun ve eğlence yeri olduğu gibi bu oyuna dalan dünya halkının ekserisi de manen çocukturlar. Sanki çubuk atlara binmiş çocuklar gibi onların savaşları da barışları da asılsızdır, bir değer taşımaz. Aynı şekilde bilgileri oyunla, eğlenceyle ilgili çocukça bilgilerdir. Manen ergen olanların bilgisi ise Ledün bilgisidir. Bu tür bilgi vehbidir, aniden ve bir lutuf olarak verilir. (1/135) Hz. Mevlânâ: "Kürt olarak yattık Arap olarak kalktık." derken ledün bilgisinin ani oluşunu ifade etmiştir.

Aslında halkın yüksek bilgi ve sırları bilmemesinde de bir hayır vardır. Nasıl mı? Önce bu konudaki beyitlere bakalım, sonra üzerinde düşünelim:

Tıflrâ ger nân dehi ber-cây-ı şîr
Tıfl-ı miskinra ez-ân nân mürdegir
Çünkü dendânha ber-âred ba'd-ez-ân
Hem be-hod talib şeved ân tıfl nân (1/608-9)

Meali şu: "*Eğer çocuğa süt yerine ekmek verirsen ona iyilik etmiş olmazsın; çünkü ekmek henüz onu yiyecek durumda olmayan zavallı çocuğu öldürür. Ama ne zaman ki dişleri çıkar, çocuk kendiliğinden ekmek istemeye başlar.*" Demek ki yavruya sütten başka bir şey verilemeyeceği gibi olgunluk bakımından çocuk hükmünde olanlara da yüksek bilgiler verilemez. Nitekim Hz. Peygamber "*İnsanlarla konuşurken kendi seviyelerine/kapasitelerine göre ve anlayabileceği bir dille konuşunuz.*" buyurmuştur. Onun varisleri de bu tavsiyeye uymuşlar, ana kuşun yemeği önce kendi kursağında eritip yavruya kay haline getirerek vermesine benzer tarzda hazmedilmiş bilgileri aktarmışlardır. Konuyla ilgili olarak Hz. Mevlânâ ile ilgili şu küçük menkıbeyi aktaralım:

Efendim, Hz. Mevlânâ'nın talebeleri Şems'in alışılmadık sözlerini pek yadırgıyor ve kavramakta zorlanıyorlarmış. Bir gün Mevlânâ, talebeleriyle giderken yolları üzerinde yavrulu bir köpeğe rast gelmiş. Ana köpek önündeki eti yiyor ve yavrularını sütüyle besliyormuş. Hz. Mevlânâ öğrencilerin dikkatini bu manzaraya çekerek şöyle demiş: 'Sizinle benim halim bu süt emen yavrularla onları besleyen analarına benzer. Şemsin sözleri et gibidir; onu yemeğe kalkarsanız ölürsünüz ama o et bana dokunmaz. O halde o sözleri siz Şems'ten değil benden dinleyiniz.' Demek oluyor ki her bilgi herkese verilmemeli. Yoksa? Yoksayı aşağıdaki beyte bırakalım:

Bilginin Sorumluluğu

Bed-güherrâ ilm ü fen âmûhten
Dâden-i tiğî be-dest-i râhzen (4/1456)

Layık olmayana ilm ve fen öğretmek, yol kesicinin eline kılıç vermek gibidir.

Efendim, aydınlanma çağı ile insan kendi bilgisine hayran oldu ve bu bilgiyle dünyayı cennete çevireceğini sandı. Ama bilgi başka, ahlâk başkadır. Bilgi kullanım amacına göre iyi sonuç da verebilir kötü sonuç da. Sözgelimi atom bombası ve gelişmiş silahlar birçok insanın ölümüne, sakat kalmasına sebep olmuştur ve olmaya da devam ediyor. Kötüye kullanılan bilginin sonuçları hidrojen bombasını bulan Saharov'u bu buluşuna pişman etmiştir. Toynbee'e göre de şu an bizi bilgisizliğimizden çok bilgimiz tehdit etmektedir. Çünkü insanlık o bilgiyi taşıyacak ahlâk omurgasından mahrumdur. Hz. Mevlânâ da yukarıdaki beytinde bilginin layık olmayan elinde ne kadar tehlikeli olabileceğini çarpıcı bir örnekle veriyor: "*Mayası bozuk, ahlâki olgunluğa erişmemiş kişiye öğretilen bilgi âdeta haraminin eline kılıç vermek gibidir.*" Her bilgi, bilgi sahibine bir sorumluluk yükler. O yüzden bazılarının bilgisizliği kendileri için de başkaları için de daha hayırlıdır. Şimdi de bilginin layık olmayan elinde nasıl bir felaket sebebi olacağına dair hikâyemizi akataralım:

Hayvan Lisanı Öğrenmek İsteyen Ahmak

"Bir ahmak Hz. Musaya yalvardı:

- Ne olur bana hayvan lisanını öğret.

Hz. Musa:

- A zavallı, bu heveş sana nereden geldi? Vaz geç, zira sen bu bilgiye layık değilsin. Bilgi layık olmayanı felaketlere uğratır, dedi.

Ancak adam öyle ısrar etti ki sonunda Hz. Musa Cenab-ı Hakk'a yüz tutup kendisine yol göstermesini niyaz etti. Cenab-ı Hak:

- Bizim kapımızdan isteyeni boş çevirme. O, bilgiyi ister iyiye, ister kötüye kullansın, bize yakışan dileyene dilediğini vermektir, buyurdu.

Gerçekten Hak Teala bize hem irade hem çeşitli imkanlar vermiş ve bu imkanların kullanılması konusunda bizi serbest bırakmıştır. Şüphesiz o şerre razı değildir ama imtihan sırrınca kulun iradesine de -dilemedikçe- müdahele etmez.

Hz. Musa vazgeçmesi için tekrar tekrar nasihat ettiyse de adam ısrarını sürdürdü ve:

- Bütün hayvanların lisanını öğretmezsen bari bir ikisinin dilini öğret, ona da razıyım, dedi.

Bunun üzerine Hz. Musa adama horoz ve köpeğin dilini öğretti. Zavallı ahmak sevine sevine evine geldi. Evin hizmetçisi yemekten sonra sofra bezini bahçeye silkmişti. Horoz gelip bezden dökülen ekmek kırıntılarını gagalamaya başlayınca köpek ona itiraz etti:

- Bu yaptığın bana zulum değil mi? Ben senin gibi arpa ve buğday yiyemem, benim olması gereken ekmeği de sen kapıyorsun, dedi. Horoz cevaben:

- Üzülme, dedi, yarın bundan iyisini bulacaksın. Yarın efendinin atı ölecek, sen de onun leşiyle karnını doyuracaksın.

Adam bunu duyar duymaz atı hemen pazara götürüp sattırdı. At alanın elinde öldü. Bizim ahmak ise zarardan kurtulduğunu sanarak seviniyor, bilmeksizin zararın büyüğünü davet ediyordu.

/Gerçekte bizim de mallarımıza gelen zararlar canlarımızın sadakasıdır. Nitekim; sadaka belayı def eder ve ömrü uzatır, denmiştir. Bir gecelik sıtma da bir senelik günaha kefaret olur. Canlara gelen zararlar, hastalıklar imanımıza kefarettir./

Ertesi günü efendi yine evin penceresi altında konuşan iki hayvana kulak kabarttı. Horoz:

- Merak etme, diyordu. Bu sefer efendinin cariyesi ölecek ve onun için yemek verecekler. Sen de kemik artıklarıyla doyarsın. Adam cariyesini pek sevmekte idi ama bunu duyunca hemen cariyeyi de sattı ve zannınca büyük bir zarardan kurtuldu. Kendi kendine; iyi ki bu dili öğrenmişim, demekteydi..

Üçüncü gün köpek bir hayli zayıflamış olarak horoza:

- Sen beni aldatıyorsun, diye çıkıştı. Söylediklerinin hiçbiri doğru çıkmadı.

Horoz dedi ki:

- Doğrusu ben de bu işe şaşıyorum. Çünkü bizim milletimizde yalan söylemek yoktur. Biz Allah ve Resulu indinde makbul bir milletiz, insanları namaza kaldırırız. Fakat birkaç gündür benim de anlamadığım bir şeyler oluyor. Ama üzülme, yarın efendinin kendisi ölecek ve mirasa konan akrabaları ziyafet verecekler. Bundan şüphesiz sana da hisseler çıkar, dedi. Bunu duyunca efendinin aklı başından gitti. Atı ve cariyeyi satmıştı, ya şimdi kendini kime satsın? Canına kefaret ve ecelle arasında set olan o küçük musibetleri önünden çeke çeke sonunda Azrail'le yüz yüze gelmişdi. Ahmak hemen can telaşıyla Hz. Musa'nın yanına koştu ve:

- Medet ya Musa, medet, dedi. Bu bilgiyi benden al ve bu belayı başımdan kaldır.

Hz. Musa dedi ki:

- Heyhat, yaydan çıkan ok geri dönmediği gibi İlahi takdir de geri dönmez... Şimdi yapılacak iş senin imanını kurtarmak için Allah'a yalvarmaktır."

İşte ahmaklık böyledir. Ahmaklar Hz. Musayla bile buluşsa, fırsatı değerlendirip ruhunu diriltmeyi düşüneceğine nefsine hizmet eder ve eline verilen bilgi kazmasıyla kendi mezarını kazar. "(4/125)

Hikâyede bilginin kötüye kullanılması yanında şu husus da anlaşılıyor ki asıl bilgi, insanın kendisine lazım olanı lazım olmayandan tefrik edebilmesidir.

Kullanılmayan Bilgi Neye Benzer?

Ey besâ âlim zi-dâniş bi-nasib
Hâfız-ı ilmest ân kes ni-hasîb
Z'ân ki pirâhen be-dest âriyest
Çün bi-dest-i ân nühesi câriyest
Câriye pîş-i nühâsi serserîst
Der-kef-i o ez-berây-ı müşterist (3/3060, 62, 63)

Nice alimler var ki kendi ilminden nasibi yoktur. Böyle bilginler kendi bilgilerinin sadece bekçisi, hammalıdırlar. Onun elindeki gömlek ödünçtür. Dellal elindeki cariye gibidir. Dellal elindeki şaşkın cariye müşteriyi avlamak içindir, yoksa onda dellalin bir payı ve nasibi yoktur.

Hak Teala işe yaramayan bilgi sahipleri için "onlar kitap yüklü eşeğe benzer" buyurmuştur.

İnsan ne kadar bilgili olursa olsun bu bilgiden istifade edemiyorsa bilgisiz sayılır. Hz. Mevlânâ bununla ilgili olarak aşağıdaki çarpıcı tespitlerde bulunuyor:

Uzaktan Gören Kör, İyi İşiten Sağır ve Uzun Etekli Çıplağın Hikâyesi

Sebe kavmi içinde üç kişi vardı. Biri çok uzakları görürdü ama kördü. Karıncayı görürdü ama Süleyman'ı görmezdi. Diğeri gayet iyi duyardı ama sağırdı. Hazineydi ama altınsızdı. Öbürü çıplaktı ama eteği pek uzundu.

Ne kadar ilginç ve çarpıcı ifadeler değil mi? Peki ama bunlardan kasıt ne? Hz. Mevlânâ aşağıda benzetmeleri yine kendisi açıklıyor:

Uzun emel sahibi sağırdır. Bizim ölümümüzü duyar da kendi ölümüne karşı sağırdır. Hırs da kördür. Halkın ayıplarını inceden inceye söyler durur. Kendi aybını görmeye gelince gözü kördür. Çıplak da eteğinin kesilmesinden korkuyor! Hayret, hiç çıplağın eteği kesilebilir mi? Dünya halkı müflistir ama yine de soyulmaktan korkuda. Meteliksiz müflisin hırsızdan korkmasına ne hacet! İnsan dünyaya çıplak geldi, çıplak gidiyor. Öyleyse hırsız kaygısıyla niçin dertlenir? Böylesi sanki rüyada mal sahibi olup da hırsız korkusuyla titreyene benzer. Biri onu uyandırınca kendi haline katıla katıla güler. Ey, bu halk zamanımı çalıyor, diyen! Madem ki o vaktin sana hayrı yok, o halde sen zaten işsiz güçsüzsün de farkında değilsin. (3/100)

Bu anlatılanlardan şu çıkıyor ki bütün bilgilerin başı insanın bizzat kendisini bilmesidir. Her şey kendini bilmekle başlar ama insanın en az bildiği yine bizzat kendisidir. Mevlânâ bu garabate dikkat çekiyor: "*Alim nice binlerce ilim bilir de o zalim kendi nefsini bilmez.*

Sen gerçi caiz olanı olmayanı bildin ama nefsin acaba bunların hangisi üzere!

Her metaın kıymetini bilirsin de kendi kıymetini bilmeyen ahmaksın.

Uğurlu uğursuz yıldızları biliyorsun da kendin uğurlu musun uğursuz mu haberin yok."

Sevgili okuyucu! Ne kadar hikmetli ve derin sözler bunlar. Bu sözler ancak Allah'ın kalbini hikmete açtığı bir bahtiyarın söyleyebileceği kabilden şeyler... Bu tespitlerden anlaşılıyor ki gözden göze kulaktan kulağa fark var. Başkasının kusurunu duymak veya görmekte bir marifet yok. Bunlar her kişinin kârı. Er kişinin kârı ise kendi kusurunu görmek, işitmek ve bilmek olmalı. Hakiki bilgi bu dünyaya çıplak geldiğimizi ve çıplak gittiğimizi hiç unutmamak, üzerimizdeki elbiselerin eğreti olduğunu ve bir gün çıkarılacağını hatırda tutmaktır. Hasılı:

İlmhâ-yı ehl-i dil hammalşan

İlmhâ-yı ehl-i ten ahmalşan

Gönül ehlinin ilmi sahibini taşıyan hamal gibidir. Tenperestlerin ilmi ise sahiplerinin sırtına yükten başka bir şey değildir.

Yukarıdaki tespitleri günümüzün büyük alimlerinden Ahmet Muhtar Büyükçınar'ın çarpıcı bir cümlesiyle bitirelim: "İlim yemeğe benzer. Önüne 10 kişilik de yemek konsa ancak yediğin kadarı senindir. Yemediğin yemeğin sana faydası yok. İnsanın ilmi de bildiği kadar değil, o bilgiden faydalandığı kadardır."

CEVHER BEYİTLER-IV

20

İlim Süleyman mührü:

Hâtem-i mülk-i Süleymanest ilm
Cümle âlem sûret ü cânest ilm 1/1071

İlim, geçerliliği ve gücü bakımından Hz.Süleymanın mührüne benzer. Süleymanı Süleyman eden ve ülkesini çekip çeviren o mühürdür. Dünyada da her iş bilgiyle döner. O halde bu âlem bir bedense sen ilmi o bedenin canı say.

21

Doğru yerde ara:

Dürrü kıl cevf-i sadefden cüstücû
Fenni kıl ehl-i hırefden cüstücû 5/1062

Akıllı her şeyi bulacağı yerde arar. Binlerce kutular da açsan, inciyi sadef kutusundan başka yerde bulmana imkan yok. O halde ilim ve bilgi incisini de sen o bilgiye sadef olmuş gerçek bilginlerden öğren. Sadefin kapağını kaldırmadıkça boş mu dolu mu olduğunu bilemezsin. Bilgi incisine hamile olan bilginlerin ağzı da sadef gibi mühürlüdür. Sen o mührü kaldır ki inci açığa çıksın.

22

Akıl lengerdir sana:

Lenger-i akl iledir merde eman

İdegör deryûze-i lenger hemân 3/4356

Lengersiz gemi fırtınanın önünde savrulur gider, nerede duracağı belli olmaz. Bu fırtınalı dünya denizinde insanın lengeri de akıldır. O halde sen iyi bir akla sahip olmayı dile. Her rüzgarın önünde oradan oraya savrulup durma.

23

Terazi tartmaz dağı:

Zerre vezn-i kûha eylerse murâd

Kûhdan mîzânın eyler vakf-ı bâd 4/385

Hangi terazi dağı tartabilir ki! Bu işe kalkanın yerinde yeller eser. Ey haddini bilmez akıl terazisi! Sen kim, Hak ve hakikat dağını tartmak kim. O dağın altına girmeye kalksan ne izin kalır ne tozun. O halde aczini bil haddini aşma. Ziya Paşanın nasihatına uy ve şöyle de:

İdrak-i meali bu küçük akla gerekmez
Zira ki bu terazi bu kadar sıkleti çekmez

24

Aklın gölgesine sığınılır mı:

Sâye-i Hakdır hıred Hak âfitab

Sâyede hurşîde nisbet var mı tâb 4/2132

Gerçi gölge güneşten ayrılmaz, varlıkta onunla ayakdaş olmuştur. Ama hiç gölgeyle güneşin gücü kudreti bir olur mu? Güneş ışıtır, besler,büyütür, gölgenin bunlardan yana nasibi yoktur. Akıl da Hakkın kudretindendir ama ona nisbetle bir gölge mesabesindedir. O halde ey aklıyla övünen! Haddini hududunu bil, güneşe kafa tutmaya kalkma.

25

Akıl başta değil:

Var mıdır iblisden pîr-i cihân

Çünkü bî-akl oldu lâ-şeydir hemân 4/2185

Gerçi insan akıl ve bilgisi yılların semeresidir. Bilgi anbarının dolması için nice hasat mevsiminin geçmesi gerek. Saçtaki sakaldaki ak insanın çok şey gördüğüne, tecrübeler ve bilgilerle akıl anbarını doldurduğuna işaret eder. Ne var ki insanın bir şey öğrenmeye niyeti yoksa, akıl anbarının kapılarını sürgülemişse gelip geçen mevsimler ve mahsuller ne yapsın. Nitekim dünyada iblisten daha yaşlısı yok ama o hala ilk günkü kopkoyu küfür ve cehaleti içinde. O halde bilgi ve akılda yaşına layık olmaya bak, saçını sakalını yalancı çıkarma.

26

Akıllılık ne demek:

Akl ile bîmâr eder azm-i tabîb

Lîk akl olmaz devâsında musîb 4/3346

Akıllı olmak her şeyi bilmek değil, bileni bulabilmektir. Nasıl ki hastanın da aklı kendi sahibini tedavi edemiyor ama onu alıp bir doktora kadar götürüyor. Tedavi etmek doktorun işidir, ama her hasta doktorun yolunu bulmayı da beceremez. O halde sen doktor değilsen de doktorunu bulacak kadar bir akıllılık göster.

27

Aklın geçmediği yer:

Aklı kurbân eyle râh-ı yârda

Akla andandır meded her kârda 4/1445

Akıl başka yerde rehberdir ama sevgiliye ulaşmada değil. Sevgiliye ulaştıran rehber aşk ve iştiyaktır. Akıl; dur, düşün, kendine acı, der. Aşksa sana sevgili için ölmeni emreder. Sen kavuşmak istiyorsan akla değil aşka kulak ver. Aklını o yolda kurban edersen sevgili sana daha iyisini bağışlar. Bir akla bin akılla, bir başa sonsuz bir ömürle mukabele eder. Gerçek akıllılık da bu değil midir!

28

Kulak kesil ki, dil konuşsun:

Müstemi' çün teşne vü cûyende şüd

Vâiz er mürde buved gûyende şüd 1/2481

Soru ve cevap bir alışveriş, bir arz-talep meselesidir. Zira marifet iltifata tabidir ve müşterisi yoksa meta zayidir. Hatibi konuşturan dinleyicinin aşkı, şevki,arzusudur. Memedeki süt bile elin maharetine göre artar eksilir, ağız kulağa göre laf yapar. Dinleyen istekli olursa ölü vaiz bile bülbül kesilir de inciler saçmaya başlar. O halde iyi şeylere karşı baştan ayağa kulak kesil ki hikmetin dili kurumasın.

29

Kim susar kim konuşur:

Bil hamûşî bahr u nehr oldu suhen

Cûyı ko azm idegör deryâya sen 4/2083

Nehir baştanbaşa dil kesilmiştir de ulaştığı hakikatleri söyler durur. Oysa nehir yoldadır, henüz amacına varmamıştır. Bütün suların son durağı olan deniz ise sukundur. Zira denizden öteye varacak yol kalmamıştır. Demek ki hakikat sustuğunda da hal lisanıyla haykırmaktadır. O halde sen kale değil nazar et, nehri değil deryayı gözle.

V

DÜNYA

A- Dünya Gurbeti Karşısında Üç Tavır

İn cihan hod habs-i canhâ-yı şümâst
Hin revid ân sû ki sahrâ-yı şümâst (1/550)

Bu dünya canlarınızın hapishanesinden başka bir şey değil. O halde oyalanmayın, çabuk kendi yurdunuza doğru yola koyulun.

Efendim, neyin feryadını duyanlar bilir ki bedenimizin vatanı olan bu dünya ruhumuzun gurbetidir. Kimi insanlar tenleşir ve ten vatanını benimser, ruhlarının çağrısına kulak tutan kimilerinin gözleri ise yücelerdedir. Diğer bazıları ise iki arada bir derede kalmışlardır. İşte o uzun insanlık merdivenindeki yerimizi belirleyen hususlardan biri de Hz. Mevlânâ'ya göre dünya karşısında takındığımız bu farklı tutumlardır. Hazret insanların dünya karşısında takındığı bu üç temel tutumu aşağıdaki 3 balık hikâyesiyle özetliyor:

Üç Balığın Hikâyesi

Efendim, nakledeceğimiz hikâyeyi bir çocukluk hatırasıyla birleştirerek aktarmaya çalışayım. Çocukluğumun geçtiği köyün alabalığı zengin bir deresi vardı. Derin suda balık avlamak zor olduğu için elde kazma kürek dar bir kanal açarak suyu başka tarafa akıtır, daha sonra açtığımız kanalın ağzını tekrar kapatarak o tarafa gitmiş olan balıkları sığ suda rahatça yakalardık. Mesnevî'deki hikâyede de, bizim yaptığımıza benzer tarzda, birkaç balıkçı deniz kenarında dar bir kanalla denize bağlı olan bir su havuzu yapmışlar ve balık gelmesini beklemeye başlamışlar. Amaçları içeriye girdiği takdirde kanalı kapatarak balıkları avlamakmış. Avcılar bir ara kanaldan üç tane balık girdiğini görmüşler ve av aletlerini almak üzere evlerine koşmuşlar. Üç balıkdan en akıllı olanı derhal tehlikeyi kavramış. Esasen buraya istemeyerek düşmüş olduğundan bir an evvel asıl vatanına, yani engin denize geri dönmeye karar vermiş. Hikâyemizin ana mesajı kanal mesabesindeki bu dünyanın bel bağlanmaması gereken bir gurbet olduğu fikri. Ancak Hz. Mevlânâ hikâyeye birtakım ara mesajlar da serpiştirmektedir. Mesela okuyucunun hatırına şu husus gelebilir: Akıllı balık tehlikeyi gördüğü halde niçin arkadaşlarını uyarmıyor? Bu bir vefasızlık değil mi? İşte ara mesajlardan biri bu durumda ne yapılması gerektiği. Akıllı balığımız denize dönmeden önce diğer arkadaşlarını da uyarmak ister. Fakat onların havuzdaki gafletlerini görünce nasihatın fayda vermeyeceğini anlar ve şöyle düşünür:

- Hayır, bunlara nasihat etmek bana sadece vakit kaybettirir. Zira müşavere ve nasihat, ancak layık olanlarla yapılırsa bir anlam taşır. Akılsızlarla yapılan müşaverede insan kendi doğrusunu da kaybedebilir. " Böylece akıllı balık "Hubbu'l-vatan mine'l-iman" yani; vatan sevgisi imandandır, diyerek hemen kanaldan çıkmış asıl vatanına geri dönmüş. Burada Hz. Mevlânâ yeni bir parantez açarak bu kez "Hubbu'l-vatan mine'l-iman" hadisinin nasıl anlaşılması gerektiği üzerinde duruyor. Ona göre hadisteki vatandan kasıt dünya vatanı değildir. Şayet öyle olsaydı Resulullah; "Dünyada kendini bir yolcu gibi bil." demezdi. O halde burada kastedilen ve asıl özlenmesi gereken vatan ahiret vatanıdır. Akıllı balığı nur deryasına ve birlik denizine ulaştıran da işte bu hasrettir... Buradan da şu çıkıyor: "İnsanı Hakk'a doğru çeken ve onu maksadına ulaştıracak olan şey aşk, muhabbet ve özleyiştir."

Bu ara yorumlardan sonra biz tekrar kaldığımız yere geri dönelim ve diğer iki balığın akıbetini gözleyelim. Geride kalan balıklardan biri yarım akıllı imiş. Bu balık akıllı arkadaşının denize döndüğünü gördüğü halde oralı olmamış ve peşine takılmamış. Ancak avcıların evlerinden olta ve ağ gibi av aletleriyle geri döndüklerini görünce meselenin vehametini anlamış ve:

- Keşke ben de denize dönen arkadaşımın peşine takılıp kurtulsaydım, diye hayıflanmış. Sonra kendi kendine bir muhakemede bulunup şöyle demiş:

- Kaçan fırsata hayıflanırken geri kalanını da kaçırmayayım. Ömrümün bir kısmı bu havuzda gafletle geçti, bari kalanı kurtulsun. Benim gibi bir balık avcılarla nasıl boy ölçüşebilir? Bunların elinden benim kendi tedbirimle kurtulmam muhal; ancak ölü gibi görünürsem belki hileyle ellerinden kurtulabilirim... Bari ölmeden önce öleyim ve sudaki bir çöp nasıl kendini akıntıya bırakırsa ben de kendi iredemi Hakk'ın iradesine terk edeyim..

Böylece hadis-i şerifte buyurulan; "Hesaba çekilmeden önce kendi kendinizi hesaba çekiniz." emrine uyan balık mevt-i iradi ile ölmüş gibi kendini suya bırakıvermiş. Balıkçılar su yüzünde onun bembeyaz karnını görünce; 'Vah, yazık en iyi balık öldü, ziyan oldu' diye ona ilişmemişler, dikkatlerini canlı balığa çevirmişler. Bu arada da bizimki kendisini hafif akıntıya bırakarak farkettirmeden dar boğazdan çıkmaya ve denize ulaşmaya muvaffak olmuş. Hem cahil hem de kendi iradesine aşırı güvendiği için aşağı yukarı seğirterek kaçabileceğini sanan üçüncü balık ise kısa sürede avcıların ağına düşmüş ve ateşte kızartılmış. (4/85) Mesnevî'de akılsızdan akıllıya doğru bu üç balıkla şu üç grup insan özdeşleştirilmektedir:

1. Birinci grup avam tabakasıdır ki bunlar nefsin idaresindedir. Nereden gelip nereye gittiklerini düşünmezler. Engin denizler dururken bu dar dünya havuzunu vatan bellerler. Kur'ân'da bunlara; "eyyühennas (ey insanlar)" denmiştir. Akılsız balık gibi bunları da kötü bir son bekler.

2. İkinci grup ibadet ve taat ehli olanlardır. Bunlar, "eyyühellezine amenu (ey inananlar)" hitabına mazhar olmuşlardır. Kısmen bu dünyaya kısmen de öbür dünyaya aittirler.

3. Diğer grup ise bütünüyle ruh alemine mensup olan velilerdir ki kalben bu dünyaya da bu dünyanın elemlerine de uzaktırlar. Bu yüzden ayette; "Allah'ın velilerine üzüntü yok." buyurulmuştur.

Ahu Eşek Ahırına Düşerse!

Her kesi k'u dûr mand ez asl-ı hiş

Bâz cûyed rûzigâr-ı vasl-ı hiş (1/4)

Kim düşerse kendi aslından uzak

Nasıl özler aslını hele bir bak

Mevlânâ'ya göre sap ve saman yeri olan dünya bir ahıra, ona gönül bağlayanlar ise eşeğe benzer. Oysa asıl vatanın hasreti içindeki yüce ruh sahiplerinin gözleri daima ötelerdedir. Hz. Mevlânâ bu iki grubun durumunu şu nefis hikâyeyle özetliyor:

"Avcının biri nazlı bir ahu yakaladı ve onu götürüp ahıra kapattı. Ahır öküz ve eşeklerle doluydu. İçerdeki pis kokudan zavallı ahunun başı döndü, bayılacak gibi oldu. Kurtulmak için sağa sola koştu ama kapılar sımsıkı kapatıldığı için bir çıkış bulamadı... Ahır sahibi akşam gelip hayvanların önüne sap ve saman döktü. Öküz ve eşeklere bu saman şeker gibi geliyordu ama zavallı ahu samanı nasıl yesin! Biçare nice gün o ahırda aç kaldı, çile çekti, karaya vuran balık gibi çırpındı durdu. Ahunun saman yememesini kibrinden zanneden ahır hayvanları onun bu haliyle eğleniyor ve; vah, vah, senin gibi saraylara layık bir padişah nasıl oldu da buraya düştü, diyorlardı. Zavallı ahu kendisini kınayan yanıbaşında bağlı eşeğe dedi ki:

- Saman yemeyişim sanma ki kibrimden, gururumdan. O sana uygun bir yiyecek ama bana uygun değil. Ben çayırlıklarda taze otlar yiyerek tatlı sulardan içerek büyüdüm. Değil saman yemek ben kendi yurdumda taze lale, sümbül ve reyhanları bile binlerce nazla niyazla yerdim. Gerçi şimdi yerimden yurdumdan uzak düştüm ama benden ahu olma özelliği de kalkmadı ya! Fakirim ama gözüm fakir değil, elbisem eski ama ben yeniyim."

Eşek bu sözlere inanmadı ve; "Gurbet garibe böyle saçma şeyler söyletir, bunlara inanmak için delil lazımdır." deyince ahu dedi ki: "Göbeğimdeki şu misk söylediklerimin doğruluğuna şahittir. O misk sap ve saman yiyerek olmadı, bunu bil! (5/34)" Eşek huylu kimseler ötelerden bahsedenlere "Deliliniz nedir?" derler. Mevlânâ şu delili veriyor: Bayraktaki aslanın hareketi gizli bir rüzgarın varlığının ispatıdır. Keza:

Z'anki in fâni delil-i bâkiyest
Lâbe-i mestân delil-i sâkiyest (4/3072)

Sarhoşun oynayıp durması nasıl gizli bir şarabın ve sakinin varlığını gösterirse bu fani alemin varlığı da baki bir varlığa delildir.

Hasılı gönlü ötelerin hasretiyle yanan ve bu dünyanın sap ve saman mesabesindeki nimetlerine iltifat etmeyen yüce erlerin hali tıpkı eşek ahırına düşmüş ahunun hali gibidir. Halk onların bu istiğnasını kendilerini bir küçümseyiş olarak algılar. Ayrıca kendilerinde olmayan bazı güzelliklerin berikilerde olması hasetlerini celbeder ve inkar yolunu tutarlar. Ne gibi? Aralarına düşen doğanın kanadını yolan baykuşlar gibi.

Dünya Ehli Ahiret Ehline Niye Düşman?

Mevlânâ'ya göre baykuşların aralarına düşen doğanın kanatlarını yolması böyle bir hınç ve hasedin eseridir. Kuyuya atılan Hz. Yusuf'un da tek günahı güzelliğiydi. Baykuşlar doğanı; "Niçin bizim yuvamıza yurdumuza virane diyorsun? Niçin bize padişahtan, padişahın bileğinden ve sarayından söz ediyorsun?" diye kınarlar. (2/42) Dünya ehli de ötelerden söz eden ahu tabiatlılara; "Ahiretten söz etme, bize oraları hatırlatma!" derler. Ahu yaratılışlı insanların halk katında bir değeri yoksa da onlar Hak katında değerlidirler. Zira görünüşçe garip ve zavallı da olsalar onlarda öte alemlerin izi olan bir misk ve Hak katında değerli olan bir cevher mevcuttur. Bu cevher Hakk'a duyulan sevgi ve hasrettir.

Lafı Uzatma, Nereli Olduğuna Karar Ver!

Bazıları da iki dünya arasında araftadırlar. Nereye ait olduklarına bir türlü karar verememişlerdir ve bu yüzden lafı uzattıkça uzatırlar. Aşağıdaki hikâyede olduğu gibi:

Sarhoş bir Türk bir çalgıcı çağırdı ve ona:

- Hadi bana güzel bir şeyler söyle de keyfim tamam olsun, dedi.

Mutrip bir yandan çalmaya, bir yandan şarkısını okumaya başladı. Şarkının sözleri uzun mu uzundu:

- Ey sevgili! Gül müsün, susen mi, servi misin, ay mı, bilmem. Bilmem ki bu perişan aşığa kastın nedir? Sana nasıl hizmet edeceğimi bilmem. Bilmem ki sussam mı, yoksa şarkı mı söylesem? Sen benden uzak olmadığın halde ben nerdeyim, sen nerdesin bilmem. Bilmem ki niçin beni bazen öldürür, bazen da mutlu kılarsın?

Böylece şarkıcı iki kelimenin birinde bilmem, bilmem deyip durmadaydı. Söz böyle uzayınca sarhoş Türk'ün tepesi attı ve fırlayıp kılıcı şarkıcının boynuna dayadı. Dedi ki:

- A kaltaban, bu nasıl şarkı! Bilmem bilmem deyip duracağına ne biliyorsan onu söyle. Ben sana, nerelisin, diyorum sen:

- Ne Belhliyim ne Heratlı, ne Musulluyum ne Bağdatlı deyip uzatıyorsun. Ne yedin, diyorum sen:

- Ne kebap yedim, ne şarap içtim. Ne pastırma yedim ne tirit ne mercimek, diye saymaya başlıyorsun. A mendebur! Ne yediysen onu söyle kafi, yemediğin lazım değil. (6/27)

Peki Nereye Aitsin?

Efendim, insan aynı anda hem şu hem bu olabilir mi? Hem şurada hem burada bulunabilir mi? Aynı anda hem altın, hem de demir olmak mümkün mü? Bu soruları dünya ve ahiret eksenine çektiğimizde insanın şu hususlarda bir karar vermesi gerek: Ben neyim, ne değilim; nereye aitim, nereye ait değilim? Aşağıda bu fikirler etrafında küçük ve hoş bir hikâyecik var. Ama muhtemelen birçok okuyucu bu hikâyeyi okurken; "Aa! Ben bunu daha önce duymuştum. Nasrettin Hoca fıkrası değil mi bu?" diyecek. Bu hikâye de dahil Mesnevî'de yer alan bazı nükte yahut fıkraların Nasrettin Hoca'ya atfedildiği doğru. İyi ama sevimli hocamız Hz. Mevlânâ'dan bir miktar daha sonra yaşadığına göre bu nasıl oluyor? Bir adam kendisinden daha sonra yaşamış birinin fıkralarını alıp kullanamayacağına göre mesele şu... Başka kişilere ait birçok nükte ve fıkralar zaman içinde asıl sahipleri unutularak Nasrettin Hoca'ya izafe edilir olmuş. Anlatacağımız hoş fıkra da bunlardan biri:

Bu Kediyse Et Nerede?:

Bir adamın hem sahtekar hem de pisboğaz bir karısı vardı. Bir gün adam kasaptan yarım batman et alıp eve bıraktı ve:

- Akşama misafir var. Bunu güzelce pişir, biz gelene kadar hazır et, diye çıkıp gitti.

Obur kadın kendisini alamadı ve pişirdiği eti oturup kendisi yedi. Akşam misafiriyle eve geldiğinde adam hanımına

- Yemek hazır mı? Diye sordu. Kadın hemen bir yalan uydurup:

- Eti kedi yedi, misafir için başka et al, dedi.

Adam şöyle bir düşündü sonra:

- Hele, sen şu teraziyi ver, dedi, kediyi de getir ki meselenin eğrisi doğrusu anlaşılsın.

Tartılan kedi tam yarım batman geldi. Bunun üzerine adam:

- A aşağılık kadın, dedi, et de yarım batman, kedi de. Şayet bu kediyse et nerede, yok bu etse kedi hani? (5/138)

Dünya Vefasızdır, Gönül Verme

İnsan bir yerde uzun süre kalınca oraya gönül bağlar. Sözgelimi birkaç gün geçirdiğimiz bir pansiyonla evimizin gözümüzdeki değeri bir midir? O halde dünyaya gönül bağlamamak için orada kalıcı olmadığımızı hatırdan çıkarmamak gerek. Aslında biz bunu unutsak bile yüzümüze karşı sahte gülücükler dağıtan dünya beklenmedik bir zamanda öyle bir vefasızlık gösterir ki aklımızı başımıza getirir. Bu bakımdan klasik kültürümüzde dünya hemen daima vefasız bir kadına benzetilmiştir. Şimdi bu anlatılanları da hatırımızda tutarak yeni hikâyemize geçelim ve gözümüzde iki gözlü küçük bir köy evi canlandıralım. İşte böyle bir eve aniden misafir gelmiş. Ev sahibi misafirini güler yüzle karşılayıp gerekli ikramlarda bulunmuş... Yemekten sonra evin hanımı, beyleri baş başa bırakıp komşudaki düğüne gitmek üzere izin istemiş. Adam karısına:

- Biri bize biri misafire iki yatak ser de öyle git. Ola ki sen gelene kadar yorgun misafir yatmak ister, demiş. Kadın kendi yataklarını kapı tarafına misafirinkini ise iç odaya açmış ve önlerine çerezler koyup düğünün yolunu tutmuş. Beride iki adam bir miktar oturmuşlar, çerezler yiyip güzel sohbetler etmişler. Sonra uykusu gelen misafir yatmak için kapı tarafındaki yatağa yönelmiş. Ev sahibi de utandığı için; "Senin yatağın iç taraftakidir." diyememiş. Bunlar ışığı söndürüp yattıktan sonra düğünden dönen kadın gelip kocası zannıyla misafirin yanına uzanmış ve ona dert yanmaya başlamış:

- Kocacığım, demiş, bak korktuğum başıma geldi. Dışarıda müthiş bir yağmur var. İster misin bu adam yağmuru çamuru bahane edip başımıza çöreklenip kalsın.

Bu lafları duyan misafir hemen yerinden fırlamış ve:

- Kabahat bende ki sahte gülücüğünüze kanıp böyle hakikatsiz bir eve misafir oldum. Mademki yolcu yolunda gerek, burada işim ne! İşte çizmem çarığım, size hayırlar olsun, deyip gitmeğe davranmış. Kadın bu işe pek mahcup olmuş ve onu vazgeçirmek için diller dökmüş, özürler dilemiş ama yolcuyu yolundan çevirememiş. (5/147)

Eğer Evlenirsen

Mevlânâ'nın bu konunun hatırlattığı bir diğer nüktesini daha nakledelim. Efendim, bir meczup varmış. İlmini, irfanını gizlemek için çocuklarla çubuk ata biner, oyunlar oynar, halkın gözünden uzak dururmuş. Ama kalp gözü açık biri ondaki cevheri fark edip kendisinden nasihat isteyince bizimki şu düşündürücü nasihatta bulunmuş:

- Eğer evlenmek istersen bil ki üç türlü kadın vardır... Evlendiğinde bunlardan biri tam senin olur, ikincisi yarı yarıya senindir, üçüncüdense sana hiç pay yoktur. Sonra da bunun ne anlama geldiğini şöyle açıklamış:

- Bakire alırsan tam olarak ona malik olursun. Dul alırsan onun gönlünün yarısı sende yarısı ilk kocasındadır. Eğer aldığın dulun bir de çocuğu varsa, kalbinin yarısı çocukta yarısı evvelki kocada kaldığı için sana bir şey düşmez. (2/87)

İşte dünya da bir anlamda bu üçüncü kadın gibidir. Nice kocadan artakalmıştır. Ondan vefa ve sevgi beklemek beyhudedir. Lakin dünyanın tek kusuru vefasızlık değil. Mevlânâ'ya göre onun sicili hayli kabarık. Neler mi? İşte onlardan birkaçı:

1. Dünya Kendi Talibinin Düşmanı

Ömrü boyunca dünyevi nimetler konusunda kanaatkar bir hayatı tercih eden Mevlânâ insanın dünya karşısındaki tavrının nasıl olması gerektiğini aşağıdaki fil hikâyesiyle açıklıyor:

"Hindistanda bir adam uzaktan gelen karnı aç birkaç arkadaşını gördü ve onları bu ülkenin tehlikeleri karşısında uyararak:

- Dostlarım, dedi. Hepinizin iyice aç olduğunu biliyorum ama ne olur kendi hayrınız için nefsinize hakim olun. Yolunuz üzerinde semiz fil yavruları var, sakın onları yemeye kalkmayın. Onların güçsüz ve semiz olması sizi aldatmasın; zira azgın anaları her an pusudadır. Anne fil ağzınızı koklayarak, yavrusunu hanginizin yediğini bilir ve parça parça eder. Aman biraz daha açlığa sabredin de kendinizi bu tehlikeden uzak tutun." Anlaşılacağı üzere burada yolcular dünya halkını, olacakları önceden bildirip onları uyaran ise peygamberler ve onların varislerini temsil ediyor. Hasılı yolcular yollarına devam ettiler ve uyarıcının haber verdiği semiz bir fil yavrusuna rastladılar. Et yeme hırsı akıllarını başlarından aldı ve biri hariç hepsi bu nasihatı unuttu. Tutup yavru fili kestiler ve yediler. Sonra da üzerlerine bir ağırlık çöktü ve derin bir uykuya daldılar. Yemeyense karnı aç olduğu için uyanıktı. O sırada uzaktan ana fil kükreye kükreye geldi ve tek tek herkesin ağzını koklayarak yavrusunu kimin yiyip kimin yemediğini anladı. Suçsuz olana ilişmedi fakat diğerlerini parça parça etti." (3/4)

Anlaşılacağı üzere hikâyedeki filden kasıt dünyadır; mal ise onun yavruları hükmündedir. Dünya kendisine meyl edenlere düşman, müstağni kalanlara dost olmakta. Bu yüzden mal mülk peşinde koşan insanlar kanaatkar insanlara göre daima daha çok çile ve eziyet çekmektedir. Mevlânâ insanın içindeki dünya hırsı, şehvet ve kibir gibi kötülükleri soğan kokusuna benzetiyor. Nasıl ki biri soğan yediğini inkar etse, bizzat kendi nefesinin koğuculuğu ile karşılaşır, hali aşikar olur.

Dünyevi nimetlerin bir özelliği de dışarıdan ayrı içeriden ayrı görülmesidir. Bu nimetler bir yandan insanın nefsini çeler ama diğer taraftan da kendisine kanılmaması konusunda bizi uyarır. Şimdi bu mealdeki hikâyemizi aktaralım:

2. Dıştan Süslü İçten Paçavra

Efendim, İstanbul'un tarihi mezarlıklarını gezen meraklıların malumudur; nerede gösterişli ve kocaman bir sarık görürseniz bilirsiniz ki orada ulemadan biri yatmaktadır. Burdan da anlaşılacağı üzere eskiden ulema sarıkları pek büyük ve pek gösterişli idi. İşte bu geleneğe uygun olarak fakihin biri binbir parça bez toplamış ve bir kumaşın içine doldurarak kendisine gösterişli bir sarık yapmıştı. Yolda giderken fırsat gözleyen bir hırsız -şimdinin çanta hırsızları gibi diyelim!- sarığı kaptığı gibi kaçtı. Alim arkadan ona seslendi:

- Yahu! Böyle telaş etme. Hele şu sarığı çöz ve içinde ne olduğunu bir gör; sonra koşmana devam edersin. Hırsız sarığı çözünce içinden işe yaramaz bir sürü pılı pırtı döküldü. Geride sadece bir arşın eski bez kaldı. Bu işe pek sinirlenen hırsız:

- A gösteriş düşkünü sahtekar, diye bağırdı... Bu halinle beni aldattın ve boş yere işimden alıkoydun. Alim:

- Evet haklısın ama daha çok aldanmaman ve yorulmaman için seni uyardığımı da unutma, dedi. (4/62 -63)

Mevlânâ'ya göre dünya da insana hal diliyle böyle nasihatlar eder. O bir yandan güzel görünür, öbür yandan da kendi kusurlarını söyler. Oluş 'ben güzelim', bozuluş ise 'ben bir şey değilim' der. Bahara hayran olursun ardından sonbahar seni uyarır, güneşin doğuşunu beğenirsin ama batışı sana ölümü hatırlatır. Dünya zahiren melektir, batınen zebani. Zahire aldananın vay haline! Şimdi de bunun için seçtiğimiz hikâyemizi -şüphesiz bir hikmete mebni olarak kullanılmakla birlikte, burada zikrini doğru bulmadığımız bazı kısımlarını atlayarak- nakledelim:

Dışardan Melek İçerden Zebani

Bir adamın Hintli bir kölesi vardı. Köleyi küçüklüğünden almış, evlat gibi nazla niyazla büyütmüştü. Bu adamın bir de yetişkin kızı vardı. Baba evlenme çağına gelen kızını fakir fakat zahit bir delikanlıya sözledi. Bu işler ilerleye dursun köle durduk yerde sararıp solmaya ve zayıflamaya başladı. Efendisi onun bu haline acıyarak bir gün hanımına:

- Sen onun anası yerindesin, şefkatla bir ağzını yokla bakalım, derdi neymiş, dedi. Kadın usuluyle yoklayınca köle baklayı ağzından kaçırdı:

- Sen kızını yabancılara ver de ben böyle hasta olayım reva mı!

Kadın öyle öfkelendi ki tutup köleyi damdan atayazdı. İçinden; "A içten pazarlıklı ahmak! Sen kim, kızımı düşünmek kim!" diyordu. Yine de öfkesini yutup durumu kocasına aktarmayı tercih etti. Adam hikmet sahibiydi, düşündü ve karısına dedi ki:

- Ben onu bu sevdadan vazgeçirmenin yolunu biliyorum. Ama sen de bana yardımcı olmalısın. Şimdi sen git ve:

- Aşk olsun oğlum, madem kızıma gönlün vardı bunu niçin gizledin. Sen dururken biz hiç onu yabancıya verir miyiz. Hem senden iyisini nereden bulacağız, diyerek kızı kendisine vereceğimize onu inandır.

Kadın bunun üzerine:

- Aman, aman! Bunları söyleyeceğime benim dilim kopsun, o köle de gebersin daha iyi. Böyle yalanlar benim ağzıma sığmaz, dedi ise de kocasının ısrarıyla görevini kabul etti. Böylece karı-koca planlarını uygulamaya başladılar. Köle evvela kızın kendisine verileceği vaadine inanamadı. Ama anne gelen her misafire; Ferec'i kızımla evlendiriyoruz, diyor onlar da sureta onu tebrik ediyorlardı. Bu şekilde herkes durumdan haberdar olunca köle işin ciddiyetine inandı ve sevincinden kabına sığmaz oldu. Tekrar rengi düzeldi, eski sıhhatini kazandı. Nihayet düğün günü gelip çattı. Vakti gelince mumları söndürdüler ve köleyi gerdek odasına soktular. Anne plan gereğince güçlü kuvvetli bir oğlana gelinlik giydirmiş ve gelinin yerine oturtmuştu. Böylece köle ve onun gelin sandığı oğlan karanlık odada baş başa kaldılar. Az sonra içeriden kölenin inlemeleri ve feryatları gelmeye başladı. Fakat anne gürültü duyulmasın diye kapıda def çalınmasını emretmişti. Gece boyunca iri oğlan zavallı kölenin canını çıkardı, onu paçavraya çevirdi. Sabaha doğru adet gereğince hizmetçiler onu dışarı çağırıp hamama götürdüler. Köle perişan olmuş, ayakta duracak takati kalmamıştı. Gün aydınlanırken hamama gidenler geri döndü. Bu sefer evin kızı içerdeki oğlanın rolünü devraldı. Yeni gelin gibi süslenmiş bir halde köleyi kapıda karşıladı. Annesi de ihtiyatı elden bırakmıyor, bir yanlışlık olmasın diye kenarda tetikte bekliyordu. Köle kapıdaki gelini görünce korkudan dehşete kapılarak:

- Allah kimseyi senin gibisine düşürmesin. Gündüz gören seni melek sanır ama geceki iğrenç halinle eşekten bile betersin, dedi ve kaçtı. (6/9vd)

Mevlânâ hikâyenin sonunda; "Bu cihanın bütün nimetleri böyledir, dışardan görünüşüyle içerden görünüşü farklıdır. Bu aldanış sadece o köleye mahsus değildir, Allah'ın korudukları dışında herkes aldanıştadır." sonucunu çıkarıyor. Kölenin ismi de oldukça manidar. Ferec kelimesinin bir anlamı sabır'dır. Sabır ise;es-sabru miftahü'l-ferec, atasözüne uygun olarak bütün sıkıntıların anahtarıdır. Bazıları da sabırlı olduklarını, aldanmayacaklarını sanarak ihtiyatı elden bırakırlar. O zaman ne mi olur? Kumaş hırsızının eline düşen sarhoş müşterinin başına gelen şey!.

3. Dünya Ömür Kumaşının Hırsızı

Ne var ki değerli okuyucu, Mesnevî'den nakledeceğimiz meddah ve terzi hikâyesine geçmeden önce konuyla ilgili küçük bir giriş yapalım. Eski cemiyetimizin başlıca eğlencelerinden biri meddah hikâyeleri dinlemekti... Şimdi artık bir nostalji olarak TV ekranlarında yaşatmaya çalıştığımız meddah, jestleri, mimikleri ve canlı anlatımıyla dinleyiciyi ağzına baktırır, uzun kış gecelerinin eğlencesi olurdu. Evliya Çelebimiz kendi devrindeki meşhur meddahlardan bahsederken onların halk üzerindeki tesiriyle ilgili ilginç örnekler verir. Bunlardan birinin anlattığı hikâyede birbirinin rakibi olan iki kahraman varmış. Günlerce süren anlatım esnasında dinleyicilerin bir kısmı bir kahramanın diğerleri öbür kahramanın taraftarı kesilmiş. Hani neredeyse günümüzdeki futbol takımı taraftarlığı gibi bir şey!... Nihayet hikâyenin bir yerinde iki kahraman kavgaya tutuşunca yerinden fırlayan taraftarlar da birbirlerinin boğazına sarılmış. Efendim.... şimdi gelelim hikâyemize:

Meddahın biri ballandıra ballandıra terzilerin hilelerinden bahsediyor, onların lafa tuttukları müşterilerinden nasıl kumaş aşırdıklarını anlatıyordu. Hıtalı bir Türk bu hikâyeleri dinleyince birden öfkelendi:

- Söyle bana bu şehrin hilede en mahir terzisi kimdir?

- Ciğeroğlu adında bir terzi vardır ki lafazanlıkta ve hırsızlıkta ondan üstünü yok.

İddiacı Türk:

- Bahse girerim ki ne o, ne başkası benden bir iplik bile çalamaz, dedi. Meddah onu uyardı ve dedi ki:

- Kendine bu kadar güvenme! Ben senden daha gözü açık nicelerini bilirim ki onun hilesine mağlup oldular. Zarara uğramaktansa, ondan uzak dursan daha iyi edersin.

Bu tartışma uzayınca Türkün ayranı iyice kabardı ve ortalığa şöyle dedi:

- İşte atım, onun üzerine bahse giriyorum. Eğer o terzi benden kumaş çalabilirse size atımı vereceğim. Ama ben galip gelirsem sizden de at isterim.

Böylece Türk ve diğerleri bahse tutuşup ayrıldılar. Gece boyunca Türk, terzinin hayaliyle uğraşıp durdu, uyuyamadı. Aldanmamak için orada nasıl davranacağına dair planlar yapıyor, planlar bozuyordu. Nihayet ertesi sabah koltuğunun altına bir parça atlas kumaş aldı ve terzinin yolunu tuttu. Terzi onu saygıyla karşıladı ve tatlı diliyle bübül gibi şakımaya başladı. Fakat aldanmamaya niyetli Türk oralı olmadı ve kumaşı terzinin önüne atarak emretti:

- Bundan bana bir savaş elbisesi biç, belden aşağısı geniş üstü dar olsun!

Terzi ölçüp biçti ve elbisenin ne kadar kumaştan çıkacağını hesapladı. Bir yandan bu işleri yaparken öbür yandan geçmiş beylerle ilgili hoş hikâyeler anlatarak müşteriyi oyalıyordu. Söz ilerledikçe Türkte içeri girerkenki hal kalmamıştı; yumuşamış, anlatılan komik şeylere gülmeye başlamıştı. Güldükçe zaten çekik olan daracık gözleri kapanıyordu. Onun gözleri kapanınca terzi fırsatı kaçırmadı ve kaşla göz arasında kumaştan bir parçayı kesip oyluğu altına sakladı. Birinci hikâye bittiğinde zavallı Türkün aklında ne geliş amacı, ne de rehin bıraktığı atı kalmıştı:

- Ne olur bana bir hikâye daha anlat, diye yalvardı. Terzi ilkinden daha komik bir fıkra anlatınca bizimki gülmekten kahkahalara boğuldu. Tabii terzi de bu arada kumaştan bir parça daha götürdü. Anlatılan hikâye bitince Türk tekrar:

- Ben ömrümde senin kadar tatlı dilli bir adama rastlamadım. Ömrüme ömür kattın. Bana bir hikâye daha anlat, diye yalvardı... Terzi ilk ikisinden daha komik bir fıkraya daha başladı. Artık Türk iyice kendini kaybetti ve sırt üstü düştü, yerde debelenmeye başladı. Onun bu halinden faydalanan terzi büyücek bir parça daha kesip sakladı. Bir yandan da içinden diyordu ki: "Vah, vah! Kârından zararından haberi olmayan bu adamcağız komik şeylere ne kadar da düşkünmüş, A zavallı, sen kendin masal olmuş, ömrünü tüketip bitirmişsin; hala çocuk gibi masala, eğlenceye düşkünlüğün ne böyle! Sana kendinden daha komik ne olabilir, bir düşün. Felek terzisi senin gibi yüz yaşına girip de hala pişmemiş çocukların elbisesini kesip biçer." hikâye bittiğinde Türk dördüncü defa bir fıkra daha anlatmasını rica edince terzi artık ona acıdı ve şöyle dedi:

-Ey zavallı, artık yeter. Bir hikâye daha söylecek olursam getirdiğin kumaştan değil elbise yelek bile çıkmayacak. Eğer işin gerçeğini bilseydin gülmek bir tarafa kan ağlardın." (6/64vd)

İşte işsiz, amaçsız insanların dünya karşısındaki hali! Mevlânâ'ya göre dünya o terzi, şehvetler ve güzel kadınlar da o hikâyeler gibidir; ömür ise o atlas kumaştır. Hüner o kumaştan bir ahiret libası çıkarabilmekte.

Tabii dünyada sadece meddahlar ve hoş hikâyeler yok; nice sıkıntılar ve dertler de var. Acaba bunların varlığı hangi ihikmete bağlı? Şimdi de Mesnevî'de bunların cevabını arayalım:

4. Dünyada Çilelerin Hikmeti

Bir adam arif bir zatla konuşurken hayıflanarak şöyle bir soru sordu:

- Ne olurdu bu cihan rahmet ve rahatlıkla ebedi olaydı! Her an bir üzüntü ve keder zuhur etmeyeydi. Gece gelip gündüzün kandilini çalmasaydı, baharın yeşerttiği bahçeleri kış gelip soldurmasaydı, sıhhat hastalıkla, emniyet korkuyla bulanmasaydı. Bütün bunlar olmasaydı Hakk'ın cömertliğinden ne eksilirdi?

O arif de soruyu soran adama dedi ki:

- Sen bunca hastalıktan, sıkıntıdan, dertten söz ediyorsun ama bütün bunlara rağmen dünya seni kendisine çekiyor, ahireti unutturuyor. Bunca sıkıntı bile seni gafletten uyandıramıyorsa bir de bunların olmadığı zamanki halini düşün. O halde bu sıkıntıları sen kendin için doğruyu gösteren bir nasihatçı say ve bir rahmet bil. (6/62-3)

Arif daha sonra söylediklerine bir örnek olarak şu nükteyi anlattı:

Çok muyuz, Değil miyiz?

Adamın biri dükkanına gidiyordu. Birden önüne güzellikte aya benzer bir sürü hanım çıktı. Onların çokluğundan önündeki yol tıkanmıştı. Bunun üzerine adam onlara:

- A kızlar, ne kadar da çoksunuz, dedi. İçlerinden biri:

- A adam! Bizi çok sanma. Gör ki bunca çokluğumuz bile size az geliyor da kalkıp birbirinizle livataya yöneliyorsunuz. Demek ki çok değilmişiz, dedi. (6/66)

Arifin anlattığı bu nükte üzerine adam yine itiraz etti:

- İyi ama Cenab-ı Hak isteseydi, bize böyle sıkıntılar yaşatmadan da gerçeği gösterebilir, iyiliğe yöneltebilirdi.

Arif dedi ki:

- Peki o zaman Cenab-ı Hak kullarına nasıl hitap edecek, onları birbirinden nasıl ayıracaktı? Çirkinlikler, nefis ve şeytan olmasa, arzular yol kesmese sabırlılar, sadıklar, abidler berikilerden nasıl seçilecekti? O zaman korkak kişiyle Hz. Hamza'nın, bilginle cahilin farkı nasıl ortaya çıkardı? Sonra senin sıkıntı dediğin şeyler de ne ki! Değil mi ki bunların hepsi gelip geçici; Cenab-ı Hak ise baki. Fani olana sabretmek, baki olandan mahrum kalmaktan kolaydır. Bak sana bir örnek vereyim:

Hangisine Katlanmak Daha Kolay?

Bir kadın kocasına yokluktan dert yandı ve:

- Ne kadar sıkıntı ve yokluk içindeyim, görmüyor musun? Bana hiç sevgin, acıman yok mu ki bu halime karşı kayıtsızsın, dedi. Zavallı koca sordu:

- Seni doyurmak ve giydirmek boynumun borcu. Bunları da gücüm yettiğince yapıyorum. O halde eksiğin nedir?

- Yediğim yiyecek, giydiğim de giyecek olsa bari! Şu üstümdeki şeyin kabalığına bak. Yakasının sertliğinden boynup kertildi de ip gibi inceldi. Sen buna giydirme mi diyorsun? Adamcağız durup düşündü ve:

- Haklısın, yemeğin yavan, elbisen de kaba ve çirkin. Ama benim elimden gelen de bu. Şimdi söyle bana, bu mu daha zor senin için, yoksa benden boşanmak mı? (6/67)

O arif zat bu örnekten hareketle kendisine soru soran kişiye dedi ki:

- Gerçek, işte bu kocanın cevabındaki gibidir. Mahrumiyete katlanmak zordur ama kocadan boşanmak bundan da zordur. Dünyanın heva ve hevesini terketmek zordur; cihad tehlikeli, oruç da güçtür, ama bütün bunlar Hak'tan uzak olmaktan daha kolaydır.

Dünya-Ahiret Mukayesesi

Ey ki sabret nist ez dünyâ-yı dûn
Sabr çün dâri zi-Hak iy dost çün

Ey bu alçak dünyadan mahrum kalmaya sabredemeyen! Nasıl oluyor da -ahiretten ve- Cenab-ı Haktan mahrum kalmaya dayanabiliyorsun!

Bu veciz beyitte Mevlânâ bir paradoksa parmak basıyor. Dünyanın geçici ve sahte güzelliklerine bu kadar aşık olan insan nasıl oluyor da ondan çok daha güzel olana karşı duyarsız kalabilmekte! Şayet insan ikisini karşılaştırma imkanı bulsaydı sonuç ne olurdu? Bunun cevabını da aşağıdaki hikâyede birlikte takip edelim:

"Bir padişahın içi dışı güzel bir oğlu vardı. Bir gece düşünde onu ölmüş gördü ve dünyası karardı. Sonra uyanınca gördüğü şeyin bir rüya olmasına binlerce şükrederek kendi kendisine şöyle dedi: "Şayet gördüğüm şey rüya değil de gerçek olsaydı ben ne yapardım! Peki, böyle bir şey olmayacağı ne malum. O halde onu bir an evvel evlendireyim ki kendisini kaybetsem bile geride hatıra olmak üzere nesli kalsın..." Böylece sultan oğluna uygun bir aday aramaya başladı ve sonunda fakir ama asil bir kız buldu. Oğlanın aklı kısa annesi bulunan kızdan memnun kalmadı. Onu soyca ve servetçe oğluna denk bulmamıştı. Ancak sultan karısına aldırmadı ve o kızla oğlunu evlendirdi. Ne var ki gerdekten önce efsuncu bir kocakarı oğlanı görüp ona aşık olmuştu. Yaşlı kadın yaptığı efsunla çocuğun aklını başından alarak onu kendisine bağladı. Günler geçiyor fakat çocuk gül gibi karısının yüzüne bile bakmıyordu. Bu halden perişan olan zavallı baba kurtulması için zekatlar dağıtıyor, adaklar adıyordu. Nihayet nefesi kuvvetli biri geldi ve okuyarak büyüyü bozdu. Efsundan kurtulan şehzade gelinin güzelliğine vuruldu ve gözü ondan başkasını görmez oldu. Şimdi çirkin cadıyla kendi güzel karısını kıyaslıyor ve nasıl olup da onca zaman gönlünü ona kaptırdığına şaşırıyordu. Bizimki güzel karısıyla safa süredursun beride onu elinden kaçıran cadı hasedinden çatlayıp öldü. Aradan bir yıl geçtikten sonra bir gün baba oğlunu denemek için:

- Bu kadar vefasız olma, onca vakit geçirdiğin eski sevgiliyi de arada bir hatırla, deyince, çocuk:

- Bu sevinç yurduna vasıl olmuş ve o aldanış kuyusundan kurtulmuşken nasıl geri dönüp o günleri özleyebilirim ki, cevabını verdi...

Hz. Mevlânâ hikâyeden sonra şöyle diyor: "Bil ki o şehzade sensin, büyücü cadı ise bu dünya. Nitekim Hz. Peygamber ona kocakarı, dedi." Buna göre asıl sevgili de ahiret ve ahiret güzellikleri olmakta... (4/119)

B- DÜNYA PAZARINDAN MANZARALAR

Bu dünyanın meseli bir ulu şara benzer
Veli bizim ömrümüz bir tiz bazara benzer
Her kim bu şara geldi bir lahza karar kıldı
Geri dönüp gitmeği gelmez sefere benzer
Bu şarda hayallerin haddi vü şümarı yok
Bu hayale aldanan otlar davara benzer

Yunus Emre

Başarıyı Nerede Aramalı?

Günümüzde insanların gözümüzdeki değeri onların başarılarına endekslenmiştir. Gayretsiz ve sünepe kimselere kim niye saygı göstersin ki! Peki ama başarının göstergesi ne? İşte burada anlayışlar farklılaşıyor. Birçok insana göre başarının temel ölçütü mal ve mevki kazanma, şan ve şöhrete ulaşma, herkesin hayranlığını kazanma nevinden tamamen dünyevi şeylerdir. Dünyayı kazanma konusundaki bu başarı acaba ahiret başarısının da ölçüsü olabilir mi? İkisi arasında daima bir paralellik mi var, tezat mı? Hz. Mevlânâ'ya göre gerçek gayret ahiret konusundaki gayrettir ve başarı ölçütü cennete girip girememektir. Dünyada mal mülk yığma konusunda en geriden gidenler çok zaman cennete girmekte en önde olacaklardır. O bu durumu şöyle bir benzetmeyle açıklıyor: "*Otlağa giderken en geride kalan topal keçi ağıla dönerken en önde olur. Sen de bu alemde gerekirse topal ol da dönüş vaktinde en önde bulun. Görünürde sona kalan ama hakikatte ileri gidenlerden ol.* (3/43) Dünyayı kazanmak kötü bir şey olmasa gerek. Bunu ileride tekrar ele alacağız. Ama kötü olanı, dünyayı kazanırken ahireti kaybetmektir. Böylesinin hali neye benzer? Olsa olsa aşağıdaki kil yiyenin acınası durumuna:

Kil mi Değerli Şeker mi?

Hani bazı insanların tuhaf alışkanlıkları olur ya... Toprak yeme, kâğıt yeme, cam yeme gibi. İşte böyle kil yeme hastalığına tutulan bir pisboğaz şeker almak üzere şekerciye uğramış. Onun kil zaafını bilen hilekar şekerci demiş ki;

- Şekerim iyi cins ama tartıda ağırlık olarak iki parça kil kullanıyorum, haberin olsun.

Berikinin yüzü parlamış. Hani bir çöpçatan aracılık ettiği delikanlıya; 'Kız çok güzel, üstelik helvacı kızı.' demiş de bizimki; 'Oh, oh,' demiş, 'desene tatlı tatlı üstüne.' Bu hesap, kil lafıyla müşteriyi kışkırtan şekerci darayı koyup içeri geçmiş ve küp halindeki şekeri kırmaya başlamış. Fırsatı ganimet bilen müşterimiz de başlamış daradaki kilden atıştırmaya... Ama bir yandan şekerciyi gözlüyor, görülüp görülmediğini kontrol ediyormuş. Şekerci olanın bitenin farkındaymış ya, bile bile ağırdan alıyormuş. İçinden de diyormuş ki:

"A cahil! Sen benim görmemden korkuyorsun, bense senin az yemenden. İçeride meşgulüm ama aptallığımdan değil, kurnazlığımdan. Kil şekerden kıymetli değil ya! Aman daha çok ye. Daha çok ye ki dara hafiflesin ve şekerim bana kalsın." (4/26) hikâyeden anlaşılacağı üzere dünya nimeti kilse ahiretinki şeker. Şekeri kile değiştiren ebleh acaba size bir hikâyeyi hatırlatıyor mu? Bana çocukken okuduğum La Fontaine'nin bir fablını hatırlatıyor. Bulduğu inciyi darıyla takas eden oradaki horozun hikâyesi galiba insanlığın hiç bitmeyecek macerasının özeti. Horoz tabiatlı insanların özelliği şekle aldanmaları, zarar ederken kâr ettiklerini sanmalarıdır. Mevlânâ aşağıdaki hikâyede bunun ilginç bir örneğini veriyor:

Bu Alışverişte Kim Kârlı?

Malum, Bilal-i Habeşi iman yolunda en çok çile çekmiş sahabilerden. Yahudi olan sahibi dinden döndürmek için ona akla gelen her çeşit işkenceyi uyguluyordu: Dikenli dallarla dövmeler, aç ve susuz kızgın kumda güneş altında tutmalar ve daha niceleri. Ancak Bilal asla inkara yanaşmıyordu. Hz. Ebubekir feci durumunu görünce ona; "Dinini sureta inkar et, bu caizdir." dedi. O da bunu kabul etti ama her damarı öylesine imanla doluydu ki dili bir türlü inkara varmadı ve yine "Allah bir, Allah bir" demeyi sürdürdü. Bilali satın alarak azat etmek isteyen Hz. Ebubekir meseleyi Resul-i Ekreme arzetti. O bu isteği onayladı ancak; "Alışverişine beni de ortak et!" buyurdu. Hz. Ebubekir Yahudiye Bilale karşılık olarak maddi değeri daha fazla olan kendi beyaz kölesini teklif etti. Kurnaz Yahudi bu kârlı takasa pek sevindi ama yine de hırsından üste para istedi. Hz. Ebubekir beriki razı oluncaya kadar fiyatı arttırdı. Nihayet satış gerçekleşince Yahudi bir kahkaha atarak:

- Bu kadar hevesli olmasaydın ben bu kara yüzlü köleyi aldığının onda birine bile satmaya razıydım. Sen bu alışverişte büyük zarar ettin, dedi. Hz. Ebubekir ise:

- Hayır, asıl kâr eden benim ama sen farkında değilsin. Çocuklar inciyi cevize satar. Sen de kölenin dışına baktın ama içindeki cevheri görmedin. Gerçekte beyaz olan Bilal ama o sana siyah görünmede. Sen eğer daha fazlasını isteseydin ben borç bulur onu yine satın alırdım. Hasılı sana göre sen kazançlısın ama bana göre de kârlı olan benim...

Efendim, bu duygulu hikâyenin konumuzla ilgili kısmı buraya kadar. Ama biz onun son kısmını da tamamlayalım: Hz. Ebubekir, Bilali Resul-i Ekremin huzuruna çıkarınca zavallı heyecandan bayıldı, kendinden geçti. Hz. Peygamber onu kucaklayıp teselli etti. Sonra Hz. Ebubekir'e:

- Bu alışverişe beni de ortak etmeni söylemiştim, diye sitemde bulundu. O sadık yar -o dostluğa binlerce selam olsun- şu karşılıklığı verdi:

- Ya Resulallah! Benim onu satın almam ve azat etmem hep senin yüzün suyu hürmetine. Ama gerçekte o da ben de senin ebedi köleniz. Bizim hürlüğümüz sana köle olmaktır. (6/34vd)

Demek ki gerçeği gören göz Bilal'in siyah yüzünde aydınlığı görür, beyaz kölenin yüzünde de karanlığı. Hakikatin terazisi o bakıştadır. O bakışta bazen köleler efendi, efendiler köle değerindedir. Mevlânâ bununla ilgili şu örneği veriyor:

Hilal'in Hikâyesi

Hilal insanlar nezdinde hor hakir bir köleydi ama Hak katında makbul bir erdi. Bir zaman Hilal hasta oldu ve ahırda atlarla yatıp kaldı. Aradan günler geçti; efendisi hala kölesinin halinden habersizdi. Gayb dilinin ihbarıyla Hz. Peygamber durumdan haberdar oldu ve onun bulunduğu semte yöneldi. Evin efendisi Hz. Peygamberi kapıda görünce onun kendisine geldiği zannıyla sevincinden kanatlandı ve misafiri binbir iltifatla içeriye buyur etti. Hz. Peygamber ise:

- Ben sana gelmedim, Hilal nerede, buyurdular. Ev sahibi şaşırdı.

- O atlarla yatar kalkar garip bir çobandır, günlerdir yüzünü gördüğüm yok, deyince, Resulullah ahıra yöneldi. Karanlık ve pis ahır onun güzel kokusuyla ve ışığıyla aydınlandı. Hilalin can burnu bu güzel kokuyu aldı, can gözü o ışığı gördü ve fırlayıp Peygamberin ayağına düştü. Hz. Peygamber:

- Ey gizli hazine, ey gök garibi nasılsın, diye halini sordu. Hilal mest dedi ki:

- Ağzına güneş doğan kişi nasıl olursa öyleyim; susuzluktan toprak yiyen kişi su üstünde taşınırken nasıl olursa öyleyim; uykudan kalkınca kendini aslan zanneden köpek gibiyim; birden gözleri açılıp karşısında baharı gören kör gibiyim. (6/44)

Şimdi kendimizi Hilal'le efendisi yerine koyalım. Hangisi olmayı arzu ederdik? Netice olarak değerli ve değersiz gerçek terazide belli olur, bozuk tartıda değil.

Onlar Bile

Mevlânâ kâr ve zararla ilgili ilginç bir örneği de asr-ı saadetten veriyor. Zorlu geçen bir kıtlık mevsiminde ashab Cuma namazı kılmak üzere mescidde Hz. Peygamber'in huzurunda toplanmıştır. Tam o sırada kervancı davulunun sesi sokakları çınlatır. Kıtlıktan bunalan mescid halkı karlı bir alışveriş yapmak ümidiyle dışarıya koşuşurlar. Geride Hz. Peygamberle birlikte sadece 12 kişi kalmıştır. Mevlânâ, Resul-i Ekremin dersinden geçmiş bu seçkin insanların bile rızkı veren Cenab-ı Hakk'ın kapısından rızka doğru koşmasını hayretle karşılıyor ve bizi uyarıyor: "Ne garip! O senin rızkını gökten gönderirken sen buğday için ondan ayrılmadasın." (3/17)

Bu Pazarda Bitmeyeni Ara, Batmayana Koş

Bang u sıytî cû ki ân hâil neşüd

Tab-ı hurşidî ki ân âfil neşüd (4/1680)

Arayacaksan kaybolmayacak bir ses ara, koşacaksan batmayan bir güneşin ardında koş!

Bu beytin çağrışımıyla gözümüzü kapatalım ve bir pazar yeri düşünelim... Her tezgah sahibi avaz avaz bizi kendisine çağırmada, aklımızı çelmeye çalışmada. Bu dünya işte böyle bir pazar yeri, her insan da bizi kendisine çağıran bir nevi tezgahtar rolünde. Ama akşam olup da tezgahlar söküldüğünde o seslerden sedalardan geriye derin bir sessizlik kalır. O zaman anlarız ki ne bu davet ne de davet sahibinde hakikat ve vefa var. Meydanı sessizlik aldığında geride hakikatin sesi kalır. Hakikat Hak'tır, hakiki davet O'nun davetidir. Sökülmeyen tezgah ve eskimeyen meta ebedi doğrular ve yanlışlardır. Her sevgili ve dost da bir güneşe benzer. Ama Hz. İbrahim'in batmayan güneşinden başka bütün güneşler batmaya mahkumdur. O halde ey pazara çıkmış müşteri! Aradığını doğru yerde ara. Aslında bütün bu hakikatler yanından bir nehir gibi gürül gürül akıyor. Ama ne çare ki sen o suyun kenarında uyumadasın ve uykunda suyu serap tarafında aramadasın. Üstelik kendin yanıldığın yetmiyor gibi uykudaki arkadaşlarına; gerçeği gören gönül gözü bende, işte su karşımızda, haydi beni takip edin, demedesin. Böylece her adımda sudan uzaklaşmakta ve uzaklaştırmaktasın. İşte nicelerin hali böyledir: Onlar yerinden ayrılıp yola giderler ama asıl gitmek istedikleri yer ayrıldıkları yerdir. Bu yüzden, uyuyacaksan, bari yol üstünde uyu, diyor Mevlânâ; belki uyumayan bir yolcu sana rastlar da seni o uykudan uyandırır. (4/124)

Mesleğin Öbür Alemde de Geçsin

Yukarıda dünyayı bir pazara benzetmiştik. Her insan bu pazarda bir tezgah kurmuş geçimini sağlayacak bir meslek edinmiştir. Oysa ahiret kazancı daha hayırlı olduğuna göre onu kazanmak için de bir meslek edinmemiz gerekmez mi? Aşağıdaki parçada iki kazanç karşılaştırılıyor: "Ten kazancı için sanat öğrendin, gel din sanatı için de gayret et. Dünyada servet kazandın ya, bu fani alemi terk edince hepsini bırakacaksın. Ahireti kazanmak için de bir sanat öğren. Sanma ki ticaret yalnız bu alemdedir. Cenab-ı Hak, 'Bu dünyanın kazancı ona nisbetle çocuk oyuncağıdır.' dedi..." (2/94)

Dünya Malı Oyuncak Sen de Çocuksun

Hani çocuklar sokakta dükkancılık oynarlar da gece vakti evlerine yorgun argın ve aç olarak dönerler Çocuk, eteğine saksı kırıklarını doldurur da mal mülk sahibi gibi onların üstüne titrer; bir parçasını alsan ağlar, o parçayı geri alana kadar yırtınır. O, bilgi elbisesini giyinmemiştir de o yüzden ne ağlamasına, ne de gülmesine bir değer verilmez. (2/94) Çocuk akıllı kişi de eğreti malı, kendi mülkü sanır ve o malın üstüne titrer durur. Hani biri rüyasında kendisini mal sahibi görür; hırsızın çuvalı çalmasından korkar; fakat biri kulağını çekip onu uykudan uyandırınca da o halini hatırlayıp gülmeye başlar. Bu dünyanın bilgisine ve malına sahip olanlar da böyledir. Bu bilginler kendisinde bilgi var zannına kapılır da, bir hırsız çalacak diye korkar. 'Halk zamanımı çalıyor.' diye şikâyet eder. Oysa Tanrı Kur'an'da, böyleleri hakkında "bilmezler" dedi. Onların zaten faydalı bir vakti de yok ki halk çalmış olsun!

Yediğin Toprak Senin

Bazan beddua niyetine; "A toprak yiyesice!" deriz. Mevlânâ'ya göre bu ağzın yediği zaten topraktan başka ne ki! Lakin renklere boyanmış bir toprak bu. Yiyip içtiğin bu kebap, bu şarap ve bu şeker renklenmiş, nakışlanmış topraktan ibaret. Gerçi yediğinde onlar ete, deriye döner, beden rengini alır ama hepsinin aslı topraktır... Her şey topraktan vücut bulur, sonra yine dağılıp toprak olur. Yaşarken farklı renkte olan Rum, Habeş, Hindu ve Kıpçak kabirde yine tek renge boyanırlar. O halde bilesin ki o rengin ve süsün, tamamen hileli ve eğreti bir yüz örtüsü, bir maske. (6/176) Peki değişmeyen renk ne? Cevabı şu beyitte:

Reng-i bâki sıbgatullahest ü bes
Gayr-ı an ber-beste dân hemçün ceres (6/4745)

Baki olan ancak Allah'ın boyasıdır, ondan başkasını bağlanmış çan gibi iğreti bil... Allah'ın rengine boyanmak; doğrulukta, takvada, imanda ve ibadettedir. Dünya renkleri de dünya gibi uçar gider; ahiret de ahirete ait renkler de ebedidirler. Dünyevi renklerle oyalananlar manen çocuk kalanlardır. Ebediyet yolcusunu ne bu kebap doyurur ne şu şarap. O bakî bir içkinin, keskin bir şarabın peşindedir. Mevlânâ aşağıda vereceğimiz hikâyede böyle bir şarap istiaresi etrafında gönlünü ahirete bağlayan insanların dünyaya tahammül edemeyişlerini anlatıyor. Peki ama neden şarap? Okuyucunun yadırgamaması için kısaca açıklayalım. Klasik şiirimizde şarap aşkın, gönül coşkunluğunun sembolüdür. Çünkü şarabın özelliği sarhoş etmektir, aşk da aynı kabiliyeti haizdir. Su da içecektir, şarap da. Ama bu ikisinin insan üzerindeki tesiri bir mi? İşte bu yüzden âşık şaraba/gönül coşkunluğuna mübteladır. O Cenab-ı Hakk'ı sevmiş, itimad etmiş ve dolayısıyla hesap kitap kaydından kurtulmuştur. Zahid ise şiirimizde gönül zevklerinden mahrum, şekilci bir tiptir ve görünüşünün tam tersine dünyaya bağlıdır. İşte Mevlânâ dünyanın ahiret karşısındaki durumunu su/şarap, zahit/sarhoş sembolleri üzerine bina ediyor. Yine de zahiren yanlış anlaşılmaması için hikâyesini içkinin yasaklanmadığı bir zamana götürerek diyor ki:

Şarapçı Emirle Küp Kıran Zahit Hikâyesi

"Henüz içkinin yasak olmadığı zamanlarda içmeyi ve içirmeyi seven cömert bir emir vardı. Bir gün misafiri gelince emir, halis şaraplardan getirmesi için kölesini manastıra gönderdi. Manastırda iki testiyi de saf şarapla dolduran köle dönüp gelirken yolda bir zahitle karşılaştı. Dünyaya ve dünya zevklerine sırt çevirmiş zahit, kölenin ne taşıdığını öğrenince fena halde kızdı, yerden bir taş aldı ve:

- Hiç emirlere böyle zevk ve safa sürmek caiz mi? deyip taşı fırlattığı gibi iki küpü de kırıverdi.

Durumu öğrenen emir küplere bindi ve:

- Derhal bana üstüne vazife olmayan şeyleri iş edinen o ahmağın evini gösterin, gidip kafasını ezeyim de öyle yersiz şeyler yapmak ne demekmiş öğrensin, dedi. Bu sırada zahit korkusundan bir yerlere gizlenmiş, tir tir titremekteydi. Emirin gürültü patırtısı mahalleliyi ayağa kaldırınca durumu öğrenen bazıları zahide şefaatçi olarak dediler ki:

- Onu affet. Zaten çektiği korku ona ceza olarak yeter. Hem af affı celbeder. Sen de bu dünyada bilmeden ne testiler, ne küpler kırmışsındır. Bunu affet ki Cenab Hak da senin o cürümlerini affetsin. Hem senin şaraba ihtiyacın da yok, çünkü bizatihi kendin gül yüzlü şarap olmuşsun.

Emir dedi ki:

- Hayır ben şaraptan başka şeyle kâni olmam. Çünkü şarapla gönlünü eğleyeni artık başka bir şey oyalayamaz. Sarhoş, hesap kitap kaygusundan uzaktır. Ben de takdirin önünde, rüzgarda her tarafa salınan salkım söğüt gibi salınmalıyım; korku ve ümit fikrinden uzak olmalıyım." (5/139)

Bu hikâyenin girişinde de anlattığımız gibi Hz. Mevlânâ buradaki iki tiple dünya ve ahiret karşısındaki iki farklı tavrı somutlaştırmış oluyor. Hikâye boyunca o, bu fikri değişik misallerle zenginleştiriyor. Buna göre nebiler de daima ebede baktıkları için başka şeyler onlara oyuncak gibi görünmüştür... Ebed ebedi diriliktir. Ebedi dirilik ahirettedir. Ayette bu hususta: "*Ve inne'd-dare'l-ahirete lehiye'l-hayavanu lev kanu ya'lemun.*"

Yani; ahiret yurdu ise gerçek hayatın/diriliğin ta kendisidir, keşke bilselerdi, buyurulmuştur. Hiç diriyi seven tekrar ölü mesabesindeki dünyayı sevebilir mi? Başka bir benzetişle orası gül bahçesi, burası külhandır. Gül bahçesini yurt edinen dönüp külhanda oturabilir mi? Peki, niçin herkes ahiretin üstünlüğünü farkedemiyor? Çünkü daha evvel de söylendiği üzere kimi insanlar ruh kimileri ise beden kesilmişlerdir. Pak ruhun vatanı yücelerdir, kurtçuğun yeriyse gübre. Gönlünü dünyaya kaptıran insanlar bir nevi çocukturlar. Gerçek bebeklerden henüz habersiz olan küçük kız çocukları cansız bebeklerle oyalanır; oğlan çocukları da henüz yiğit kuvvetine sahip olmadıkları için çubuktan kılıçlarla oynarlar. Ama yetişkin insanların bez bebekle, tahta at ve kılıçla ne işi olabilir? Neticede biz ebedi tarafımızla ahirete aidiz. Bu bakımdan dünya gelip geçici bir dadı, ahiretse annemiz mesabesinde. Dadıdan vefa beklemek yersizdir, anne ise her halükarda annedir. (5/29)

Peki Ama Dünyadan Maksat Nedir?

Çist dünya ez Hüdâ gâfil buden
Ni kumaş u nukre vü ferzend ü zen (1/1024)

Dünyadan kasıt ne kumaş, ne para, ne de kız ve oğlandır. Dünya insanın Hak'tan gafil olmasıdır.

Şimdiye kadar ele aldığımız bahislerde Hz. Mevlânânın dünya karşısında mesafeli bir tutum takındığını gördük. Ancak onun bu tavrını dünyanın bizatihi kötü oluşundan ziyade insanların zafına bir vurgu olarak almak daha doğrudur. Nitekim yukarıya aldığımız beyit onun dünyaya bakışını tek başına özetliyor. Buna göre maksat işten güçten el etek çekmek yahut çoluk çocuğa karışmamak değildir. Aslolan bütün bunların insanı Hak'tan alıkoymaması, gaflete düşürmemesidir. Yoksa helal yoldan kazanılan ve hayra sarfedilen mal mümin için aynı zamanda bir ahiret azığıdır. Nitekim Cenab-ı Peygamber; "Salih kimse için helal mal nimettir." buyurmuştur. Mevlânâ malın hangi şartlarda nimet, hangi durumda da afet olduğunu o çok bilinen gemi/su benzetmesiyle açıklıyor. Buna göre eldeki imkanlar geminin altındaki su gibi olmalıdır. Gemi hedefine su sayesinde gidebilir. Ama suyun geminin içine girmesi onun batması demektir. Bu durumda nimet, nimet olmaktan çıkıp külfet haline gelmekte. Mesnevî'de bu fikrin benzer benzetmelerle çoğaltıldığı görülür: Ağzı kapalı ve içi boş testinin su üstünde her yana gitmesi, ya da içinde su olmayan leğenin deryada batmaması gibi... Şimdi de Mesnevî'de yer alan ve bu fikirleri özetleyen bir nükte aktaralım:

Hangisi Derviş?

Adamın biri Endülüs'e giderken fakir bir derviş kendisine; "Gideceğin yerde şöyle ulu bir şeyh var, ona söyle de benim için dua ve tavsiyede bulunsun." demiş. Endülüs'e varan yolcu araya sora o zatı bulmuş. Bakmış ki şeyh bir sarayda ve taht üzerinde; çevresi de hizmetçi dolu. Yolcu bu tuhaflık karşısında şaşırmasına şaşırmış ama üzerindeki emaneti de aktarmadan edememiş. Şeyh yolcuya şöyle demiş:

"Ona selamımı söyle, kalbinden dünya muhabbetini çıkarsın."

Yolcu içinden:

"Allah Allah, bu nasıl iş! Bu şeyhin kendisi sultan gibi yaşarken nasıl oluyor da yiyecek bir lokması bile olmayan o dervişe böyle bir tavsiyede bulunuyor!" diye geçirmiş. Ancak geriye dönüp bu mesajı yerine ilettiğinde fakir derviş:

"Şeyh keramet buyurdu. Benim bu fakirliğime bakma; içim dünya sevgisiyle dolu ve tam 30 senedir bundan kurtulmaya çalışıyorum. Şeyhin zenginliği de seni şaşırtmasın, onun gönlünde dünyadan eser yok." demiş. Mevlânâ başka bir yerde de mal edinme konusundaki şu çelişkiye dikkat çekiyor:

Terk-i dünya her ki kerd ez zühd-i hiş
Piş âmed piş-i o dünya vü piş (1/503)

Kim kendi isteğiyle bu dünyadan vaz geçerse dünya ve dünya nimetleri kendi ayağıyla onun önüne gelir. Demek ki dünyayla bir kovalamaca yaşıyoruz. Biz kovalayınca o kaçıyor, biz kaçınca peşimizden koşuyor.

İmtihansız Olgunlaşma Olmaz

Esasen insanın mânen olgunlaşması için geçmesi gereken imtihanların başında dünya imtihanı gelir. Aşağıdaki beyitlerde bu fikir örneklendiriliyor:

Çün adû nebved cihâd âmed muhal
Şehvetet nebved nebâşed imtisâl
Hin mekün hodrâ hasi ruhban meşev
Z'ân ki iffet hest şehvetra girev (5/580, 82)

Hiç düşman olmadan cihad olur mu? Yolumuzu kesen dünya şehveti olmadan da emre uymanın değeri anlaşılmaz. O halde papazlaşıp kendini hadım etmeye kalkma, o şehvete rağmen iffetli kalmaya gayret et.

Mevlânâ yedirip içirmenin dinî bir emir olduğuna dikkat çekiyor ve bu emrin yerine getirilebilmesi için önce kazanmak gerektiğini belirtiyor. Bu fikir hemen bütün tasavvuf erbabının paylaştığı bir fikirdir. Mesela Yunus Emre de aynı mealde şöyle der:

Dürüş kazan ye yedir
Bir gönül ele getir
Bin Kâbeden yeğrektir
Bir gönül ziyareti

Dürüşmek, eski Türkçe'de çalışmak çabalamak anlamına geliyor. İnsan niye çalışıp çabalamalı? Bir gönül ele getirmek için. Niçin? Çünkü gönül yapmak bin Kâbe yapmak gibidir... Görülüyor ki kazanmak yine dini bir amacı gerçekleştirmenin vasıtası olmakta.

Allah Gördüğümüzden Koymasın

Mesnevî'de yer yer eldeki imkânların kaybedilmesinin insan üzerindeki etkilerinden de söz edilir. Yoksul olan için bu hal tabiidir. Ama varlıktan darlığa düşenlerin buna tahammülü çok daha zordur. Eserde bu zorluk çeşitli benzetmelerle açıklanır. Sözgelimi doğuştan zenci olan ten renginden şikâyetçi değildir. Fakat önce beyazken sonra bir hastalık neticesinde yüzü kararan insan bundan kurtulmak için çareler aramaya başlar. Ehli kuşların kümeste yaşamaktan yana şikâyetleri yoktur. Onlar önlerine dökülen yemlerini huzurla yerler. Oysa uçan kuşu yakalanıp kafese hapsetsen zavallının önüne ne döksen gözü görmez. Hz. Peygamber de bu durumun zorluğunu tescil babında; "*Zengin iken fakirleşene, aziz iken zelil olana, cahiller arasında kalan alime acıyınız.*" *buyurmuştur. Hasılı insanın elindeki imkanı kaybetmesi âdeta bir uzvunun kesilmesi gibidir.* (5/34)

CEVHER BEYITLER-V

30

Servet kelin külahı:

Mâl u zer serra büved hemçün külâh

Kel büved o k'ez-küleh sâzed penâh 1/2445

Mal ve para baştaki külah gibidir. Külaha ise ancak kel olan ihtiyaç duyar. Başında sırma gibi saçı olan külahı neylesin. Mal asa gibidir;asa ise topala ve yaşlıya yakışır. Ceylan gibi seken yiğide asa taşımak ardır. Hazine olmak hazineye sahip olmaktan elbette iyidir. O halde sen kendin hazine ol ki hazineler seni arasın.. Dünya senden değerli değil, bırak o senin peşinde koşsun.

31

Ey gölge avcısı:

Sâye-i murgî girifte merd-i saht

Murg hayran geşte ber-şâh-ı dıraht 1/2911

Her şeyin bir hakikati bir de gölgesi vardır Kuş başka kuşun gölgesi başkadır.. Gölge yerdedir gerçeği gökte. Ahmak yerdeki kuşun gölgesini kavramış kuşu tuttuğunu sanmakta. Ağacın tepesindeki kuş ise onun bu komik haline şaşmada. A şaşkın dünya avcısı! Ömrünü gölge peşinde seğirterek harcayan o avcı senden başkası değil. Meyveli dal dışarıda, sense mağara duvarına akseden gölgesinden meyve devşirmeye çalışmadasın. O gölge bu dünyadır, ahiret ise dalın gerçeği. Gölgenin amacı gerçeği hatırlatmaktır. O halde sen de gölgeyi bırak aslına bak.

32

Libas boya göredir:

Dedi lutfum herkese haddincedir
Câmesi her âdemin kaddincedir 1/1218

Dedi ki: *Lûtfum herkese layık olduğu kadardır. Ben herkese boyuna göre elbise biçerim.*

Ey verilenden daha fazlasını talep eden! İlahi lûtuf herkese kabı ölçüsünce verir. Nasıl boyu kısa olana uzun elbise biçmek iyilik değilse insanlara hak etmedikleri imkanları vermek de iyilik değildir. Böyle ihsan zayıf biniciyi azgın ata bindirmeye benzer. O durumda çok geçmeden baş aşağı uçarsın da bindiğine bineceğine bin pişman olursun

33

Muma ihtiyacın yok:

Bî-çerâgî çün dehed o rûşenî
Ger çerâget şüd çi efgân mikünî 3/1384

Amaç aydınlanmaktır, mum değil. Mum bu işe vasıta olduğu için değerlidir. Cenab-ı Hak isterse ışığını mumsuz, nimetini vesilesiz de gönderir. O zaman mumsuz aydınlanır, yemeden doyar, içmeden kanarsın. Allah sana gönlünde doğan koca bir güneş vermişken sen dışarıdaki mumunun söndüğüne üzülme. Say ki mangırını düşürdün, parlak bir altın buldun; kirli külahını yel kaptı ama başına cevherli bir taç kondurdular. O halde sevin.

34

Aslan sofrasında aç kalmazsın:

Eksik olmaz şîr bezminde kebâp

Rûbeh-âsâ cîfeye etme şitâb 3/2252

Ey tilki tabiatlı. Sen bir aslan sofrasındasın.Aslan sofrasında kebap eksik olur mu hiç? Aslanın pençesinden hangi av kurtulmuş ki sen aç kalasın. Hem o sofradasın hem de gözün dışarıda bir leş aramada. Bu sofra sahibine saygısızlıktır. Eğer kebap beklemeye sabrın yoksa bari sofradan kalk git de aslanı da töhmet altında bırakma.

An yeki der-künc-i mescid mest ü şâd
V'an yeki der-bâğ türş ü bî-murad (6/3447-8)

Bil ki mutluluk ve lezzet içtedir dışta değil. Mutlu olmak için kasr ve kalelere sahip olmak isteyen aptaldır. Kimi bağ bahçe içinde dertlidir, diğeri ise mescit köşesinde mesrurdur... Hasılı mutluluk dış şartlara değil iç şartlara bağlıdır.

Kazancımız Mutluluk

Mutluluk hayatımızın temel gayelerinden. Ve çok zaman mutluluğu -yukarıdaki beyitlerde anlatıldığı üzere- dışarıda, dış dünyaya ait emellerimizin gerçekleşmesinde aramaktayız. Ama insan bir istek ve emel yumağı... İsteklerimizin biri bitmeden diğeri kapımızı çalar. Oysa bunların pek azına ulaşabiliriz. Üstelik ulaştığımız her şey çabucak cazibesini kaybeder. Mutluluk devşirmek için elimizi uzattığımız meyve dalları pörsür, güller avucumuzda solar. Her hayal kırıklığının ardından yeni bir ihtirasla okumuzu yayımızı kuşanır ve emel ceylanının ardına düşeriz. Böylece hayatımız serap peşindeki çöl yolcusunun hazin macerasına döner. Bu koşu boyunca bazan bize hayatı zehir eden olay ve insanlarla bazan da başımızı döndüren baharlarla karşılaşırız Sonra ne o kışın ne de beriki baharın kalıcı olmadığını öğreniriz. Bütün bu tecrübeler bize öğretir ki: Dışarıdaki her şeyi gönlümüzce tanzim etmek mümkün değil. Oysa dış dünyadan başka bir de iç alemimiz var. Orası benlik evimizin iç avlusu, dahili bahçesi. Gönlümüzce orayı bezeyip süslemek, güllerle sümbüllerle donatmak bizim elimizde. Bunu başardığımızda elde edeceğimiz güzellik hayat boyu sürecek bir güzellik, kendi kendimizle dostluğumuz ölüme kadar sürecek bir dostluktur. Hz. Mevlânâ bu gerçeği şöyle dile getiriyor:

Kendinden Kaçamazsın

"Başkasından kaçan ondan uzaklaşıp kurtulunca kaçmayı bırakır olduğu yerde durur. Ben ise hem kendimin düşmanıyım, hem de kendimden kaçıp kurtulmak istiyorum. Kaçarken kendimi de beraber götürdüğüm için kurtulmamın imkanı yok. Bu yüzdendir ki benim işim kıyamete kadar durmadan kaçmaktır. İnsanın gölgesi kendisine düşman olursa o adam ne Hindistan'da emin olabilir ne Hoten'de." Bunlar ne kadar anlamlı ve derin sözler. İnsan için rahat bir vicdanla yatmak kadar büyük mutluluk var mıdır? Denizin dibine dalsak ya da göklere tırmansak kendimizden kaçabilir miyiz? Asla! O halde tek çare kendimizi ıslah etmek ve vicdanımızın dostluğunu kazanmaktır. Müsterih bir vicdanın verdiği mutluluğu başka hiçbir şey veremez.

Bir Örnek

Victor Hugo'nun Sefiller'indeki baş kahraman Jan Valjan 'vicdan adamı' olmanın en başarılı örneklerindendir. Efendim, konu özetle şu: Eski bir kürek mahkumu olan Jan Valjan izini kaybettirerek sahte bir kimlikle zengin olmuş, bir kasabanın belediye başkanı seçilmiş ve kendini hayır işlerine adamıştır. Ama geçmiş kimliği yakasını bırakmaz. Ve bir gün kendisine gelen bir haberle duyguları alt üst olur. Gazete haberinden kendisi sanılan bir adamın yakalandığı ve mahkemeye çıkarılacağını öğrenir. Sabaha kadar vicdan buhranlarıyla kıvranan ve kazandığı her şeyi heba edip etmeme konusunda zorlanan Valjan sonunda vicdanından kaçamayacağına anlar ve mahkemeye gidip kendi kendisini ihbar eder. Yaralı ama mutludur. Çünkü kazandığı her şeyi kaybetme pahasına kendi vicdanını ve dostluğunu kazanmıştır. Aslında hepimizin içinde bir Jan Valjan yatmakta. Bu yüzden yanlış bir iş yaptığımızda kendimizden nefret ederiz. İyi bir işin mükafatını ise herkesten önce vicdanımız bize verir. Mevlânâ bu gerçeği şöyle bir nükteyle anlatıyor:

Gönül Cenneti

Cenab-ı Hak Hz. Davud'a dedi ki: "Benim için hicret edip eşten dosttan ayrıldın. Şimdi ayrılık ateşi kalbini yakmada, seni neşelendirecek, çalıp çığıracak arkadaşlar istemedesin. Biz onların yerine sana dost olarak dağları, dereleri, kurtları, kuşları verdik." Nitekim Hz. Davut dualarını okumaya başlayınca dağlar bile ses verir, bütün canlılar onun zikrine katılırdı. Sen velileri de böyle yapayalnız ve garip sanırsın; sen duymazsın ama onların içinde bin bir ses ve zikir vardır. (3/163)

Böyle bir gönül elde eden sufi kendi kendisine cennet kesilir. Mevlânâ bununla ilgili olarak da şu örneği veriyor: "Dervişin biri yanından sular akan güzel bir bahçe kenarında oturmuş, tefekküre dalmıştı. Biri ona acıdı da;

- A filan, dedi. Bunca güzellik içinde ondan mahrumsun. Başını kaldır da çevrendeki şu güzellikleri bir gör. Derviş ona şu cevabı verdi:

- Gerçek bağlar bahçeler gönüldedir. Senin o gördüklerinse gönüldeki bahçelerin silik gölgelerinden ibaret. (4/54) Ne kadar doğru! Bakışlarımızı alamadığımız güzelim bahçeler soğuk bir hazan yeliyle solup sararır. Gönlümüzdeki bahçelerin tek mevsimi var. O da ömürlük bir bahar! O halde?"

O Halde Kendin Hazine Ol

Bir mala mülke sahip olursun da gün gelir onu kaybedersin. Senin sandığın her şey bakarsın ki başkasının olmuş. O halde dışarıdaki hazineyi bırak da kendin hazine olmaya bak:

Tu zi-hod key kem şevi iy hoş-hisâl
Çünkü ayn-ı tu türâ şüd mülk ü mâl (4/1132)

Yani: *Ey temiz mayalı! Şayet sen malın, mülkün, hazinenin ta kendisi olursan, o hazineye hiç zeval olur mu?*

Bu dünyada kendi kendisinin hazinesi olmayı kim istemez! Şüphesiz herkes. Ama işe nereden başlamalı ve nasıl bir yol izlenmeli.

Terbiyeye Nereden Başlamalı?

Dünyayı cennete çevirme iddiasındaki birçok toplumcu proje buna giden yolun cemiyeti düzenlemekten geçtiğine inanmıştır.

Bir şehir plânı yapar gibi insan davranışlarının da kontrol altına alınabileceği fikri eski Sovyet ülkelerinde ve Çin'de uygulama alanına konmuştur. Fertlerin toplum evinin sadece bir yapı taşı olarak görüldüğü bu sistemlerde bireyler tek tek kaale alınmazlar. Sosyal şartlar oluşturulduğunda herkesin aynı davranışları göstereceğine inanılır. Önemli olan arkı açmaktır, su nasılsa o arktan akacaktır. Pavlov'un şartlandırma denemeleri bu düşüncenin en ilginç örneğidir. Oysa bütün dinler doğrudan bireyin kendisini hedef alır ve onu düzeltmek ister. Allah birebir ferde seslenir, emir ve yasaklarını bildirir. Bu terbiye modelinde ferdin dışarıdan gelen etkilerle değişmesinden çok, benimsediği doğrularla kendi kendisini değiştirmesi söz konusudur. Buradaki değişme gönüllü bir değişmedir, icbari değil. Asıl hedef insanın davranışlarını değiştirmekten çok onun ruhunu kazanmaktır. Neden? Çünkü insanın içeriden fethedildikten sonra davranışlar zaten kendiliğinden değişecektir. Nitekim hadis-i şerifte; "*Sende öyle bir et parçası var ki, onu düzeltirsen bütün davranışların düzelir, o hasta olursa hepsi hasta olur.*" buyurulmakta.

Demek ki terbiyeye insandan ve insanın da ruh ve kalbinden başlamak lazım. Şimdi Hz. Mevlânâ'nın konuyla ilgili fikirlerini aktaralım:

Gönül Terbiyesi

Havuzda ne varsa musluktan da o akar. Birer musluğa benzeyen beş duygu da kalbe bağlıdır, onun emrine göre hareket eder. Bu el ve ayak gönlün emrini bekler. Bunlar sanki Musa'nın elindeki asa gibidirler. Gönül isterse ayaklar rakseder, hareketlerini arttırır veya azaltır. Gönül ele emrederse parmaklar hesap yapar veya kitap yazar. Yedi aza, on çeşit duygu ve başka başka hizmetkarları o kadar çok ki anlatmak mümkün değil. Bu şaşılacak halin acaba sebebi nedir? Gönül yoksa Hz. Süleymanın mührünü mü buldu da ondan mı bütün duygulara böyle hükmetmede. O halde, aman dikkat et! Süleymanın mührünü çalan şeytan senin de gönül yüzüğünü çalıp tahta konmasın (1/ 139)

Dış Temizlik, İç Temizlik

Hun pelidest ü be-âbi mireved
Lik batınhâ necasethâ büved (2/1816)

Beyitte iki türlü temizlikten söz ediliyor; dış temizlik, iç temizlik. İnsan kirli elbiseyle toplum içine çıkamaz. Diyelim ki kan bulaştığında elbiseyi temizlemek için suyla yıkamak kafidir. Peki ama şayet kirli olan içimizse ne yapmalı? Demek ki onu yıkayan başka bir su lazım. Diğer taraftan "Kara balçıkta da su var ama o suyla abdest alınmaz. O da su ama çamurlu. Saf olmayan gönüle de gönül denmez. Su balçıktan kurtulunca temizlenir de bir işe yarar; gider denize kavuşur." (3/86) Bu böyle olduğu gibi gönül de ancak kirlerinden arınırsa bir işe yarar. Ancak böyle saflaşan ve saf altına dönen gönül sultanın mührüne layık hale gelir: "Geçer altın, üzerinde sultan damgası olandır. O altın ebediyyen değerini yitirmez. Gönül de o damgayla gönül olur." (3/167)

Süslenme

Yukarıdaki tariflerden anlaşılıyor ki iki türlü güzelleşme söz konusu. Biri zahiri, biri batıni... Günümüzde zahiri süslenme bakımından çok gayretli olduğumuza hiç şüphe yok. Görüntüye büyük önem veriyor, üstlümüze, başımıza, kılık kıyafetimize büyük paralar harcıyoruz. Güzel görünmek için bir şeyler ektiriyor, gerdiriyor, çektiriyoruz. Peki ama bizim güzelleştirmekle sorumlu olduğumuz bir de iç dünyamız yok mu? Beden güzelliği yanında kalp ve ruh güzelliğinden de mesul değil miyiz? Hz. Mevlânâ aşağıdaki cümlelerde dikkatimizi bu konuya çekiyor:

"Ey kardeş! Miski tenine değil, kalbine sür. Münafık miski tenine sürer ruhu ise külhanın dibinde hor ve zelil bir durumdadır. Oysa seni insan yapan tarafın ruhun, kalbin, fikrin ve düşüncendir; geri kalan kısmın kemik ve kıldan ibarettir. Düşüncen gül ise sen gül bahçesisin, dikense külhanı doldurursun. Gülsuyu isen göğüs ve başlara sürülürsün, sidik olursan yerin malum. (2/12) Gerçi bizim bedenimize karşı da görevlerimiz olduğu şüphesiz. Eğer iç bakımımıza da aynı özeni gösteriyorsak beis yok. Ama durum böyle değilse. Mevlânâ böylelerinin durumunu süslü mezarlarda yatan kâfirlerin durumuna benzetiyor. Mezar dışarıdan güzel ama içi mahvolmuş. Keza atlas ya da sırma giymenin de kimsenin aklına bir faydası yoktur. Bu tip insanların dışları gülerken içleri feryat etmededir. Ama öylesi de vardı ki sen onları eski püskü elbiseler içinde görürsün ama düşüncesi ve sözleri şekere benzer vs.

Bir Nükte

Mesnevî'deki bu fikirlere benzeyen bir nükteyi de Şeyh Sadi'nin Gülistan'ından aktaralım. Merhum Sadi şöyle diyor: "Beş para etmez birini çok ağır elbiseler giymiş ve cins bir Arap atına binmiş giderken gördüm. Biri bana:

- Ey Sadi! Şu cahil hayvanın böyle pahalı şeyler giymesi neye benzer, dedi. Ben de dedim ki:

- Altın suyu ile yazılmış çirkin bir yazıya!"

Huy Değişir mi?

Efendim, insan yaratılış bakımından karışık bir madene benziyor. Maden elekten geçerek saflaştığı gibi huylarımızı da çakılından curufundan ayıklayarak güzelleştirmek durumundayız. Kısaca huylarımızı iyi yönde değiştirmemiz, geliştirmemiz gerekiyor. İyi ama, bu mümkün mü? Bazı atasözlerimizin dediği gibi: "İnsan yedisinde neyse yetmişinde de o" mudur? Ya da "Can çıkmadan huy çıkmaz" mı? Bir görüşe göre bu böyledir. Yani insan belli bir fıtrat ve kabiliyetle yaratılmıştır ve bu özellik hiçbir suretle değişmez. Diğer bazıları ise eğitimin fıtrata galip olduğuna kail olmuşlar. Şimdilik biz Mevlânâ'nın fikrini mahfuz tutarak Gülistandan konuyla ilgili şu hoş fıkrayı nakledelim:

Huy mu Üstün, Eğitim mi?

Efendim, bu bahis iki filozof arasında uzun bir münakaşa konusu olmuş. Eğitimin üstün olduğunu savunan filozof hasmını ikna için onu bir akşam yemeğine çağırmış. Yemek esnasında önceden bu iş için eğittiği kedisi arka ayakları üzerinde insan gibi yürüyor ve iki ön ayağıyla tuttuğu mumları masayı aydınlatacak şekilde tutuyormuş. Ev sahibi misafirine:

- Bak demiş, eğitimin gücünü görüyor musun? Bir kedi bile eğitimle ne hale geliyor. Kediliği bırakıp insan özelliği kazanıyor.

Böyle bir sahne için hazırlıklı olan beriki hemen cebinden küçük bir kutu çıkarıp kapağını açmış. Açılan kutudan minik bir fındık faresi dışarı fırlamış. Fareyi gören kedi bir anda eğitimini filan unutup mumları fırlatmış, ok gibi farenin peşi sıra atılmış. Böylece yaratılış özelliğinin eğitimden daha üstün olduğunu savunan misafir filozof galip gelmiş.

Ya İnsanın Durumu?

Yukarıdaki örnek hayvanlar alemi için doğru olmalı. Ya insan için? İnsanda da eğitim cilasının altındaki içgüdüler bir kedininki kadar güçlü müdür? Herhalde öyle olmamalı. Zira öyle olsaydı davranışlarımızla ilgili sorumluluğumuz kalkardı. Yine öyle olsaydı, Hz. Adem'den beri peygamberlerin ve peygamber varislerinin gönderilmeleri, eğitim adına açılan bunca okullar, yazılan kitaplar, söylenen sözler... bunların hepsi anlamını yitirirdi. Esasen eğitim dediğimiz şey insanın iyi yönde değişebileceği inancına dayanır. Bununla birlikte eğitime muhatap olan her insandan aynı sonucun alınamadığı da bir hakikat. Bu konuda şu hadis-i şerifi ölçü olarak alabiliriz: "*İnsanlar altın, gümüş, bakır ve demir madenleri gibidirler.*" Yani? Yani, her insanın yaratılıştan getirdiği kabiliyetleri farklıdır. Sözgelimi nasıl bazılarımız doğuştan resme veya musikiye yatkın oluyorsak, iyi ve kötü huylar bakımından da farklı kabiliyet ve yatkınlıklarımız olmalı. Yukarıdaki hadis ayrıca şu gerçeğe dikkat çekmekte: Hangisi olursa olsun, hiçbir maden tabiatta saf olarak bulunmaz. Arındırma emeğine bağlı olarak kötü bakır iyi bakıra, düşük ayarlı altın saf altına çevrilebilir. Yani bakırın gümüş veya altın olması beklenmemeli, kendi limitleri içindeki iyileşmenin gerçekleşip gerçekleşmediği sorgulanmalı. İçimizde hangi madeni taşıdığımızı bilemeyiz. Bu bakımdan biz sonuçlardan değil kendimizi gerçekleştirme konusundaki gayretimizden sorumlu olmalıyız. Hz. Mevlânâ hem bu durumu hem de insanda huyların değişken oluşunu şu cümlelerle tespit ediyor:

"Sende hangi huy hakimse hüküm onundur. Nasıl ki madende altın, bakırdan fazlaysa o maden altın sayılır. Senin de varlığında hangi maden yahut hayvanın özellikleri galipse o dem onun şekline dönüşmen gerek. Bir çağ gelir, insanda kurtluk belirir; bir çağ gelir ay yüzlü Yusuf'a benzer." (2/52) Kurt olmak da Yusuf olmak da insanın bir tercihi... Yani eksik olan çok zaman yeteneğimiz değil gayretimizdir. Bütün bu gayretlere topluca nefs terbiyesi ya da nefs tezkiyesi diyoruz.

B- NEFS TERBİYESİ

Efendim günümüzde insan davranışlarını konu alan kişisel gelişim kitapları moda oldu. Alain'den beri birçok filozof insan davranışlarının nasıl düzeleceğine kafa yormuş... Ama asıl şu soruyu sormak lazım: Davranış terbiyesi mi önemlidir, ruh terbiyesi mi? İnsanı temelden değiştirmeden davranışlarını değiştirmek suretiyle onu iyi yapmak mümkün müdür? Bataklık ortada durdukça öldürerek sineklerden kurtulunabilir mi? Diğer bir benzetmeyle acımış hamurdan yapılan kurabiyelerin tatlı olmasına imkan var mı? O halde temelde nefs terbiyesiyle başlamalı işe. Tıpkı hikâyedeki genç gibi:

Anasını Öldüren Genç

Bir genç anasını öldürdü. Onu gören biri;

- Ey alçak! İnsan hiç anasını öldürür mü, o sana ne yaptı, dedi. O genç dedi ki:

- Ölümü gerektiren çok utanılacak bir şey yaptı, yani zina etti. Beriki;

- İyi ama ananı öldüreceğine onunla zina yapan adamı öldüreydin ya? deyince genç şu cevabı verdi:

- Dediğini yapsam, anamdaki şehvete göre her gün bir adam öldürmem lazım gelir. Ama anamı öldürünce bir defada kurtuldum. Onu öldürmek halkı öldürmekten daha iyi.

Bu hikâyede sonra Hz. Mevlânâ diyor ki: "O kötü huylu ana senin nefsindir. Zira onun fesadı her yerde görünüyor." (2/30) Tabiatıyla buradaki öldürme mecazi anlamda onun kontrol altına alınması demektir. Yoksa nefsin ölmeyeceği veya öldürülemeyeceği, esasen amacın da bu olmadığı, aşağıdaki örneklerde yeniden karşımıza çıkacaktır.

Nefs Terbiyesinin Zorluğu

Mevlânâ aşağıdaki cümlelerde nefsi put yontan kişiye benzetiyor ve onu terbiye etmenin zorluğuyla ilgili şu nefis tespitlerde bulunuyor:

"Bu nefis putu kırılmazsa ondan diğer bir put doğar. Nefis demir ve çakmak taşına benzer, put ise kıvılcımdır. O kıvılcım su içinde söner. Oysa taş ve demir suyla sönmez ki insan bu ikisinin şerrinden emin olabilsin! Zira o ateş taş ve demirde gizlidir. Suyun o ateşe tesiri yoktur. (1/32)

Yine Mevlânâ'ya göre yaptığımız işler testideki su gibidir; nefis ise daimi oluşu bakımından ırmak suyuna benzer:

"Testinin ve küpün suyu biter. Çeşmenin suyu ise daimidir. Put testide saklı kirli su gibidir. Aşağılık nefis ise o kara suyun pınarıdır. O yontulmuş put siyah sel gibidir, gelir geçer. Put yapanın nefsi ise su yolundaki bir çeşmedir. Bir taş parçası yüz testiyi kırar. Fakat çeşmenin suyuna o taştan bir tasa yoktur. Putu kırmak kolay görünür ama nefsi kırmayı kolay sanmak cahilliktir." (1/32) Madem ki nefsi terbiye etmek bu kadar zordur; insanın kalitesi de bu konudaki başarısıyla ölçülmeli. Kimin sultan kimin köle olduğuna aşağıdaki nükte anlatıldığı gibi bir de bu açıdan bakılmalı:

Kendini Sultan mı Sanırsın?

Devrin sultanı fakir bir şeyhe:

-Pek yoksulsun. Benden ne istersen söyle, sana yardım edeyim, dedi. Şeyh kızdı ve:

-Bu ne yersiz teklif! Sen benim iki kölemin kölesi olduğun halde bana yardım teklif etmeye utanmıyor musun? diye onu payladı. Sultan şaşırdı:

- Allah Allah, benim efendim olan o iki kölen de kimmiş? Şeyh şöyle cevap verdi:

- Onlardan biri hiddet diğeri şehvettir... Bunlar bana itaat eden kölelerdir, ama sen onların elinde köleye dönmüşsün. (2/54)

Şimdi de nefse hakimiyette insanın ulaşabileceği son nokta olmak üzere Allah'ın aslanından şu ibretli hadiseyi hatırlayalım.

Hz. Ali Olmak Kolay mı?

Hz. Ali bir kâfiri bastırmış, üstüne çullanmıştı... Tam başını kesmek üzere iken adam can havliyle Hz. Ali'nin yüzüne tükürdü. Allah'ın aslanı bunun üzerine hemen kılıcını indirip kınına soktu. Şaşıran kâfir affedilme sebebini sorunca o, -Mevlânâ'nın ifadeleriyle- şu mücevher cevabı verdi:

"Tanrı aslanıyım ben, arzu ve heves aslanı değil. Ben hürüm, ebediyyen kızgınlığın, öfkenin kölesi olmam. Kızgınlık başkalarının padişahı, bizimse kölemizdir. Biz onu gemlemişiz. Benim sevgim de Allah için olmalıdır, buğzum da. Bana Tanrının sıfatları bir senettir. Ben yay ve ok gibiyim, atansa O'dur. Görünüşte kılıç ben isem de kesen yine odur. "Onları siz öldürmediniz lakin onları Allah öldürdü." "Attığın vakit de sen atmadın ve lakin Allah attı." ayetleriyle bildirilen savaşta ben nakıştan ve renkten ibarettim. Hakiki fail bizzat Allah'tır. Güneşin emrine tabi bir gölgeyim ben, onun perdedarıyım ona perde sanma beni. Kılıcım ama kavuşma incileri saçan bir kılıcım. İşim ihya etmektir, ölüm ve öldürmek değil. (1/147) Demek ki nefsine mağlup olanlar nefs adına hareket etmekteler. Hz. Ali gibi nefsini ayaklar altına alabilenlerin her hareketi kendilerinden zuhur da etse hakikatte Allaha ait olmakta. Mevlânâ buna örnek olmak üzere Hz. Ali'nin daha sonra kendisini öldürecek katiliyle olan bir konuşmasını naklediyor. Zavallı köle ileride alet olacağı cinayet kendisine malum olunca Hz. Ali'ye:

- Ne olur beni öldür de senin katilin olmaktan kurtulayım, diye yalvarır. Ama takdirin elinde mum olan Hz. Ali henüz gerçekleşmemiş bir cinayet için köleyi öldürmek şeriata aykırı olacağı için bu teklifi kabul etmez. (1/153) Mevlânâ öfkesine mağlup olanların Tanrı katındaki durumunu şuna benzetiyor: "Şeriatte köleye şahitlik caiz değildir, kadı köleyi dinlemez. Tanrı katında da kendi şehvetine kul olanların hali kölelerden daha aşağı ve alçaktır (1/148)

Kurtuldum

Şimdi de gerçek hürriyetin nefis bağlarından kurtulmak olduğuna dair Gülistan'daki şu hoş nükteyi aktaralım:

Şeyh Sadi bir gün halinden pek hoşnut görünen bir ihtiyara sorar:

- Baba sen pek yaşlısın, belin bükülmüş, dizin tutmaz olmuş. Bu haline rağmen nasıl bu kadar mutlu olabiliyorsun? Yaşlı şu cevabı vermiş:

- Ah evlat, gençken sağlıklı ve güçlüydüm ama zahmetim de pek çoktu. Birçok isteğim başıma efendi kesilmişti. Ben zavallı bir köle gibi bu birbiriyle geçimsiz efendilerimin her birini memnun etmek için çırpınıp duruyor, kâh oraya kâh buraya koşturuyordum. Şimdi gerçi gücüm kudretim kalmadı ama içimdeki bu istekler de öldü ve ben zalim efendilerimden kurtuldum, hür oldum." Nüktede Şeyh Sadi zavallı ihtiyarı ihtiyarlığının bedeli olarak efendilerinden kurtarmış. Ama ideal olanı daha genç ve güçlü iken onlardan kurtulabilmek. Değil mi?

İki cihadın hangisi daha zor?: Düşmanla cihad ve nefs cihadı. Acaba bunlardan hangisi daha zor ve daha faziletli? Bu konuda Hz. Ali meşrebli sufilerden Ayyazi şöyle demiş:

- Ben tam doksan kere zırhsız olarak cenge girdim. Belki bir ok veya kılıç yarası alırım da şehadete ulaşırım diye ümid ediyordum. Ama ok bile her bahtsıza isabet etmiyor. Savaşlarda vücudum yaralarla eleğe döndü fakat ne kadar çabaladıysam öldürücü bir yarayla şehit olmak nasip olmadı. Bunun üzerine ben de küçük cihattan büyük cihada döndüm, riyazete girip nefsimi yormaya başladım. Bir gün aniden sokaktan gazileri cihada çağıran davul sesleri duydum. İçimden nefsim feryada başladı:

- Ne duruyorsun, haydi kalkıp sen de onlara katılsana, gazilik sevabını kaçırmasana!

Ben de dedim ki:

- A aşağılık nefis, sen nerede gazayı düşünmek nerede! Bana yine ne tuzak kuruyorsun, çabuk doğruyu söyle!

O zaman nefsim dilsiz dudaksız feryat edip şöyle dedi:

- Sen burada beni her gün öldürüyorsun. Açlıktan, uykusuzluktan halim ölümden bin beter. Üstelik ne halde olduğumu bilen kimse de yok. Savaşta yaralanır ölürsem hem bu eziyetten kurtulmuş olurum, hem de insanlar benim nasıl bir yiğit olduğumu görürler.

Dedim ki:

- A münafık, işin gücü hep riya, hep gösteriş. Madem ki halka gösteriş peşindesin, bil ki ben seni buradan hiç çıkarmayacağım. Çünkü halvette yapılanların hepsi sırf Allah rızası içindir, onda "halk görsün" demenin payı yoktur. (5/153)

Şimdi efendim, Mevlânâ kalpazan sufilerle Ayyazi'yi mukayese ederek diyor ki: "Bu da sufi, o da sufi. O iğneden ölmede buna ise kılıç kar etmiyor. Böyle kalpazan sufiler gerçek sufilerin de adını kötüye çıkarır, halkı şüpheye düşürürler. Sadece kan dökmekle şehit olunsaydı öldürülen bütün kâfirler de kutlu olurlardı. Demek ki aslolan halis niyet. (5/154) Mesnevî'de yer alan nefis terbiyesiyle ilgili ilginç bir nükte de şu:

Her gün bir dirhem atan derviş: Bir dervişin eline 40 dirhem geçmişti. Nefsini terbiye için her gün birini denize atıyordu. Nefsi; "Madem hepsini atacaksın, bari tümünü birden at da ümidim kesilsin. Zira ümidin kesilmesi de bir rahatlıktır." dedi. Derviş ise; "Hayır sana bu rahatlığı da vermeyeceğim, seni böyle her gün azar azar öldüreceğim." cevabını verdi. (5/154)

Adalet nedir? Peki ama nefse karşı da görevlerimiz olduğuna göre ona eziyet adaletsizlik değil mi? Şimdi de Mevlânâ'nın bu konudaki fikirlerine yer verelim: "Adalet atın kapıda durması sultanın da baş köşede oturmasıdır. Adalet bir şeyi layık olduğu yere koymak zulum ise layık olmadığı yere koymaktır. Kendine gel de o kötü dalı kes, buda; şu güzel dala su ver de yeşert. Şimdi ikisi de yeşildir ama sonuna bak; bu yok olur gider; ondansa meyve biter. Bahçenin suyu buna helaldir, ona haram; aradaki ayrılığı sonunda görürsün vesselam. Adalet nedir? Ağaçları sulamak. Zulüm nedir? Dikene su vermek. Adalet bir nimeti yerine koymaktır, su emen her kökü sulamak değil. / Nefsini kepekten yapılmış ekmekle doyur. Hak yolunun düşmanını hor ve zelil kıl. Hırsızı minbere çıkarma, darağacına çek. Uygun olanı hırsızın elini kesmektir, kesmeye gücün yetmezse bari elini bağla, ayağını kır ki o senin ayağını kırmasın. Sen düşmana şarap ve şeker kamışı vermektesin, varsın düşman zehir yesin." (5/44)

Bedelini Ödemeden Olgunlaşmak İsteği ve Canı Tatlı Döğme Heveskarının Hikâyesi

Her insan tabiatıyla nefsini arındırmak ve insanlık merdiveninde bir üst basamağa yükselmek ister. Ne var ki insanların çoğu bu isteğin gerçekleşmesi için gerekli bedeli ödemek konusunda başarılı değildir. Diğer bir deyimle insanlar teorik doğrularda birleşirler, ama iş o doğruları elde etmeye gelince isteğe, iradeye ve sabra bağlı olarak bin bir derece farkı doğar. Şimdi de bu konuyla ilgili olarak seçtiğimiz döğmeci hikâyesini nakledelim. Mevlânâ'nın anlattığına göre -günümüzde gençler arasında yaygın olan- dövme adeti bir zamanlar Kazvin şehrinde bir hayli yaygınmış ve bu işi de hamam tellaklari yapıyormuş. Döğme meraklısı bir Kazvinli kalkıp hamama gitmiş ve tellaka omzuna bir döğme yaptırmak istediğini söylemiş... Beriki sormuş:

- Ne resmi yapmamı istersin?

- Benim burcum aslan. Aslan burcu kutludur, ondan isterim....

Tellak eline iğnesini alıp deriyi delmeye başlayınca adamın canı yanmış ve:

- Aman, iğnenin acısı beni öldürdü. Resmin neresinden başladın, diye sormuş:

- Kuyruğundan...

- Kuyruğu olmayıversin, başka yerine geç.

Döğmeci resmin başka bir yerini yapmaya başlamış ama bir iki iğne yiyen beriki yine feryat etmiş:

- El-aman canım gitti. Bu yaptığın hangi uzvu?

- Kulağı

- Aslanın kulağı olmasa da olur, onu da geç.

Tellağın canı sıkılmış ama ne çare... Bir lahavle çekip hayvanın başka bir yerine girişmiş. Canı tatlı adam onu yine durdurmuş:

- Yahu canım çıktı, şimdi yaptığın neresi?

- Aslanın karnı.

- Aman aman, varsın aslanın karnı da olmayıversin, başka yerine geç.

Artık dayanamayan usta öfkeyle iğnesini yere çalıp şöyle demiş:

- Kim bu dünyada kuyruksuz, kulaksız ve karınsız bir aslan görmüştür. Cenab-ı Hak böyle bir şey yaratmadı... Ya canın bu kadar kıymetli olmasın ya da aslan dövmesi yaptırmaktan vaz geç. (1/118) Sonra Mevlânâ hikâyedeki benzetmeyi yine kendisi açıklar: "Ey kardeş, iğnenin acısına sabret ki nefis kafirinin iğnesini kırasın." (1/118) Anlaşılacağı üzere aslan burada elde edilmek istenen şeylerin sembolüdür, iğne acısı ise bunun için katlanılması gereken çile ve ödenmesi gereken bedel. Bu dünyada hepimizin gönlünde bir aslan yatmakta. Ama nasıl satın aldığımız her şeyin bir bedeli varsa insan olmanın, aslan olmanın da bir faturası var. Omuzdaki dövme resmi çekilen çileye uygun olarak tam, yarım ya da çeyrek bir resim olacaktır. Hatta canı çok tatlı olanların omuzunda o resimden hiçbir iz bulunmayacak. Hasılı, bedelini ödemeden hedefe ulaşmak isteyen kişi, bu canı tatlı döğme heveskarına benzemez mi? Elhak benzer.

Kalpazan Sufi

Her meslekte olduğu gibi nefis cihadının da kalpazanları vardır. Tabiatıyla her şeyin sahte ile sahicisi ancak iş başında belli olur. Hz. Mevlânâ, savaşa giden mücahitleri küçümseyen ve; "Sizinki de cihat mı, asıl cihad-ı ekber benim yaptığım..." diyen böyle bir kalpazanın düştüğü gülünç durumu şöyle anlatır:

"Bu iddialar içindeki sufi savaşa giden mücahitlere katılarak harp meydanına gitti. Ama berikiler atlarına binip korkusuzca düşmana saldırırken sufi korkusundan yerinden kımıldayamadı, gerideki yüklerin başında kaldı. Mücahitler savaş meydanından nice ganimetler ve esirlerle döndüler. Paylaşılan ganimetten sufiye de bir pay ayırdılar ama o:

- Katılmadığım savaşın ganimetinden pay almam yakışık almaz, deyip bunu geri çevirdi. Bunun üzerine savaşçılar ona bir kılıç verip eli kolu bağlı bir esir teslim ettiler ve:

- Al şu esiri çadırın arkasına götür ve başını vur. Böylece hem gazi olur hem de ganimete hak kazanırsın dediler. Ancak çadırın arkasındaki iş uzayıp sufi geri dönmeyince birkaç mücahit merak edip oraya seğirttiler. Bir de ne görsünler; sufi boylu boyunca yere uzanmış, eli bağlı esirse onun üzerine tünemiş ve dişlerini alttakinin boğazına geçirmiş. Düşmanı öldürüp güçlükle kan revan içindeki sufiyi altından çektiler ve:

- Yahu, onun elleri bağlı sendeyse kılıç varken bu iş nasıl oldu, diye sordular. Kalpazan mücahit:

- Sormayın, bana öyle sert baktı ki korkumdan kılıcı düşürüp sırt üstü devrildim." diye cevap verdi.

Hz. Mevlânâ daha sonra şöyle söylüyor: "A sufi! Ceng öyle bulgur çorbası içer gibi kolları sıvayıp kolayca girişilecek bir iş değil. Bu iş ekşili çorba içmeye benzemez, sağlam yürek ve demir bilek ister." (5/152)

Güzellerle Dost Ol

Güzel huyu elde etmenin birçok yöntemi olmalı. Bunlardan başlıcası yukarıdan beri üzerinde durduğumuz nefs cihadı. Ama yolların en kolayı, güzel huylu insanlarla oturup kalkmak. Çünkü huy da birçok özellik gibi saridir, insandan insana, hatta insandan hayvana geçer. Hz. Mevlânâ bu gerçeği şöyle vurguluyor: "Güzel huyu her şeyden üstün tut ve onu elde etmek için güzel huylularla düş kalk. Gül yağına dikkat et! Bak o, gülle beraber olduğu için nasıl da gül gibi kokmakta. Çünkü düzgünlükler de, kinler de, gizli bir yoldan gönüllerden gönüllere gider. Hatta anlayış, bilgi, hüner, insandan öküze, eşeğe tesir eder. İnsana ram olan serkeş at, rahvan yürümeye başlar, ayı oyun oynar; keçi selam verir. İnsanlara benzemeye heveslenen köpek, ya av avlanır, ya da çoban gibi sürüye bekçilik eder. Ashab-ı Kehf'in köpeğine onlardan öyle bir huy bulaştı ki sonunda yürüdü gitti, Allah'ı arar oldu." Aşağıdaki nüktede de iyiler ve güzellerle yakınlığın neticeleri hakkında ilginç bir örnek veriliyor:

Peşkir Bile Yanmazsa!

Malik oğlu Enes'e bir misafir uğramıştı. O der ki: Yemekten sonra Enes bir hizmetçisine emretti ve elimizi sildiğimiz kıymetli peşkiri tandıra attı. Biz onu niçin yaktığına şaşırdık. Ancak az sonra tandırdan peşkiri çekip aldı. Peşkir yanmamış ama tertemiz olmuştu. Bunu sırrını sorunca:

- Bu peşkiri Hz. Peygamber de kullanmış, onunla ağzını silmişti. Ben de peşkiri onun eline değen hiçbir şeye ateşin dokunmayacağına inanarak tandıra attım, dedi. Mevlânâ bunun ardından soruyor: "Peki onun eline düşen peşkir bile yanmazsa, mümin yanar mı hiç?" (3/119) Mevlânâ aşağıdaki nüktesi de de hem Efendimizin hem de imanın insanı ne halden ne hale çevirdiğini göstermesi bakımından anlamlı:

Zenci Beyaz Olur mu?

Bir zaman çöldeki bir kervan susuz kalmış, ölecek raddeye gelmişti. Aniden Hz. Peygamber oraya geldi ve oradakilere:

- Filanca yerde kırbasıyla su götüren bir zenci var, onu bulun buraya getirin, dedi. Birkaç kişi o tarafa gidince gerçekten su dolu kırbasıyla gitmekte olan zenciyi gördüler ve ona söyleneni aktardılar. Ancak köle tanımadığı bir kişiye itimat edemediği için;

- Ben o zatı tanımıyorum, diye gitmekte ağır davrandı. Nihayet zorlayarak zenciyi getirdiklerinde Hz. Peygamber; herkesi kırbasını doldurup, susuzluğunu gidermek üzere oraya davet etti. Peygamberin mucizesiyle koca bir kervan halkı suya doydu ve nice kırbalar o tek kırbadan doldular. Bu mucize üzerine zenci de iman etti. Hz. Peygamber eliyle onun yüzünü sığadı. O an zencinin yüzü beyazladı ve parlamaya başladı. Zenci dolu kırbasıyla efendisinin köyüne varınca sahibi onu tanımadı:

- Bu deve ve kırba bizim ama sen kimsin? Benim zenci köleme ne oldu, diye sordu.

Köle her ne kadar ona;

- Kölen işte benim. Ama Cenab-ı Hakk'ın lutfu ve o büyük zatın dokunmasıyla böyle güzelleştim, dediyse de efendi buna inanamadı. Bunun üzerine köle eskiden beri ikisi arasında geçen hadiseleri anlatınca o zaman efendi karşısındakinin gerçekten kölesi olduğunu anladı. (3/120)

Güzel Güzelleştirir

Yukarıdan da anlaşılıyor ki çirkin her şeyi çirkinleştirdiği gibi güzel de yakınındakileri güzelleştirir. Bunun hikmeti yine Hz. Peygambere ait şu nüktede gizli:

Hz. Ayşe bir gün Hz. Peygambere:

- Nerde olsa namaz kılıyorsunuz, halbuki küçük çocuklar yeri pisletirler, dedi. Hz. Peygamber:

- Allah has kulları için pis yerleri temize döndürür. O yüzden Allah'ın lutfu secde ettiğim yeri baştan başa temizler, dedi. (2/125) Demek ki güzellere çirkinlikten zarar yok. Zira:

Gül Nerede Olsa Güldür

Şâh-ı gül her câ ki revid hem gülest
Hum-ı mül her câ ki cûşed hem mülest
Ger be-mağrib ber-zened hurşid ser
Ayn-ı hurşidest nist çîz-i diğer

Gül dalı nerede biterse bitsin yine gül dalıdır. Şarap nerede köpürürse köpürsün yine şaraptır. Güneş batıdan da doğsa yine güneştir, başka bir şey değil.

Gül ve Kil

Şimdi bu konuyla ilgili güzel bir nükteyi de Şeyh Sadi'nin Gülistan'ından aktaralım:

Gül-i hoşbûyi der-hammam rûzi
Resid ez-dest-i mahbûbi be-destem
Bedu güftem ki müşgî ya abirî
Ki ez bûy-i dilâviz-i tu mestem
Be-güftami gil-i nâçizi budem
Velikin müddeti bâ-gül nüşistem
Kemâl-i hemnişin ber-in eser kerd
Diğer ne men heman hâkem ki hestem

"Bir gün dostlarımdan biri hamamda bana sabun olarak bir kil parçası verdi. Kile; sen misk misin, anber misin ki gönüller büyüleyen kokunla beni mest ettin, dedim. Kil dedi ki: Hayır, hayır! Ben kıymetsiz bir kil parçasıyım ama bir müddet gülün dibinde bulundum. Arkadaşımın güzellikleri bana da aksetti de böyle güzel görünmedeyim. Yoksa ben yine bildiğin o kil parçasıyım."

Bir Türk şairi de aynı mealde şöyle söylüyor:

Her kemale vâsıl olur hemdem-i ehl-i kemal
Gel heveskar-ı kemal ol görme âlemde keder

Yani: *İnsan olgunluğu ancak olgunlardan öğrenebilir. Hakiki olgunlar için ise dünyada gam keder yok!*

Varlık Ağacının Meyvesi Güzel İnsan

Hz. Mevlânâ kainatın var oluş sebebini insana bağlıyor. Nasıl ki ağaç dikmekten maksat meyve elde etmekse, bu kainat ağacının var oluşu da onun en olgun meyvesi olan güzel insanı elde etmek içindir. Gerçi ağacın kökleri, dal ve yaprakları meyveden önce çıkar ama meyve hepsinden daha kıymetlidir. Var oluş sırası bakımından diğer canlılardan sonra olan insanın durumu da buna benzer. (2/36-37) İnsan kendini güzelleştirerek Hakk'a layık bir kul haline geldiği takdirde yaratılış amacını gerçekleştirmiş olur. Ona layık hale gelmenin baş şartı ise güzel bir ahlâk kazanmaktır. Acaba güzel ahlâkın en önemli göstergeleri nelerdir. Aşağıdaki nükte bunu anlatıyor:

En İyi ve En Kötü İki Şey:

Efendisi bir gün Lokman'a:

-Bana bir kuzu kes ve en iyi yerlerini getir, demiş. Lokman kestiği kuzunun kalp ve dilini getirip önüne koymuş. Efendisi bu sefer:

-Şimdi de bana onun en kötü yerlerini getir, deyince Lokman yine aynı yerleri getirmiş. Sahibi bunun sebebini sorunca o şu cevabı vermiş:

- Bu dünyada ahlâklı kimsenin temiz kalbi ve tatlı dilinden daha iyisi yoktur. Ama kişi ahlâksız olursa yine bu ikisinden daha kötüsü olmaz

Bana Lazım Olan Sensin

Bu bölümün başında olmak ve sahip olmak arasındaki farktan söz etmiştik. Genellikle insanlar arasındaki değerimiz sahip olduklarımızla doğru orantılı. Mülkün sahibi olan Cenab-ı Hak ise neye sahip olduğumuza değil ne olduğumuza bakacak ve ona göre hükmedecek. Oraya biz başka şeyleri değil bizatihi kendimizi, kendi kalbimizi ve ruhumuzu götüreceğiz. Cenab-ı Mevlânâ bundan başka hiçbir şeyin o kapıda geçerli olmadığını izah için Hz. Süleyman'la Belkıs arasındaki şu olayı kullanıyor:

"Hz. Süleyman'ın Hakk'a davet mektubu Belkıs'a ulaşınca o, mektubun üslubundan bunun ulu bir zattan geldiğini anladı. Davete icabet yerine onu hediyeleriyle yatıştırmak istedi ve 40 deve yükü altın gönderdi. Ancak hediyeleri götüren elçiler Hz. Süleyman'ın ülkesine yaklaşınca yolların bile altınla döşeli olduğunu görerek şaşırdılar ve taşıdıkları hediyelerden utanıp geri dönmek istediler. Fakat elçi olduklarından mecburen görevlerini yerine getirmek üzere yollarına devam ettiler. Hz. Süleyman huzuruna çıkan elçilere şöyle dedi:

- Bu getirdiğiniz şeyler olsa olsa katırların boynunu süsler. Bana bunlar değil bizzat siz lazımsınız. Zaten sizin kendinize ait sandığınız bu mal mülk sadece emanettir. O mal kimseye esir olmaz, elden ele dolaşır, durur. Ayrıca ben sizden davetim karşılığında bir ücret de istemiyorum; onun ücreti Hak katındadır. O halde buraya hediye olarak kendinizi getirin. Kalbinizden yıldızlara tapmayı çıkarıp Allaha iman edin. " (4/25)

Demek ki Süleyman Belkıs'a, Cenab-ı Hak da bizzat bize, bizim gönlümüze talip. Aşağıdaki hikâye hem bunu hem de istenen gönlün nasıl bir gönül olması gerektiğini vurguluyor.

Ebubekir ve Rafiziler

"Muhammed Harzemşah, Sebzevar şehrini kuşatmış amansızca sıkıştırıyordu. Sonunda bunalan halk aman diledi ve bağışlanma karşılığında haraç teklif ettiler. Şehir halkı rafizi/şii idi. Padişah:

"Başka hiçbir şey kabul etmem, bana bu şehirden bir Ebubekir bulup getirirseniz sizi bağışlarım, yoksa hepinizi ekin gibi biçerim." dedi.

Onlar bir çuval altın getirdiler ve:

"Ne olur bunu kabul et. Nasıl ırmak içinde kuru toprak bulunmazsa bu şehirde de Ebubekir bulunmaz." dediler. Sultan ise:

"Benim çocuklar gibi altına, gümüşe aldanacağımı sanmayın, çabuk bana bir Ebubekir bulun, yoksa haliniz harap..." diye onları tehdit etti...

Sebzevarlılar şehrin altını üstüne getirdiler, köşe bucak araştırdılar ve üç gün üç gece sonunda nihayet bir viranede hasta ve zayıf bir Ebubekir bulabildiler. Hemen ona:

"Ne olur, hemen kalk, padişahın huzuruna çık ve bizi bu katliamdan kurtar." dediler. O ise:

"Eğer yürümeye dermanım olaydı ben bir an bile bu düşman şehirde durmaz, çoktan çıkar giderdim.." cevabını verdi. Rafiziler bin bir ricayla onu razı ettiler ve bir tabut bulup içine yatırıp başları üzerinde taşıyarak sultana götürdüler."

Hikâye bu kadar. Ama hikâyede kastedilen şeyi bilmek için biz sözü yine Mevlânâ'ya bırakalım: "İşte bu dünya da halkı rafizi olan Sebzevar şehri gibidir, Hak erleri onda sıkıntı içindedir. Cenab-ı Hak ise o sultan gibi bu kavimden temiz bir er diler, altın veya suret değil. Sen huzura yüzlerce çuval altın da getirsen Cenab-ı Hak senden ancak kalb-i selim bekler. Sen günlerce Sebzevar'ı dolaşsan da işe yarar bir gönül bulamazsın. Sonunda pejmürde bir gönlü tabuta koyup götürürsün. O zaman sana şöyle denir:

- Burası mezarlık değil ki böyle ölü bir gönül kabul edilsin! Var yürü varlık Sebzevar'ının kendisinden aman bulduğu bir gönül getir." (5/35)

Demek ki hikâyedeki Ebubekir, Hak katında makbul olan hediyeyi temsil etmekte. Ama O'na götürülecek gönül hediyesinin diri bir gönül olması da şart.

Hakk'a Götürülecek En İyi Hediye

Yolları bile altınla döşeli Süleyman'a deve yüküyle bile olsa altın götürmek hiçbir kıymet ifade etmiyor. Mevlânâ'ya göre mülkün sahibi olan Cenab-ı Hak da mahşer gününde insanlara; "Kıyamet günü için bir armağanınız var mı? Sizi nasıl yarattıysak öyle azıksız olarak eliniz boş mu bana geldiniz?" diye soracak ve ne istediğini de şöyle belirtecek:

Mâ zebânra nen(e)girim ü kâlra
Mâ revânra bingirim ü hâlra
Nahifi merhumun manzum tercümesiyle söylersek:
Sanma kim manzar zeban u kâldir
Bil ki manzurum kulub u hâldir (2/1776)

Yani: *Benim kıymet verdiğim ve baktığım şey ne düzgün konuşma, ne kılık kıyafet ne de mal mülktür. Ben insanın kalp güzelliğine ve ha-*

linin düzgün olup olmadığına bakarım. Bu ifadelerle Mevlânâ şu ayete tercüman olmuş oluyor: "*Yevme la yanfau malun vela benun illa men etallahe bikalbin selim:* "Hesap günü ne mal mülk ne de çocuklar insana bir fayda sağlamaz. Allah'ın huzuruna tertemiz bir kalp getirebilenler, getirdikleri şeyden bir fayda görecek olanlar işte onlardır." Bir Türk şairi bu ayete ne güzel tercüman olmuş:

Sanma ki ey hâce senden zer ü sim isterler
Yevme lâ-yenfauda kalb-i selim isterler

Yusuf'a Ayna Götür!

Neden en makbul hediye temiz bir gönül? Çünkü yere göğe sığmayan Hak Teala oraya nazar etmiş ve "oraya sığdım" buyurmuş. Hakk'ın güzelliğine ayna olmakta güzel bir gönülden daha iyisi yok. Hakk'a böyle bir ayna götürmeyi şuna benzetiyor Hz. Mevlânâ:

Bir arkadaşı Hz. Yusuf'a uğramıştı. Hz. Yusuf ona:

- Ey dost, bize ne hediye getirdin, diye sordu.

Hz. Yusuf böyle deyince misafir utanıp ağladı ve dedi ki:

- Ey zenginlikte eşsiz ve güzellikte biricik olan! Ne kadar düşündüysem de sana layık bir armağan bulamadım. Ben ne getirirsem getireyim bu; madene bir habbe getirmek ya da deryaya bir damla sunmaya benzer. Benim elimde bir tohum varsa senin anbarın onunla dolu. Bu dünyada güzelliğinin bir eşi yok. Bu yüzden ben de senin huzuruna hediye olarak tozsuz bir ayna getirmeyi uygun gördüm. Ey gökteki güneşi kıskandıran, sana kendi güzelliğini seyretmekten daha güzel şey ne olabilir? (1/126)

CEVHER BEYİTLER-VI

35

Kendimden nereye kaçayım:

Ben ki hasmem hem yine bende-gürîz

Tâ ebed olmakda kârım hîz hîz 5/675

Bir düşmanı olan ondan kaçıp uzaklaşınca kurtulur. Ama benim halim bir değişik: Zira kaçan da benim kovalayan da. Ben kendi kendime hasm olmuş, kendi yolumu kesmişim. Bir yanım iyiliğe koşmakta diğer yanım ona çelme takmakta. Ne denizlerin dibine dalmak, ne göklere çıkmak beni paklar. İnsan kendi kendisinden nasıl kaçar, gölgesinden nasıl kurtulur. O halde kendimi ıslah etmediğim takdirde bu kaçıp kovalamadan ta kıyamete kadar bana kurtuluş yok.

36

Mührü çaldırma, aman:

Kalbin oldu hâtemin ol hûşyâr

Tâ senin div etmesin mührün şikâr 4/1171

Hz. Süleyman'ın mührü üzerindeki yazının hürmetiyle her kapıyı açan bir güç ve kudret kazanmıştı. Aynı yazıyı yazarsan senin kalbin de Süleyman'ın mührüne döner. Dünyada da ahirette de geçer akçe o mühürdür. Aman dikkat et ve mührün üstüne titre. Eğer kalbini şeytana kaptırırsan, yüzüğünü çaldıran Süleyman gibi ortada kalakalırsın.

37

İkinci doğum:

Çün düvüm bâr âdemizâde bi-zad
Pây-ı hod ber-fark-ı illethâ nihâd 3/3599

Bu dünyada herkes bir defa doğar; Hak erleri ise iki defa. İlk doğum için sebepler vesileler lazım. Anasız babasız doğum olmaz. Lakin bu doğum sanki bir hapishaneye doğmaktır. Bu sebep-sonuç âleminde insanı iç içe kuşatan binbir kafes vardır. Sonra bazı Hak erleri maddi âlemden yeni bir âleme doğar da bütün bu zaruri bağlardan kurtulur, hepsini ayaklarının altına alırlar. Aslında bu ikinci doğuş Yunus'un: "Her dem yeni doğarız, bizden kim usanası" diye tarif ettiği daimi bir doğuştur. Doğuşun gerçekleştiği âşıkların gönlü bir süt gölüdür. Bu yeni âlem çekişmelerden, zıtlıklardan uzaktır; orada güller solmaz, bülbüller susmaz, baharlar kışa dönmez. Bu ikinci doğuştan sonra kişinin eski kimliğinden geriye sadece bir gölge kalır.

38-39

Güneşe is bulaşmaz, Ay ışığı kirlenmez:

Dûd-ı külhen key resed der-âfitâb
Çün şeved ankâ şikeste ez- gurâb 2/1463
Nûr-ı mâh âlûde olsun mu ebed
Olsa pertev-güster-i her nîk ü bed 5/1266

İyiliğin daima alnı ak aynası parlaktır. Düşkün başkasını da düşürmek, kara başkasına da is çalmak ister. Ama istediği kadar tütsün külhanın dumanından güneşe ne gam. Güneşin alnına kara çalmaya kalkan kendi alnını karartır. Karga istediği kadar arkasından gaklasın, o gak guk sesini Ankanın ruhu bile duymaz. İnsanlar arasında da kimisi güneş gibi kimisi külhan; anka tabiatlı olan da var karga huylu olan da. Peygamber ve veliler güneş ve anka gibi bütün karalamaların ve ayıplamaların üzerindedir. Işığı mezbelelikte sürünüyor diye ayın kirlendiğini sanma. Ay yücelere taht kurmuş oturmaktadır. Işığını göndermesi onun aczinden değil kereminden, cömertliğindendir. Ay gibi yücelere taht kurmuş Hak erlerinin de düşkün insanlara el uzatmakla eli kirlenmez. Onlar güneş gibi, yağmur gibi, ay gibi insanlara rahmettir.

40-41

Doğru ol menzile var:

Lâzım oldu kavse tîr-i müstakîm
Menzil almaz şüphe yok sehm-i sakîm
Müstakim ol tîrveş hatta kemân
Eyleye îsâl-i menzil bî-gümân 1/1443-44

Yaya düzgün ok lazımdır. Yay ne kadar güçlü çekilirse çekilsin düz olmayan ok uzağa gidemez. O halde ey Hak yolunun yolcusu! Sen de niyetinle amelinle bu yolda ok gibi dümdüz ol! Ta ki üstadın bir yay gibi seni ötelerin ötesine ulaştırsın.

42

Haktan kork ki korksunlar:

Kim ki Hakdan havf ederse bîgüman

Havf eder andan zemîn ü âsümân 1/1485

Hak Taala kendisinden korkana öyle bir heybet ve haşmet verir ki yer de ondan korkar, gök de! Yani Hakdan korkan cümle korkulardan kurtulur. O sığınaktan mahrum olanlara ise çepeçevre âlem düşman görünür.

43

Hürmet bulmak istersen:

Kimki hürmet eyleye hürmet bulur

Kand isti'mâl eden lezzet bulur 1/1556

Herkes ektiğini biçer, ettiğini bulur.Saygılı olanın hakkı saygı, iyilik yapanın ücreti iyiliktir. Saygı ve iyilik şekerine maden olan dudak nasıl olur da o tattan nasiplenmez!

VII
KÖTÜ HUYLARDAN NASIL KURTULURUM?

Yusuf'un yüz güzelliği Allah vergisi. Ama onun iç güzelliğine ulaşmak, gösterilecek gayrete göre herkes için mümkün. Mesnevî bu güzelliğin formülünü bir maddede özetliyor: Önce kendi ayıplarını gör ve bunlardan kurtul! Şimdi bu babdaki fikirleri özetleyelim.

Önce Kendi Aybını Gör:

Cenab-ı Peygamber model insandır. Niçin? Bunun cevabı kendi ifadesiyle şu: "Eddebeni Rabbi..." Yani; "Edebimle bizzat Rabbim ilgilendi... Beni o terbiye etti." Diğer insanlar arasında sahabenin üstünlüğü de bu "Rabbi tarafından terbiye edilmiş insan"ın edeb mektebinden geçmiş olmaları. Mevlânâ aşağıdaki dörtlükte insanı hayvandan ayıran en önemli özelliğin edeb olduğunu vurguluyor:

Ademizâde eğer bî-edebest âdem nist
Fark der cism-i benî-âdem ü hayvan edebest
Çeşm bigüşâ vü bibin cümle kelamullahra
Ayet ayet hemegî manî-i Kuran edebest

Yani: İnsanoğlu eğer edebli değilse insan değildir. Hayvanla insanoğlu bedence birdir, fark ikisi arasındaki edebdir. Gözünü aç ve Allah'ın kelamını baştan başa gözden geçir! Göreceksin ki ayet ayet bütün manasıyla Kur'ân bir edep öğretme kitabından ibarettir!

Peki Ama Edeb Nedir?

Mevlânâ'ya göre edeb şu iki husustan ibarettir: Zahiri edeb Hakk'ın açık emir ve yasaklarına uymaktır. Batıni edep ise insanın içini kirlerden temizlemesi, her yüzde Hakk'ın tecellisini ve güzelliğini görmesidir. Bu duruma göre baş kabahat insanın kendi aybı dururken başkasının aybını görmesidir. Halbuki çok zaman durum bunun tam tersidir:

Lâcerem gûyend ayb-ı hemdiğer
Gâfilend in halk ez-hod ey püser
Başkasının aybıdır her an sözü
Kendi aybını görmez halkın gözü

Nitekim yukarıdaki veciz beyitte Mevlânâ sıradan insanların kendilerine ait kusurları görme ve düzeltme yerine daima başkalarının kusurlarıyla meşgul olmayı alışkanlık haline getirdiğine dikkat çekiyor. Peki bu durum bir de Cenab-ı Hak'la kul arasına hiçbir şeyin girmemesi gereken namazda da devam ediyorsa... Kıldıkları namazdan gafil olanların ilahi beyanda ne kadar ağır bir dille ikaz edildiklerini hatırlayalım: "Yazıklar olsun o namaz kılanlara..." (Maun/4) Ne var ki ayıp görmeğe alışmış göze namaz bile ne yapsın! Hz. Mevlânâ bunu alışkanlık haline getirenlerin gülünç durumunu bakın bir namaz hikâyesiyle ne güzel anlatıyor:

Namazın Bozuldu

"Dört Hintli mescide gidip namaza durmuş. O sırada müezzin içeri girince Hintlilerden biri namazda olduğunu unutarak;

- Ezan okundu mu, diye sormuş. Diğeri onu dürtmüş:

- Konuştun, namazın bozuldu. Üçüncüsü ise o uyaran arkadaşına;

- Zavallı, ona bakacağına sen kendi namazınla meşgul olsana, diye çıkışmış.

Sonuncu Hintli sevinerek yüksek sesle;

- Elhamdulillah, ben şu akılsızlara uyup namazımı bozmadım, demiş. Böylece dördünün de namazı heba olmuş. (2/110)"

Şimdi de hikâyeden çıkan ilginç sonuca bakalım: Başkasının namazdaki ayıbını görmek bizim de namazımızı bozmakta. Zararı görmek bize de zarar vermekte. Oysa o kusuru görmesek bize hiçbir zararı olmayacak. Aslında bu hikâyenin mesajını namazla sınırlamak mesaja haksızlık olur. Zira namaz, namaz dışında nasıl davranacağımızı öğreten bir ders saatine benzer. Bu bakımdan Mevlânâ'ya göre Allah'ın huzurunda olduğunu müdrik bir kul için hayatın tamamı daimi bir namaz hükmündedir. Öyleyse namazda olalım veya olmayalım dikkatimiz kendi aybımızda olacak, başkasında değil. Şu hadis-i şerif böyle davranabilenler için bir aferinname hükmünde: "Ne mutlu o kişiye ki kendi aybıyla meşgul olmak onu başkalarının ayıplarını görmekten alıkor." Hz. Mevlânâ da şu veciz beytiyle bu hadis-i şerife tercüman oluyor:

Ayb bâşed k'u nebined cüz ki ayb
Ayb key bined revân-ı pâk-ı gayb (1/2074)

Yani: *Ayıp olan daima her şeyde ayıbı görmektir. Ruhu gayb aleminde dolaşan gayb eri hiç halkın kusurunu görebilir mi?*

Göz Kendi Aybını Görmez

Dinimizin temel kaidelerinden biri şu: İnsan her şeye kendinden başlamalı. Nitekim Hz. Peygamber; "İbde' minke=kendinden başla." buyurmuş. Yani; bir ayıp göreceksen önce kendi ayıbını gör, toplumu düzeltmek istiyorsan önce kendini düzelt. Zira denizler damlalardan, toplumlar da fertlerden oluşur. Bir ülke şehirlerden oluştuğu gibi şehirler sokaklardan, sokaklarda evlerden meydana gelir. Herkes kendi evinin önünü süpürdüğünde mesele hallolmuş demektir. Bütün bunların olabilmesi ancak gözün kendi kapısının önündeki çöpü görebilmesine bağlı. Peki göz neden kendi çöpünü görmez de komşununkini görür? Neden bizde daha fazlası varken başkasındaki az kusur bizi rahatsız eder? Bütün bunlar ruhen hamlığın alametleridir. Tıpkı şu nüktedeki ham adam gibi:

Benim Sivilcem Senin Çıbanın:

"İki arkadaş aynı kaptan yemek yerken birinin gözü diğerinin elindeki sivilceye takılmış. Adamın içi bulanmış ve elini yemekten çekmiş. Diğeri durumu anlamış ve şöyle demiş:

- Arkadaş, anlıyorum ki elimdeki sivilce senin iştahını kaçırdı. Ama bir de kendi eline bak, bakalım ne göreceksin?

Bunun üzerine bizimki eline bakmış ki ne görsün: Avucunda irin dolu koca bir çıban!"

Mevlânâ ayıplama da dahil bütün kötü huyları göze düşen birer kıla benzetiyor. Bazan göze düşen küçücük bir kıl bile gerçekle bizim aramızda perde olabilir. Şimdi onun konuyla ilgili olarak verdiği şu ilginç örneği paylaşalım:

Hilali Gördüm

Malum olduğu üzere eskiden Ramazan, hilalin görülmesiyle -rüyet-i hilal- başlardı. Zamanı geldiğinde insanlar ufku açık yüksek yerlere çıkarlar ve hilali gözlerdi. Hilali gördüğünü söyleyen güvenilir birkaç kişinin ihbarıyla o mahallin idarecisi Ramazanın başladığını ilan ederdi. İşte Hz. Ömer zamanında aralarında bizzat halifenin de bulunduğu birkaç kişi hilali gözlemek için yüksek bir yere çıkmışlar. Adamlardan biri ufka bakarak heyecanla " işte hilal" diye bağırmış. Hz. Faruk, gösterilen yerde hilali göremeyince o keskin ferasetiyle meseleyi kavramış. Elini ıslatıp adamın gözüne dökülen kaşlarını sıvazlamış ve "Şimdi bir kere daha bak, bakalım hilali görecek misin?"demiş. Adam tekrar bakınca hayretle demiş ki: "Allah Allah, hilal görünmez oldu." (2/6) Mevlânâ bu hikâyeden sonra; "Eğri bir kıl bile insanın yolunu keser, gökyüzünün perdesi olursa bütün kıllar eğri olunca ne olur, bir düşün!" diye soruyor. Kusur görme, kibir, haset vs. gibi kötü huylar da can gözüne düşmüş birer kıl mesabesindedir. Aynı meseleye bakan insanların çok farklı şeyler görmeleri demek ki bu göze görülmeyen kıllarla/gizli manevi hastalıklarla ilgili.

Büyük İnsanlar Sana Aynadır

Peki ama başkalarındaki kusurları hiç görmeyeceksek onları kim uyaracak ve kim düzeltecek? Dinin bize yüklediği temel görevlerden biri de uyarı görevi değil midir? Elhak öyledir. Öyle olmasına öyledir ama kusur görme konusunda da kişiden kişiye fark var. Ham insan başkasındaki kusuru nefsi adına görür ve gördüğünden sevinir. Olgun kişi ise kusurlara bir doktor gibi şefkatle ve tedavi amacıyla eğilir. Esasen olgun insanların gördükleri kusurları dille söylemesi de gereksizdir. Çünkü Mevlânâ'ya göre kâmil insanlar diğer insanlara ayna ve terazi hükmündedirler. Başkaları o ayna ve o terazide kendilerini görür, eksik ve fazla yanlarını tanıma imkanı bulurlar. Nasıl ki; "*Ayna ve terazi Hakk'ı gizlemez, onlar için doğruluk ve adalet yaratılış sebebidir. Sen terazi ve aynaya hizmet edip binlerce emek de çeksen, dalkavuklukta bulunsan beyhude! Onlar doğrulukta mihenktir, gerçek neyse onu gösterirler. Sana derler ki: Ayna ve terazinin hile yapması imkansızdır, o halde en iyisi sen kendi kötü halini bırak.*" (1/138) Ayna ve terazi hal diliyle böyle söyleyince kusurlu kişiye yakışan, hakikate kulak tutmak olmalı değil mi? Ama insanın kendi kusurunu kabullenmesi yerine faturayı aynaya çıkarması daha kolaydır. Hasılı bu durumdaki tepkimiz çok zaman aşağıda anlatılan zencinin tepkisidir:

Zenci Aynaya Kızıyor

Ömründe ayna nedir bilmeyen bir zencinin gözleri yolda toz toprak arasında parıldayan bir ayna parçasına takılmış. Adam eğilip bu parlak nesneyi almış ve eteğinin kenarıyla tozunu silip yüzüne tutmuş. Tutmuş tutmasına ama gördüğü o kapkara surat hiç hoşuna gitmemiş. Öfkeyle elindeki parçayı yere fırlatmış ve şöyle demiş: "Sen ne fena aynasın böyle! Zaten çirkin göstermeseydin insanlar seni bu mezbeleliğe atmazlardı!" (2/98)

Ebu Cehil'in Gördüğü

Tarih boyunca din düşmanlarının din rehberlerine karşı tavrı daima bu zencinin tavrı olmuştur. Bu durumun en güzel örneği Ebu Cehil olsa gerektir:

Bir gün Ebu Cehil, Hz. Peygamber'in geldiğini görünce yüzünü buruşturup:

- Haşimoğullarından eksikli biri geldi, demişti. Peygamberimiz bu hakarete;

- Evet doğru söyledin, diye mukabele etti. Hz. Ebubekir ise:

- Ey üstümüze doğan güneş, sen ne doğudansın ne batıdansın! Öyle bir güneşsin ki nurun iki aleme de nur vermede, dedi. Hz. Peygamber bu senaya da;

- Evet, doğru söyledin, buyurdu. Huzurda bulunanlar bu hale şaşırınca Efendimiz şöyle dedi:

"Ben temiz ve berrak bir aynayım. Türk ve Hindu (güzel ve çirkin) bende kendisini görür." (1/94)

Mevlânâ hikâyeyi naklettikten sonra şu sonuca varıyor: *Güneşi öven aslında kendini över, gözlerinin gördüğünü göstermiş olur. Güneşi yerense aslında kendi gözlerinin kusurunu anlatır.*

Bu Fark Nereden Geliyor?

Mevlânâ yukarıdaki örneği açıklarken insanları farklı renkteki camlara benzetir: "Kişi hangi makam ve meşrepte ise herkesi de kendisi gibi görür. Mesela mavi cam güneşi mavi, kırmızı cam da kırmızı gösterir. Tıpkı bunun gibi kimin işi kötülükse herkesi kötü sanır. Sen alemin bir parçasısın ve alemi kendi renginde görürsün. Sen dönsen başın döner ve evi de dönüyor sanırsın, yahut gemiye binsen sahilin hareket ettiğini sanırsın. Gönlün bir sıkıntıyla daralsa bütün dünya daralmış gelir, dostlarla beraber olunca da her yer sana gül bahçesi görünür. Şam'a ve Irak'a giden birçokları orada küfür ve nifaktan, Hind ve Herat'ta alışverişten, Çin ve Türkistan'da ise hileden başka bir şey görmezler. Öküz Bağdad'ı baştan başa gezse onun göreceği sadece karpuz kabuğudur, eşeğinse gözü samana bağlanmıştır... (4/92)" Mevlânâ'nın bütün bu fikirlerini onun aşağıdaki iki beyitleriyle özetleyebiliriz:

Ger büved firdevs ü enhâr-ı behişt
Çün füsürde yek sıfat şüd geşt zişt
Çenber-i dîd-i cihân idrâk-i tüst
Perde-i pâkân-ı his nâ-pâk-ı tüst
Müddeti hisrâ bi-şû z'âb-ı ayan
İnçünin dân câme-şûy-ı sûfiyan
Çün şüdi tu pâk perde ber-künend
Can-ı pâkân-ı hîş ber-tu mizenend (4/2004-7)

Bir sıfatta gönlü donup kalan, cennette cennet ırmaklarıyla da olsa orası kendisine çirkin gelir.

Dünyayı görmen idrak penceren kadardır. Kirli hislerin temiz şeyleri görmene mani olur. O halde görme hissini görüş suyuyla yıka. Bil ki sufilerin çamaşır yıkaması böyledir. Zira sen temizlenince perde kalkar ve temiz canlar sana koşarlar.

Sevgili okuyucu! Bütün bu tespitlerden sonra istersen bir an için okumaya ara ver ve kendini bir yokla. Eşin, dostun, ailen, çevren... hasılı bütün bu alem senin gözüne nasıl görünüyor? Beyaz mı, siyah mı, mavi mi? Eğer her şey kötü ve çekilmez geliyorsa, kötülükler iyiliklerden fazla görünüyorsa senin de yukarıda bahsedilen tarzda bir göz banyosuna ihtiyacın var demektir. Öyle ki bu banyo neticesinde kainat senin gözlerine de Haşim'in aşağıdaki mısralarında tasvir ettiği şekilde görünmeye başlasın:

Seyreyledim eşkâl-i hayatı
Ben havz-ı hayalin sularında
Bir aks-i mülevvendir anınçün
Arzın bana ahcâr u nebâtı

Şair ezcümle şöyle diyor: *Ben hayatın bütün hadiselerini önce kendi hayal havuzumdan geçirerek, onun renklerine boyayarak seyrettim. Bu sebeple yeryüzünün bitkileri ve taşları bana gerçek renkleriyle değil bu havuzun renkleriyle görünürler.* Demek ki her göz, eşyayı istediği renge boyayan bir ressam gibi dış dünyayı değiştirerek algılamakta. Bu algılama gerçeği iki türlü değiştirebilir. Sözgelimi suizan beyazı siyah görmektir, hüsn-i zan ise bazen siyah olanı beyaz gösterir. Şüphesiz ikincisi daha erdemli olmakla birlikte bunların ikisinde de hakikate aykırılık ihtimali mevcut... Bu yüzden Mevlânâ beyaz ve renksiz camı, gerçeği daha doğru belirttiği için diğer camların imamı kabul ediyor. İşte hakikati olduğu gibi gösteren din rehberleri böyle beyaz cam gibidirler (1/94). Hz. Mevlânâ aşağıdaki hikâyede beyaz cama benzeyen ulu insanların önce kendi kusurlarını görmelerine ve düzeltmeye kendi kendilerinden başlamalarına şu örneği veriyor:

Kendini Düzelt ki Her Şey Düzelsin

Bir keresinde Hz. Süleyman'ın tahtına tersinden bir rüzgar esti. O da:

- Ey rüzgar doğruluktan ayrılmasana, diye onu ikaz etti. Rüzgâr:

- Ey Süleyman, asıl sen doğruluktan ayrılma. Sen doğru oldukça ben ters esemem, karşılığını verdi.

Sonra Hz. Süleyman bir baktı ki başındaki tacı da eğilmiş... O, tam sekiz defa tacını düzeltti ama her keresinde taç kendiliğinden eğiliyordu. Sonunda taç şöyle dedi:

- Beyhude gayreti bırak! Beni yüz kere de doğrultsan sen doğrulmadıkça ben de doğrulmam.

Bunun üzerine Hz. Süleyman kendi kalbine nazar etti ve gördü ki orada bir eğrilik var. Hemen tevbe edip onu doğrulttu. Bundan sonra başındaki taç düzeldi. Öyle ki Süleyman denemek için onu kasten eğrilttikçe taç kendiliğinden doğrulurdu. Eğer sende de bir gam zuhur ederse sebebi kendinde ara başkasını itham etme! Firavun gibi olma ki o dışarıdaki çocukları öldürüyor ama kendi düşmanını/Hz. Musa'yı/ sarayında besliyordu. Ey Firavun sen ne zamana kadar suçsuzları öldürecek, düşman nefsini besleyeceksin! Ne zamana kadar aybı dışarıda arayacak kendi aybını büyüteceksin! (2/74)

Hz. Mevlânâ'nın her şeyin insanın kendini düzeltmesine bağlı olduğuna örnek olmak üzere anlattığı ikinci bir hikâye ise yine Hz. Musa zamanında Mısır'da geçiyor:

Kıpti ve Su

Hz. Musa'yı inkarına ceza olmak üzere Allah'ın, Firavun ve onun halkına verdiği cezalardan biri de şu idi: Nil, İsrailoğulları içerken su idi ama bir Kıpti tasını daldırınca kan kesiliyordu. Susuzluktan helak olma derecesine gelen bir Kıpti eski arkadaşı olan bir Yahudiye halinden şikâyet ederek;

- Ne olur, geçmiş dostluğumuzun hakkı için benim tasımı al, kendin için doldur ve sonra da bana ver, dedi. Yahudi tası doldurdu ve yarısını içti öbür yarısını arkadaşı olan Kıptiye verdi. Ancak Kıpti ağzına götürür götürmez tastaki su yine kara kana döndü. Adam bu işe şaştı kaldı ve çaresini sordu. Yahudi ona dedi ki:

- Bu küfür sende mevcutken suyu içemezsin. Onu takva sahiplerinden başkası içemez; çare senin Firavun yolunu bırakıp Musa'ya intisap etmendir.

Bunun üzerine Kıpti berikinden kendisi için hidayet duası talep etti. Yahudi daha duasını bitirmeden Allah'ın hidayeti tecelli etti. Kıpti suyu kendisine uzatan arkadaşına şöyle dedi;

- Artık gözümde o suyun bir kıymeti kalmadı. Hak bana öyle bir şerbet lutfetti ki bana ta kıyamete kadar susamak yok. (2/132)

Yukarıdan beri insanın ideal bir edebe ulaşması için kendisini düzeltmesi, kötü huylarını değiştirmesi lüzumundan söz ettik. Şimdi insandaki başlıca dört kötü huy ve onların düzeltilmesiyle ilgili bahislere geçebiliriz.

CEVHER BEYİTLER-VII

44

Ey turşu satıcısı:

Türşrû olmak olaydı şükr bes
Sirkeden şâkirter olmaz idi kes 1/1590

Ey yüzünü ekşite ekşite şükreden âbid. İbadet ve taat Hakk'ın nimetlerine şükür ve hoşnutluk ise bu nasıl şükür, nasıl teşekkür. Eğer böyle şükür, şükür olsaydı sirkeden daha şükreden kimse bulunmazdı. Ekşi bir suratla selam veren kişiye şairin söylediğin duymadın mı hiç:

Reddeyledik selamını vech-i abusuna

Şükrün belirtisi olarak biraz yüzün gülsün. Yoksa senin şükrünü alırlar da o ekşi suratına çarparlar.

45

Dilimin ettikleri:

Ey zeban hem berk u hem harmensin ah
Ateşinle harmenim ettin tebâh 1/1767

Ey dilim, sen benim hem servetimsin hem felaketim. Beni abad eden de sensin berbad eden de. İyi kullanıldığında harmanımsın kötü kullanıldığında şimşek. Ey kırmızı dil, bir ateş parçası gibi harmanımı yakıp küle çevirdin! Seni tarif için Yunus'un şu sözlerinin üstüne söz olmaz:

Söz ola kese savaşı
Söz ola kestire başı
Dem ola ağulu aşı
Yağ ile bal ede bir söz

46

Toprak ol da yeşer:

Bin bahar olsa ne kâbil feyz-i seng

Toprak ol ta güller olsun reng reng 1/1983

Bin bahar gelip geçse taşın yeşermesi ne mümkün. Kabahat baharda değil senin kibirle taşlaşmış gönlünde. Sen toprak gibi alçak gönüllü olmaya bak. Gör o zaman o gönül toprağından nasıl renk renk güller açılıyor, baharlar yeşeriyor.

47

Hem kel hem fodul olma:

Zîşt kibr amma fakire zîştter

Kar yağar hem gün soğuk hem câme ter 1/ 2420

Kibir çirkindir ama fakirin kibri daha da çirkin. Bu şuna benzer: Karlı ve soğuk bir günde ıslak elbise giymişsin. O halde yama üstüne yama ekleme, kusur üstüne kusur işleme. Kelliğine bir de fodulluk ekleme.

48

Havuz ve çeşmeler:

Havza benzer şeh tevâbi' lüleler

Ab-ı havzı lüleler icrâ eder 1/2923

Şah havuz gibidir, memurları ise musluk. İyi kötü havuzda her ne varsa çeşmelerden akan odur.O halde iyiliği de kötülüğü de kurnadan değil havuzdan bilmeli. Beri taraftan nasıl musluk havuza tabi ise memurlar da idarecilerine bağlıdır. Bu sebeple Dicle kıyısında kurdun kaptığı kuzunun hesabı bile Ömerden sorulur memurdan değil.

VIII
DÖRT KUŞU BOĞAZLA

Efendim, bilindiği gibi Mesnevî batıni bir Kur'ân tefsiridir. Hz. Mevlânâ Kur'ân-ı Kerim'deki bazı ayetleri manevi bir tefsire tabi tutuyor ve onlarda bilinen anlamları dışında yeni manalar buluyor. Bu tür tefsire tabi tuttuğu kıssalardan biri de Cenab-ı Hakk'la Hz. İbrahim arasında geçen şu hadisedir:

Hz. İbrahim bir gün Cenab-ı Hakk'a:

- Ya Rab bana ölümden sonra dirilişin nasıl olduğunu göster, diye niyaz etmişti Allah:

- Yoksa inanmıyor musun, buyurunca:

- İnanıyorum, fakat kalbim itminan bulsun, demişti.

Bunun üzerine Allah ona dört kuşu kesip parçalarını birbirine karmasını ve götürüp bir dağ başına bırakmasını, sonra da onları kendine doğru çağırmasını istedi. Hz. İbrahim söylenenleri yaptığında parçalara ayırdığı dört kuşun dirildiğini ve kendisine doğru uçarak geldiğini gördü. (Al-i İmran 260) (5/2)

Şimdi gelelim Mevlânâ'nın bu kıssayla ilgili tefsirine... Mevlânâ insandaki dört kötü huyu şu dört kuşla sembolize ediyor:

Kaz=hırs

Horoz =şehvet

Tavus=makam sevgisi

Karga= uzun ömre tamah.

Ona göre insandaki bu dört kötü huy, kesilmesi emredilen o dört kuş gibidir. Kurtulmak için onların kafasını koparmak gerek. Şimdi bazı okuyucularımız; bu benzetme de nerden çıktı, diye düşünebilir. Bunun için küçük bir açıklama yapalım: Devre ait bazı minyatürlü eserlerde görüldüğü üzere Selçuklu döneminde zengin bir hayvan sembolizmine tesadüf edilir. Her hayvan bir karakteri; sözgelimi tilki kurnazlığı, tavşan şansı, horoz cömertliği temsil eder. Hz. Mevlânâ da yukarıdaki benzetmeleriyle dönemin bu anlayışını malzeme olarak kullanıyor... Bu küçük izahtan sonra artık Mesnevî'ye geçelim ve dört kuşun kötü huylarıyla ilgili bahisleri özetlemeye çalışalım.

1. Kazın Halleri

Herhalde gözlemleyenler Hz. Mevlânâ'ya hak verirler. Kazın temel özelliği haris olmasıdır. Bu kuş azmanının boğazı bir an bile boş durmaz; kuru yaş ne bulursa yer, yiyemediğini de toprağa gömüp saklar. İnciden nohuta kadar boğazdan geçen ne varsa kursak anbarını onlarla doldurur. Mevlânâ'ya göre bu yeme hırsının sebebi şu: Kazın sahibine itimadı yoktur, onun kendisini doyurmayacağını vehmeder. Keza herkesi kendisi gibi tamahkar sandığından eline geçeni gizler, saklar. İşte kaz tabiatlı olan kişi de aynen böyledir. O rızıktan yana telaşlıdır, endişelidir, huzursuzdur. Kur'ân'da dendiği gibi şeytan onu fakirlikle korkutur. Bu yüzden kimseye bir şey veremez; kendi yediğini içtiğini ve sakladığını kâr bilir. Oysa mümin, bu kainatı yaratan Zat'ın bütün yarattıklarının rızkına kefil olduğunu bilir ve bu itimat dolayısıyla da sakindir, telaşsızdır. Gözü gönlü tok olan müminin rakiplerinden yana da korkusu yoktur. Mevlânâ hırsı ateşe benzetiyor. Kömür yanarken ateşi göze güzel görünür ama sönünce gerçek rengi ortaya çıkar. Kötü bir şeyi de insana güzel gösteren, ona duyulan hırstır. Rahmani olan kanaat ve teenninin aksine hırs ve acele şeytandandır. Hırs; şimşek ışığında mektup okumak gibi aldatıcıdır. Gerçi şimşek parlaktır ama gözü almaktan başka işe yaramaz. Hakiki nurun karakteri sakin ve daimi oluşudur. (2/56)

Yine Mevlânâ'ya göre hırs körlüğü en kötü körlüktür. Gözü kör olan ilahi rahmete nail olur, kendi kendini kör eden haris ise türdü. Ortada iri cüssesinden dolayı kimsenin misafir etmek istemediği bir adamcağızdan -merhum Gölpınarlı'nın tespitine göre Ebu Busayra- başkası kalmadı. Bunun üzerine Hz. Peygamber onu kendi evine davet etti. Evde ekmek ve yedi sağmal keçinin sütünden hazırlanmış 18 kişilik yemek vardı. Adam bir oturuşta bu 18 kişilik yemeği tek başına silip süpürdü. Ehl-i beyt evin bütün yemeğinin bu şekilde tüketilmesine üzüldüler. Midesi davula dönen adam gece sıkışarak kalktı ve dışarı çıkmak istedi. Ama misafirin oburluğuna içerleyen evin cariyesi odanın kapısını arkadan sürgülemişti. Çaresiz kalan misafir yatağına döndü ve uyumayı denedi. İnsanın ihtiyacı uykusuna girer ya, adamcağız da rüyada kendisini bir viranelikte gördü ve fırsattan istifade abdestini bozdu... Uyanınca olan biteni anladı ve bütün yatağı batırdığını görerek perişan oldu. Sabahleyin Hz. Peygamber kapıyı açtı ve mahcup olmasın diye kendini gizledi. Adam da ok gibi fırlayıp uzaklaştı. Ev halkından biri Hz. Peygamber'e:

- Bak misafirin neler yaptı, diye serzenişte bulununca Hz. Peygamber:

- Bana su getirin, onu şimdi yıkarım, buyurdu. Ev halkı buna itiraz edip:

- Sen hizmet etmeğe değil hizmete layıksın, bırak bunu biz yapalım, dediler. Ancak Resul-i Ekrem:

- Hayır! Cennet insanın hoşlanmadığı bu çeşit şeylerle çevrilmiştir. Hem bu işte bir hikmet var, bırakın onu ben yıkayayım, buyurdu...

Su Gibi Ol

Hz. Mevlânâ bu örnekte olduğu gibi kir yıkamadan iğrenmeyen nebileri ve velileri suya benzetiyor. Su şöyle seslenir: "Ey kirliler bana gelin! Ben her kirliyi kabul ederim. Kirlensem yine oraya dönerim." Bizim kirimiz olmasaydı su bu tarafa yol bulamazdı. O yıkanmamış yüzleri yıkar, gemileri üstünde taşır, yetimleri o besler büyütür. Su pislenince halini Hakk'a arz eder. O da buluta, güneşe emreder de suyu göklere alır. Kirli su orada ilahi rahmetle temizlenir de tekrar yere iner işinin başına döner. Mevlânâ'ya göre ulu insanlar da böyledir. Onlar gökte arınır ve yerdeki işlerine dönerler.

Hikâyeye Devam

Bu arada kaçak misafir yolda putunu unuttuğunu farketmiş ve gizlice alırım umuduyla geri dönmüştü... O sırada Fahr-ı alemin kendi elleriyle yatağı yıkadığını görünce utancından kafasını duvarlara vurmaya ve ağlamaya başladı. Hz. Peygamber onu güleryüzle karşıladı ve sakinleştirdi. Adamcağız peygamberin bu tevazuu karşısında hemen kelime-i şehadet getirerek imana geldi. Hz. Peygamber kendisini o gece yine misafirliğe davet edince:

- Vallahi ben iki alemde de senin misafirinim ya Resulullah! Senin sofrandan başka sofraya giden şeytanın sofrasına gitmiş olur, deyip bu daveti kabul etti. O akşam adam bir keçinin sütünün yarısı ve bir parça ekmekle doydu. Hz. Peygamber daha fazla yemesi için ısrar edince; "Vallahi doydum," dedi. "Hem de dünden daha fazla..." Ev halkı bu değişikliğe şaşırıp kaldı ve "Nasıl bir kuşun gıdası böyle bir filin karnını doyurur?" diye hayretlerini bildirdiler. Mevlânâ bu değişikliği küfrün aç gözlülüğünü kanaate çeviren ve mideyi yatıştıran iman lezzetine bağlıyor. (5/3)

Yukarıda bahsi geçtiği üzre hırsın özelliklerinden birisi de insanı başkasına yardım etmekten alıkoyması idi. Bu tip kişiler başkalarının ihtiyaçlarına karşı duyarlılıklarını kaybederler. Duyarlı gözükseler bile bu, sahte bir duyarlılıktır. Bu duruma örnek hikâyemiz de şu:

Ekmek mi Değerli Gözyaşı mı?

Bir Arap ölmek üzere olan köpeği başında feryat ediyor, ağıt yakıyordu. Bir yolcu ona niçin ağladığını sorunca bizimki ölmek üzere olan köpeğini gösterdi ve ağıtlar döktürmeye başladı:

-Nasıl ağlamayım! Bu öyle bir köpektir ki köpek cinsinde emsali bulunmaz. O benim gece bekçim, gündüz avcımdı, hırsızı evime yaklaştırmazdı, ah, ah..." Yolcu bu büyük sevgiyi hak eden köpeğin hastalağını merak etti:

- Peki şimdi niye böyle oldu. Derdi, hastalığı nedir?

- Başka hastalığı yok, açlıktan bu hale düştü.

- Demek öyle... İyi ama senin sırtında dolu bir dağarcık görüyorum, onun içinde ne var?

- Ha o mu? Yol azığım ekmeğim!..

- Ya hu! Madem onu bu kadar seviyor, başında oturup ağlıyorsun, niçin o ekmekten birazını köpeğe vermiyorsun?

- Dur bakalım! Merhametliyim ama o kadar da değil. Ekmek parayla ama gözyaşı bedava!

Yolcu şaşırarak bu zavalı Araba demiş ki:

- A şaşkın, toprak başına! Bir dilim ekmek senin için göz yaşından daha mı değerli? (5/20)

Sevgili okuyucu! Okurken bize gülünç gelen bu halin benzerleriyle günlük hayatta sık sık karşılaşmıyor muyuz? Biz de çok zaman benzer hallerde yardım etmek yerine hayıflanmakla durumu geçiştirmiyor muyuz? O halde bu fıkranın biraz da bizi anlattığını unutmayalım.

Haris Mahrum

Buradaki Arap ekmeğini neden paylaşamıyor? Paylaşamıyor, zira haris olan insanların bir özelliği de nimeti Cenab-ı Hak'tan bilecek yerde onu kendi gayretlerinin neticesi sanmaları ve paylaşmaya kıyamamalarıdır. Oysa böyle yapmakla çok zaman gelen nimete de mani olurlar. Tıpkı Darvanlı cömert babanın cimri çocukları gibi...

Yemen yakınlarındaki Darvan şehrinde oturan salih bir adam vardı. Cömertliğinden onun semti garipler yurdu olmuştu. Buğdayı biçilince onda birini, buğday samandan ayrılınca onda birini, un öğütülünce onda birini, ekmek pişince onda birini sadaka olarak dağıtırdı. Böylece her mahsulun dört kere onda birini dağıtmış olurdu. Çocuklarına sık sık nasihat eder;

- Fakirlerin payını dağıtmayı benden sonra da siz sürdürün. Nimeti veren Cenab-ı Hak'tır bunu sakın unutmayın ve cimriliğe kapılmayın, derdi. Fakat çocuklar babalarının ölümünden sonra tamaha düştüler ve bu güzel adeti terkettiler. Bunun neticesinde de tarlanın beti bereketi kesildi ve yoksulluğa düştüler. (5/60)

Mevlânâ hikâyedeki babayla çocukların hallerini şuna benzetiyor: Bir tarla sahibi mahsulün epeyi bir kısmını tohumluk diye ayırır ve onu toprağa ekmekten çekinmez. Çünkü Cenab-ı Hakk'ın o harcadığı şeyi daha fazlasıyla vereceğinden şüphe etmez. Kazancı oradan olduğu için kazandığını yine oraya harcar. İşte babanın yaptığı da budur. Çocuklara gelince... Onların hatası, bereketi Hak'tan değil topraktan bilmeleri. Mevlânâ soruyor: Diyelim ki bir iki yıl ektiğinin karşılığını alamasa, insanın yapacak neyi vardır? O zaman anlar ki rızkı veren toprak değil Hak imiş. O halde yardımı amcadan dayıdan değil O'ndan bilmeli, verenin sadece O olduğu unutulmamalı.

Hırslı Eşeğin Akıbeti!

Kanaat emniyettir, hırs ise hüsran. Ama haris bir nevi köt olduğu için bile bile kendisini tehlikeye atar. Şimdi bu duruma misal olmak üzere Mesnevî'de yer alan uzun bir hikâyeyi ve bu hikâyenin içindeki alt mesajları aktaralım:

Bir çiftçinin hasta ve zayıf bir eşeği vardı. Zavallı eşek sabahtan akşama kadar bir tutam ot için kayalıklarda dolanır, yine de karnını doyuramazdı. Bu kayalığın üst tarafları ise kamışlık ve ormanlıktı ama eşek korkusundan oraya yaklaşmazdı. Zira ormanda bir aslanın yaşadığını biliyordu. Bir gün bu aslan fille mücadele etmiş ve yorgun düşmüş, avlanamaz olmuştu. Onun artığıyla geçinen diğer orman hayvanları da o gün onunla birlikte aç kaldılar. Yorgun aslan tilkiyi yanına çağırdı ve:

- Ormandan çık da etrafa bir göz at bakalım. Otlayan bir öküz veya eşek bulursan onu kandırarak yanıma kadar getir. Benim oralara gitmeye gücüm yok ama yanıma yaklaşan avı parçalamaya muktedirim. Onun birazını ben yerim gerisi de size kalır, dedi.

Mevlânâ'ya göre buradaki aslan -bir cihetle- akıldır, diğer hayvanlar da akla hizmet eden organlar gibidir. Akıl güçlü olursa bütün organları besler. Ama o güçsüz kalırsa diğerleri de aç kalırlar. "O halde sen de tilki gibi aklın için avlan ki o seni de beslesin kendisini de."

Hasılı aslandan bu emri alan tilki hemen dağdan aşağıya taşlık sahraya doğru koştu ve orada otlamaya çalışan bitkin eşeği buldu. Tilki ona hal hatır sordu ve güya acımış gibi sordu:

- Yahu arkadaş! Bu taşlık ve otsuz yerde böyle yapayalnız ne yapıyorsun, bari karnını doyurabiliyor musun?

Eşek önce şükür yolunu tutup:

- Gerçi çok doyduğum söylenemez ama madem ki Cenab-ı Hak böyle takdir etmiş, halime şükür. İster ot, ister diken olsun, rızkımı veren bana bu kadarını uygun görmüşse daha fazlasını istemek küfür olur, dedi. (5/94)

Mevlânâ burada da bir parantez açıyor ve eşeğin şikâyet etmemesini takdir ederek şöyle bir tespitte bulunuyor: "Senin gerçekte tek dostun var, o da Cenab-ı Hak'tır. Onun dışındaki herkes yabancı sayılır. İnsanın kendi dostunu yabancıya şikâyet etmesi hiç dostluk adabına sığar mı?" Ne ince bir mesele... Demek ki birine dert yanmakla aslında Cenab-ı Hakk'ı şikâyet etmiş olmaktayız. Diğer taraftan, eşeğin bulunduğu hale rızası bir nevi zillet olarak da hatıra gelebilir. Daha iyisi dururken azla yetinmek niçin? Hz. Mevlânâ hikâyenin burasında yeni bir başlık açıyor ve aslında her nimetle beraber bir de külfet bulunduğunu ve bazan elde edilen nimetin çekilen zahmete değmediğini belirtiyor. Örnek mi? Evet, her seferinde olduğu gibi tabii bu fikre de bir örnek vermek lazım. İşte aşağıdaki hoş hikâye de bunun örneği:

Atlara Özenen Eşek

Eşeğiyle su dağıtan fakir bir sucu vardı. Adam fakir olduğu için hayvanını doyuramıyor, bakımını aksatıyordu. Demir şiş ve ağır yüklerle sırtı yara bere içindeki biçare eşek, değil arpa, kuru samana bile hasret kalmıştı. Saray ahırının seyisi bizim fakir sucuyu tanıyordu. Bir gün ona eşeğinin neden böyle zayıf ve dermansız göründüğünü sordu. Sucu da:

- Sebep benim fakirliğimdir, zavallı arpasız, yemsiz ve bakımsız kaldı, dedi. Seyis bir iyilik yapmak istedi:

- O halde sen onu birkaç günlüğüne bana bırak. Zavallı, padişah ahırında birazcık felekten kâm alsın.

Biçare eşek böylece saray ahırına alınınca orada keyfinden yerinde duramayan bir dizi güzel atlar gördü. Atların önüne en güzel yiyecekler konuyor, altları süpürülüyor, tüyleri taranıyordu. Hasılı fakir evine göre saray neyse eşeğin gözüne de burası öyle göründü. Kendi halini atların durumuyla karşılaştıran merkebin yüreği kabardı ve başını kaldırıp acı acı siteme başladı:

- Ya Rabbi, her ne kadar hakir bir eşek isem de ben de senin kulunum. Geceleri sırtımın acısından ve karnımın açlığından öyle hallere düşerim ki içimden ölsem de kurtulsam diye geçer. Bunlar bu kadar nimet içinde iken benim hayatım böyle acı ve ıztırab içinde geçsin, bu reva mı?...

Bu niyazın üzerinden çok geçmemişti ki komşu ülkeyle savaş çıktığı haberi geldi ve atlar eğerlenip savaşa gönderildiler. Çok geçmeden giden atların çoğu yara bere içinde geri döndü. Kimisi ok, kimisi ise mızrakla yaralanmış, kırılan parçalar içeride kalmıştı. Bakıcılar aletlerini hazırlayıp atları sıkıca bağladılar ve ellerindeki bıçaklarla hayvanların yaralarını deşmeye ve içerdeki parçaları çıkarmaya başladılar. Hasılı ortalık kan gölüne dönmüş, o nazenin atlar pek zavallı bir duruma düşmüştü. Bütün bu olan biteni ibretle seyreden eşek tekrar başını kaldırıp şöyle niyaz etti:

- Ya Rabbi, sen önceki sözlerimi bağışla. Ben bu fakirliğime razıyım. Sonucu böyle olacak nimet geri kalsın, istemem, dedi. (5/95)

Konuya Dönelim!

Sevgili okuyucu! Mesnevî'ye uyarak o hikâye bu hikâye ederken asıl konumuzdan biraz uzaklaştık. O halde önceki hikâyede kaldığımız yere geri dönelim ve eşekle onu kandırmak için dil döken tilkinin diyaloğuna kulak verelim:

Tilki tilkiliğiyle eşeğe mağlup olacak değil ya! Suret-i Hak'tan görünerek eşeğe şu yollu nasihat etmeye başladı:

- Şükrün güzel ama helal rızık aramak da farzdır. Lakin rızık da sebepsiz gelmez. Rızkın anahtarı bizim çalışıp çabalamamızdır. O kapı çalışma anahtarı olmadan açılmaz. O halde sen de bu çorak yerde otlamaktan vazgeç de rızkını daha yeşil yerlerde ara " Eşek hikmet gösterip dedi ki:

- Köpek ve domuzlardan bile rızkını esirgemeyen Hak Teala beni mi mahrum edecek! Hem bilmez misin ki kimse hırs ile sultan olmadı. Sen rızka karşı nasıl hevesliysen rızkın da öylece sana arzuludur, gelir seni bulur. Acele etmekle kendini boş yere üzüp yormuş olursun... (5/96)

Sevgili okuyucu! Hikâyenin burasında yine rızık meselesi karşımıza çıkıyor. Biz bu bahsi ileride ayrı bir başlık altında ele alacağız. Ama aşağıdaki küçük hikâyeyi ana konuyla ilgisi bakımından burada nakletmeyi tercih edeceğiz:

Rızkından Kaçamazsın

Hz. Peygamber'in:

- Sen istesen de istemesen de rızk sana koşarak gelir. Zira o sana aşıktır, nerede olsan seni bulur, sözünü sınamak isteyen bir zahit gidip bir dağ başına çekildi. Kendi kendine:

- Bakalım burada yapayalnız iken rızkım gelip beni bulacak mı, bulmayacak mı, diyordu ki uykuya daldı. O sırada bir kervan yolunu kaybedip dağ tarafına geldi ve onu uyurken buldu. Adamlar:

- Bu adam bu dağ başında tek başına ne arıyor? Kurttan kuştan korkmaz mı, ölü mü diri mi, diyerek ona doğru koştular. Onlar adamı evirip çeviriyordu ama bizimki kasten ne gözünü açıyor ne de bir kelime söylüyordu. Kervancılar:

- Galiba bu adam açlıktan ölüm haline gelmiş, kımıldayamaz olmuş, diye düşünerek ekmek ve yemek getirdiler. Dişlerini kasten sıkan zahidin dişlerini bir bıçak sokarak zorla araladılar ve oradan çorba akıtarak, parça parça ekmek yedirdiler. O zaman zahit kendi kendine:

- Senin için bundan iyi imtihan olmaz, dedi. (5/97)

Nerede Kalmıştık

Hasılı bir eşek söyledi, bir tilki... ve rızık bahsi böylece uzayıp gitti. Sonunda ikisinde de söyleyecek söz kalmadı. Nihayet tilki asıl maksadına gelip dedi ki:

- Senin böyle çorak bir taşlıkta sürünmen düpedüz ahmaklık. Ben öyle bir yer biliyorum ki tam senin şanına layık. Cennete benzeyen o yerde her taraftan sular akmakta, çayır çimen bitmede. Orada bütün hayvanlar sağlıklı, gürbüz ve mutlu.

Daha yukarıda bilgece sözler söylemiş olan eşek bu yalanlar karşısında gevşemeye başladı ve tilkiye şunu sormayı akıl edemedi:

- A alçak! Madem ki orası senin tarif ettiğin gibi. Peki sendeki bu zayıflık neyin nesi! Söylediğin o güzelliklerden niçin senin üzerinde bir iz ve belirti yok?

Hz. Mevlânâ'ya göre bunun sebebi eşeğin söylediği evvelki sözlerin adamı olmaması. Tilkiye söylediği delillerin hiçbirisi eşeğin kendisine fayda etmiyor ve kandırılmaktan alıkoymuyor. Niçin? Çünkü o bir mukallit. Mukallit ise halka söyler ama kendisi tutmaz.

Böylece ot hırsına kapılan eşek tilkinin peşine takılıp aslanın yuvasına doğru yürümeye başladı. Peki ama hırs eşekte var da aslanda yok mu? Tilkinin peşindeki eşeği gören yorgun aslan beklemeye tahammül edemedi, uzaktan kükreyerek avının üzerine atıldı. Eşek de can havliyle geriye sıçradı ve bütün gücüyle aşağılara doğru kaçtı. Beriki de güçsüz olduğu için onu takip edecek dermanı kendisinde bulamadı ve avını elinden kaçırdı. Tilkinin canı sıkılmıştı. Aslana:

- Niçin böyle sabırsızlık gösterdin? Bak hem av kaçtı hem de güçsüz olduğun anlaşıldı, diye sitem etti. Aslan dedi ki:

- Haklısın ama ben bu kadar dermandan düştüğümü bilmiyordum. Açlık da sabrımı elimden almış, düşünemez olmuşum. Ama şimdi iş yine sana düşüyor. Tekrar eşeğin yanına git de ne yap et aklına gir, onu kandırıp yanıma getirmeye çalış. Bu sefer aynı hatayı tekrar etmeyeceğim.

Bu kısımdan da şu hisse çıkıyor ki hakiki aslanlık kendi hırsına mağlup olmamaktır. Yoksa aslan bile eşeğe zebun olmakta.

Beri tarafta tilki aslanın emriyle şansını denemek üzere yeniden aşağılara, eşeğin bulunduğu yerlere doğru gitti. Bir yandan da içinden şöyle diyordu:

- Bir daha onu kandırabilir miyim? Görünüşe göre hayır. Zira bir kere bu can korkusunu yaşayanın aynı hatayı tekrar etmesi imkansız. Eşek bana uyup yukarılara geldiğine bin kere pişman olmuş, tevbeler etmiştir. Etmiştir ama eşeklik onda baki kaldıkça ne tevbesi bir işe yarar ne de tecrübesi. (5/101)

Tabiatıyla, bu hikâyede eşekten kasıt, eşek kafalı insanlar. Mevlânâ'ya göre nasıl eşek kellesi çocukların oyuncağı olursa, eşek kafalılık da insanı çocuklara oyuncak eder. Peki ama eşeğin tilkiye ikinci defa kanacağı ne malum? Belki de o bu tecrübeden gerekli dersi çıkarmıştır. Kim bilir? O halde neticeyi görmek için biz de yeniden onların yanına dönelim:

Tilki tekrar eşeğin yanına gelince can korkusundan ayakları titreyen eşek berikine nefretle bakarak:

- Ey kalleş, dedi, senin elinden bin kere el-aman. Benden ne kötülük gördün ki böyle sebepsiz yere canıma kıymaya kalktın. Sen sırf kötülüğü dolayısıyla sokmaktan zevk alan akrep gibisin. Ya da kendisine hiçbir faydası olmadığı halde başkalarının kötülüğünü isteyen şeytana benziyorsun! Şeytan da insanı güya sulara bahçelere çağırır ve tuzağa düşürür...

Eşeğin sitemlerini dinleyen tilki yeni bir kandırma yolu deneyerek lafazanlığa başladı:

- A zavallı dostum! O gördüğün şey gerçekte aslan filan değildi, bir büyüden ibaretti. Burası büyülü bir vadidir. Ama suç bende ki korkmaman için seni önceden uyarmayı unuttum...

Bu yalanlar eşeği daha da kızdırdı:

- Ya hu, ne utanmaz ne yüzsüz şeymişsin sen. Yüzünün derisi kalınlıkta gergedan derisinden de beter. Her ne kadar hakir bir eşek isem de benim de canım tatlıdır. Azraille yüz yüze gelmişken Cenab-ı Hakk'ın yardımıyla canımı kurtarabildim. Benim bu gördüğümü bir çocuk görse bir anda kocalırdı. Bütün bu olanlardan sonra bir daha hiç sana kulak tutar, inanır mıyım! Anlaşılan o ki o kötü aslan beni kandırman için seni yeniden göndermiş, ama nafile, artık inanmam. Burada çalı yer ona şükrederim... (5/106)

Böylece Mevlânâ eşeğin dilinden kanaatin faziletini beyan etmeye başlıyor ve bu vesileyle de şu nükteyi anlatıyor:

Küflü Ekmek

Bir adam küflü ekmeği iştahla yerken onu gören biri hayretle sordu:

- Böyle kokmuş ekmeği nasıl yiyebiliyorsun? Beriki dedi ki:

- İyice acıkana kadar açlığa sabrederim; acıkınca da artık küflü ekmek bile bana helva gibi tatlı gelir. Böylece ben her ne yersem helva yemiş olurum. (5/115)

Yukarıda eşeğin açlığın faziletinden bahsettiğine tanık olmuştuk. Mevlânâ'ya göre açlık aslında Cenab-ı Hakk'ın ancak has kullarına ihsan ettiği bir hediyedir. Hamların açlıkla işi yoktur. O bununla ilgili olarak şu örneği veriyor:

Açlık Herkese Nasip Olmaz

Bir şeyh müridiyle uzak bir diyara gitmişti. Müridin kalbi açlık ve kıtlık korkusuyla doluydu. Şeyh bunu görünce ona şöyle dedi:

- Açlık Hakk'ın seçkin kullarına bir ihsanıdır, o her ahmağa nasip olmaz. Bu korkudan kurtul, zira sen o seçkinlerden değilsin ki ekmeksiz kalasın. Halkı doyurmak için her an ekmek üstüne ekmek, tabak üstüne tabak verirler. Öyle ki onlar ölür de ekmekleri geride kalır. Ekmek der ki: Bak açlıktan korkuyordun. Ama sen gittin ben hala bitmedim. (5/ 115)

Mevlânâ böyle rızık endişesi çeken insanların durumunu aşağıdaki öküzün durumuna benzetiyor:

Öküz ve Rızık

Bir adada yalnız başına yaşayan bir öküz vardı. Her gün yağan yağmurla taze ot biter ve öküz tıka basa karnını doyururdu. Fakat akşam olunca, yarın yiyecek bulamama korkusuyla sıkıntı içinde sabahlar ve endişeden zayıflardı. Bu durum yıllarca devam ettiği halde zavallı hayvan; "Yıllarca ben bu otlakta otladım, bir gün bile rızkım azalmamışken niye endişe ediyorum ki!" diye düşünmez yine üzüntülere batardı. (5/116) Buradaki öküzden kasıt nefs, otlaktan kasıt ise bu dünyadır. Mutmain olmayan ve daima aç kalacağını sanan nefs bu haliyle aşağıdaki karıncaya benzer:

Karınca

Karınca bir taneye yapışmış, sürükleye sürükleye yuvasına götürmeye çalışıyordu. Zavallının çektiği eziyeti gören harman sahibi dedi ki:

- Hey kör müsün, harman tane dolu. Sense bu koca harmanda aç kalacağını sanıp o taneye tamah etmedesin. (6/31) Hz. Pir'e göre bu hal Cenab-ı Hakk'ın Rezzak olduğuna itimat edememekten geliyor. Oysa insan denizdeki küp gibi nimetlerle çevrilmiştir. Küpün dolması için ağzını açması yetiyor. Demek ki bunca nimet içinde aç kalacağını sanmak denizin içinde sudan mahrum kalacağını sanmak kadar abes.

Bunun Yüreği Nerde!

Yukarıda demiştik ya! Eşek ne kadar akıllı görünse de onun aklı dolma akıldır, iğretidir. Sonunda kanaat hakkındaki onca bigisine rağmen eşek tilkiye yine kandı. Hırsıyla kör ve sağıra döndü ve:

- Aman, dedi. Böyle yaşamak da yaşamak mı sanki? Şayet bu işin sonu ölümse ölüm! Hiç olmazsa ölür de bu açlık azabından kurtulurum.

Böylece tilkinin ardına takılan eşek aslanın yanına gelince pusudaki aslan bir hamlede onu yere serip parçaladı. Lakin bu mücadele aslanı susatmıştı, avını bırakıp yakındaki pınara su içmeye gitti. Bu sırada tilki fırsattan istifade ederek eşeğin en değerli kısımları olan yüreğini ve ciğerini yedi. Aslan sudan gelip de yürekle ciğeri bulamayınca tilkiye:

- Bunun yüreğiyle ciğeri nerde, diye sordu. Tilki:

- Onda bu iki şey yoktu, dedi.

- Saçmalama! Hiç yüreksiz ve ciğersiz hayvan olur mu!

- Eğer onda bunlar olsaydı bir kere o korkuyu yaşadıktan sonra kendi ayağıyla tekrar buraya gelir miydi! (5/117)

Tilkiye bu sözleri söyleten Mevlânâ devam ediyor: "Eğer bir yürekte gönül nuru yoksa ona yürek denmez!. Kandilde ışık yoksa o kandil midir?" Değil mi ki:

Cû ki âbeş hest cû hod ân buved
Ademi ânest ki ora cân buved (5/2894)

Yani: *Irmak ancak akan suyu varsa ırmaktır, insan da eğer aklı, fikri ve canı varsa insandır. Canı olmayanlar sadece bir şekildir, şehvet ekmeğinin maktulleridir onlar.*

Hedeften Uzaklaştıran Hırs ve Hüner

Sevgili okuyucu! Hikâyemiz böylece eşeğin trajik sonuyla sona ermiş oluyor.

Hırsın bin bir türü var şüphesiz. Bazılarının mala mülke, mevki ve şöhrete duyduğu hırs gibi bazıları da bilgi konusunda haristirler. Peki bu kötü bir şey mi? Amacına göre hem evet, hem hayır! Bazan bilgi insanları asıl bilmeleri gereken şeyden uzaklaştırır. Mal peşinde koşup elindekini de kaybeden kişi gibi nefsani amaçla istenilen bilgi de bizi *bilgilerin bilgisi*nden mahrum eder. Böylece yolumuzu açması gereken bilgi yol kesici hale gelir. Aşağıdaki hikâyede fazla hırsın her iki anlamda da insanı nasıl mahrum bıraktığına ilginç bir örnek verilmekte:

Yoksul bir sufi yıllar yılı Cenab-ı Hakk'a niyaz eder, kendisini bu yoksulluktan kurtarması için yalvarır yakarırdı. Nihayet bir gün rüyasında kendisine şöyle dendi:

- Kalk, komşun olan kâğıtçıya git. Orada karalama kâğıtları arasında seni sıkıntılarından kurtaracak bir kâğıt parçası bulacaksın. Onu sakın kimseye gösterme, gizlice oku ve orada anlatılanları tatbik et.

Rüyada adama o kağıdın şekli ve rengi de gösterildi. Sufi uyandığında neredeyse sevincinden deli olacaktı. Hemen kâğıtçı komşusuna koştu ve işe yaramaz diye bir kenara kaldırılan kâğıtlar arasında aradığını buldu. O bu hale şaşırıyor ve içinden:

- Allah Allah! Böyle bir hazinenin karalama kâğıtları arasında bulunsun da şimdiye kadar kimse onun farkına varmasın, ne garip iş! diyordu. Buradan da anlaşılıyor ki Cenab-ı Hakk'ın takdiri olmadıkça insan yanıbaşındaki hazinenin bile farkına varamaz... Hasılı adam bir köşeye çekilip kağıdı okudu. Orada şöyle yazılmıştı:

- Şehrin dışına çıkınca filanca yerde bir türbe göreceksin. O türbeye git, şehri arkana alıp kıble tarafına bir ok at. Okun düştüğü yeri kaz; aradığını orada bulacaksın. Bunun üzerine adam hemen koşup tarif edilen yeri buldu. Eline kuvvetli bir yay alıp alabildiğine gerdi ve okunu fırlattı. Sonra da okun düştüğü yeri sevinçle kazmaya başladı. Ama kazdığı yerden bir şey çıkmadı. Allah, Allah! Rüyasının sıhhatine emin olan adam bu duruma bir anlam veremedi ve şansını tekrar tekrar denedi. Böylece birçok kere ok attı ve elinde kazma kürek o ovayı delik deşik etti. Bu hal günler boyu devam edince iş artık sır olmaktan çıktı ve olayı görmeyen duymayan kalmadı. Bazıları gidip durumu padişaha haber verdiler. Padişahın huzuruna çağrılan adam korkusundan her şeyi olduğu gibi anlattı. Kağıdı sultana uzatarak dedi ki:

- Sultanım, bir aydır benim bu sevdayla ağzımın tadı kaçtı, artık hazineyi bulmaktan da ümidimi kestim. Ama sizin bahtınız açıktır, umulur ki onu siz bulursunuz. Böylece hırs el değiştirmiş oldu. Padişah da büyük bir hevesle kuvvetli yaylar buldurup uzak mesafelere oklar attırdı. Fakat tam altı ay uğraştığı ve sahrada kazılmadık yer bırakmadığı halde o da bir netice alamadı. Sonunda usanan sultan tekrar o fakiri çağırıp eline kağıdını verdi ve:

- Bu iş benim gibilerin işi değil. Tam altı aydır işimden gücümden kaldım. Sen şu kağıdını al da istersen aramana devam et. Bulacağını sanmam ya eğer bir şey bulursan onu sana helal ettim gitti, dedi.

Aşık için usanma yoktur. Yoksul yeni bir ümitle işe koyuldu. Bir hayli çabalayıp didindikten sonra artık bu işte kendi gayretiyle bir netice alamayacağını anladı. Bu arada elindeki avucundakini de bitirmiş evvelkinden daha yoksul hale düşmüştü. Nihayet adam yüzünü Allah'a döndü ve tam bir acz ile:

- Allah'ım, ben bu işin sırrından aciz kaldım. Bu düğümü sen bağladın, çözersen yine sen çözersin. Sen müşkilimi hallet, diye yakardı. O zaman ona gaipten şöyle dendi:

- Sana ok at, dendi ama uzağa at denmedi. Sense okçuluktaki hünerini göstermek istedin ve oku daima daha uzaklara fırlattın. Oysa uzağa attıkça ondan daha çok uzaklaştın. Şimdi gevşek bir yay al ve hafifçe çek. Ok nereye düşerse hazine oradadır. Böylece fakir yırtınarak ulaşamadığı sonuca bu sefer yorulmadan ulaşmış oldu. (6/72)

Mevlânâ'ya göre filozofun durumu da böyledir. O kendisine şah damarından daha yakın olanı uzaklarda arar. Hazine onun ardında kalmıştır; o ise boyuna daha uzaklara koşup durmadadır. Tıpkı tufandan kaçmak için dağa koşan ve koştukça kendisini kurtaracak olan gemiden uzaklaşan Kenan gibi... Demek ki çok bilgi ve hüner bazan sahibinin yolunu keser.

Hırsın Yönü

Biri çıkıp şöyle diyebilir: Madem ki bize verilen bütün duygular gibi hırs da fıtridir, o halde hırslı olmakta bizim ne suçumuz var? Gerçekten insandan beklenen bu tabii duygularını öldürmesi değil budaması, terbiye etmesi, yüzünü zararlı olandan faydalı olana çevirmesidir. Tıpkı şu nüktede olduğu gibi:

Birisi bir beyi ziyarete gitmişti. Kalktığı zaman evine gitmek üzere ondan bir at istedi. O da:

- Git şu kır atı al, deyince, atı tanıyan misafir;

- Hayır, onu istemem, çünkü o yürüyünce kuyruğundan yana geri geri gidiyor, dedi. Ferasetli Bey de:

- O halde sen de onun kuyruğunu gideceğin yere çevir; kuyruğu tarafına gide gide geleceği yere gelince orada durur, dedi. (6/43)

Mevlânâ bu nükteyi şöyle yorumluyor: İşte senin nefis atının kuyruğu da hırs ve şehvettir. Onun maksadı geri geri gitmektir. O halde sen o şehvetin yüzünü ahirete çevir, hırsını ona yönelt. Tabii yine de en iyi at geri değil ileriye doğru giden itaatkar attır.

2. Horozun Halleri

Kesilmesi gereken ikinci kuş olan Horozun kusuru şehvetperest oluşudur. Mevlânâ şehvetin ve kadın düşkünlüğünün insanların ayağını kaydırma konusunda şeytana verilmiş en önemli kozlardan biri olduğunu şöyle bir kıssayla anlatıyor:

İblis lanetlenip cennetten çıkarılınca insanlardan intikam almak istedi ve Cenab-ı Hakk'a:

- Halkı avlayabilmem için bana kuvvetli bir tuzak ver, dedi. Cenab-ı Hak ona; altın, gümüş ve at gibi şeyler göstererek:

- Halkın aklını çelmek için bunlardan istediğini al, buyurdu. İblis:

- Bunlar da hoş ama tuzak yemi olarak daha tesirli bir şeyler olsa, temennisinde bulundu. Hak Teala bu sefer ona tatlı ve yağlı yemekler yemek, kat kat giyinmek gibi imkanlar gösterdi. İblis bundan da fazlasını isteyince kendisine içki ve çalgı silahları verildi. Bu isteme verme faslının en sonunda erkekleri tuzağa düşürmek üzere kadın güzelliği gösterilince İblis sevincinden oynamaya başladı ve:

- Ya Rabbi! İşte aradığımı şimdi buldum. İnsanın aklını başından almak için bu mahmur gözler, gönüller yakan bu al yanaklar, bu yay kaşlar ve kor dudaklardan daha iyi silah bulunmaz, dedi. (5/38)

Şimdi de şehvetin insanı ne gibi tehlikeli hallere düşüreceğine örnek olmak üzere Mesnevî'de yer alan hikâyelerden birkaçını aktaralım:

Nasuh Tövbesi

Sesi ve görünüşü bakımından kadına benzeyen Nasuh isminde şehvet düşkünü bir delikanlı vardı. Nasuh, görünüşünden istifade ederek kadın hamamında tellaklık yapardı. Mesleğinde pek de becerikli olduğu için padişahın kızları da dahil bütün gümüş bedenli güzelleri o yıkar, o ovalardı. Birkaç kere kendi kendine bu işi bir daha yapmamak üzere tevbe etmiş, ama şehvetine söz geçiremediği için her seferinde tevbesini bozmuştu. Nasuh bir gün ağzı dualı birine gitti ve ondan dua taleb etti. O arif zat Nasuh'un sırrını anlamıştı. Gülümsedi ve:

- Cenab-ı Hak o şeyden seni tevbekar kılsın, dedi. Bu makul dua hemen yedi kat göğü aştı ve Nasuh'a hidayet yolunu açtı. Ama nasıl bir hidayet! Bir gün Nasuh yine hamamda işini yapıyordu ki birden bir telaştır koptu. O sırada içerde olan padişahın kızı bir incisinin kaybolduğunu farketmişti. Hamamdaki görevli kadınlar kimsenin kaçmaması için hemen kapıları bacaları kapattılar ve telaşla kayıp inciyi aramaya koyuldular. Bütün bu tedbirler beyhude çıktı ve inci bulunamadı. Bunun üzerine kızın dadısı içerdeki herkesin soyunmasını emretti ve üstlerini tek tek aramaya başladı. Dadı herkesin ağzına, kulağına ve mahrem yerlerine bakıyor inciyi bulmaya çalışıyordu. Ölüm korkusuyla beti benzi atmış olan zavallı Nasuh bir köşeye sığınmış içinden niyazlar edip durmadaydı:

- Ya Rabbi, kaç kere sen bana tevbe fırsatı verdin ama ben hepsini bozdum ve bu hallere düştüm. Keşke anam beni doğurmasaydı, ya da bir aslan beni paralasaydı da ölümden bin beter olan bu duruma düşmeseydim. Şimdi eğer Settar isminle benim bu suçumu örter ve bana son bir fırsat verirsen andolsun ki bir daha böyle uygunsuz bir işe kalkışmam. Bin kere tövbeler olsun, ya Rabbi, ya Rabbi!"

O böyle gözünü kapayıp niyaz ederken birinin şöyle seslendiğini duydu:

- İnci, bakılan kimsenin üzerinden çıkmadı. Peki Nasuh nerede, bakılmadık bir o kaldı!

Aslında görevliler ta baştan beri inciyi onun çaldığını düşünmüşlerdi. Zira kıza daima hizmet eden oydu. Ama hanım sultandan çekindikleri için onu en sona bırakmışlardı. Bu sözleri işiten Nasuh'un artık dizinde derman kalmadı ve çökmüş duvar gibi yığıldı. Sanki ruhu bedeninden, aklı başından uçmuştu. O böyle aciz kalınca da ilahi rahmet denizi dalgalandı ve çare yetişti. İçeriden:

- Müjde, müjde inci bulundu, diye bir ses geldi. Bir anda hamam sevinçli kahkahalar ve el çırpmalarıyla doldu. Nasuh'un çıkan canı da sanki yeniden yerine geldi. Arayıcılar kendisinden şüphelendikleri için gelip özür dilediler, ellerini öptüler. Nasuh onlara:

- Hayır, hayır! Benden özür dilemenize, helallik istemenize gerek yok, zira sandığınız şey benim kötülüğümün yüzde biri bile değil. Ama Cenab-ı Hak bildiği suçlarımı Settar adıyla örttü. Sanki bir kuyuda idim de ahımın ipiyle beni yukarı çıkardı. Adımı temizleyip karalanmışlar defterinden sildi. Ey Rabbim, şükür ve minnet sanadır, dedi.

O sıra bir görevli gönül almak için geldi ve:

- Padişahın kızı kendisini yine senin yıkayıp ovalamanı istiyor, senden başkasına razı değil, dedi. Tevbe kabul edilmişse tevbekar onun tadını alır ve samimi olarak pişman olur. Hakikaten pişman olan Nasuh da o görevliye dedi ki:

- Var yürü bir başkasını ara. Bu mihneti gördükten sonra ancak eşek olan o tarafa adım atar. (5/89)

Kusur elbisesi kimseye yakışmaz şüphesiz. Ama bazı kusurlar var ki bazılarının üzerinde daha bir çirkin daha bir iğreti durur. Şehvetin de ihtiyarlara yakışmadığı gibi:

İhtiyarın Şehveti

Doksan yaşında beli bükülmüş, saçları kar gibi ağarmış bir kocakarı vardı. Dizden dermandan kesilmişti ama hala koca ve süslenme merakı geçmemişti. Mevlânâ'ya göre insan kocalıp da kâmil olmamışsa kocakarı adına o zaman müstahak olur. Onun ne malı, ne sermayesi, ne de itibarı vardır. Böylesi; dilsiz, kulaksız, gözsüz, akılsızdır; güzelliği yoktur ki nazı çekilsin. Kat kat soğan gibidir; hangi zarı çekilse alttaki daha beter kokar. Böylesi ihtiyarın hali şu nükteki evin durumuna benzer:

Amelsiz İhtiyar Neye Yarar

Bir dilenci bir evin kapısını çaldı ve çıkan ev sahibine taze bayat ne varsa bir parça ekmek istedi. Ev sahibi:

- Burayı fırın mı sandın? Ekmek burada ne gezer, dedi.

- Allah Allah, bir evde hiç ekmek olmaz mı! Bari azıcık iç yağından ver.

- Ne yağı! Burası kasap dükkanı değil.

- Demek o da yok. Hiç olmazsa bir parça un versen...

- Sen bu evi galiba değirmen sandın. Burada un da yok.

- Tamam, tamam. Bir bardak soğuk suya da razıyım.

- Su mu? Burada ne ırmak var ne de havuz.

Böylece her ne istemişse hayır cevabı alan dilenci şalvarını çözüp evin bir köşesine abdest bozmaya kalktı. Ev sahibi:

- Hey, hey delirdin mi, ne yapıyorsun! deyince beriki:

- E, madem ki yiyecekten içecekten hiçbir şey yok, burası olsa olsa bir viranedir. Viraneler de abdest bozmaya yarar, dedi. (6/48)

Mevlânâ, bu viraneye benzer içi boş ihtiyarlara hitap ederek diyor ki: Sen doğan değilsin ki bir padişahın kolu tüneğin olsun. Nakışlarla süslü bir tavus değilsin ki zevk sahiplerini gözlerinin nurlandırasın. Tatlı sözlü bir papağan değilsin ki dinleyenlerin hoşuna gidesin. Aşık bir bülbül değilsin ki bağlarda bahçelerde inleyesin. Hüthüt değilsin ki haberci olasın, leylek değilsin ki yükseklerde dolaşasın. O halde sen nasıl bir kuşsun, neye yararsın? Kim seni ne için alıp, satsın, beslesin? Bu hileli dükkandan geç de "Hak satın alır." dükkanına gel. Eksikliğinden kimsenin bakmadığı o kumaşı O kereminden satın alır. Zira onun kâr etmek gibi bir maksadı yoktur.

Demek oluyor ki insanlar nezdinde itibardan düşen ihtiyarın amacı kendini Hakk'a beğendirmek olmalı.

Kocakarı Hikâyesine Devam

"İşte bu gerçekten gafil erkek avcısı doksanlık kocakarı, yüzünü süslemek için her ne sürdüyse para etmedi. Sofra bezine benzeyen yüzünün kırışıklarını kapatmaya ne boya yetti ne allık. Bunun üzerine eline bir makas bir de tezhipli Kur'ân-ı Kerim alıp tezhipleri kesmeye ve tükrükleyip tükrükleyip kırışıklarının üzerine yapıştırmaya başladı. Fakat çarşafını başına geçirirken yapıştırdığı bütün tezhipler dökülüyordu. Acuze tükrükleyip tutturdukça kâğıt parçaları durmadan düşüyordu. Kadın nihayet bunaldı ve:

- Hay kör şeytan, sana yüz binlerce lanet, dedi. Adı söylenir söylenmez İblis onun gözüne görünüp dedi ki:

- A kahpe, benimle alıp veremediğin ne! Bu iblisliğimle ben ne senin yaptığını yaptım ne de bir yapanı gördüm. Bana lanet ediyorsun ama sen tek başına yüz şeytan ordusuna bedelsin."

Efendim, hikâyenin birbirinden farklı birkaç mesajı var. Bunlardan biri insanın yaşlandıkça durulacağı yerde daha fazla azması, şehvetine mağlup olması. Diğeri ise aşağılık kimselerin Kur'ân'ı ve hikmetli sözleri bile kendi kötü emellerine alet edebildikleri hususu. Mevlânâ böyle davrananları kınayarak -mealen- şöyle söylüyor:

"Ey mukallit! O kocakarı gibi sen kötü bir çığır açtın ve pis yüzünü süslemek için Kuran süslerini (ayetlerini) çaldın. Kendini beğendirmek için yüce erlerin sözlerini kullandın. Ama aslın güzel olmadıkça böyle iğreti şeylerle sana bir tazelik ve güzellik gelmez. Nasıl ki ağaca yapıştırsan da kesik dal meyve vermez. Ölüm çarşafı açılınca bütün o sahte süslerin bir değeri yoktur. Ey kocakarı, sen kaderinle cedelleşme. Mademki yüzünün güzelleşmesine imkan yok onu ister kırmızıya boya, ister karaya! En iyisi sen sineni cilalayıp parlatmaya ve Hakk'a beğendirmeye bak." (6/47)

Nasıl oluyor da bir yaşlı onca bilgi ve tecrübesine rağmen şehvetine zebun oluyor? Demek ki şehvet gelince ne tecrübe işe yarar ne de insanın doğru ile yanlışı seçme cihazı olan aklı kalır. Okuyucudan özür dileyerek nakledeceğimiz aşağıdaki hikâyede Mevlânâ şehvetin gücü ve karşılıklı oluşuna ilginç bir örnek veriyor.

Gebe Kalma

Zengin bir tüccar evlenme çağı geçmekte olan güzel kızını fakir biriyle evlendirmişti. Ancak evermeden önce kızına sıkı sıkı şu tenbihte bulundu:

- Bir müddet kendini kocandan uzak tut da gebe kalma. Zira kocan pek fakirdir; bu tip insanların ne yapacağı belli olmaz. Sonra seni yüzüstü bırakıp gitmesinden korkarım. Kız da:

- Başüstüne babacığım, dedi.

Evliliğin üzerinden beş, altı ay geçti. Baba baktı ki kızının karnı büyüyor; ona çıkıştı:

- Ben sana ne demiştim, niye nasihatımı tutmadın!

- İyi ama babacağım, erkekle kadın pamukla ateş gibidir. Ben kendimi kocamdan nasıl sakınabilirim ki?

- Kastım senin kocandan ayrı durman değil. Eşin inzal halinde iken kendini çekerek gebelikten korunmanı istemiştim.

- Peki o an nasıl anlaşılır?

- Kocanın gözleri süzülmeye başlayınca anlarsın ki çekilmek gerek.

- Ah babacığım, ne yapayım ki daha onun gözleri süzülmeden benimkiler çoktan kapanmış oluyor. (5/150)

3. Tavusun Halleri

Mevlânâ hırs bakımından iki kuşu karşılaştırıyor: Kazın hırsı, tavusun hırsı. Kazın hırsı boğaz ve şehvet hırsı idi... Tavus ise baş olma iddiasındadır ve bu hırs berikinden kat kat büyüktür. Bunlardan biri yılansa öbürü ejderha gibidir. Hz. Adem de sürçmüştür, İblis de. Adem'in sürçmesi boğaz ve şehvettendir, İblisinki ise kibir ve mevkiden. Cenab-ı Hak Adem'in suçunu bağışlamış, diğerini lanetlemiştir. Zira ikinci sürçmede şirk vardır. Adem suçunu bilmiş tevbe etmiştir, ancak İblisin kibri onu tevbeden de alıkoymuştur. Baş olma hırsı öyle bir hırstır ki padişahlar saltanatına ortak olur korkusuyla babalarını bile öldürürler. Bu hırs ateş gibidir her şeyi yakar; kimse bulamazsa kendini yakar, bitirir. Bunun için "Saltanat kısırdır" denmiştir.

Halk Avından Ne Fayda

Nam ve şöhret için cilvelenen tavusun amacı halkı avlayıp kendine bağlamaktır ama işin sonunda yine kendisi zararlı çıkar. O, tıpkı tuzak gibidir; neyi, niçin avladığını bilmez. Değil mi ki avladığı şeyden tuzağa bir fayda yoktur. Mevlânâ sözü insana getirerek diyor ki: "Sen de ta doğduğundan beri çevrende insanlar topladın; onları dostluk tuzağıyla avladın ama eline bir şey geçtiği yok. Bu hevesle kimini bırakıp kimini yakalayarak işi çocuk oyununa çevirdin. Aslında bu tuzakla sen kendini avladın, kendini kendi muradından, asıl dostluktan mahrum ettin. Av ararken kendini avlayan avcıya döndün! Faydasızlığı ve zahmeti bakımından halkın avı domuz avı gibidir. Zahmeti sonsuz ama yemesi de haram. Avlanmaya layık olan başkadır ama o da herkesin tuzağına sığmaz. (5/17) Yine Mevlânâ'ya göre şöhret vurgunu olmak bir nevi tutsaklıktır... "Sen bu cihanda boynu şöhretle bağlı nicelerine sultan dendiğini duyarsın. Başında tac var ama boynu tutsak, halksa ona padişah demede. Böyleleri kafir kabri gibidir; dışı süslü, içi ise kahır dolu". (5/17)

Kanadını Yolan Tavus

Güzellik, mevki ve servet başkalarının hasedini çektiği için bunlara sahip kişilerin başı rahat görmez. Hasetten kurtulmak için bu tip insanların özellikle mütevazi olması gerekir. Şu nüktedeki tavusun yaptığı gibi:

Ovada bir tavus güzel kanatlarını yolup duruyordu. Onu gören biri sordu:

- Bu güzel kanatlarına yazık değil mi, niye onları telef ediyorsun. Hafızlar Kur'ân arasına koyar, safa ehli yelpaze edinirken sen kendi kanatlarının kadrini bilmez misin?

Tavus bu nasihatlar üzerine ağlamaya başladı ve şöyle dedi:

- Sen renge ve kokuya bakıyorsun. Ama bana her taraftan yüzlerce tehlike bu kanatlar sebebiyle gelmede. Nice avcılar bu kanatlar için tuzak kurmada ve nice okçular bunun için oklarını fırlatmada. Mademki bu tehlikelere karşı kendimi korumaya gücüm yok, o halde çirkin olmam evla.

Peki imkan sahipleri sırf hasetçilerin hasedini çekmemek için bu tavus gibi mi davranmalı? Mevlânâ'ya göre bu, duruma göre değişir. Sabırlı ve mütevazi kimsenin kanadını yolmasına lüzum yoktur, zira o zaten kanadı yok gibi davranır. Hazineyi korumak için viraneye gömerler. İnsan da kanatlarını yolamıyorsa bari şuna buna arzetmemeli, uzlet etmelidir. (5/23)

Eldeki imkanlar ehliyetsizlerin elinde tehlike arz eder. Sözgelimi kendini koruyamayanın güzelliği çocuğun eline kılıç vermek gibidir. Çocuk ya başkasından önce kendini keser ya da başına gereksiz dert açar. Mevlânâ bu mealde şöyle bir nükte anlatıyor:

Çocuğun biri elindeki kılıcı kuyuya atmış. Onu gören biri böyle değerli bir kılıcı niye attığını sorduğunda şu manidar cevabı almış:

- Madem aklım ve kullanacak gücüm yok, silahımı kuyuya atmam daha iyi. Yoksa elimde kılıç olduğunu gören çocuk olduğumu bilmez de beni düşman zanneder. (5/28)

Farenin Kibri

Hz. Mevlânâ'ya göre şehvetin açık olanı ve herkesçe bilineni mal, mülk ve kadın sevgisidir. Gizli olanı ise övülme arzusu ve beğenilme duygusudur. Bu ise kibre yol açar. Kibir elbisesi kimseye yakışmaz ama bazıları üzerinde daha da sırıtır. Mesela makam, mevki sahiplerinin kibri hadi neyse de acizlerin kibrine ne demeli? Mevlânâ böylelerin şuna buna dayanarak baş olma hırsını kabağın beyhude gayretine benzetiyor:

"Niyetin kabak gibi her şeyin üstüne çıkmak. Dayanağın ağaçlar ve duvarlar oldu. Aşağılık bir kabaktın sen, nedir bu itibar ve yükseliş. Önceleri bineğin servi idi, ama için boşalınca kuruyakaldın. Rengin yeşilken sarardın, zira o renk sende zaten düzgün gibiydi, geçiciydi." (6/47)

Şimdi bu tür kibrin ilginç bir örneğine, deve ile farenin hikâyesine geçelim. Deve boyuna bakıp övünse bu anlaşılabilir, peki fare nesine övünsün. Fare de övünür mü demeyelim. İşte övüngeç bir fare ve onun kibir sebebiyle düştüğü gülünç durumu anlatan bir hikâye:

Bir gün fare çayırda ipini arkasında sürüye sürüye otlayan bir deve görmüş. Fare bu ya, kemirecek bir şey görür de durur mu? Hemen başlamış ipi ağzına alıp kemirmeye. O ipi çekiştirmeye başlayınca uysal devemiz de usul usul ardından gitmeye koyulmuş. Fare bakmış ki koca deve peşine takılmış geliyor, bir hoşuna gitmiş, bir kibirlenmiş ki demeyin gitsin. Böylece o önde bu arkada epey bir müddet dağ bayır gezmişler. Nihayet yolları bir dere kenarına gelince fare derin sudan ürkerek durmuş. Deve:

- E, fare kardeş, ne zamandır seninle dağ tepe dolaşıp duruyoruz, hadi şimdi de şu sudan öbür yana beni geçiriver demiş. Fare:

- Aman, deve ben bu sudan nasıl geçerim! Derinliğini görmüyor musun? Geçmeye kalksam boğulur, giderim, demiş. Deve ayağıyla şöyle bir yoklamış ve demiş ki:

- Neresi derin canım, baksana ancak dizime geliyor.

- Ama dizden dize fark var. Senin dizine gelen su benim bin kere başımdan aşar! Deve bunu üzerine:

- Madem şimdi kibrini bırakıp aczini itiraf ettin, o halde hadi sırtıma atla da seni karşıya geçireyim; bizim gibilerin şanı senin gibi düşmüşlere merhamettir, cevabını vermiş. (2/125)

Ama örneklerimiz hep hayvanlardan olacak değil ya! Şimdiki kahramanımız kibrinin aç bıraktığı bir gösteriş budalası.

Bıyığına Yağ Süren Aç

Kibirli bir yoksul bir parça kuyruk yağı bulmuştu. Her sabah bıyığını onunla yağlar parlatırdı. Böylece halka güya yağlı şeyler yediğini göstermek ister, bir sofraya davet edilse kibrinden yanaşmazdı. Ama karnının gurultusu bıyığını yalancı çıkarırdı. Karnı sahibine beddua eder; "Ey Allah'ım sen bu aşağılık adamı rezil rüsvay et ki cömert kimseler merhamete gelsinler." derdi. Bir gün adam yine yemek yenilen bir meclise vardı. Onu da sofraya davet ettiler, fakat bizimki yağlı bıyığını burarak tok olduğunu söyledi. Bu sırada küçük oğlu evden koşarak geldi ve herkesin ortasında babasına dedi ki:

- Baba, baba, ne olur bana kızma! Senin her gün dudağını, bıyığını yağladığın şu kuyruk yağı var ya! Kedinin biri onu kapıp kaçtı, ardından ne kadar koştuysak kurtaramadık.

Oradakiler gülüştüler ve acıyıp onu da sofraya davet ettiler, güzelce karnını doyurdular. (3/128)

Boy Meselesi

Mevlânâ yukarıdakine benzer başka bir kibir örneği olmak üzere Belh'in şeyhülislamı Tac-ı Belh'iyi gösteriyor:

Kibirli biri olan bu zat pek kısaydı; buna mukabil faziletli bir insan olan kardeşi Ziya-yı Delk uzun mu uzun. Şeyhülislam kardeşini boyundan dolayı kıskanırdı. Bir gün Ziya kardeşinin yanına girdiğinde orada Belh'in bütün ileri gelenlerinin hazır olduğunu gördü. O içeri girdiğinde herkes kalkıp saygı gösterdi ama Şeyhülislam yasak savma kabilinden doğrulur gibi yapmakla yetindi. Nüktedan Ziya hemen lafı yapıştırdı:

- Çok uzun boylusun. Dolayısıyla boyunun yarısını gizlemekte haklısın, dedi. (5/140)

Manevi Kibir

Kibrin de binbir çeşidi vardır şüphesiz. Buradaki fare ve bıyığı yağlı biçare bir yana daha çok büyüklere arız olan ve onları bulundukları yüksek yerlerden aşağılara yuvarlayan manevi bir kibir daha vardır. Yüksek yerden düşmek alçaktan düşmeye benzemez; daha vahim sonuçlara yol açar... Hz. Mevlânâ bu tip örnekler arasında ikisini özellikle vurguluyor. Bunlardan biri Belam-ı Baurdur ki meşhur bir veli iken şöhreti onu kibre sevkettiği için ilahi azaba duçar olmuştur. (1/130) Ancak kibirle ilgili olarak Mesnevî'de anlatılan hikâyeler arasında en manidar olanı şüphesiz Harut ile Marut'un kıssasıdır:

Harut ve Marut'un Başına Gelen

Büyüklenmenin acı örneği olarak Kur'ân-ı Kerim'de de zikri geçen bu iki meleğin trajik hikâyeleri özetle şöyle: Büyük meleklerden olan Harut ve Marut çeşitli günahlar içindeki insanlara baktıkça onları kınıyor ve; "Şu insanlar ne kadar nankör! Hem Allah'ın nimetlerinden istifade ediyor hem de ona karşı geliyor." diyorlardı. Cenab-ı Hak onlara:

- Siz nurdansınız ve günahtan korunmuş olarak yaratıldınız. Nefis taşıyan insanların imtihanı çetindir, onları günahlarından dolayı kınamayın, buyurdu. Yine dedi ki:

- Sizde bir masumluk görülüyorsa şüphesiz bu benim korumamın sonucudur. Bunu kendinizden bilip kibirlenmeyin. Düşmanınız olan şeytanın hilesinden sakının. Meleklerse ısrarlarını sürdürüp:

- Biz nefis sahibi olarak yeryüzüne insek bile günah işlememiz imkansızdır, iddiasında bulundular. Bu iddia onların felaketi oldu. Nitekim şiddetli rüzgar ağaçları kırdığı halde zayıf otlara acır ve onlara bir zarar vermez. Zira görür ki ağaçların kibri otlarda yoktur. Aynı şekilde ne kadar güçlü olursa olsun ağacın dalları baltayı korkutmaz, o hepsini parça parça keser. Ama balta zayıf bir yaprağa uzanmaz. Ne odunun çokluğu ateşi yorar, ne de kasap koyunun çokluğundan üşenir...

Hasılı Harut ve Marut imtihan edilmek üzere nefis sahibi olarak Babil'e indirildiler. Bunlar başlangıçta insanlar arasında adaletle hükmeden iki hakim idiler. Bu durum şehrin en güzel fahişelerinden birinin gelip onlara görünmesi ve akıllarını başlarından almasına kadar sürdü. İki melek onu elde etmek isteyince kadın kabul şartı olarak şu üç büyük günahtan birini işlemelerini istedi: İçki içmek, zina etmek, adam öldürmek. Melekler üç günah arasında en ehven gördükleri içkiyi tercih ettiler. Ancak sarhoş olduktan sonra kadının kurduğu tuzakla hem adam öldürdüler hem de zina ettiler. Ayıldıklarında derin bir pişmanlığa düştüler ve yaptıkları suçlara tövbekar oldular. Cenab-ı Hak suçlarının cezasını bu dünyada çekmekle ahirete bırakmak konusunda onları serbest bıraktı. Onlar cezalarını burada çekerek ahirete günahsız gitmeyi tercih ettiler ve rivayete göre başlarından asılı olarak Babil kuyusuna baş aşağı asıldılar. (1/131)

Şimdi benzer bir kibir örneğine daha yer verelim.

Kibirli Hasta

Başlığa bakıp; kibirli hasta da ne demek, diye düşünebiliriz. Oysa her şeyin kendine göre bir kibri olabiliyor. Tıpkı şu örnekte olduğu gibi: Hz. Peygamber bir hastayı ziyaret etti ve onun dayanılmaz hastalığını görünce:

- Bu hastalıkta bir gariplik var, galiba sen yanlış bir dua etmişsin ki bu derece hasta olmuşsun, dedi. Hasta:

- Evet ey Allah'ın Resulu! Cenab-ı Hakk'a niyaz ettim de: Ya Rab! Harut ve Marut gibi bana da suçlarımın cezasını bu dünyada ver, ahirete kalmasın dedim. Bilmeden belayı satın aldım, şimdi de dayanamaz oldum. Hz. Peygamber:

- Öyle yapma! Karınca dağı çekemez. Sen dünyada da iyilik iste, ahirette de, buyurdu. (2/89)

Kibir Alçaltır, Tevazu Yükseltir

Yukarıdaki her iki hadise insana şu hadis-i şerifi hatırlatıyor: "Allah kibr edeni alçaltır, tevazu göstereni ise yükseltir." Cenab-ı Peygamber buyuruyorsa elhak öyledir. Aşağıdaki beyitlerde de Hz. Mevlânâ her şeyin yükselişini önce alçak gönüllülük göstermeleriyle açıklıyor.

Ab zi- bâlâ be-pestî der-reved
An ki ez-pestî be-bâlâ ber-reved
Gendüm ez-bâlâ be-zîr-i hâk şeved
Ba'd-ez-ân o hûşe vü çâlâk şeved
Dâne-i her meyve âmed der-zemin
Ba'd-ez-ân serha ber-âverd ez-defin
Asl-ı nimethâ zi-gerdûn tâ-be-hâk
Zir âmed şüd gıdâ-yı cân-ı pâk
Ez-tevâzu çün zi-gerdûn şüd be-zîr
Geşt cüzv-i âdemi hayy-ı dilir

Su önce yüksekten aşağı aktığı içindir ki sonra tekrar aşağıdan yukarıya yükselir. Yani önce yağmur olarak yağar daha sonra buhar ve bulutlarla tekrar göklere yükseltilir. /Buğday da çiftçi tarafından toprağa atılır; o yüksekten gelip toprağın altına girer, sonra oradan baş kaldırır... /Her meyvenin tohumu önce yerdedir, bilahere başını oradan çıkarıp yükselir/ Bütün nimetlerin aslı göktendir ama onlar toprağa girdikten sonra temiz cana gıda oldular. /Bu nimetler tevazuyla gökten aşağı indikleri içindir ki yiğit bir insanın parçası olma şerefine eriştiler. (3/18)

Yağmur gibi yüksekten yere inmek... Meyve gibi toprağa düşmek... Bunları yapmak her kişinin kârı olmasa gerek. Ne yazık ki pek çok insan bir mevki ve itibara erişince geçmişini unutur ve yersiz bir kibre kapılır. Ama az da olsa geçmişini unutmayanlar da var tabii. Şimdi bununla ilgili önce olumsuz sonra da olumlu birer örnek görelim.

Ben O Değilim

İki çocuk birbirleriyle şu yollu anlaşmışlar: Şayet birimiz ileride yükselir mevki sahibi olursa diğerini himaye etsin. Ve eğer aradan zaman geçtiği için bir tanımama söz konusu olursa hatırlanma parolamız da şu olsun: "Ben oyum!"

Bu anlaşmanın üzerinden yıllar geçmiş ve her iki çocuk birbirini unutmuş. Ama ne zaman ki içlerinden biri vezir olup bütün memlekette namı sanı bilinir hale gelmiş, beriki de hem çocukluk arkadaşını, hem de onunla olan sözleşmeyi hatırlamış. Bir iltifat ve himaye ümidiyle kalkıp onun kapısına varmış. Lakin bakmış ki vezirde hiçbir ilgi ve tanıma emaresi yok... Zavallı, kendini hatırlatabilmek için; "Ya hu, demiş, galiba beni tanımadın, ben oyum, ben oyum. " Bunun üzerine vezir öfkeli bir şekilde:

- Tamam anladık! Sen hala osun ama ben artık o değilim, cevabını vermiş. Şimdi de her zaman "ben hala oyum" diyen bir örnekten, Mesnevî'de sıkça hikâyeleri anlatılan Ayaz'dan söz edelim:

Ayaz'ın Çarıkları

Gazneli Mahmut bir gün ava çıkmıştı. Veziriyle birlikte giden hükümdar bir ara maiyetini kaybetti. Her ikisi çok susamış olduklarından gördükleri bir Türkmen çadırına girdiler. İçerde Ayaz isimli çocuktan başkası yoktu. Çocuk kendisinden su isteyen misafirlerine:

- "Babam yakındaki kaynaktan su almaya gitti, birazcık bekleyin şimdi gelir, diyerek onları lafa tuttu. Tatlı sohbetinin ve anlattığı hikâyelerin tesiriyle vaktin nasıl geçtiğini fark edemediler. Az sonra Ayaz içeri girip bir testiyle su getirince hükümdar:

- İçerde su varken bizi ne diye beklettin, diye çıkıştı. O da:

- Affedin sultanım. Geldiğinizde çok terliydiniz, o haldeyken su içseydiniz hasta olurdunuz. Bu yüzden sizi bir bahaneyle oyalayıp terinizi soğutmak istedim, dedi.

Çocuğun zekasına hayran kalan sultan annesinin izniyle onu yanına aldı. Hızla yükselen Ayaz kısa süre sonra sultanın gözdelerinden biri oldu. Artık iyi yiyecekler yiyor, iyi kıyafetler giyiyordu. Fakat Ayaz tuhaf bir adet edinmişti. Her gün mutlaka odasına çekilir ve kimseyi de oraya yaklaştırmazdı. Onun kısa sürede yükselmesini çekemeyen diğer vezirler bu durumdan şüphelendiler ve sultana:

- Sultanım, Ayaz her gün sizin hazinenizden bir şeyler çalıyor ve onları kendi odasına taşıyor. Suçunu gizlemek için oraya kendisinden başka kimseyi de sokmuyor, kilit üstüne kilit vuruyor, dediler. Sultanın genç Ayaz'dan yana şüphesi yoktu ama yine de durumun aydınlanması için onları haklı bulur gibi yaparak:

- Madem öyle, odasına bir baskın yapın ve onu suçüstü yakalayın. İçerde her ne bulursanız onları da aranızda paylaşırsınız, dedi. O hasetçiler odaya doğru koşmaya başladılar. Bir yandan da bulacakları serveti kendi aralarında paylaşma planları yapıyorlardı. Oda kapısını sıkı sıkıya kilitlenmiş bulunca içeride bir hazine olduğuna dair kanaatleri daha da kuvvetlendi. Zorla kilidi kırarak içeri girdiler fakat çıplak odada yırtık bir çarıkla eski bir posttan başka şey bulamadılar. Her tarafı kazdılar, didik didik ettiler ama hiçbir şey çıkmadı. Hepsi sonunda Ayaz'ın suçsuzluğuna kani oldu ve utanarak sultana döndüler. Sultan işi anlamamazlığa vuruyor ve:

- Hani bulduklarınız nerede? Hem niye böyle yüzünüz asık, diyordu. Gazneli Mahmut daha sonra Ayaz'a odadaki çoban giysilerinin ve onları her gün ziyaretinin sebebini sordu. Ayaz dedi ki:

- Sultanım, her gün bu odaya girip çıkmamın sebebi şudur. Çarığıma postuma bakarım da, "Ey Ayaz, sen düne kadar bir çoban çocuğuydun. Şu çarığın ve postun bunun şahidi. Sakın kibre kapılıp, eskiden ne olduğunu unutma, şimdiki saltanatına aldanma, diye kendi kendime nasihat ederim. İşte sultanım aslında ben o çarıkla o posttan ibaretim. Gerisi hep senin lutfundur. " (5/74)

Kibirde Çevre Etkisi

Kibrin kaynakları nelerdir? Bir kısmına yukarıda örnekler verdik. Kimine zenginlik, kimine şöhret, kimi için de soy sop bir gurur ve kibir sebebi. Başkalarının sahte iltifatları ve yapmacık saygısı da kibir sahibi için gerçekte bir felaket. Mevlânâ kibrin kötülüğü ve övgünün de zararı hakkında şunları söylüyor:

"Ey Firavun tabiatlı! Halk sana secde ediyor diye övünmedesin ama bilmiyorsun ki onlar aslında senin canını zehirlemede. Padişah başka padişahı yakalasa öldürür ama bir yoksulu bulsa ona şefkat eder. Kibir Hakk'a şirk koşmaktır. Cenab-ı Hak başka suçu affetse bile kendisine başkaldırmayı ve şirki bağışlamaz. Sendeki benlik duygusu bir merdiven gibidir; merdiven ne kadar yüksek olursa düştüğün vakit kemiklerin o kadar çok kırılır." (4/106)Burada bahsi geçen durumun en iyi örneği acaba kimdir? Aradan geçen binlerce yıla rağmen hala o düşüşüyle hatırlanan bu bedbaht kahramanın adı Firavun. Şimdi onun düşüş hikâyesinden bazı tablolar aktaralım:

Hz. Musa kendisini Hakk'a davet için geldiğinde Firavun onu aşağılamak için tanımazlıktan gelip:

- Senin soyun sopun nedir, kimlerdensin, diye sordu. O da:

- İmran'ın oğluyum, deyince:

- A, demek sen benim kulum İmran'ın oğlusun. Şu halde sen kulumun kulusun, diye onu aşağılamaya kalkmıştı. Onun bu kibri tıpkı; ben ateştenim diye aslıyla kibirlenen şeytanınkine benziyordu. Hz. Musa:

- Hayır, ben senin kulun değilim. Ben ve sen her ikimiz aynı Yaradanın kuluyuz, diye bu kibri cevapladı.

Hz. Mevlânâ bu hikâyeyi naklederken çevrenin insanın kurtuluş veya mahvoluşunda ne kadar etkili olduğuna delil olmak üzere iki tip üzerinde duruyor: Asiye ve Karun. Hz Musa'nın mucizeleri karşısında aciz kalan Firavun bazen ona meyl ediyordu. Bir gün ne yapması gerektiğini eşi Asiye'ye sorunca:

- Bu davet senin için ne büyük nimet, hiç durma, hemen itaat et, cevabını aldı. Firavun tam bu tavsiyeye uymak üzereydi ki durumu öğrenen vezir Haman koşup geldi ve üstünü başını yırtarak kendini yerden yere atmaya başladı. Diyordu ki:

- Bu ne büyük zillet, bu ne büyük alçalma. Senin gibi bir tanrı nasıl bir kula itaat edebilir? Ona baş eğeceğine sen de ben de ölelim daha iyi.

Böylece Asiye'yi dinleyince kalbi yumuşayan Firavunun kibri yine köpürdü ve vezirinin tavsiyesine uydu. (4/108) Mevlânâ bu örnekle her insan için onu iyilikten ve itaatten alıkoyan bir Haman olduğuna dikkat çekiyor. Zira birçok insanın handikapı; "Çevredekiler ne der?" sorusudur. Nitekim Hz. Peygamber'in amcası Ebu Talip de imana davet edildiğinde aynı talihsiz cevabı vermişti: "İman ederim ama başkaları ne der?" Bu gün de bir doğruyu dile getirme noktasında aynı handikapı hem kendimiz hem de çevremizde sık sık yaşamıyor muyuz? Başkaları ne der, demeden önce Allah ve resulü ne der, diyememek ne kadar acı.

Telkinin Etkisi ve Vehimli Hoca

Firavun örneğinde de olduğu gibi insanın iyilik ve kötülüğünde, sağlık veya hastalığında çevrenin ve özellikle telkinin büyük payı vardır. Aşağıdaki ilginç hikâyede bir yandan aşırı vehim sorgulanırken diğer yandan telkinin ne kadar tesirli olduğuna başka bir örnek veriliyor:

Dersini hiç aksatmayan bir hoca vardı. Ne bir gün geç kalır ne de hasta olurdu. Dersten bıkan çocuklar: "Şu hoca bir kere olsun hasta olsa da biz de bir gün dinlenebilsek..." diyorlardı. Sonra hocayı vehme düşürüp hasta etmek için kendi aralarında gizlice bir plan yapıp anlaştılar. Sabah hoca her zamanki gibi erken vakitte hanımı tarafından okula uğurlandı. O dış kapıda belirince çocukların biri;

- Hayrola hocam, yüzünüz niye böyle sararmış, yoksa hasta mısınız? diye sordu. Hoca onu tersledi:

- Ne hastalığı, densizliği bırak da git yerine otur. Sonra bir grup öğrenci okul kapısında diğer bir grubu da içeri girip yerine oturduğunda aynı şeyleri tekrar ettiler. Hocanın kalbinde bir vehim meydana geldi ve her soruda bu vehim iyice büyüdü. Artık kendini gerçekten hasta hissetmeye başladı, rengi soldu kalbi daraldı. Hemen eve döndü ve yatağa yöneldi. Onun böyle zamansız döndüğünü gören karısı merakla:

- Hayrola bey, bu zamansız dönüşün sebebi ne, diye sordu. Hoca kızgın kızgın homurdandı:

- Kör müsün be kadın! Hasta olduğumu görmüyor musun? Yüzümün rengine bir baksana. El alem hastalığımı görüp bana üzülürken sen benimle aynı çatı altında olduğun halde durumumun farkında değilsin. Hemen yatağı döşeği hazırla, yatayım da belki baş ağrım hafifler dedi. Beride bu hileyle mektepten kurtulan çocuklar güle oynaya evlerine döndüler. Kendilerine niye döndüklerini soran annelerine oynadıkları oyunu anlattılar. Çocuklarının hareketinden dolayı özür dilemek üzere hocayı ziyarete giden hanımlar onun gerçek bir hasta gibi kana tere batmış bir şekilde yattığını ve inleyip ofladığını gördüler. Onlar;

- Hocaefendi, hayırdır, sizde böyle bir rahatsızlıktan haberimiz yoktu, dediler. O da bundan kendine bir pay çıkararak dedi ki;

- Ben kendimi ilme adadığım için içimdeki hastalığın farkına varmamışım. İnsan kendini bir işe kaptırınca böyle olur. Nitekim savaşta öyle yiğitler olur ki elleri ayakları kesilir de bunu fark etmez savaşa devam etmek isterler, dedi. (3/58)

Yukarıda da belirttiğimiz üzere Mevlânâ bu hikâyeyle telkinin insan üzerindeki etkisine dikkat çekmektedir. Nitekim ona göre Firavun'un kendisinin Tanrı olduğuna dair vehmi halkın gösterdiği tapınması neticesi idi. Bu örneklerden ve hadis-i şeriften anlaşılıyor ki çevremizdeki her insana iyi hasletler yakıştırmalı, söz ve davranışlarımızla onlara iyi olduklarını telkin etmeliyiz. Zira insanlar zamanla kendilerine biçilen rolü benimserler ve o doğrultuda hareket ederler. Bir suçlu bile kendisine namuslu bir insan muamelesi yapıldığında çok zaman bu güvene layık olmaya gayret eder.

Bir Hatıra

Yıllar önce çalıştığım üniversitede Marksizm militanı olan ve eyleme katılan bir öğrencimin disiplin soruşturmasını yapmak üzere görevlendirilmiştim. Emniyetteki sorgusunda çocuk bütün sıkıştırmalara direnmiş, suçlamaları inkar etmişti. Bu bedbaht gence çok acıyordum. Odama geldiğinde gözlerinin ta içine sevgi ve şefkatle baktım ve ona dedim ki:

- Şimdi beni iyi dinle ve ona göre cevap ver. Ben senin yalan söylemeyecek dürüst bir insan olduğuna inanıyorum. İşte kağıdım, kalemim, eyleme katılıp katılmadığın konusunda her ne söylersen onu gerçek kabul edip raporumu ona göre yazacağım. Sana hiçbir şeyi ikinci defa sormayacağım. Şimdi seni dinliyorum.

Kendisini azarlanmaya ve sıkıştırılmaya hazırlayan öğrenci bu jest karşısında sendeledi ve katıldığı eylemle ilgili her şeyi itiraf etti. İtirafın getireceği bir dönemlik uzaklaştırma cezasını biliyordu. Buna rağmen kendisine duyulan güveni kaybetmemem için o bedeli ödemeyi tercih etmişti.

Baş Olmaktan Baş Olmaya Çok Fark Var

Değerli okuyucu, araya giren yan bahisler bizi biraz konumuzdan uzaklaştırdı ama yine şu kibir bahsine geri dönelim. Şimdi efendim, Musa da bir topluluğun başı, Firavun da. Ama biri hidayete götürmekte öbürü dalalete. Firavun gibi baş olmaktansa olmamak çok daha iyi. Mevlânâ böylelerin halini çeşitli şeylere benzeterek diyor ki: "Gerçi keçi de koyunlara kılavuz olur ama onları kasabın yanına götürür. Sonra da sakalını tarar da kurumlu kurumlu 'ben önde gidenim' der. Önde giden ama ölüm ve dertten yana önde giden. Sıdk ile yola gir de sakalı bırak.

Ta şevi çün bûy-ı gül bâ-âşıkan
Pişüvâ vü rehnümâ-yı gülsitan (5/3358)

Benliği ve teşvişi terk et de aşıkları gül bahçesine çağıran gül kokusu gibi ol; onlara kavuşma yolundan yana rehberlik et".

4. Karganın Halleri

En başta belirtmiştik; kesilmesi gereken dört kuştan biri olan karganın kusuru uzun ömre tamahı idi. Mevlânâ'ya göre onun gak gak diye bağırması kendisi için uzun bir ömür dilemesindendir. İblis de "kıyamet gününe kadar beni yaşat" demişti. Oysa İblisin ölmesi yaşamasından hayırlıdır. Zira ömür de ölüm de ancak Hak'la olunca güzeldir. Ömür Hakk'ın yakınlığıyla can bulur, değer kazanır. Karganın ömrüyse pislik yemekle geçer. İşin garibi dünya ve hayata bağlılığın yaşlılarda daha fazla olmasıdır. Mevlânâ bu duruma örnek olarak kocayıp dişleri dökülen köpeğin hırsından gübreye saldırmasını gösteriyor... Böylesi yaşlılar "ömrün uzun olsun" denince sevinirler. Oysa Hazrete göre bu dua değil bedduadır. Nitekim dilenciye ekmek veren bir Geylanlı kendisine:

- Allah seni evine ulaştırsın, diye dua edilince demiş ki:

- Ev dediğin o benim bildiğim virane ise Allah oraya seni ulaştırsın. Zira oraya ulaşmaya hiç hevesim yok demiş... (6/48)

Karga bahsinde teberrüken bu birkaç alıntı ile yetinelim. Zira Mevlânâ'nın gerek hayat gerekse ölüm hakkındaki fikirleri bir hayli uzun ve onları Hayat ve Ölüm başlığı altında ayrıca ele alacağız. Cenab-ı Hak insana yukarıdan beri sayılan bütün bu nefsani kusurları temizleyecek bir imkan bahşetmiştir ki adına tevbe diyoruz. O halde biz de şimdi bu bahse geçebiliriz.

CEVHER BEYİTLER-VIII

49

Kargalar öterse bülbüller susar:

Çün şitâda zâğlar pür-cûş olur

Uzlet eyler bülbülân hamûş olur 2/20

Her mevsimin ve her iklimin müşterisi başkadır. Bahar bülbüllerin velvelesiyle inler. Kış mevsiminin saltanatı ise kargalara aittir. Karganın sesi yükselince bülbüle de susmak ve bir kenara çekilmek düşer. Yani iyilik iyilikle kötülük kötülükle beraberdir. Bülbül nasıl baharı özlerse iyiler adalete ve güzelliğe âşıktır. Karga tabiatlıların baharı ise kıştır. Biraz hava bulanıp,soğuk rüzgarlar esmeye görsün kenarda köşede saklı kargalar nasıl da birden çoğalır ve bahara lanetler yağdırırlar. Eh, bahar ülkesine bülbül kış harabesine karga yakışır. Senin içinde de bir bahar ve güz var. Kalp bahçeni ihmal etme ki meydan kargalara kalmasın.

50

Alçaltan yükselme:

Ser-nigûn oldu edip âheng-i zîr

Zann eder kendin ola bâlâ mesîr 4/3729

Düşkünlükten düşkünlüğe de fark var. Kimi düşkün kendi durumunun farkındadır. Asıl düşkünlük ise boyuna alçalırken kendisini yükseliyor sanmaktır. Günahkârın günahı gizlemesi de bir meziyettir. Bedbaht ise kendi herzeleriyle övünür ve "ey insanlar, bakın ne güzel boynuzlarım var" diye kepazeliğini cümle âleme yayar.

51

Nereye koşuyorsun:

Niceler bî-câ idüp azm-i sefer

Menzil-i maksûdunu eyler güzer 4/3257

Pek çok insan yakında olanı uzakta arar. Hazine eşiğinin altındadır ama hırs ve sabırsızlık onu uzaklara doğru sefere çıkarmıştır. Doktoru hemen yanıbaşında iken o semt semt doktor arar. Okunu vuracağı ava değil vuramayacağına atar. Böylece ömür sermayesini yele verir ve elinde yol yorgunluğu kalır.

52

Suç ipte mi, sende mi:

Merresenra nist cürmî ey anûd

Çün türa sevdâ-yı ser-bâlâ nebud 3/4243

Ey gayretsiz heveskar! İşte direk işte ip. Çıkmak istiyorsan durma ipe asıl. Ama sende o gayret yoksa suçu ipin çürüklüğüne direğin yağlı oluşuna bağlama. Anlaşılan sen bir kalpazansın, yükselmeye niyetin ve o yolda akıtacak terin yok ki böyle bahanelere sığınmadasın. Maddi manevi her yükselişi sen böyle bir ip bil. İplerin başı da Allahın kelamı. Ona sarılırsan bu nefs çukurundan çıkarsın. Hala o çukurdaysan bari o ipe bühtanda bulunma da kendi nefsini kına.

53

Pencereni açmazsan:

Nûr-ı tâbândan size yokdur nasib

Beste revzen mâhdan bulsun mu zîb 3/2844

Ey nasipsiz! Hem pencereni sımsıkı örtüyor, perdeleri çekiyor hem de ay ışığından nur umuyorsun. Dışarıda dolunay pırıl pırıl olmuş neye yarar. Sen yol vermedikçe o kapından içeriye giremez. Bu dünya gecesinde de iman nuruyla aydınlanmak istiyorsan gönül pencereni Hakka ve hakikata aç, gözünden o örtüyü kaldır.

54

Eğer çalacaksan..:

Tâ-be-key ey sârık-ı na'l-i hârân

Düzd isen ol sârık-ı la'l-i girân 4/1118

Ey nal hırsızı! Ne zamana kadar böyle adi şeylerle ömür tüketeceksin, beyhude heveslerle kendini harcayacaksın. Yakalandığında o adi nal elini kestirir, boynunu vurdurur. Çalıyorsan bari bir yakut çal ki cezasına değsin. Hırslarını isteklerini çocuk oyuncağı gibi değersiz şeylere yöneltme. Ahiret ve ebediyete yönelt ki harcadığın ömür sermayesine bedel olsun.

55-57

Dert devaya davettir:

Kanda derd olsa devâ andan ayan
Kanda pestî olsa âb oldu revân 1/1957
Kanda derd olsa devâ anda gider
Kanda fakr olsa nevâ anda gider 3/3232
Doğmadıkça tıfl-ı pâkize-dehen
Bestedir pistân-ı mâderde leben 3/3235

Sen sanır mısın ki dert kötüdür. Hayır! Dert devaya bir davetiyedir. Dert ve düşkünlük yer alçağına benzer, deva ise suya. O yüzden nerede dert varsa deva oraya koşar. Neresi alçaksa su oraya akar. O halde derdini sev,ilâhî rahmeti celbeden kırıklığını nimet bil..Zira İlahi yardım ihtiyaca göre tecelli eder. Dertli ol ki o seni iyileştirsin, fakir ol ki doyursun. Görmüyor musun, o ipek ağızlı bebek doğmadıkça annenin memesi kupkuru. Ne zaman ki bebek ağzını açar, Cenab-ı Hak o ağzı beslemeye anne memesini memur eder. Çocuk büyüyüp eli ayağı tutmaya başlayınca ona; madem artık aciz değilsin git de artık ekmek ye derler. Bebek gibi aciz ol, tam bir teslimiyetle Hakka karşı ağzını aç! Ta ki sana sebep memelerinden süt gibi nimetler aksın.

IX
TEVBE

Efendim, inancımıza göre peygamberler dışında hiçbir insan hatadan hâli değil. İlk günah ilk insanla başlıyor. Hz. Adem ilahi ikaza rağmen yasak ağaca yaklaşmaktan kendisini alıkoyamadı. Biz de onun çocuklarıyız ve hemen hepimizin hayatında yasak bir ağaç veya ağaçlar var. Anlaşılan bu meyil bizim mayamıza karılmış... Fakat şüphesiz bu yapımız da ilahi hikmetin bir iktizası. Cenab-ı Hak bir taraftan bizim için sınırlar çiziyor ve onları aşmamamız konusunda uyarıyor, diğer taraftan da kendi özel himayesinde olanlar dışında hiç kimsenin buna güç yetiremeyeceğini biliyor. Peki, bu durumda, yani unuttuğumuzda, yanıldığımızda, sürçtüğümüzde ne yapmalıyız? Şüphesiz Hz. Adem'in yaptığını. O ve eşi yasak ağacın sarhoşluğundan ayılınca hemen pişmanlıkla yüzlerini Cenab-ı Hakk'a çevirmiş, tam bir acz ve kullukla ondan bağışlanma dilemişlerdi. Adem bu tevbesiyle mükerrem oldu, İblis ise suçunda inat ettiği ve büyüklendiği için lanetlendi. Demek ki iyi insan olmak hiç günah işlememek değildir; iyi olmak hasbelbeşer işlenen suçlara karşı tevazu ile Allah'a yüz çevirmek ve O'nun sonsuz rahmetine sığınmak, özür dilemektir... İşte gönülde hasıl olan bu pişmanlık ve onun neticesi olan özür dilemeye tevbe diyoruz. Tevbe aldanış içindeki insan için son imkandır. Mevlânâ çeşitli benzetmelerle bu imkanı da zayi etmeme konusunda bizleri uyarıyor. Buna göre:

Aman Tevbeni Çaldırma

Çocuklar oyunu severler ama akşamları onları çeke çeke evlerine götürürler. Çocuk oynamak için soyunur, hırsız da ayakkabısını elbisesini çalar götürür. O sırada oyuna öyle dalmıştır ki külahı gömleği iyice unutmuştur. Ancak eve dönecek olduğunda durumu anlar ve eve dönmeye yüzü kalmaz. "Şüphesiz dünya hayatı bir oyundan ibarettir." Biz de çocuklar gibi oyuna daldık ve külahı birine elbiseyi başkasına kaptırdık. Ecel akşamı yaklaşmada, gel artık oyunu terk et ve tevbe atına binip hırsıza yetiş. O acayip bir attır bir sıçrayışta göğe kadar erişir. Ama dikkat et de elbiseni çalan hırsız atını da çalmasın. (6/17)

Tevbe Neye Benzer?

Tevbe makbul olmakla birlikte tevbeye güvenerek suç işlemeyi alışkanlık haline getirmek doğru değil elbette. Mevlânâ tevbenin mahiyeti ve istismarı ile ilgili şu benzetmeleri yapıyor: Yeni bir kazan islense is arpa kadar bile olsa hemen izi görünür. Çünkü her zıd zıddıyla ortaya çıkar. Nitekim beyaz üstünde siyah herkesin gözüne batar. Fakat zaman içinde kazan dumanın fazlalığından tamamen siyah hale gelse bu karalığa kimseler bakmaz. Keza bir zenci demirci olsa duman onun yüzünde bir iz bırakmaz. Fakat bir beyaz demircilik yapsa duman az zamanda yüzünü karartır. Bunun gibi günah lekesi de temiz vicdanlara derhal tesir eder ve kişi günahını hemen anlar. Böyle kimse Allah'ı anarak tevbe ederse bağışlanır. Ama tevbe etmez ve günahı da tekrar ederse artık o iş ona tatlı gelmeye başlar; dini emirlere düşman olur. (2/123) Mevlânâ böylesinin halini aşağıdaki debbağ örneğiyle özetliyor:

Debbağ Niye Bayılır?

İşi gün boyunca pislikle deri tabaklamak olan Konya debbağlarından birinin yolu tesadüfen attarlar sokağından geçmiş. Zavallı sokak ortasında çarpılmışa dönmüş, aniden bayılıp yere düşmüş. Çevreden koşuşanlar göğsünü açmış, burnuna güzel kokular tutarak adamı ayıltmaya çalışmışlar. Ama bunlar uğraştıkça o daha da kötüleşmiş... Sonunda çaresiz kalmışlar ve debbağın akrabalarına haber göndermişler. O sıra bayılan kişinin kardeşi koşup gelmiş ve durumu anlayarak toplanan halkı uzaklaştırmış. Koynundan gizlice bir parça tezek çıkarıp berikinin burnuna tutmuş. Bizimki hemen derin bir ohhh çekerek gözlerini açmış ve ayağa kalkmış.

Demek ki zamanla pislik bile hayati bir ihtiyaç haline gelebiliyormuş. Nitekim insana göre leş pistir ama o köpek ve domuz için lezzetlidir. Mevlânâ'ya göre günah başka bir benzetmeyle de demire düşen pasa benzer; hemen temizlenmezse pas demiri mahvetmeye başlar, cevherini yavaş yavaş azaltır yok eder... Mevlânâ başka bir yerde bu sefer kâğıt ve yazı örneğini kullanıyor. Eğer beyaz kağıda bir yazı yazılsa zahmetsizce onu herkes okur. Haddinden fazla karalanırsa yazının manası kalmaz kaybolur. Bu iş devam edince kâğıt kâfir kalbi gibi simsiyah hale gelir. Böyleleri ibadet etse bile bu şekli bir ibadettir. Böylesinin durumu içi boş bir sürü cevizi olan cevizciye benzer. İçsiz çekirdek hiç fidan olur mu? Özsüz ibadetten de bir netice elde edilemez.

Araba Sileceği

Efendim, tevbeyle ilgili bir benzetmeyi de bendeniz yapayım. Malum olduğu üzre her kış çıkışında yollarımız delik deşik olur, her yer yağmurdan çamurdan geçilmez hale gelir. Ardından da gelsin trafik kazaları... Geçenlerde aynı hal benim de başıma geleyazdı. İşe giderken yanımdan gelip geçen arabaların sıçrattığı arabamın ön camını kapatan kirli sulardan kurtulmak için sileceklerim mütemadiyen çalışıyordu. Bu kadar çamura su mu dayanır? Nitekim yolun yarısında cam suyu bitti ve silecek lastikleri cam üzerinde gıcırdamaya başladı. Şimdi çamura sığanmış sileceklerin her gidiş gelişi camlardaki kiri daha koyu bir tabaka haline getirmekten başka bir işe yaramıyor. Hafazanallah, başka bir arabaya bindirmem an meselesi. Hemen arabayı kenara çektim ve camları bezle sildikten sonra yoluma devam edebildim. İşte o zaman bu hal ile şimdi bahsettiğimiz konu arasında bir benzerlik olduğunu düşündüm. Tevbe bir nevi silecek çubuğu ve pişmanlık gözyaşları da bir nevi cam suyu değil mi? Nasıl çamur ve kir devamlı hale gelince arabanın silecekleri iflas ediyorsa insanda da suç alışkanlık haline gelince pişmanlık gözyaşları azalıyor ve tevbe sileceği de işe yaramaz duruma düşüyor. Diğer bir benzetmeyle de tevbe elbiseyi yıkamaya benzer. Evet su lekeyi gideriyor ama geriye bir izi de kalıyor. Her yıkama elbiseden bir şeyler alıp götürmede. İşlediğimiz ve bizimle Cenab-ı Hak arasında kalmış pek çok suç vardır. Bu durum da Allah'ın Settar isminin tecellisidir. Ama suç işleme bir alışkanlık haline gelince Allah bu örtüyü kaldırır. Aşağıdaki nükte bunu anlatıyor:

İlk Suç mu Değil mi?

Hz. Ömer bir hırsızı cellada teslim etmişti. Hırsız:

- Ey müminleri emiri bu benim ilk suçumdur, onu affet, dedi. Hz. Ömer:

- Haşa, dedi, bu Allah'a iftiradır. Çünkü Cenab-ı Hak ilk defa yapılan bir suçu cezalandırmaz ama o suç nice defa tekrarlanırsa adaleti tecelli eder de suçluyu ortaya çıkarır. (4/8) Mevlânâ'ya göre tevbenin bir cinsi de Allah'ın örttüğü kendi suçuna karşılık başkalarının suçunu örtmektir. Sen başkalarının suçunu ifşa edersen Allah da kendi örtüsünü kaldırır. Aşağıdaki hikâyede birçok yan mesaj yanında özellikle bu husus vurgulanıyor:

Tevbe ve Günahı Gizleme

Hz. Davut zamanında tembel bir sufi vardı. Bu adam daima Hakk'a yalvarıp yakarır ve;

- Ya Rabbi! Mademki beni tembel yarattın, rızkımı da zahmetsizce bağışla, derdi. Halk onu kınıyor ve;

- Bak hele! Davut peygamber bile rızkını zırh yaparak sağlarken sana da ne oluyor! Böyle merdivensiz göğe tırmanma isteği de ne demek, diyorlardı. Fakat beriki duasında ısrarını sürdürüyor ve bu itirazlara kulak asmıyordu. Nihayet bir gün uzaktan bir öküzün koşarak kendi evine geldiğini gördü de:

- Ya Rabbi, sana şükürler olsun, duamı geri çevirmeyeceğini biliyordum, diye sevinçle onu kesip kebap etti. Bu sırada kayıp öküzün sahibi durumu öğrendi ve gelip öfkeyle onun yakasına sarıldı ve öküzünün kesilme sebebini sordu... Beriki:

- Abes bir iş yaptığımı ve nahak yere öküzünü kestiğimi sanma. Ben yıllardır Allah'tan emeksiz bir rızık isteyip duruyordum. Nihayet duam kabul oldu ve senin öküzün rızık olarak ayağıma gönderildi. İşte sana cevabım budur, dedi. Bu cevap üzerine öküz sahibi deliye döndü ve fakiri dövmeye başladı. Bir yandan da feryat figanla ortalığı kaldırıyor ve diyordu ki:

- Ey müslümanlar gelin de uğradığım zulmü görün. Benim öküzüm nasıl duayla onun malı oluyormuş? Eğer iş böyle olsaydı herkes zahmetsizce bir duayla mal mülk sahibi olurdu... Bu işin hangi kitapta yeri var. O halde ya öküzümün zararını karşılasın ya da cezasını çeksin.

Neticede iki taraf anlaşamayınca durum Hz. Davud'un hakemliğine kaldı. Öküzü kesen adam onun huzuruna çıkarken içinden:

- Ya Rabbi, nice gecelerdir ettiğim duaları, yakarışlarımı sen biliyorsun, hakimin huzurunda sen benim yüzümü kara çıkarma, diye dualar etti. Hz. Davut önce davacıyı dinledi ve sonra berikine yaptığı işin delilini sordu:

- Ey Davut, tam 7 yıldır, Rabbimden helal ve zahmetsiz bir rızık için niyazda bulundum. Bu durumu beni tanıyan herkesten sorabilirsin. Ben o öküzü tamahtan kesmedim. Duamın kabulüne sevindim ve bir şükür olmak üzere öküzü kestim.

- Bu sözünün bir geçerliliği yok... Zira mal mirasçıdan başkasına helal olmaz. Ekine onu ekenden başkası el koyabilir mi? Sen mal kazanmayı da ekine kıyas et... O halde sana düşen bu adamın malını ödemendir. Git borç bul ve borcunu öde.

Öküzü kesen adam bu karar üzerine yere kapanarak:

- Allah'ım, sırrım sana ayan. Sen Davud'un kalbine ilham ver, diye dua etti.

Bu yalvarışın samimiyeti Hz. Davud'un kalbine tesir etti. Davacıya dedi ki:

- Bana bir gün mühlet ver, ta ki bu işin sırrı bana açılsın. Eğer namaza durursam bu dava hallolur.

Hz. Davut böyle söyleyip halvete çekildi ve mihraba yöneldi. Orada niyaz halinde iken ilahi sırlar kendisine açıldı ve işin gerçeğini anladı. Ertesi gün yine dava meclisi kurulduğunda Hz. Davut davacıya:

- Gel bu öküzü bu müslümana helal et... Çünkü Cenab-ı Hak senin bazı sırlarını gizledi. Sen de onun şükrü olarak bu öküzden vazgeç, dedi...

Adam bunu üzerine feryad u figana başladı:

- Bu nasıl hüküm, bu nasıl adalet! Sıra bana gelince kitabın kanunları mı değişti? Ey insanlar gelin de bu uğradığım zulmü görün!

Hz. Davut bunun üzerine:

- Ey inatçı madem ki inat ediyorsun o halde sadece öküzü değil, bütün malını mülkünü bu adama vermene hükmettim. Buna razı ol, yoksa halin herkese yayılır bilmiş ol, dedi.

Adam bu beklenmedik karar karşısında feryadı arttırıp, üstünü başını parçalamaya başladı ve Hz. Davud'u adaletsizlikle itham etti. Davut ise:

- Madem öyle, artık karın ve çocukların da bu adamın kölesidir, böyle bil, dedi. Adam iyice çılgına dönmüş, kendini yerden yere vurmaya başlamıştı. İşin sırına vakıf olmayan halk da Hz. Davud'u verdiği hükümden dolayı kınıyor ve:

- Ey Davut! Bu hüküm senin gibi seçilmiş bir insana layık değil. Böyle bir günahsızı perişan ettin, diyordu...

Bunun üzerine Hz. Davut:

- Madem iş bu noktaya geldi, artık bu sırrı açıklamak gerek. Haydi beni takip edin, dedi.

Böylece hep birlikte şehrin dışına çıktılar ve dalları çadır gibi her yana yayılan gür bir ağacın altına geldiler. Hz. Davut:

- Bu ağacın altından bana kan kokusu geliyor. Bu aşağılık adam evvelce bir köleydi. Sahibini öldürdü ve buraya gömdü. Öküzü kesen bu genç işte o adamın oğludur, ama o sıralar pek küçük olduğundan hiçbir şeyden haberi olmadı. Allah katilin bu günahını örtmüştü ama o nankör bu duruma şükretmedi. Bir öküz için eski efendisinin çocuğunu perişan etmeye kalktı. Cenab-ı Hakk'ın örttüğü sır perdesini kendi eliyle yırttı, açığa çıkardı.

Hz. Mevlânâ bazı azgın günahkarların ve kafirlerin durumunu da buna benzetiyor. Bunlar gizlenmesi gereken günahlarını bir fazilet gibi ortaya saçıp döker de hal diliyle:

- Boynuzlu kişi görmek isteyen bana baksın, cehennem öküzü görmek isteyen bana baksın, der. Bu ifadeler bu günün durumunu ne kadar iyi özetliyor değil mi, efendim. Şüphesiz her devirde çirkinlikler ve günahlar olmuştur. Ancak zamanımızda günah ve çirkinlikler bir fazilet gibi takdim edilir oldu. İnsanın kendisinden bile gizlemesi gereken çirkinlikler bu gün nasıl da bir fazilet gibi arsızca ekranlarda ve gazete sayfalarında arz-ı endam ediyor, bizzat sahipleri tarafından pazarlanıyor. İnsanın vicdanındaki son tutamak noktası olan utanma ve pişmanlık duygusu nasıl da yerini arsız bir pişkinliğe bırakıyor. Artık ar perdesini de yırtan insan insanlıktan külliyen istifa etmiş sayılmaz mı?

Lakin biz yine kaldığımız yere geri dönelim ve hikâyemizin sonunu görelim. Hz. Davud'un emriyle ağacın altı kazılınca ceset ve cinayet aleti olan bıçak ortaya çıktı. Bıçağın üzerinde sahibinin ismi vardı. Hz. Davut katile dedi ki:

- Madem adalet istiyordun, adalet şudur: Sen öldürdüğün adamın kölesiydin. Şimdi de onun oğlunun kölesi oldun. Kölenin kazancı da efendisinindir. O halde senin bütün kazancın da ona ait. Diğer taraftan karın da öldürdüğün adamın cariyesiydi. Cariye erkek kız her ne doğurduysa sahibine aittir. Karın ve çocuklarınla ilgili hükmüm bu kanundan dolayıdır. Gelelim son hükme: Senin layıkın da cinayete karşı kısas olunmandır. Bunun üzerine suçlunun boynu vuruldu. Hz. Davud'u kınayan insanlar da gerçeği öğrenir öğrenmez onun huzurunda özür secdesine kapandılar ve suizanlarından dolayı pişmanlıklarını belirttiler. (3/55)

Benzerlikler

Bu hikâyede şüphesiz ana mesaj affedilmek isteyen insanın affetmesi gerektiğidir. Kendi suçlarının örtülmesini isteyenler başkalarının suçunu örtmelidir. Ama bunun yanında Hz. Mevlânâ hikâyede başka benzerlikler de kuruyor. Buna göre insanın nefsi davacı katile benzer, aklı ise öküzü öldürene. Hz. Davut ise Hakk'ı veya Hakk'ı temsil eden kâmil şeyhi temsil eder. Nefis aslında köledir ama efendilik davasında bulunur. Akıl bedeni terbiye etmeye kalktığında nefis; "Sen ten öküzümü öldürdün!" diye ona dava açar. Ama nefis adil bir yargıç olan şeyhin önüne gelince onun emrine ram olur. Davud'a gelince... Halk başlangıçta onun verdiği hükmün sebebini anlayamamıştır; bazı Hak erenlerinin halk tarafından anlaşılamaması da buna benzer.

Hak Her Şeyi Bilir

İnsan bu dünyada kendi günahlarını başkalarının gözünden gizleyip örtebilir. Nitekim her suçun cezası bu dünyada verilmiyor ve bazı şeyler ahirete kalıyor... Ama Cenab-ı Hak alim, basir ve semi'dir. Yani çok iyi bilir, görür ve işitir. Mevlânâ bu isimlerden hareketle insanı uyarıyor: "O kötü sözler söylememen için "ben işitirim" dedi. Fesat fikirlerden korkman için "alim" adını kullandı. Gizli de olsa yaptıklarının görüldüğünü hatırlatmak için "basir" olduğunu belirtti." Demek ki her ne yaparsak yapalım Allah'ın ilmi dışında değil. O halde bize düşen Allah'tan bir şey gizlenemeyeceği şuuruyla hareket etmek, günahtan kaçınmak, hasbelbeşer bir suç işlediysek de o hususta hemen Allah'tan af dilemektir. Şimdi bu hususla ilgili olarak anlatılan şu küçük hikâyeyi paylaşalım:

Sufinin Afife Karısı! Bir sufinin hafif meşrep bir karısı varmış. Bir gün sufi vakitsiz evine dönünce evin kapısını kilitli bulmuş. Meğer aşağılık karısı içeride aşığıyla halvet halinde imiş. Aşığını gizlemeye vakit bulamayan kadın onu bir çarşafa sarıp kadın kılığına sokmuş ve kocasını içeriye almış. Sufi durumu anlamış ama anlamazlıktan gelip misafirin kim olduğunu sormuş. Düzenbaz karısı hemen bir hikâye uydurmuş:

- Bu hanım komşumuz olur, kendisi pek zengin ve dindardır. Çok güzel ve terbiyeli bir oğlu var. Bizim okuldaki kızımızı görmüş ona talip olarak bize gelmiş.

Bu uydurmalara içinden gülen adam oyunu sürdürmüş:

- İyi ama biz fakir insanlarız. Kızımızın ne çeyizi var ne de bir hazırlığı. Her şey dengi dengine denmiştir. Biz ona denk olamayız.

- Ama bu hanım öyle çeyiz filan peşinde değil, bizim ailece dindar ve namuslu olmamız onun için kafi imiş. Böyle olduğumuzu da çok yakından biliyor. Adam rahatlamış gibi yapmış ve demiş ki:

- Madem namuslu olmamız ona yetiyor, mesele yok. Bu durumda benim bir şey dememe hiç lüzum kalmadı.

İçinden de; "A ahmak! Lafı uzatıp durma ve suçunu yüzüne vurmadığım için beni kandırdığını da sanma. Aklın varsa bu kinayelerimden senin sırrını bildiğimi artık anla..." diyormuş. (4/9-10)

Yakarış

Madem Hak Teala bütün gizli sırlarımızı ve suçlarımızı biliyor, o halde bize düşen aşağıdaki niyazda bulunmak ve bağışlanma dilemek:

Ey mübeddil kerde hâkira be-zer
Hâk-i digerra be-kerde Bü'lbeşer
Kâr-ı tu tebdil-i ihsân u atâ
Kâr-ı men sehvest ü nisyan u hatâ
Sehv ü nisyânra mübeddil kün be-ilm
Men heme cehlem merâ kün sabr u hilm (5/785-87)

Ey toprağı altına çeviren, ona altın vasfını veren Rabbim. Sen başka bir toprağı da insanlığın atası olan Adem şekline çevirdin. İşte senin işin her an lütuf ve ihsandır, benim işimse tıpkı ilk atam olan Adem gibi sürçmek, yanılmak ve unutmak. O halde sen hata ve unutmamızı ilme dönder, cehlimizi sabr ile hilme çevir.

Makbul tevbe vaktinde yapılanıdır şüphesiz. Nitekim ölümle tevbe kapısı kapanır ama Hakk'ın bağış kapısı asla kapanmaz. Hz. Mevlânâ ölüm sonrasıyla ilgili olarak aşağıdaki tabloyu çiziyor:

Ümidim Sendedir Allah'ım!

Hesap gününde herkese amel defteri verilirken kötü kişi defter soldan gelmesin diye bakışlarını kaçırır ama aniden o taraftan defteri uzatıverirler. O kişi bakar ki defter cürüm ve isyanla kapkara olmuş. Görevli melekler onu cehenneme doğru sürüklerken günahkar yağmur gibi gözyaşı dökerek ardına bakar durur. Cenab-ı Hak meleklere şöyle sormalarını emreder:

- Ey şerli kişi! O taraftan ne bekliyorsun ki şaşkın şaşkın ardına bakıp durmadasın? Yaptıklarının defteri eline verilmedi mi? O defter hayırdan yana bomboş değil mi? Hayattayken ne bir hayrın ne de hayra niyetin vardı. Ne gündüz oruç tuttun, ne de gece namaz kıldın. İşin gücün halka zarar ziyandı. Üstelik bu yaptıklarına tevbe bile etmedin. Ayağın hep sola basıyordu, şimdi defterin sağdan mı verileydi! Ey eğri boylu, karşılık gölge gibidir, elbet gölgen de boyun gibi eğri olacak. O halde hala beklentin nedir? Böyle sert azarlamalar gelince kul boynunu büker ve der ki:

- Ya Rabbi, sen ne buyurduysan ben ondan yüz kat daha kötüyüm. Sen bütün isyan ve günahlarımı hilminle örttün. Ey her şeyi karşılıksız veren kerem sahibi! Şimdi de senin karşılıksız vermeni umarak yüzümü kendi hatalarıma değil senin lutfuna çevirdim, onu umut ederek ardıma baktım...

Kul böylece hatalarını sayıp niyaz edince Cenab-ı Hak meleklere:

- Ey melekler onu bana geri gönderin. Madem ki gönül gözü ümide bağlanmış, ben de suçlarına aldırmayarak onu azat edeyim. Keremimle öyle bir ateş yakayım ki onda az veya çok hiç bir günah bırakmayayım, buyurur. Nasıl doktor hastanın ayağına gider ve marangoz yontulmamış direği yontar hüner gösterirse Cenab-ı Hak da pişman olan günahkarını böylece affeder. (5/73)

CEVHER BEYİTLER-IX

58

İç körlüğünden sakın:

Kûr-ı zâhir der-necâset zâhirest

Kûr-ı bâtın der-necâsât-ı sırest 3/2100

Körlük de türlü türlüdür. İç körlüğü dış körlükten fenadır. Gözü kör olan kendisini dışarıdaki pisliklerden koruyamaz. Lakin bu pislik yıkamayla geçer. İç gözü kör olan ise manevi pisliklere bulaşır. Bu tür pislik diğeri gibi suyla kolayca geçmez. O demirdeki pas gibi kalıcıdır. Nasıl zahir gözünü çöpten sakınıyorsan iç gözünü de öylece sakın. Ta ki manevi kirlere bulanmayasın. Bir kere bulanmışsan da tevbe et. Zira tevbe suyundan başkası o kire çare olmaz.

59

Uydurma da kendin uy:

Kerdei tevil-i harf-i bikrra

Hîşra tevil kün ney Zikrra 1/1127

Ey dokunulmaması gereken ilâhî sözleri keyfine göre tevile kalkan laübali! Kuran'ı değil kendini tevil et. Onu kendine uydurma, sen ona uy.! O seni düzeltmeye gelmişken senin onu düzeltmeye kalkman ne edepsizlik! Kendin hastayken doktorunu tedaviye kalkman ne abes!

60

Kârın yüz karan:

Nârdır hırsından ol fahm-ı siyâh
Gitdi hırsın kaldı fahm-ı pür-tebâh 4/1144

Ey hırsının zebunu olan kişi! O kara kömürü parlak bir ateş gibi gösteren şey senin hırsından başkası değil. Zira hırs taşı elmas gösterir. Yanan ateş güzelliğiyle gözünü alır ama sen o renge değil yaptığı işe bak. Ateşe yaklaşırsan yüzünü ise toza bulamış olursun. Ne sönmeyen ateş var ne geçmeyen heves. Ama ateşten geriye kömür, hevesten geriye de utanç ve yüz karalığı kalır. O halde dikkat!

X
ÖLÜM

Ölüm Anlayışımız

Eski İstanbul'u gezen birçok yabancı seyyah şehrin mezarlıklarla bu kadar hemhal oluşuna dikkat etmiştir. Ölülerini kendilerinden uzak tutan Batılı şehirlerin aksine İstanbul ve İstanbullu daima mezarları ve ölüleriyle iç içedir. Birçok evin önü bir türbeye veya mezarlığa açılır. Kadınlar ve çocuklar evlerinin balkonlarına açılan o manzarayı bir bahçeyi seyreder gibi irkilmeksizin seyrederler. İşe giden veya işten dönen erkeklerin yolu mezar taşlarının arasından geçer. Bayramlarda mezarlar bir piknik manzarasını andırır ve çocuklar neredeyse tarihi mezar taşları arasında saklambaç oynarlar. Bir başka kültürün insanı için anlaşılması zor olan hayatla hayat ötesinin bu içiçeliği İslam tasavvufunun insanlara kazandırdığı o munis ölüm anlayışıyla açıklanabilir ancak. İşte bu anlayışta şüphesiz Hz. Mevlânânın ölümle ilgili telakkilerinin payı pek büyüktür. Bu girizgahtan sonra şimdi Mesnevî'de yer alan ölümle ilgili fikir ve telakkilere geçebiliriz. Mesnevî'de başlıca iki türlü ölümden söz edildiğini söyleyebiliriz. Bunlardan biri biyolojik ölüm diğeri ise insanın nefsani ıslahı anlamındaki iradi ölümdür.

1. Biyolojik Ölüm

Mevlânâ biyolojik ölümü birçok çağdaşı gibi vücudu meydana getiren 4 temel unsurun çözülüp kendi aslına dönmesi olarak açıklar. Beden dört unsurun teşkil ettiği bir nevi ortaklıktır. Semalardan gelen can da bunlara katılmış ve insan dediğimiz varlık tamamlanmıştır. Ölüm vakti geldiğinde kehrübanın samanı çekmesi gibi bedendeki her unsur da kendi aslına doğru çekilir. Toprak ten toprağını, su ten suyunu, ateş ısıyı, hava havayı kendine çağırır. Böylece hayattayken ayakları birbirine bağlı olan her unsur aslına döner. Bu esnada aslına döndüğü için sevinen berikilere can şöyle der; "siz zaten kendi yurdunuzdasınız, asıl bu dünyada gurbette olan ve sevinmesi gereken benim" (4/168-70) Böylece Aşık Paşan'ın deyimiyle hakden/topraktan gelenin hake, Pakden gelenin de Pake dönmesiyle geçici ortaklık biter. Hasılı ölüm vücudun her cüzü için bir kavuşma anlamı taşır, bir ayrılık ya da yok oluş değil.

Aslında Ölüm de Doğum da Tabii ve Daimidir

Tâ nemiri nist cân-kenden tamam
Bî-kemâl-i nerdübân nâyi-be-bâm
Çün zi-sad pâye dü pâye kem büved
Bâmra kuşende na-mahrem buved
Çün resen yek kez si-sad kez kem buved
Ab ender-delv ez-çeh key reved
Gark-ı in keşti neyâbi ey emir
Ta ki nih ni ender-u menne'l-ahir
Çün nemirdi geşt cân-kenden dırâz
Mat şev der-subh ey şem'-i Tıraz
Ney çünân mergi ki der-gûri revi
Merg-i tebdili ki der-nûri revi
Hâk zer şüd heyet-i hâki nemând
Gam ferah şüd har-ı gamnâki nemând

Bu beyitlerde Mevlânâ ölümü ani bir hadise değil bir süreç olarak görüyor. Biz farkında değiliz ama aslında doğumumuzla birlikte ölme süreci de işlemeye başlamakta. Böyle olunca hayat aslında uzun bir can çekişmeden ibaret. Yukarıdaki beyitlerde hem maddi hem manevi anlamlara gelebilecek şekilde şöyle söylüyor Mevlânâ:

"*Can çekişip duruyorsun, ölmeden önce sana kurtuluş yok, o halde öl de kurtul. Nasıl ki yüz basamaklı merdivenden iki ayak eksik olsa dama çıkamazsın. Yüz arşınlık ipte de biraz eksik bulunsa kuyudan su çekemezsin. Gemi, kaldırma gücünü aşan o son yük de yüklenmeden batmaz. Ölmediğin için can çekişmen uzadı. Ey Taraz mumu sabah olunca öl. Ama seni mezara sokan ölümle değil, nura ulaştıran, kemale erdiren bir ölümle öl. Toprak altın kesilince nasıl topraklığından eser kalmazsa böyle bir ölümle ölenin gamı da neşe ve ferahlığa döner.* (6/28)

Bu anlayışa göre gençlik, ihtiyarlık ve ölüm bu kainattaki her şey için tabii bir kanundur. Marifet ibretli bir bakışla bu akışı yakalayabilmek, önceden sonu görebilmektir. Şimdi onun bu manayı ihtar eden sözlerini iktibas edelim:

"*Gündüz, güzelim güneşin yüzünü gördün; batış çağındaki ölümünü de an. Bu güzel çardakta dolunayı gördün; bir de ay sonundaki iştiyak çekişine, özleyip üzülüşüne bak. Bir çocuk, güzellikle halkın efendisi kesilir; fakat günler geçince kocar, bunar, halka rezil olur gider. Gümüş bedenli güzeller seni avladı ya; ihtiyarlık yüzünden pamuk tarlasına dönen bedenleri de seyret. Nice parmaklar vardır ki ustalar, düzgünlüğüne gıpta ederler; ama sonunda o parmaklar titremeye başlar. Can gibi mahmur göz, görürsün ki sonunda görmez olur, sulanır. Aslanların safında yürüyen aslan yiğit, sonunda bir fareye av olur gider. Misk kokuları saçan, akıllar çelen kıvırcık, simsiyah saçlar, boz eşeğin kuyruğuna döner. Önce oluşunu, açılıp saçılarak meydana gelişini bir hoşça seyret, sonunda da o rezilliğini.*" (2/63) Mesnevî'de uzayıp giden bu tasvirlerin ana fikri şudur:

Bu alem bir kevn ü fesad / oluş ve çözülüş alemidir. Hayatın her safhası bu akışın tabii bir basamağıdır sadece. Bu yüzden ölüm ani bir hadise olmaktan çıkıp hayatın bir parçası haline geliyor, munisleşiyor.

Aslında bizde her an bir şeyler ölürken başka bir şeyler doğmakta ve kaybedilenin yerine daha iyisi verilmektedir. O halde üzülmek niye? Mevlânâ bununla ilgili çeşitli örnekler veriyor:

"*Dadı süt emen çocuğa türlü güzel nimetler verdiğinde gerçi ona memenin yolu kesilmiş olur ama yüzlerce bahçelerin de yolu açılır. O zayıf çocuk için meme bunca nimetlerden faydalanmasına bir manidir. İnsanların yaşaması sütten kesilmekle olur. Ana karnında bir cenin iken gıdan kandı. Doğduğunda o gıda kan iken süte döner. Çocuk sütten kesilince bu sefer lokma yemeğe başlar. Lokmadan da kesilince artık Lokman gibi gıdası hikmet olur ve gizli avı talep etmeye başlar.*"/ "*Erkek baliğ olunca çocukluk ölür, Rum diyarına gelen zencinin zenciliği ölür beyazlaşır. Topraktaki topraklık ölünce o halis altına dönüşür.*" (3/4) Hasılı her kaybediş aslında daha iyisini bulmadır.

Ölümden Kaçamazsın

Mesnevî'de yer yer döneme ait birtakım adet ve inanışlar da yer alıyor. Hz. Mevlânâ mukadder bir son alarak ölümden kaçılamayacağını anlatırken muhtemelen kendisinin de şahit olduğu bir Moğol adetini örnek veriyor. Buna göre Moğol askerleri ölmek üzere olan birinin başında toplandıklarında ölüm meleğini korkutup kaçırmak amacıyla göğe ok atarmış. Mevlânâ bu adete atıfta bulunarak ölümden korkan kişiye hitaben şöyle der:

"*Eğer bir fayda sağlayacağını düşünüyorsan sen de öyle yap, ya da kaçabileceğin bir yer varsa oraya kaç. Hayır, madem ki hiçbir yere kaçamayacaksın, o halde ölümle barış ve ona hizmet et.*" (6/14) Onunla barış, yani ölüme bakışın değişsin. Ona hizmet et, yani ahiret yurdu için hazırlıklarını tamamla.

Hayat Bir Uykudur Ölümse Uyanma

Ölüm gerçekte hayat dediğimiz uykudan bir uyanıştır. Nitekim Hz. Peygamber dünya için; "*uyuyanların gördüğü bir rüya*" buyurmuştur. İnsan yattığında uykuya yeni başladığını sanır, aslında ikinci uykuda olduğundan habersizdir. Madem ki dünya bir rüyadır, onun çileleri de asılsızdır, ondan korkmamak lazım. Mevlânâ,

Firavun'un Musa'ya iman eden sihirbazları el ve ayaklarını kesmekle tehdit ettiğinde onların korkmamasını ve imanlarından geri dönmemelerini buna bağlıyor. Onlar korkmadılar, çünkü biliyorlardı ki bu cihan bir rüyadır ve rüyada el ayak kesilse de ziyanı yoktur. Madem ki uyanınca eksik olan bütün azalarını yerli yerinde bulursun, o halde başın kesilse ne gam. Hatta tersine rüyada başın kesilse bu ömrünün daha da uzun olacağına delalet eder.

İnsana Ölüm Yoktur

İnsan ölünce gerçekte ölen nedir? Bunu Yunus ne kadar veciz ifade ediyor:

"Ölür ise ten ölür canlar ölesi değil."

Ölüm dediğimiz şey tenin ölümünden ibaretse gerçekte ölüm yoktur. Bu sebeple yine Yunus şöyle der:

"Ölümden ne korkarsın bil ki ebedi varsın."

Ten Neden Ölmeli?

Peki ama neden tenin mutlaka ölmesi gerekiyor? Mevlânâ tenin bozulma hikmetini çeşitli benzetme ve nüktelerle açıklıyor. Biz de bunlardan birkaçını alıntılayalım:

"Bir bahçe sahibi toprağı dikime hazırlıyordu. Onu gören biri uzaktan seslendi:

- Niçin yeri kazıp harap ediyorsun? Beriki de dedi ki:

- A aptal, hiç kazılmadan burası gül bahçesi olur mu?"

Terzi kumaşı kesmeden dikebilir mi? Demirci, marangoz ve kasabın işi de böyledir. Buğday evvela değirmende ufalanır sonra un olur. (4/90) Mimar eski evi tamamen yıkar ama yerine daha iyisini diker. Cenab-ı Hak da bir bedenden bir baş ayırır ama ona karşılık bin baş, bir ömre karşılık sonsuz bir ömür verir. (2/151)

Ten Evinin Altındaki Hazine:

Diğer taraftan yok oluşuna üzüldüğümüz bu beden evi bir emanettir, kirayla tutulmuştur. Kira müddeti ecelle biter ve sonunda ev sahibi seni oradan çıkarır. Bu ev altında hazine olan bir harabeyi andırmaktadır. Evin altında bir hazine olduğunu bilsen onu kendi elinle yıkar, çıkan hazineyle yüz binlerce ev yaparsın. Nasıl olsa gün gelir ev kendiliğinden viran olur ve hazine kendiliğinden açığa çıkar ama artık bulmadığın o hazine senin olmaz. Evin altındaki madeni evi yıkan ev sahibi alır. Sen de; eyvahlar olsun, kör imişim ki bunu görmedim, dersin. (4/98) Mevlânâ başka bir yerde de vücudu eski püskü bir hırkaya benzetir. Ekmek yemek su içmek âdeta bu eski hırkaya yama üstüne yama vurmaya benzer. Eh, yama vurmanın da tabii bir sonu var.

Ölüm Güzeldir

Necip Fazıl, aşağıdaki beytinde Hz. Peygamber'in ölümünü ölümün güzelliğine delil olarak kullanır:

Ölüm güzel şey budur perde ardında haber
Hiç güzel olmasaydı ölür müydü peygamber

Hz. Mevlânâ da Resul-i Ekrem'in ölümü nasıl sevinçle karşıladığını şöyle tasvir ediyor: "*Hz. Peygamber Rebilülevvel ayında ahiret intikal etti. Göç yaklaşınca aydın kalbi sevinçle doldu. Kim bana Safer ayı geçti Rebilülevvel ayı geldi derse onu cennetle müjdelerim, buyurdu. Ukkaşe gelip Rebilülevvel ayının girdiğini haber verince de onu cennetle müjdeledi.* (4/100)

Ölüm Güzele Güzel Çirkine Çirkindir

Can aziz oldu ki yok andan aziz
Lik olur âlâya nisbet hurde-çiz

Nahifi'nin bu şekilde tercüme ettiği beytinde Mevlânâ der ki: "*Can ondan daha azizi olmadığı için azizdir, ondan daha azizi olunca can da kıymetten düşer, hor kalır.*" Bu durumda insan kıymetsiz canını daha kıymetli ile değiştirmekte tereddüt etmez. Bu değiştirme bir nevi alışveriştir: "*Haktan başka herkes fakirdir, fakirse karşılıksız ihsanda bulunamaz. Küçük çocuk elmayı görmeden elindeki soğanı bırakmaz. Bütün insanlar kendince bir dükkan kurmuştur ve her dükkan sahibi bir karşılık beklemededir. Herkes malını kâr için satar. İnsanlar arasında maksatsız bir selam bile yoktur. Sadece Hak selamı karşılıksızdır.* (4/128) İşte Hak yolunda canını veren insan da bu duygularla hareket eder ve canını verirken kârlı bir alışverişte bulunur. Mevlânâ buna örnek olmak üzere Hz. Hamza ile ilgili şu nükteyi naklediyor:

Hz. Hamza'nın Gözünde Ölüm

Hz Hamza yaşlı halinde savaşlara zırhsız girmeye başlamıştı. Ona:

- Sen genç ve daha güçlü olduğun zamanlarda bile ihtiyatı elden bırakmaz ve zırhsız gezmezdin. Şimdi kocadığın halde bu tedbirsizlik nedendir? Niçin "Kendi ellerinizle kendinizi tehlikeye atmayın" emrine uymazsın, dediler. O da:

- O zaman bana dünyayı terketmek bir yokluk gibi, bir ejderin ağzına atılmak gibi görünürdü. Kimse kendini ejderin ağzına atmak istemez. Ama şimdi ben bir sevgiliyi arar gibi ölümü arıyorum. Ölüm benim için bir tehlike değil ki ondan kaçayım. Kimin için tehlikeyse ölümden o kaçsın ve "Kendi ellerinizle kendinizi tehlikeye atmayın." emrine o uysun. (4/ 131) Demek ki ölümün çirkinliği gidince o hal artık ölüm olmaz. Zahiren ölüm gibiyse de aslında o bir kavuşmadır. (4/177)

Bu hikâyeden de anlaşılıyor ki ölüm herkese kendi rengindedir. Ölüm, ölümü kahır görenlere kahırdır ama lütuf görenlere ferahlıktır. Ölüm bir aynadır; saf ayna iyiyi de kötüyü de göstermekten çekinmez. Sen ölümden korkup kaçıyorsun. Bil ki asıl seni kendi çirkinliğin korkutmada. Madem ki bu dünya gurbet ve çile ve madem ki ahiret esenlik yurdudur; o halde iyi insanın ölümü bu dünya zindanından ve ten kafesinden bir kurtuluştur. "*Zindanın bir burcunu yıksan bundan zindandakilerin gönlü incinir de hiç; yazık bu güzel mermer, zindanın burcunu süsleyen o güzel taş kırıldı der mi? Da-*

rağacına götürülenler dışında zindanı dışarıya kim tercih eder?" Hz. Mevlânâ buna örnek olarak da şunu veriyor:

"*Kafes içinde bir kuşu bahçeye koysan zavallı kuş dışarıdaki hemcinslerine özenir, bahçeye çıkmaya can atar. Bunu başaramasa bile o hevesle başını ayağını dışarı çıkarır. Ama hemen yanıbaşında pusuya yatıp onun çıkmasını gözeten bir kedi varsa o zaman can korkusuyla ister ki kafesin içinde yüz kafes daha olsun.*" İşte ölümden korkanlar gerçekte ölümün arkasından gelecek olan şeyden korkanlardır.

Ölüm Ayrılık mıdır?

Ölümü gözümüzde büyüten hususlardan biri beraberinde getirdiği ayrılıktır. Ama ölüm gerçekte ayrılık mıdır? Hayır, derine nüfuz eden bir bakışa göre ölüm uzak olmadığı gibi ahiret ve ahirettekiler de uzak değildir. Dünya ve ahiret bitişik iki oda kadar yakındır. Dolayısıyla kaybettiklerimizi biz sanki bitişik odaya uğurlamaktayız. Şimdi Mesnevî'nin bu konuyla ilgili bir nüktesini özetleyelim:

Şeyhin biri vardı, peşpeşe çocukları ölüyor, fakat o herhangi bir üzüntü eseri göstermiyordu. Bir gün karısı ona çıkıştı:

-Ne kadar katı kalplisin. Benim ağlamaktan belim büküldü, göz pınarlarım kurudu ama sende en ufak bir üzüntü eseri görmüyorum. Demek ki çocuklarına karşı kalbinde hiç şefkat yok.

Şeyh dedi ki:

-Hayır arkadaş... Sanma ki benim kalbimde şefkat ve merhamet yok. Ben öyle şefkatliyim ki cehenneme gittikleri için kâfirlere ve taşlandıkları için köpeklere bile acırım. Zaten Cenab-ı Hak veli kullarını alemlere rahmet olması için göndermemiş midir?

Karısı yine sordu:

-Madem ki sen bu kadar şefkatlisin ve herkese acıyorsun, öyleyse niçin ecel celladı çocuklarını keserken üzülmüyor, onların ayrılığıyla hüzünlenmiyorsun?

Bunun üzerine şeyh şu cevabı verdi:

- Bu sana göre öyle, ama bana göre öyle değil. İnsan ya ayrılıktan ya hasretten ağlar, halbuki ben her an onlarla beraberim. İster ölü, ister diri olsunlar çocuklarımın hiçbiri benim kalp gözümün önünden kaybolmazlar. Önümde oynayıp dururken ben nasıl onların ayrıldığını düşünebilirim ki! (4/68)

Yakınların Ölümü Bir Ecir

Hz. Mevlânâ'nın üzerinde durduğu hususlardan biri de ölümün ölü yakınları için bir ecir vesilesi olduğudur. Bununla ilgili olarak da şu kısa hikâyeyi nakledelim:

"Bir kadıncağız vardı. Doğurduğu bütün çocukları daha 6 aya varmadan ölürdü. Böylece tam 20 çocuğu ölen zavallı bir gün dayanamadı ve bu takdirden dolayı Cenab-ı Hakk'a sitem etti. O gece rüyasında kendisini cennette bir köşkte buldu. Kaybettiği bütün çocukları da orada çevresinde oynayıp durmada idiler. Ona dendi ki bütün bu nimetlere o çekilen sıkıntıların meyvesidir. O zaman kadıncağız siteminden utandı ve; Allah'ım bu nimete karşı o çilelere çoktan razıyım, dedi." (4/ 130)

Ölümden Sonra Dirilme ve Uzeyr

Hz. Peygamberin öğretileri arasında müşriklerin inanmakta en çok zorlandıkları konulardan biri yeniden diriltilme olmuştu. Nasıl olur da bu çürüyen, toprağa karışan bedenin cüzleri tekrar bir araya gelebilir ve nasıl olur da insan yeniden diriltilebilirdi? Kur'ân-ı Kerim'de bu suallere geçmiş peygamberlere ait mucizelerle cevap verilmektedir. Haşir konusu İslamdan sonra da bazıları için problem olmaya devam etmiş ve bazı fikir akımları haşrin bedensiz bir diriltilme olduğunu savunmuştur. Hz. Mevlânâ'nın ölümle ilgili tespitleri arasında onun yer yer bu konudaki fikirlerine de rastlamak mümkündür. O, İslam inancının gereği olan cismani haşre/bedeni diriltilmeye inanmakta ve bunun anlaşılabilmesi için gerek kendi buluşu olan gerekse Kur'ân'da geçen deliller vermektedir. Sözgelimi bedenin yeniden diriltilmesini bir testicinin işine benzetir Mevlânâ.

Nasıl testici eski testileri kırıp onlardan yeni testiler yaparsa Cenab-ı Hak da çürümüş bedenlerden yeni bedenler inşa etmeye kadirdir. O buna delil olarak Kuran-ı Kerimde de yer alan Uzeyr peygamberin şahit olduğu mucizeyi hatırlatıyor.

Uzeyr peygamber gençliğinde merkebiyle giderken yolu üzerinde eski bir şehrin harabesine rastlamış ve çürüyüp dağılan cesetlere bakarak bunların nasıl diriltileceğine şaşmıştı. Vakit öğle sularıydı ve Uzeyr sıcaklığın da tesiriyle orada uyuya kaldı. Uyandığında güneş batmak üzereydi ve o öğle ile ikindi arasındaki sürede uyuduğunu sanıyordu. Ancak gaibten gelen bir ses kendisine tam yüz sene uyuduğunu bildirdi ve yanıbaşındaki eşeğine bakmasını söyledi. Peygamber eşeğine baktığında dehşet içinde kaldı, çünkü eşeği çürümüş ve tamamen dağılmıştı. Duyduğu ses ona eşeğine seslenmesini emretti. Uzeyr çağırdığı eşeğinin parçalarının bir araya gelerek gözü önünde dirildiğine şahit oldu. Böylece uyku öncesindeki dirilmeyle ilgili kuşkuları gitti ve imanı tahkiki bir imana döndü. Hz. Mevlânâ bu örneği haşir gününde de insanların dağılmış azalarının böyle iğnesiz ipliksiz bir araya geleceğinin delili olarak kullanıyor. (4/66-67)

Onun bu konuyla ilgili diğer fikir ve benzetmeleri de şöyle özetlenebilir: Sabah uyanınca nasıl aklımız bedenimize geri geliyorsa, Sura üflenip bütün bedenler yerlerinden kalktığında da herkesin canı öylece kendi bedenine girer. Sözgelimi kuyumcunu ruhu -yolunu şaşırıp- terzinin vücuduna girmez. Gece ayrı tutulup da sabah salıverilen koyun ve kuzular nasıl birbirini tanır ve yavrular kolayca kendi analarını bulursa, Hakk'ın ilmiyle her ruh da kendi bedeninin yolunu bulur. Ayak bile karanlıkta kendi ayakkabısını tanırken can niye kendi bedenini bilmesin ki? Sadece can değil insanın amelleri de böyledir. Seher vakti uyanınca hayrı ve şerri insana karşı gelir. -Ahirette de- hayır ve şerden ne amelimiz varsa onların yazıldığı defteri elimize tutuştururlar. Küçük ölüm olan uyku büyük ölüme ve büyük dirilmeye böylece delildir. (5/72) Bütün bunlardan sonra bahsimizi ölümün hikmeti hakkındaki bir nükteyle noktalayalım:

Allah Niye Öldürür

Bir gün Hz. Musa Cenab-ı Hakk'a yüz tuttu ve:

- Ya Rabbi. Bunca mahluku önce özene bezene yaratıp sonra Azrailin tırpanına hedef etmenin, öldürmenin hikmeti nedir, diye sordu. Hak Teala:

- Bunun hikmetini bilmek mi istiyorsun? O halde şimdi git toprağına tohum ek, hasat vakti sorunun cevabını alacaksın dedi. Hz. Musa mahsul olgunlaşınca orakla kesip harmanda dövmeye başladı. O zaman gaibden bir ses geldi:

- Ya Musa, o büyüttüğün ekinleri niçin şimdi kesip yok ediyorsun? Hz. Musa:

- Kesme sebebim şu ki, tane ile saman birbirinden ayrılsın; buğday buğday ambarına, saman samanlığa gitsin. İkisini ayırmak için harman yaptım, dedi.

- İşte ben de bunun gibi olgunla ham seçilsin, iyi kötüden ayrılsın diye ölümü ve ruhların harmanı olan mahşeri halk ettim. (4/115)

2. İradi Ölüm

Sufiler biyolojik ölüm yanında bir de isteğe bağlı /iradi bir ölümden bahsederler. Mevlânâ'nın bu ölümle ilgili fikirlerine geç[illegible]den önce bu telakkileri anlamayı kolaylaştırmak için kısaca tasavvufi varlık anlayışı üzerinde duralım...

İslamda varlık düşüncesini aynı isimli eserinde ele alan kapsamlı çalışmasında Izutsu, tasavvuftaki varlık anlayışını izahta iki kelimeyi anahtar gibi kullanır; *vücut* ve *mahiyet*. Görünür alemdeki her nesne var oluşu bakımından bir *vücut* olduğu gibi bir at, bir kuş veya insan olarak var olması itibarıyla da bir *mahiyete* sahiptir. Dolayısıyla bütün varlıklar var oluşlarıyla bir, mahiyetleri bakımından ise farklıdırlar... Nesnelerin mahiyetleri geçici bir süre için ödünç alınmış kimliklerdir, yani fanidir. Halbuki varlıkları -zatı ve mahiyeti aynı olan- Mutlak varlıktan geldiği cihetle bakidir. Böylece nesneler aleminde tek bir Mutlak varlığın muhtelif mahiyetlerde görünümü, yani vahdet-kesret ikiliği doğar. (Izutsu, Toshihiko, İslamda Varlık Düşüncesi, Tercüme: İbrahim Kalın, İnsan Yayınları, İstanbul 11-124)

İslam dünyasında bu fikrin yayılmasını sağlayan en önemli şahsiyetlerden biri olan İbnü'l-Arabi'ye göre *vücut birdir fakat libasları muhtelif ve çoktur. Yani bütün mertebelerde zuhur eden Hakk'ın bir olan vücududur. Mevcudat mutlak vücudun 7 mertebede tenezzülü ile zuhura gelir.* (Tahralı, Doç. Dr. Mustafa ve Eraydın S., Vahdet-i Vucut ve Gölge varlık (A. Avni Konuk'un Fususu'l-Hikem Tercüme ve Şerhi'nden)c. III, M. İ. Y. V, İstanbul 1990, 9-27) Bu anlayışa göre çeşitli vücut mertebeleri arasında düalist bir varlığa sahip olan insanın vazifesi de hakiki benini nefsi beninin esaretinden kurtarması, varlık basamaklarında daha yukarıya tırmanmasıdır. Geleneğe göre İlahi Ben'de (Ruhta, Allah'ta) tekrar doğma hayatın en büyük problemini oluşturmaktadır. Hayat ilahi bene doğru gerçekleştirilen bir hac yolculuğudur. Mevlânâ'nın "*vatanından koparılan ney*" sembolü ile ifade ettiği bu arayış İslam sanatlarının bütününde çok kuvvetli bir tarzda hissedilir. İşte iradi ölüm de bu yeniden doğuşun veya ilahi bene yönelen hac yolculuğunun bir basamağıdır. Nitekim Mevlânâ, Divanından aldığımız aşağıdaki beyitlerde bizi yeniden doğabilmek için böyle bir ölüme davet ediyor:

Bimirid bimirid ez-in cân bimirid
Çün ez- cân bimirid heme rûh pezirid
Berâyed berâyed ez-in hâk berâyed
Çü ez-hâk berâyed semâvât bigirid

"Ölünüz, ölünüz ki ölümsüz bir can kazanasınız. Bu topraktan kesilip ten bağlarından kurtulun ki eliniz semalara ulaşsın."

Mâdem ki insan bu dünyada beden kafesine mahkumdur ve onun istekleriyle çevrilmiştir, kurtuluşu ancak iradi ölümle mümkündür. Her istek ve ve her kabiliyet insanın başına bir sıkıntı olarak geri döner. Ölen kişi içinse hiçbir tehlike yoktur. O halde insan iradi ve mecazi bir ölümle ölmelidir ki sıkıntılardan kurtulsun, hürriyetine kavuşsun. Hz. Mevlânâ bu fikrini aşağıdaki güzel hikâyeye yükleyerek anlatıyor:

Tüccar ve Papağan Hikâyesi

Bir tacirin pek sevdiği bir papağanı vardı. Her zaman onun hatırını sorar, istediği bir şeyi kendisinden esirgemezdi. Bir zaman tacir ticaret maksadıyla Hindistan'a gitmeye niyetlendi. Tek tek bütün ev halkına, köle ve cariyelerine Hindistan'dan bir şey isteyip istemediklerini sordu, siparişlerini aldı. Sıra papağana gelince o şöyle dedi: "*Duydum ki Hindistan'da çokça papağanlar varmış. Gördüğünde onlara de ki; kafeste mahpus filanca hemcinsiniz size selam söylüyor. Bu reva mı ki siz ağaç tepelerinde serbestçe dolaşırken ben böyle kafeste hapis hayatı yaşayayım.*"

Tacir Hindistan'a gitti satacağını sattı, alacağını aldı ve bütün siparişleri tek tek temin etti. Bir gün yolu ormandan geçerken dallara tünemiş rengarenk yüzlerce papağan gördü ve o zaman kendi papağanının isteğini hatırladı. Atını onlara doğru sürdü ve kuşunun söylediklerini tekrar etti. O bunları söyler söylemez papağanlardan biri titremeye başladı ve dalından yere düşüp can verdi. Tacir hem şaşırmış hem de çok üzülmüştü:

"*Ben ne dedim de bilmeden bu kuşcağızın kanına girdim!*" diye hayıflandı... "*Bu kuş herhalde benimkiyle dost imiş, ve sanki iki bedende âdeta bir ruh gibiymişler ki söylediklerim ona böyle tesir edip ölümününe sebep oldu.*" diye düşündü.

Tacir yolculuktan dönünce tek tek herkese hediyesini verip sevindirdi. Sıra papağana gelince kuş kendi selamının sonucunu sordu. Tacir üzüntüyle olan biteni nakletti. Tam Hindistan'daki papağanın düşüp öldüğünü anlatıyordu ki aniden kendi papağanı da titremeye başladı ve düşüp öldü. Neye uğradığını şaşıran zavallı tacir, ah vah etmeye başladı:

"*Nedir bu başıma gelen! Öbürü yetmez gibi şimdi de kendi kuşumun kanına girdim!*" diyordu. Mahzun tacir kafesi açtı ve ölü kuşu tutup çıkardı. Tam bu sırada kuş aniden dirildi ve uçup bir dala kondu. Şimdi daha büyük bir hayrete düşmüş olan tacir bütün bu olan bitenin sırrını daldaki papağanına sordu. Papağan da ona şu cevabı verdi: "*Hindistan'daki kuş bana hal diliyle bir mesaj gönderdi ve dedi ki: 'Seni böyle kafese mahkum eden diri oluşun ve güzel ötüşündür. Sağ oldukça sana hürriyet yok. O halde ölmüş gibi davran ki bu hapisten seni çıkarsınlar. Ben de bu tavsiyeyi dinledim ve gördüğün gibi kafesten kurtuldum.'*" (1/62-74) Şimdi de Hz. Mevlânâ'nın ölmeden önce ölmenin en güzel örneği olarak gördüğü Hz. Ebubekir'le ilgili birkaç beytini nakledelim:

Önceden Ölene Ölüm Yok

Mustafa zi'n güft k'ey esrâr-cu
Mürderâ hâhi ki bîni zinde-rû
Mireved çün zindegan ber-hâkdan
Mürded câneş şüde ber-âsman
Câneşra in dem be-bâlâ meskenist
Ger bemired rûh-ı orâ nakl nist

Hz. Peygamber -sadık arkadaşını kastederek-: "Ey sır arayıcısı! Yeryüzünde bir ölünün dolaştığını görmek istersen Ebubekir'e bak!" buyurdu. Çünkü o diriler gibi toprak üzerinde gezmekte ama çoktan ölmüş ve çoktan canı gökleri yurt edinmiş. Kendisi burada ama ruhu yücelerde; öyle ki ölümle ruhunun intikaline lüzum kalmamış. O ruh zaten ölümden önce asıl yurduna intikal etmiş. Bu yüzden onun ölümü başkasının ölümüne benzemez. Böylesi göçünü önceden gönderen yolcunun göçü gibi kolayca bu alemden öbür aleme intikal eder. (6/29)

Sevgili okuyucu! Ölüm bahsini konuyla ilgili bazı ahlâki sonuçları paylaşarak bitirelim.

1. Yaşayanlara da Acı

İnsan sağlığında birisine ne kadar kızarsa kızsın o kişi ölüm halinde iken bütün nefreti şefkate dönüşür. Demek ki ölüm bütün kusurların üzerini örtüyor. Ama madem ki yaşamak da tedrici bir ölümdür, yaşayan herkese ölen birine duyulan merhametle yaklaşmak gerekmez mi? Aşağıdaki satırlar Mevlânâ'nın bu babdaki fikirlerinin özetidir:

"*Bu alemde kadın erkek herkes her an can çekişmede, ölmededir, bu yüzden bütün o söyledikleri sözleri ölüm halindeki bir babanın oğluna yaptığı vasiyetler gibi dinle. Böyle dinle ki içine merhamet yerleşsin, buğz, haset ve kinin kökünü koparsın. Akrabana ve dostlarına öldüklerinde kalbin nasıl müteessir oluyorsa onlara diriyken de öyle bak. Gelecek şey gelmiş, iyi veya kötü olacak şey olmuştur. Bunca yıldır ölüm davul çalıp duruyor ama senin kulağın onu ansızın duyar. Ölürken ah ölüm dersin. Oysa ölümün bağırmaktan boğazı yırtıldı, yıllardır çalmaktan davulu patladı. A yoksul onu şimdi mi duydun ve anladın!*" (6/29)

2. Başkasına Değil Kendine Ağla

İnsanlar ölen yakınlarının arkasından ağlar sızlarlar. Oysa çok zaman kendileri ağlanacak durumdadırlar. Hz. Mevlânâ bu durumu aşağıdaki güzel nükteyle açıklıyor:

"Bir garip şairin yolu Aşure günlerinde Haleb'e düştü. Halepliler aşure zamanı Antakya kapısına toplanır Kerbela şehitleri için yaka yırtar, matem tutarlardı. Şair oradan birine dedi ki:

- Bu matemin, göğü kaldıran hay u huyun sebebi nedir? Yasın büyüklüğüna bakılırsa ölen kişi zengin ve çevresi geniş biri olmalı. Ben garip bir şairim, sevinçli zamanlarda kaside, matem vakti mersiye yazarak geçinirim. Şimdi bana ölenin kim olduğunu bildir ki ona da bir mersiye söyleyeyim; ola ki yakınları elime üç beş kuruş sıkıştırsınlar...

Şairin soru sorduğu kişi bu sözlere pek hiddetlenmiş ve:

- Sen deli misin, yoksa gizli bir ehl-i beyt düşmanısın da onun için mi böyle kinayeli konuşuyorsun! Nasıl bilmezsin ki bu gün Kerbela'da şehit olanlara yas tutulan, zalim Yezid'le melun Şimr'e lanet edilen Aşure günüdür."

Bunun üzerine Mevlânâ şaire şu sözleri söyletir:

- Peki ama Yezid'in ve Şimr'in zamanı nerede bu gün nerede! Aradan bunca asır geçti ve bu hazin hadiseyi gökte melekler duydu, yerde sağırlar işitti. Körler bile bu faciayı görüp yasını tutmuşken siz şimdiye kadar neredeydiniz ki onu bu gün işitip, yasını yeni tutmadasınız... Onlar çoktan cennete uçtular, bu viranhaneden göçüp saadet evine kondular. Asıl ağlanmaya layık olan sizlersiniz. Siz kendi harap halinize, viran gönlünüze ağlayın, sızlayın." (6/30)

3. Diriyi Sev

Çocuğu ölen günlerce onun kabrine gider taşına toprağına sarılır, göz yaşı döker. Ona sağlığında göstermediği sevgi ve şefkati gösterir ama bir müddet sonra gönlü artık soğumaya başlar. Çünkü ölü olana duyulan sevgi daimi olamaz. Kalbi ölmüş kişilere duyulan sevginin de devamı yoktur. O halde sen de bundan ibret al gönlünü diri olanlara bağla. (5/132)

Cevher Beyitler-X

61-62

Ölüm kendi renginde:

Merg-i her yek ey püser hem-reng-i ost

Pîş-i düşmen düşmen ü ber-dost dost 3/3461

Ey ölüm aynası! Sen ne tuhaf bukalemunsun. Kimin yüzüne baksan onun rengini alırsın. İyiye iyi, çirkine çirkin görünürsün. Dostuna dostsun, düşmanına düşman. Bunun sebebi nedir? diye sordum da Hz. Mevlânâ'dan şu cevabı aldım:

An ki mî-türsî zi-merg ender-firar

An zi-hod tersânî ey can hûşdâr 3/3463

A ölümden korkan! Aslında ölümün rengi yoktur, onda gördüğün çirkinlik kendi çirkinliğin. Lakin bu çirkinlik de kendi eserin. Üstündeki kirli paçavrayı kendin eğirip kendin diktin, yüzündeki gözündeki karaları yine kendin çaldın. Şimdi hayat perdesi aradan kalktı ve ölüm aynasında kendi gerçek kimliğinle yüz yüze geldin. Seni bu kara yüzünle,bu düşkün halinle cennete kabul etmezler. İşte seni korkutan ölümün bu gerçekleri haykıran dili. O halde layıkı o ki sen ölümden değil kendinden kork!

63

Mezar arkadaşın kim:

Bil vefâdârın olur ancak amel

Lahdi eyler ol senin ile mahal 5/1055

Ey mezar yolcusu! Hayattayken dostlarının çokluğuyla övünürdün. O uzun yol boyunca dostlarını nerelerde yitirdin! Son arkadaşların da sana mezar kapısında sırtlarını döndüler. Şimdi yanıbaşında seninle aynı toprağa baş koyan tek bir yoldaşın kaldı:amelin. Eğer bu yoldaş kötüyse vay haline! Yok iyiyse sana müjdeler olsun. O seni hesap gününde avukatın ve şahidin, sırat köprüsünde de bineğindir. O halde mezara böyle bir arkadaşla girmeye çalış.

64

Ölüye âşık olma:

Mürde üzre aşk olmaz pâyidâr

Hayy u kayyum üzre aşkı eyle kâr 5/3281

A şaşkın âşık! âşık olmak için bula bula ölüleri mi buldun. Bu dünyaya ait her ne sevdinse bil ki hakikatte o ölüdür. Madem ki gül daha elini uzatmadan soluyor ve gül yüzler çok geçmeden çarşaf bezine dönüyor... Böyle avucundan kayıp giden güzelliği güzellik deme sen. Ancak diri olan sevilmeye layıktır. Çirkin diri güzel ölüden evladır. O halde sevmek için kendine ölmeyecek ve solmayacak bir sevgili bul, aşkını ona hasret.

XI
DOSTLUK KİTABI

A- İNSANLARIN DOSTLUĞU

Dostlukta Uyum

Herkes herkesle dost olabilir mi? Şeyh Sadi'ye göre hayır. Kalıcı dostluklar ancak hemcinsler arasında mümkündür. O bu durumu şu vecizeyle formüle eder: "Kebuter bâ-kebuter bâz bâ-bâz" yani: Güvercin güvercinle dost olmalı, şahin de şahinle. Şahinle dost olmaya kalkan güvercinin vay haline!

Hz. Mevlânâ da dostların uyumlu olmasının lüzumunu çeşitli benzetmelerle açıklıyor. Biri dar diğeri geniş iki ayakkabı birbirine çift olur mu? Hayır! Böyle ayakkabı insanı topal etmekten başka işe yaramaz. Keza nasıl ki biri boş diğeri dolu iki çuval bir devenin sırtında dengeli duramazsa farklı mizaç ve inanıştaki iki insan arasında da uyum olmaz. Bu tip dostluklar iki taraf için de hayır getirmez. Yapıları ve gayeleri farklı kimselerin dostluğu olsa olsa fare ile kurbağanın dostluğuna benzer. Şimdi böyle bir dostluğun akıbetini görelim.

Fare ile Kurbağa Dost Olursa

Her nasılsa bir fare su kenarında karşılaştığı kurbağayla arkadaş olmuş. İyi ama buradaki fare ve kurbağadan maksat ne? Hemen hikâyenin başında bunları belirtelim ki mesaj anlaşılsın. Efendim, Hz. Mevlânâ'ya göre fareden kasıt dünya ehlidir; suda yani temiz yerde yaşayan kurbağa ise şeriat ehlini temsil etmekte. Neyse efendim, bir müddet sonra bu ikili arasındaki dostluk öyle ilerlemiş ki gece gündüz birbirlerinden ayrılamaz olmuşlar. Fare bir gün arkadaşına şöyle demiş:

- Kurbağa kardeş! Seninle dostluğa doyamıyorum ama bir gün beni terk edersin diye de korkuyorum. Bu korkudan kurtulmak ve istediğim her an seni yanımda bulmak için bir teklifim var. Gel bir sicimle ayaklarımızı birbirine bağlayalım; böylece her an birbirimizden haberdar olalım.

Bu teklif kurbağanın pek hoşuna gitmemiş, ama berikinin ısrarına da dayanamamış. Böylece bir yandan istenileni yapmış ama diğer yandan ayağından karaya çekilmemek için de tetik duruyormuş. Bu hal böylece süredursun bir gün alaca bir karga aniden şimşek gibi dalıp fareyi kaptığı gibi havalanmış. Tabi onunla birlikte ipin ucundaki kurbağa da yükselmiş. Görenler bu hale şaşırarak; "Su ehli olan kurbağa nasıl karganın yemi olur!" demişler. Kurbağa da lisan-ı hal ile şöyle cevap vermiş:

- Ben bu felaketi hak ettim. Zira su halkından olduğum halde hemcinslerimi bırakıp karada yaşayanlarla arkadaşlığa kalktım. Toprakta gezenle arkadaş olanın layıkı budur. (6/98)

Dostluğun zararlı olması için arkadaşın mutlaka kötü niyetli olması da gerekmez; onun ahmak olması kafidir. Tıpkı aşağıdaki nüktede anlatıldığı gibi:

Ayı ile Dost Olan Ahmak

Ahmak bir adam ejdere yem olmak üzere olan bir ayı görmüş ve onu helak olmaktan kurtarmış. Zavallı ayı kendisini kurtaran adama köle kesilmiş ve nereye giderse gölge gibi onu takibe başlamış. Ayının bu vefası berikinin de pek hoşuna gidiyor, onunla oturup onunla kalkıyormuş. Bir gün bu dostluğu doğru bulmayan bir arkadaşı ona demiş ki:

- Bu yaptığın yanlış. Ayının dostluğu sana hayır getirmez. Git kendine kendi cinsinden bir dost bul. Ancak ahmak bu uyarıyı yanlış yorumlayarak:

- Sen ayının bana gösterdiği dostluğu kıskanıyorsun, var yoluna git, demiş.

Bir zaman kırda bayırda dolaşırken adamın uykusu gelmiş ve yatıp uyumuş. Ayı onun başında dadı gibi bekliyor ve konan sinekleri eliyle kovalıyormuş. Fakat bir müddet sonra inatçı sinekleri kovmaktan usanmış. Çok da sinirlendiği için koca bir kaya alıp adamın yüzüne konan sineklerin üzerine fırlatmış. Zavallı ahmağın başı bir anda tuzla buz olmuş. (2-70)

Mevlânâ'ya göre ahmak dostların sevgisi de bu ayının sevgisi gibidir. Kinleri sevgiye, sevgileri de kine benzer. İyilik ediyorum zannıyla dostlarına zarar verirler. Şimdi bu tür dostluğa yeni bir örnek olarak bilgisiz bir kocakarı eline düşen zavallı şahinin başına gelenlere bir bakalım:

Kocakarı Evine Düşen Şahin

Padişahın av için beslediği doğanlardan biri sahibinden kaçmış ve tesadüfen un eleyen bir kocakarının evine girmiş. Ömründe böyle uzun gagalı, uzun tırnaklı bir kuş görmemiş olan ihtiyar ona acımış, kolunu kanadını bağladıktan sonra eline makası almış ve:

- Vah zavallı kuşum vah! Sahibin seni ne kadar bakımsız bırakmış, ne kadar ihmal etmiş, diyerek sağını solunu kırpmaya başlamış. Böylece şahinin kanatlarını, gagasını ve tırnaklarını kesmiş ve:

- İşte şimdi kuşa benzedin, demiş. Sonra da yemesi için önüne saman dökmüş. Şahin verilen samanı yemeyince de pek kızmış:

- Bak hele şu nankör! Bunca iyiliğimin kıymetini bilmiyor da ikramımı reddediyor, diye kafasına vurmaya başlamış. Beri tarafta padişah arayıp tararken kocakarının elinde acınası bir hale düşen kayıp kuşunu bulmuş ve ona şöyle demiş:

- İşte padişahtan kaçıp kocakarının çadırını yurt edinmenin cezası budur. (2/14)

Yani? Yani ey Ezel Şahı'nın şahini olan insanoğlu. Senin kadrin kıymetin o tarafta. Bu dünya kocakarısının çadırına meyleder, oradan bir dostluk umarsan başına geleceklere hazır ol!

Dostluk Lafla Olur mu?

Peki dostluğun ölçüsü nedir? Sözler mi, davranışlar mı? Bazıları güzel fakat boş sözlerle dostluk iddiasında bulunurlar. Ama onun gereğini yerine getirme konusunda sonuç hüsrandır. Demek ki dostluk hizmet, feragat ve iyi niyet ister. Bunlar olmazsa? O zaman durum aşağıda hikâyesi anlatılan sofi ve tekke hademesinin macerasına döner:

Bir sofi yolda giderken yoruldu ve bir tekkeye misafir oldu. Yorgun eşeğini tekke görevlisine emanet edip kendisi içerideki sohbete katıldı. Yemek getirilince sofi eşeğini hatırlayarak hizmetçiye;

- Eşeğin de karnı aç. Ona ıslatılmış arpa ve saman ver, dedi. Bu müdahaleden canı sıkılan hizmetçi bir lahavle çekerek:

- Birader, bu benim her zamanki işim, sen kaygılanma, dedi.

Lakin eşeğine düşkün sofi isteklerini kesmedi:

- Ha! Semerini indirmeyi de unutma. Hem yarasına da biraz ilaç ek!

- Lahavle, lahavle! Ya hu buraya şimdiye dek binlerce konuk geldi ve hepsi memnun ayrıldı. Hizmetin nasıl yapılacağını herkes benden öğrenir, sen niye bu işlere burnunu sokarsın ki!

- İyi iyi. Ama yine de sen suyunu verirken ılıştırmayı unutma, eşek üşütmesin.

- Lahavle... Ben ne diyorum sen ne diyorsun! Ne diye beni iş bilmez yerine koyup utandırıyorsun!

- Peki tamam... Sen eşeğin yattığı yeri de temizleyiver. Taş ve gübre varsa kaldır, ıslaksa kuru toprak dök!

Sahtekâr tekke görevlisi eşek sahibiyle baş edemeyeceğini anlayınca, emrin baş üstüne, deyip güya hizmet için dışarı çıktı ama söylenenlerin de hiçbirini yapmadı. Gitti eşeği taşlı bir yere bağladı. Yorgun, aç ve susuz eşek altındaki taş ve çakıl içinde debeleniyor, kah o yanına kah bu yanına devrilip duruyordu. Beride dinlenmeye çekilen yolcu da gece boyunca tuhaf tuhaf rüyalar gördü. Eşeğini ya kurtlar paralıyor, ya da zavallı hayvan kâh o çukura kâh bu kuyuya yuvarlanıyordu. Adam eşeğin başına bir hâl geldiğini anladı ve onu görmek istedi ama kapılar da kapalı olduğu için dışarı çıkamadı. Nihayet eşek de sahibi de güç hal ile sabaha çıktılar. Hareket zamanı hizmetçiler hayvanı eğerleyip sofinin önüne getirdiler. Bizimki eşeğine binip yola koyuldu ama beriki dermansızlıktan her adımda kapaklanıp duruyordu. Eşek kapaklandıkça kervandakiler onu kaldırıyor hastalağını anlamak için şurasına burasına bakıyordu. Hastalığı kimisi nalındaki taşa kimisi ise gözündeki lekeye bağlamadaydı. Sofi ise meseleyi anlamıştı. Dedi ki: "Ne o, ne de bu. Bütün bunlar eşeğin gece boyunca yediği lahavlelerden oldu. Eh gece tesbih çeken gündüz de böyle secde eder... " (2/9)

Mevlânâ'ya göre insan bu dünyada dost yüzlü düşmanına inanırsa İslam yolunda o eşek gibi dermansız ve biçare kalır. Soysuz kimselerin hizmeti de o hizmetarınkine benzer. O halde! Dam altında alçakların esiri olmaktansa dışarıda kimsesiz kalmak daha iyidir. Hasılı dun-himmet olan kişilerin dostluğu sadece dilindedir. Kendilerine bir işin düşerse yıllarca yaptığın iyiliklerini bir anda unutur, yele verirler. Bu sebeple onlara yaptığımız hizmetlerin karşılığını beklemek ya da izhar ettikleri dostluğa kanmak sadece başımıza dert almaktır. Örnek mi? Mevlânâ bu tip dostluğa örnek olarak -aşağıda verilen- köylü ile şehirlinin dostluğunu gösteriyor. Peşinen söyleyelim ki hikâyede şehirli görgü ve nezaketi temsil ediyor; köylü ise hem kaba, hem de hakikatsiz ve içten pazarlıklı. Aman, sakın köylü okuyucu bu rol taksimine alınmasın. Şüphesiz burada yapılan bir tipleştirmeden ibaret. Keza bu algılayışta Mevlânâ asrında Selçuklu hükümetini pek meşgul eden köylü ve göçebe toplulukların şehirlere yönelik tehditlerini de hesaba katmak herhalde yanlış olmaz.

Şehirli ile Köylünün Dostluğu

Bir köylü ile şehirli dost olmuştu. Köylü şehre indikçe oradaki dostuna konuk olur ve iki üç ay boyunca beyler gibi ağırlanırdı. Köylü her ayrılışında yalancıktan ev sahibini köyüne davet eder:

- Bahar mevsimi köy yerinde, bağın bahçenin ayrı bir safası vardır. Ne olur siz de çoluk çocuk toplansanız da bize misafir olsanız, derdi. Bu hal yıllarca devam etti. Şehirli her seferinde bir bahane bulur; bu sene şu işim, bu işim var; inşallah gelecek yıl geliriz, deyip atlatırdı. Nihayet onuncu yıl yine köylü şehirliye üç ay misafir olup dönerken ev sahibinin elini sıkıca tuttu ve:

- Artık bu sene mazeret dinlemem. Çoluk çocuğu toplayıp illa ki geleceksin, diye and aldı. Adam yine bir bahane bulacak oldu ama bu sefer kendi çocukları da köylüyü arkalayıp:

- Baba, bu adam senin iyiliklerinin altında kalmak istemiyor, misafirliğinin hakkını ödemek istiyor; niye onu üzüyorsun, diye ısrar ettiler. Nihayet şehirli bu ısrarlara dayanamadı ve köylüyü yolcu ettikten birkaç gün sonra eşyalarını öküze, eşeğe yükleyerek köye doğru yola koyuldu. Çocuklar köyde kendilerini bekleyen bahçeleri, bahçelerdeki türlü türlü meyveleri hayal ederek neşe içinde yürüyorlardı. Bir ay boyunca gece yıldızları takip ederek, gündüz alınları güneşte yanarak yol çilesi çektiler ama bu çile de onlara hoş görünmedeydi. Nihayet o uzak köye ulaştılar ve arayıp sorarak köylünün evini buldular. Güzel bir karşılanma beklemekteydiler ama evden yana hiçbir hareket olmadı: Ne kapıyı açan, ne de hoş geldin diyen! Şehirli içeriye doğru seslenip birkaç defa:

- Hey köylü dost! Ben filancayım, adım sanım şudur, bak davetine uyarak sana geldik, hadi kapıyı aç, dediyse de berikinden ses seda çıkmadı. Şehirli ısrarla kapıyı vurmaya başlayınca köylü:

- Yahu ne diye kapımı çalıp duruyorsun? Ben ne seni tanıyorum, ne de seni davet ettiğimi. Sen neyin nesi kimin fesisin? İyi misin, kötü müsün, deyip onu tanımazlığa vurdu. İş bu hale gelince şehirli kızdı:

- A nankör, bunca yıldır her gelişinde evinde kaldığın sofrasında yemek yediğin kişiyi nasıl tanımazsın, dedi. Fakat köylü inkarını sürdürdü ve kapıyı açmadı. Böylece şehirli ve ailesi tam beş gün dışarıda kaldılar. Ne içeri girebiliyor ne de yorgunluktan çekip gidebiliyorlardı... O ara şiddetli bir yağmur da başlamasın mı! Şehirli mecburen kapıyı bir kere daha çaldı ve:

- Tamam, tamam, dedi. Beni tanımadığını kabul ettim ve geçmiş bunca nimetin hakkından, hukukundan da vaz geçtim. Ama ne olur bize bir sığınak göster. Yoksa bu yağmurda çoluk çocuğum hasta olacak! Bunun üzerine köylü kapıyı açtı ve şöyle dedi:

- Karşı bahçede ok ve yayla oturup kurdu gözetlemek için yapılmış bir bekçi kulubesi var. Eğer bu hizmeti görürsen var o kulubeye sığın, dedi. Mecbur kalan şehirli eline ok yay alıp çocuklarıyla o kulubeye sığındı. Daracık kulube sivrisinek ve pireyle doluydu. Çocuklar bir yandan rahat evlerinden kalkıp da şimdi içine düştükleri bu hallere şaşırıyor bir yandan da;

- Bu bize layıktır; böyle alçakla dost olan ve onun sözüne kanana bu çile müstehaktır, diyorlardı. Zavallı baba burayı da kaybetme korkusuyla uykuyu terk etmiş, tetikte kurd gözlemekteydi. Birden tarlada kurdun karaltısını gördü ve okuyla onu vurup düşürdü. Kurt düşerken gürültüyle yellendi. Yellenmeyi duyan köylü, evinden dışarıya fırladı ve:

- Eyvah eşeğimin sıpası gitti! Sen ne yaptın a zalim, niye sıpamı öldürdün! diye şehirliye bedduaya başladı. Şehirli her ne kadar;

- Ya hu, bu zifiri karanlıkta onun sıpa olduğunu nereden biliyorsun? Benim gözüme kurt gibi göründü, önce bir araştır, sonra şikâyet edersin, dediyse de beriki:

- Hayır, ben yirmi yel arasında bile olsa sıpamı yellenmesinden tanırım. Bu konuda hiç şüphem yok, dedi. Artık şehirli sabredemedi ve gidip berikinin yakasına yapıştı:

- A alçak! Sen bu üç karanlık içinde sıpanı yelinden tanıyorsun da tam on yıllık dostunu gündüz gözüyle nasıl tanımıyorsun, dedi. (3/10-26) Neuzubillah, köylü de ne köylüymüş ama! Allah hepimizi böyle dostlardan uzak etsin. Tabiatıyla Mevlânâ bu hikâyeden başka başka manalar da çıkarıyor ama biz konuyu dağıtmamak için işin dostluk kısmıyla yetinelim.

İyiye Zarar Yok

Peki ama daima iyiler iyilere, olgun insanlar olgunlara dost olursa, ham ve cahil insanları kim eğitecek? Mevlânâ zaman zaman bu konuyu da ele alır ve hakiki mürşitlerin böyle bir dostluktan zarar görmeyeceğini belirterek: "Külhanın dumanından güneşin yüzü kararır mı hiç! Anka kargadan niye korksun!" der. Böyle dostluk mürşide zarar vermez ama ham için bir rahmettir... "O çirkine ne mutlu ki arkadaşı güzel olur. Ölü ekmek bile cana yoldaş olunca dirilir de can kesilir. Kömür ateşin dostu olunca karalığı nurun içinde yok olur gider. Kendini Hak küpüne batıranlar da başka renklerden kurtulur, o tek renge boyanırlar. Nitekim kendi rengini ateşin renginde yok eden demir, susar gibi görünse de hâl diliyle daima ateşlikten bahseder. Der ki: "Ben ateşim! Şayet bundan şüphen varsa beni elinle tutmayı bir dene! Hele bir yüzünü yakınlaştır, gör ki ateş miyim, değil miyim!" Nitekim Hz. Adem de Hakk'ın dostluğuyla nurlandığı için melekler tereddütsüz ona secde ettiler. Dost dostun huyundan etkilenir. Öyle ki köpekler bile bazı huylarını insanlardan alırlar da kimi zaman avcılığa, çobanlığa veya bekçiliğe soyunurlar. (2/49-52) Demek ki iyi olmak için iyilerle dost olmak gerek. Şimdi gelelim dostlukla ilgili ince bir meseleye: Aslında iki insan arasındaki dostluk Hakk'ın rızası üzerine bina edilirse sağlam ve kalıcı olur. İnsanın hakiki dostu haktır, hukuktur. Bunlara ihanet eden kendi dostlarından da ihanet görür. Aşağıda bunun ilginç bir örneği var:

Hakk'a İhanet Edersen!

Bir gammaz Mısır halifesine Musul valisinin dünyada eşi bulunmayan güzel bir cariyesi olduğundan bahsetti ve resmini çizip gösterdi. Halife daha resminden cariyeye aşık oldu ve en güvendiği ordu komutanlarından birini çağırıp ona şu emri verdi:

- İstediğin kadar asker al ve gidip Musul hakiminden o cariyeyi iste. Verirse savaşsız olarak, vermezse zorla onu al getir.

Komutan kahramanlıkla nam salmış bir yiğitti. Musul'a varıp kaleyi yıkmaya başlayınca şehir hakimi Müslümanları korumak için cariyesini vermeye razı oldu. Ancak genç komutan cariyenin güzelliğine hayran oldu ve gözünü duman bürüdü. Dönüş yolunda bir gece çadırda ona el uzattı. Cariye de genç kahramana aşık olmuş kendisini ona teslim etmişti. İkisi tam halvet halindeyken dışarıda ormandan gelen bir aslanın kükremesi işitildi. Askerler korkuyla kaçıştılar. Komutan çıplak haliyle dalkılıç dışarı fırladı ve bir darbede aslanın başını kestikten sonra hiçbir şey olmamış gibi cariyenin yanına döndü. Daha sonra aralarında geçen olayın gizli kalması hususunda cariyeyi tembihledi. Cariye kendisine teslim edilince sultan da ilk bakışta bu güzellik karşısında büyülendi ve geceyi onunla geçirmek istedi. Ancak halvet esnasında tavanda bir fare tıkırtısı işitilince korkudan sultanın eli ayağı çözüldü, işinden kaldı. Cariye komutanın cesaretiyle sultanın korkaklığını kıyaslayınca gülmekten kendisini alamadı. Halife bu yersiz gülüşten şüphelendi ve kılıcını çekerek:

- Hemen bana neye güldüğünü söyle. Şayet yalan söylersen bunu anlarım ve seni öldürürüm, ama doğruyu söylersen suçun ne olursa olsun seni azad ederim, dedi. Cariye çaresiz kaldı ve yolda başından geçenleri anlattı. Hz. Mevlânâ bu noktada hikâyede bir parantez açıyor ve bütün sırların zamanla aşikâr olacağını belirtiyor. Nasıl ekilen bir tohum, bahar vakti geldiğinde bulut, su, ateş ve güneşin tahrikiyle biter de toprak altında kalan sırlarını aşikâr ederse ve nasıl her ağacın kökündeki sır dalda meyve halinde tecelli ederse insanların suçları da en umulmadık bir vesileyle açığa çıkar. Diğer taraftan yaşanan her sıkıntının gerisinde bildiğimiz, bilmediğimiz bir hatamız vardır. Zira Cenab-ı Hak günahsıza azab etmez. Ne var ki işlenen hatayla görülen ceza birbirinin aynı olmayabilir. Nitekim Adem topraktandır ama toprağa benzemez, üzüm de asmadandır fakat asma gibi değildir. O halde insana bir sıkıntı gelince ona yakışan hemen Cenab-ı Hakk'a yönelmesi ve:

- Ya Rab sen zulümden münezzehsin. Gerçi ben cürmümü tamamen bilmiyorum ama bu suçsuz olduğum anlamına gelmez. Sen cürmümde sebebi örttüğün gibi günahımı da gizle, diye niyaz etmesidir.

Cariyeyi dinleyen sultan da bu başına gelenin kendi hatası olduğunu anladı ve Allah'tan af dileyerek kendi kendine şöyle dedi:

- İlahi! Başkalarına layık gördüğüm şey sonunda bana geri döndü. Yol üzerin başkası için kazdığım kuyuya kendim düştüm. Ben Musul şahını incittim ve o dert bana geri döndü. Anlaşılan başkasının eşi hakkında kötülük düşünen aslında kendi karısına pezevenklik edermiş. Aslında ben o komutanı daha önce defalarca imtihan etmiş ve böyle bir kötülüğünü görmemiştim; demek ki onun bu yanlışlığı yine bendendir. O halde ya Rabbi, ben bu iki genci affettim, sen de beni affet.

Mevlânâ suçunu farkeden ve pişman olan sultanın aksine bazılarının kendi kusurlarına sığındıklarını hatırlatıyor. Mesela bir sarhoş kötülük yapınca kabahati sarhoşluğuna yükler. Böylesinin özrü kabahatinden daha büyüktür. Öylesine denir ki:

- A kötü kişi, onu da sen kendi isteğinle içmedin mi, o sarhoşluğu sen davet etmedin mi? O halde böyle geçersiz mazeretleri bırak!

Hasılı padişah o komutanı çağırıp ona dedi ki:

- Bu cariye benim hoşuma gitmedi. Hem çocuklarımın annesi de bu cariyeyi kıskanıyor. Bu yüzden onu sana hediye ediyorum dedi ve kendi günahına kefaret olarak o iki genci evlendirdi. (5/155-161)

Hasan Harkani Eşine Niye Katlanırmış

Efendim, arkadaşlıkların en uzunu eşler arasındaki hayat arkadaşlığı. Hayatımız boyunca birçok arkadaşlar edinir ve her birini şu veya bu dönemeçte kâh bu kâh şu sebeple terkederiz. Neticede insan hiç kimseyle arkadaşlık yapmaya mahkum değil. Yürümediği yerde beraberlik de tabii olarak sona erer. Ama insanın eşi ve çocuklarıyla olan arkadaşlığı böyle mi? Çok zaman bu arkadaşlık duvakla başlayıp kefenle sona erer. Böyle uzun bir yolculukta birbirine ayak uyduranlara ne mutlu. Ama şans her zaman o kadar cömert davranmıyor ve bazen karga ile bülbülü bir kafeste bir araya getiriyor. Böyle bir durum ham kişi için mutsuzluk sebebidir, olgun ise bu zararı da kâra tahvil etmesini becerir. Dolayısıyla olumsuz örneklere bakıp evlilikten ürkmemeli. Nitekim rivayete göre Sokrat şöyle demiş: "Evlilik her halükarda iyidir. İyi bir eşe düşersen mutlu olursun, kötüsüne düşersen de filozof."

Latifesi bir yana olgun dahi olsa insan böylesi bir evlilikten ne kazanabilir ki? İşte nakledeceğimiz hikâye bize bunun ipuçlarını gösteriyor. Mesnevî'ye göre Talkan şehrinde yaşayan bir âşık meşhur veli Hasan-ı Harkani'yi ziyarete niyetlenmiş ve uzun yollardan aşarak şeyhin memleketine gelmiş. Çaldığı evin kapısını şeyhin hanımı açmış. Kadın dervişin geliş amacını öğrenince bir kahkaha atmış ve demiş ki:

- Hay aklına şaşayım. İnsan hiç böyle sahte bir şeyh için bu kadar zahmete girer, bunca yol teper mi? Şayet Hz. Ömer gibi biri olsaydı böyle kalpazan şeyhleri kırar, geçirirdi. Sen bu düzenbazı görmek sevdasından vazgeç de bir an evvel memleketinin yolunu tut."

Kadın bu minvalde kocası hakkında olmaz hakaretleri peş peşe sıralayınca artık derviş dayanamamış ve şöyle demiş:

- A kadın! Senin işin gökyüzüne tükürmeye benzer. Göğe tükürenin salyası yine kendi ağzına düşer. O halde onun hakkında söylediklerini aslında sen kendi kendine söylemektesin. Şükret ki bu mübarek sarayın köpeğisin. Eğer o zatın hürmeti olmasa şimdi seni kılıcımla ikiye biçerdim.

Böylece evden ayrılan derviş araya sora şeyhin odun toplamaya gittiğini öğrenmiş ve orman yolunu tutmuş. Biraz ilerleyince odununu bir erkek aslana yükleyip kendisi de sırtına kurulmuş ve eline de kamçı yerine bir ejder almış olarak gelen Şeyh Harkani'ye rastlamış. Derviş kendi içinden; "Allah Allah! Bu kadar ulu bir zat niçin öyle huysuz bir kadınla eş olmuş!" diye taccüp etmiş. Adamın içinden geçenleri okuyan şeyh ona şöyle demiş:

- A derviş! Sanma ki benim o kadınla çift oluşum nefsim eseridir. Biz Allah'ın elinde kurban olmuş ve hakkımızda ne yazılmışsa razı gelmişiz. Ben onun yükünü çekmesem hiç bu aslan benim yükümü çeker miydi? Kendi nefsimin ejderine boyun eğseydim, hiç bu elimdeki ejdere hükmedebilir miydim! (6/77)

B- HAK DOST

Üns-i tu ba-mâder ü baba kücâst
K'ez be-cüz Hak munisanterrâ vefâst (3/552)

Yani:

Haktan başkasının dostluğunda bir gerçeklik olsaydı, anne ve babanın dostluğunda olurdu. Ama hani onlar? O dostluktan geriye ne kaldı?

Ey Vefasız Dostlarım Nerdesiniz?

Sevgili okuyucu! Ömür güneşi kemalden geçip zevale meyledince ve ufku gurubun kızıllığı tülleyince insan bu dünya gerçeğini daha iyi anlıyor. Kısa bir ömür muhasebesi bize ne kadar çok şeyi geride bıraktığımızı dehşetle farketmemize yetiyor. O zaman içimizden kırık bir ses bütün bu kaybolan, bizi bırakıp giden şeylere sitemle şöyle seslenir:

"Ey hayatımın baharı olan çocukluğum ve ey ömrümün hiç bitmeyecek sandığım uzun yazı olan gençliğim şimdi nerelerdesiniz? Niçin beni dökülen yaprakların, hüzünlerin, ayrılıkların mevsimiyle başbaşa bırakarak gittiniz? Bu uzun hayat yolculuğumun her kavşağında beni birer birer terkeden yakınlarım, akrabalarım, ya sizler nerdesiniz! Sevgili annem, başımı okşayan şefkatli elin nerede, gölgesine sığındığım güçlü babam sen neredesin? Ya siz dostlarım! Birbirimizden canımızı esirgemediğimiz yoldaşlarım, sizinle aramıza ne girdi? Neden her menzilde sizi birer birer kaybettim. Şimdi niçin birçoğunuzun adını bile hatırlayamıyorum? Zor anlarımda yanıma yöreme baktığımda niçin pek azınızı bulabildim. Ve niçin bulduğum o dostlar da dertlerimi çözmekten aciz kaldı? Ey vefasız dostlarım! Elbette sizi aczinizden dolayı asla suçlamıyorum. Ama madem ki dostlukta kemalden uzaksınız, o halde siz de benden tam bir dostluk beklemeyin. Ben eksiksiz bir dostluk isterim. Öyle bir bir dost isterim ki kalbimden geçeni ben söylemeden bilsin ve daha ben istemeden ihtiyacımı versin. Ve o vefakâr sevgili beni ömrüm boyunca bir an bile terk etmesin."

Yaşlı insanı bu iç muhasebenin sonunda şu iki sonuçtan biri bekler: O özlenilen dosttan mahrum olan inançsız için derin bir yeis, onu şah damarından yakın bilen mümin için sonsuz bir mutluluk. O mutlulukla başı dönmüş mümin Cenab-ı Hakk'a şöyle niyaz eder:

Rûzihâ ger reft gû rev bâk nist
Tu bimân ey an ki çün tu pâk nist

Yani: *Günler geceler ve onlarla birlikte her şey gelip geçerse ne gam! Ey benzersiz dost, yeter ki sen bizimle kal, yeter ki sen bizi terk etme!*

Hz. Mevlânâ da aşağıdaki mısralarda böyle bir iç konuşmaya tercüman oluyor. Ancak biz anlaşılabilmesi için metnin aslı yerine Merhum Nahifi'nin manzum tercümesini tercih edelim ve okuyucunun anlama zorluğunu kısa açıklamalarla azaltmaya çalışalım:

Nice yâr u hemrehe buldun zafer
Sana sorsam dersin anlar gittiler
Yâr-ı salih dahil-i dâr-ı naim
Yâr-ı fasık vâsıl-ı nâr-ı cahim
Öyle kaldın ortada sen nâ-tüvan
Ateşin guyâ bırakmış kârbân
Yâr u yâver yoktur illâ ol ilah

Zir ü bâlâdan münezzeh padişah
Her kudûret buldu fazlıyla safâ
Haktır ancak eyleyen ahde vefa
Har u hasla eyleme ünsiyyetin
Âriyettir anda üns ü ülfetin
Kanda gitti valideyn ünsiyeti
Olsa Hakdan gayrının hayriyyeti
Oldı divar üzre bir pertev ayan
Yine oldı şemse ol pertev devan

Meali: *Ey dünya yolcusu! Şimdiye kadar ne çok dostun, yoldaşın oldu. Sana, onlar nerede, diye sorsam şöyle dersin: Onlar gitti! Nereye mi? İyi dostlar cennete, kötüler ise cehenneme. Böylece sen tıpkı göçen bir kervanın geride bıraktığı sönmüş ateş gibi ortada yapayalnız ve çaresiz kalıverdin. Herhalde şunu anladın ki yerden de gökten de münezzeh olan, her an her yerde hazır bulunan o Padişahtan başka senin ne dostun ne de yardımcın var! Zaten dostluk ahdine sadık kalan sadece Hak'tır. O dost olunca da her üzüntü neşeye ve sevince döner. O halde artık sen de çer çöp kabilinden olan sahte ve ödünç dostluklardan, arkadaşlıklardan elini çek! Düşün! Eğer Allahtan başkasının dostluğundan bir hayır görseydin anne babandan görürdün; hani onlar, niçin seni yalnız bıraktılar! Aslında onların sevgisi de Allahın verdiği ödünç bir sevgiydi; sanki duvara yansıyan bir parça ışıktı da o ışık yine ait olduğu güneşe geri döndü.* (3/22)

Kulun Dostluğu, Hakk'ın Dostluğu

Şeyh Sadi'nin şu sözü ne kadar manidardır: *Bir adamdan kurtulmak mı istiyorsun? Fakirse ona borç ver, zenginse ondan borç iste. İkisi de bir daha semtine uğramaz.* Demek ki, istemek seni kuldan uzaklaştırır; halbuki sen Cenab-ı Hak'tan istedikçe ona daha çok yaklaşırsın. Mevlânâ da aşağıdaki beyitlerde insanın dostluğuyla Hakk'ın dostuğu arasındaki farkları sıralıyor:

Vakt-i sıhhat cümle yârend ü harif

Vakt-ı derd ü gam be-cüz Hak k'u elif (5/3215)

İyi vaktinde herkes seninle dost görünür ama dertli zamanında Cenab-ı Hak'tan boşka dost bulamazsın. Onun dostluğu elif gibi dosdoğrudur.

Nâzenin yârî ki ba'd ez -merg-i tu

Rişte-i yârî-i tu gerded se tu (5/1526)

O öyle hakikatli bir dosttur ki ölümünle bile senden soğumaz, bağlılığı git gide artar.

Ey cefâyet bih zi-ahd-ı vâfiyan

Hem zi-dâd-ı tüst ahd-ı bâkiyan (5/1533)

Ey cefası bile başkalarının vefasından daha iyi olan dost! Başkalarının ahdi dahi gerçekte senden bir ihsandır.

Vefasız Dosta Kızmalı mı?

Bu beyitlerden de anlaşıldığı gibi insandan vefa beklemek yersizdir. Peki bundan dolayı herkese ve her şeye küselim mi? Her çirkinlikte güzel bir taraf bulan Mevlânâ'ya göre hayır. Niçin? Çünkü Cenab-ı Hak: "*Öyle bir gün gelir ki insan kardeşinden, çocuk anne babasından kaçar.*" buyuruyor. O halde daha buradayken bir dost senden yüz çevirir, kibir, kin ve haset gösterirse feryat etme, kendini aptal ve cahil yerine koyma. Belki şükür maksadıyla bağışta bulun. Onun tuzağından çabuk kurtulduğun için kendini şanslı say ve de ki: "İyi ki yarın olacak şey bu gün oldu. İyi ki ömrümü onlara harcayıp bitirmeden önce ne olduklarını gördüm... Özürlü bir kumaş almışım ama şükürler olsun ki onun kusuru hemen belli oldu. Yoksa onunla sermayem elden çıkacak ve iflas edecektim. Malımı mülkümü verip kalp para alacak ve evime bilmeden sevinçle dönecektim. Şükür ki ömrüm ziyan olmadan paranın sahte olduğu belli oldu. " (5/61)

Netice olarak madem ki seni sevgiliye götürüyor, bütün bu kötülükler hakikatte hayır ve rahmetten ibarettir. Zira:

Her çi mekrûhest çün şüd o delil
Sûy-ı mahbûb habibest ü halil (4/80)

Seni sevgiliye götürüyorsa mekruh şeyler de sevimli ve güzeldir.

O Halde Mutlak Kötü Yoktur:

Vefasızlığı, çile ve sıkıntıları da güzel gösteren yukarıdaki fikirler bizi sufilerin güzellik anlayışı ile karşılaştırıyor.

İbn-i Sina ile başlayan ve sufilerin varlık anlayışı ile genişlik kazanan bu fikre göre kainatta çirkin ve abes hiçbir şey yoktur. Her şey ya bizatihi ya da bilvasıta güzeldir. Söz gelimi gül zati olarak güzeldir ama diken olmadan bu güzellik farkedilemez. O halde diken de güzeli farketmemizi sağladığı için dolaylı olarak güzeldir. Hz. Mevlânâ aşağıdaki beytinde her şeyin zıddıyla bilinebileceğini ifade ediyor:

Bed nedâni ta nedâni nik-ra
Zıddra ez-zıd tüvan did ey fetâ (4/1365)

Yani: Ey delikanlı! Her şey zıddıyla bilinir. Bu yüzden kötüyü bilmeden iyiyi de bilemezsin.

Bu duruma göre kainatta mutlak kötü yoktur. İyilik ve kötülük duruma göre değişmekte. Nasıl mı? Aşağıdaki beyitler bunun açıklaması:

Pes bed-i mutlak nebâşed der-cihan
Bed be-nisbet bâşed inrâ hem-bedân
Der zemâne hiç zehr ü kand nist
Ki yekirâ pâ diğerrâ bend nist
Zehr-i mârân marrâ bâşed hayat

Nisbeteş bâ-âdemi bâşed memat
Halk-ı âbîra buved deryâ çü bâğ
Halk-i hâkîrâ buved ân merg ü dâğ
Ger tü hâhî ki türa başed şeker
Pes orâ ez-çeşm-i uşşâkeş niger
Menger ez-çeşm-i hodet ân hûbra
Bîn çeşm-i tâlibân matlûbra
Çeşm-i hod ber-bend z'ân hoş çeşm-i tu
Ariyet kün çeşm ez-uşşâk-ı tu
Tâ şevi eymen zi-sîrî vü melâl
Güft kânallahu leh z'in Zülcelâl

Bil ki dünyada mutlak kötü yoktur. Kötü bir şeye nisbetle kötüdür. Dünyanın şeker ve zehiri birine ayak, birine bağdır. O Amr için zehir Zeyd için şekerdir. Yılanın zehri yılan için hayat insan için ölümdür. Deniz deniz, canlıları için bağ bahçedir, kara canlıları için ölüm. Sana her şeyin şeker olmasını istiyorsan ona aşıkların gözüyle bak. Güzele kendi gözünle bakma, ona aşık olanın gözüyle bak. Kendi gözünü yum, aşıkların gözünü ödünç al. Ta ki sana usanma gelmesin. Cenab-ı Hak "Allah da ona verdi" buyurmuştur. (4/4-5)

Mevlânâ'nın hayır ve şer konusundaki fikirleri şu cümlelerle özetlenebilir: Cenab-ı Hak ne yaratmışsa mutlak hayır veya şer değildir, hayır ve şer oluşu duruma göre değişir... Düşküne vurulan sille bazen ona ekmek ve helva vermekten daha iyidir. Zira helva yiyen hasta ölür, ona tokat vurup men etmek onun yararınadır... Vurmak kötü huy içindir. Keçeye vururken kasıt tozu silkmedir, keçeyi dövme değil. Merhemi koymak için yarayı yarmak ve irini akıtmak gerekir. Yoksa ilaç yara altındaki eti de yer.

Şimdi de bu anlayışa tercüman olan hikâyemizi verelim:

Kötülere Dua Eden Vaiz: Bir vaiz her vaaza başlamadan önce bütün günahkarlara asilere, haydutlara hayır duada bulunurdu. Ona:

- Bu adeti nereden çıkardın? Sapıklar için dua caiz ve makbul değil, dediler.

- Ben onlardan çok iyilik gördüm, duam ondan. Bana öyle kötülüklerde bulundular ki iyiliğin kıymetini öğrettiler, neye bel bağlamam gerektiğini hatırlattılar. Aşağılık dünyaya ve dünyadakilere meylettikçe onlar beni döver, söver, tekrar Hakk'a sığınmama sebep olurlar. O halde onlara nasıl dua etmem!.. (4/5) Gerçekte her düşman senin için bir ilaçtır. Onlardan kaçar Hakk'a sığınırsın. Seni Hak'tan başka şeylerle meşgul eden dostlarınsa hakiki düşmanlarındır. Mümin porsuk gibi ki dayak yedikçe semirir, cefa çektikçe güzelleşir. Peygamberlerin bunca çile çekmesi bundandır. Hasılı dosttan gelen belalar sen bilmesen de hayrınadır. Kötü kişi de başkasına faydalı olur ama kendisine zararlıdır.

Yakarış

Allahım! Kendi iç konuşmasıyla vicdanım bir daha anladı ki dostluk senden, vefa senden, varlık sendendir. Madem ki her şey senindir, vicdanım senin adına şöyle demekte elbette haklıdır:

Ger bâ-heme çü bî-meni bî-hemeî
Ver bî-heme çü bâ-meni bâ-hemeî (3/1214)

Her şeyin var ama benden (Cenab-ı Hak'tan) mahrumsan, bil ki gerçekte hiçbir şeyin yok. Hiçbir şeyin yok ama benimleysen her şeye sahipsin.

İlahi! Bu gerçeği kavrayan vicdanım halka minnetten kurtuldu ve cümle aleme şöyle seslendi:

Dâd hod ez-kes neyâyem cüz meğer
Z'ân ki o ez-men be-men nezdikter

Ben kimsenin yardımını istemem. Çünkü varlığın sahibi izin vermedikçe zaten kimse bana yardım edemez. Ben yardımı bana benden yakın olandan isterim ancak.

İlahi! Sen bana şahdamarımdan daha yakın olduğunu buyurdun:

Ci'te akreb ente min habli'l-verid
Kem ekul ya ya nidâi lil-baid (6/685)

Sen bana şahdamarımdan yakınken ben uzaktakine çağırır gibi nasıl ya ya diye seslenebilirim!

İlahi! Sana yakınlığı hak edecek bir sermayem yok. Ama senin Peygamber lisanıyla buyurduğun: Ene celisu men zekereni ve enisü men iste'nese bi (Ben beni ananların yanındayım ve bana enis olanların enisiyim) müjdesini kendime dayanak edindim ve dostluğunu umarak kapına geldim. Yüce Mevlamız! Sen ne güzel dost ve ne güzel yardımcısın!.

Görevimiz Hakk'adır

Sevgili okuyucu! Mevlânâ her şeyi hangi kapıya borçlu olduğumuzu bakın ne kadar veciz ifade ediyor: "Değil mi ki memeyi, sütü ve anayı yaratan hep Cenab-ı Hak'tır. Değil mi ki ananı babana çift eyleyip senin doğmanı takdir eden yine O'dur; Hakk'ın hakkı ana hakkından da öncedir. Bunu bilmeyen eşeğe benzer." (3/14) Bu ihtarla bir kere daha anlıyoruz ki Hakk'ın hakkı her şeyden öncedir. Bize ulaşan bütün nimetler O'nun yüce elinin eseri ve hediyesidir. Ama çok zaman o nimetler onları uzatan elle aramıza perde olmuyor mu? Ve çok zaman vesileler hakikatin önünü kesmiyor mu? Hakk'ın hakkının her haktan önce olduğunu çoklukla unutmuyor muyuz? Hayatta değer verdiğimiz, üzerine titrediğimiz ne çok şeyimiz var. Sözgelimi malımız, mülkümüz, hayatımız, ailemiz... Bir mücevherin üstüne titrer gibi üstüne titrediğimiz birçok şey. Fark etmeyiz ki bütün bunlar bazen asıl cevherle aramıza perde olurlar ve bize asli görevimizi unuttururlar. Ne gibi mi?... Sultan Mahmut'la vezirlerinin aşağıdaki hikâyesinde olduğu gibi:

Ayaz'ın Farkı

Gazneli Mahmut'un yaşlı başlı vezirleri çobanlıktan gelip de kısa zaman içinde kendi saflarına kadar yükselen Ayaz'ı kıskanıyor,

Sultanın ona değer vermesini çekemiyorlardı... Sultan, Ayaz'ın diğerlerinden farkını göstermek üzere hepsini huzuruna çağırdı. Vezirleri kıdem sırasına göre dizilince o hazinesinin en değerli mücevherini aldı ve baştaki ilk vezire uzatarak; "kır!" emrini verdi. Bu beklenmedik emir karşısında bocalayan yaşlı vezir şöyle dedi:

- Sultanım, emrinizin hikmetini anlayamadım ama beni mazur görün. Zira ülkeler satın alacak değerdeki bu mücevheri kırmak benim gibi bir kölenizin haddi değil.

Padişah ısrar etmedi. Mücevheri alıp ikinci vezire uzattı ve aynı emri verdi. Ne var ki ikinci vezirden de benzer bir cevap aldı. Bu minval üzere mücevher tek tek bütün vezirlerin elinden geçti ve her biri baş vezirin sözlerini tekrar ederek padişahtan af dilediler. Nihayet sıra en sonda yer alan Ayaz'a geldiğinde o daha sultanın ağzından kır emri çıkar çıkmaz bir an bile tereddüt etmeden taşı yere vurup paramparça etti. Bu manzara karşısında şaşkına dönen diğer vezirler Ayaz'ın üzerine yürüyerek onu paylamaya başladılar:

- A densiz! A kadir kıymet bilmez çoban parçası! Sen ne kırdığının farkında mısın? Senin gibi bir köle parçası kim, Sultan hazinesinin bu paha biçilmez cevherini kırmak kim?

Bunun üzerine Ayaz onlara şu manidar cevabı verdi:

- Haklısınız taş çok değerli, ama Sultan o taştan çok daha değerlidir. Siz o cevheri kırmadınız ama Şahın emir cevherini kırdınız. Sultanın bir emri benim için binlerce mücevherden daha kıymetlidir... O, eğer taş yerine kendimi yere vurup kırmamı isteseydi asla tereddüt etmezdim..." (5/163)

Demek ki insan binbir heves arasında oynayıp duran ayağını bir noktaya dikmeli kalbini tek bir yere bağlamalıdır. Kısacası Hakk'a karşı vefalı olmalıdır. Aşağıdaki veciz mısralarda Mevlânâ bu hakikati parlak benzetmelerle bakın nasıl ifade ediyor:

Cenab-ı Hak'tan Başkasına Yar Olma

Evvel ü âhir-i tu aşk-ı ezel hâhed bud

Çün zen-i fâhişe her şeb tu diger şûy mikün
Dil binih ber hevesi ki dil ez-ân ber-neküni
Şir-i merdâ dil-i hodra seg-i her kûy mikün
Hem bedân sû ki geh der-i devâ mi-hâhi
Vakf kün dide vü dil rû be-her sûy mikün
Hemçün üştür be-medd ü cânib-i her harbüni
Terk-i in bâğ u bahar u çemen ü cûy mikün
Hân ki hakan binihadest şehâne bezmi
Enderin mezbele ez-behr-i Hudâ toy mikün
Mir-i çevgâni-i mâ cânib-i meydan âmed
Pey-i esbeş dil ü cânra hele cüz gûyi mikün

Ey, başlangıcı ve sonu ezeli aşka ait olan! Her gece başka bir erkeği koca edinen fahişe kadın gibi olma! Kalbini kendinden ayıramayacağın tek bir arzuya bağla. Ey aslan kişi! Kalbini mahalle mahalle dolaşan köpek derecesine düşürme! Gözünü ve kalbini dert anında nereden deva istiyorsan sadece o tarafa vakfet ve her tarafa akıp durma. Deve gibi her çekildiğin yöne ve diken tarafına gitme; bu bahçeyi, baharı, çimeni ve ırmağı terk etme. Bak, sultan şahlara layık bir eğlence meclisi düzenledi, Allah aşkına artık bu çöplükte oturup kalma. İşte çevgan oynayan emirimiz meydana doğru geldi. Haydi, kalbini ve ruhunu onun atının arkasında top gibi yuvarla.

Hakk'a Vefalı Ol

Dostluk vefayla sınanır. Cenab-ı Hak'tan gelen bazı sıkıntılar da kulun kulluk konusundaki imtihanıdır. Ancak sıkıntılı hallerde bazıları çareyi başka kapılarda arar. Mevlânâ bu konuda insanı köpekle mukayese ediyor: "*Köpek bile bir ekmek verenin kapısından ayrılmaz, ona vefa gösterir. Başka kapıya gitmek o nimete küfürdür. Köpek dahi vefasız olmaktan utanırken sen nasıl vefayı terk edersin?*"

Demek ki hakiki vefa hiçbir durumda Hak'tan başkasından bir şey ümid etmemektir. Aksi halde? Aksi halde Cenab-ı Hak sana kendi dileği dışında kimsenin yardıma kadir olmadığını gösterir. Mevlânâ buna misal olarak Hz. Yusuf 'u gösteriyor:

Beni Hatırlat

Hz. Yusuf zindan arkadaşı olan bir mahpusun rüyasını yorumlamış ve ona kurtulup büyük bir mevkiye geleceğini müjdeleyerek demişti ki:

- Padişahın yanında mevki sahibi olduğunda ona beni hatırlat.

Ne var ki Cenab-ı Hak o adama bu vadini unutturdu ve Hz. Yusuf yanlış ricası yüzünden daha nice yıllar o zindanda kaldı. Böylece o Hak'tan başka dayanılan her şeyin çürük bir sopa hükmünde olduğunu yaşayarak öğrendi... (6/127)

Aslında Cenab-ı Hak bu dünyada kendi düşmanlarına bile lutfetmekte, onları yaşayıp doyurmakta iken neden küçük bir kusuru için sevdiği bir kulunu bu kadar yıl zindanda bekletiyor? Mevlânâ bu noktada şöyle bir inceliğe dikkat çekiyor:

Gerçi yarasa güneşe düşmandır ama yine de rızkını güneşe borçludur. Zira yarasa gece bir kurtçuk bulup yese o kurtçuğun büyümesinde güneşin tesiri vardır. Güneş kendi düşmanına bile böyle ikramda bulunur ama sıra doğana gelince ona aynı müsamahayı göstermez. Şayet doğan, gece avlanmaya kalkarsa güneş onun kulağını çeker ve şöyle der:

"*Hadi yarasa kördür, ama sana ne oluyor! Gözlerin aydın olduğu halde neden nurdan kaçmadasın.? O halde sen kulağının çekilmesini hak ettin, bir daha güneşten başını çevirme!*"

Demek ki sıradan insanlar için meşru sayılan şeyler yüce insanlar için bir kabahat hükmündedir. Bu yüzden şöyle denmiştir: Hasenat-ı ebrar seyyiat-ı mukarrebin. Yani: Sıradan iyilerin sevabı Cenab-ı Hakk'a yakınların nezdinde günah sayılır.

Mevlânâ aşağıdaki hikâyede de kulluktaki vefanın nasıl olması gerektiğine güzel bir örnek veriyor.

Kulluk ve Padişahlık Nasıl Olurmuş

Yoksul, aç ve çıplak bir dervişin yolu Herat şehrine uğramıştı. Şehirde dolaşırken gözleri cins atlar üzerine kurulup giden atlas elbiseli, altın kemerli bir grup soyluya takıldı. Derviş bu asilzadeleri merak ederek oradan geçen birini durdurdu:

- Bunlar nerenin beyleri, emirleri

- Ne beyi ne emiri! Bunlar Herat defterdarının kulları/köleleri...

Bunun üzerine zavallı derviş kendi perişan halini onlarla karşılaştırdı ve başını göğe kaldırarak:

- Ya Rabbi bir kendi kuluna bak, bir Herat defterdarının kullarına! Kul beslemek nasıl olurmuş gör, dedi.

/Hz. Mevlânâ naz halindeki dervişin bu yakarışını yanlış anlamamak hususunda bizi uyararak şöyle diyor: "*Gerçi bu derviş Hakk'ın has kullarındandı ve yakınlığına güvenerek böyle niyazlar etmekteydi. Ama madem ki sende o yakınlık yok, Hakk'a öyle sözler söylemekten sakın!..*" Mevlânâ eserinin bir yerinde bu fikrini şu örnekle açıklıyor: "İhtişamla taht üzerinde oturan padişahın sağ ve solunda eli kılıçlı çavuşlara nöbet tutturması, her gün davul ve nekkare çaldırması halka kudret ve heybetini göstermek içindir. Ama gece sultan has dostlarıyla işret Meclisi kurduğunda orada ne resmiyet kalır ne de uzaklık. Demek ki sultanın haşmet ve heybeti yabancıyadır, dostlarına değil. (4/145)

/Bir müddet sonra padişah bir suç isnadıyla defterdarı hapse attırdı ve hazinesinin yerini söyletmek için işkenceler yaptı. Onu konuşturamayınca bu sefer -o ihtişamlı- köleleri işkenceyle konuşturarak bilgi almak istedi. Demir cımbızlarla etleri çekilmesine ve vucutları parça parça olmasına rağmen kölelerin hiçbiri efendilerine ihanet etmedi. O gece derviş gaybdan kendisine şöyle seslenildiğini duydu:

- Ey arif, sen de kulluk nasıl olurmuş bu kölelerden öğren! (5/128)

Kendini Layık Olana Feda Et

Bu köleler kendilerini feda etmekle zarar mı ettiler, kâr mı? Mevlânâ insanın kendisini kime feda etmesi gerektiğini açıkladığı şu beyitleriyle bu soruyu cevaplıyor:

Ey hunuk ân ki fedâ kerdest ten
Behr-i ân kâr zed fedâ-yı ân şüden
Her yekî çünki fedâ-yı fenniyist
K'ânderan reh sarf-ı ömr ü küştenist

Bâri in mukbil fedâ-yı in fenest
K'ender-u sad zindegî der-küştenest (6/3552-54)

Canını ve tenini layık olana feda edebilene ne mutlu! Herkes kendini bir işte feda eder, ömrünü o yolda harcar ve o uğurda ölür. /Bari o kutlu kişi öyle bir yolda feda olmuştur ki onun ölümünde dahi yüzlerce hayat vardır.

Cömertlik Çeşitleri

Cömertliğin birçok cinsi var şüphesiz. Mevlânâ'ya göre cömertliğin en üstünü Hak yolunda çile çekmek ve canını o yolda sarf etmektir. Akıllı cömert neyi nereye harcayacağını bilen, Hakk'ın malını Hakk'ın emrettiği şekilde sarfedendir:

"Para dağıtmak cömert için şereftir. Aşıkın cömertliği ise can feda etmektir. Ekin eken önce ambarı boşaltır ama sonra hasılatı harcadığından pek çok olur. Zaten tohumu ambarda tutmak israftır. Bir yandan çürür, bir yandan fareler yiyip mahveder. O halde bu acı canı feda et de tatlı bir can satın al. Kendini Hak'tan başka bir şeye feda edersen kendi kendini ucuza satmış olursun. Say ki bir atlassın ama tutup kendini bir hırkaya yamamadasın." (1/88-89)

CEVHER BEYİTLER-XI

65 -67

Âşık kime âşık:

Pâdişehler kendi pesti pestidir

Halk-ı âlem kendi mesti mestidir

Dilberân oldu esir-i bî-dilân

Can verirler bî-dilâna dilberan

Suya tâlipdir egerçi teşnegân

Teşnelerdir matleb-i âb-ı revân 1/1805 vd

Ey biçmeden ekmek, vermeden almak, sevmeden sevilmek isteyen! Bil ki vermek almaktır, sevmek sevilmektir.. Padişahlar bile kendilerine eğilene eğilirler, zira herkes kendi sarhoşunun sarhoşudur. Sevgililer kendi âşıklarına âşıktırlar ve onların yoluna can verirler. Susayanlar suya hasrettir ama su da susamışları arayıp durmada.

68

Sular da susar:

Teşnedir müştâk-ı âb-ı dilsitân

Abdır hem tâlib-i lebteşnegân 3/4442

Susuz kişinin dudağı tatlı suya hasrettir. Ama su da susamış dudakları özler. Çocuk memeye âşıktır, memeyse kendisini emecek bebeğe. Muhtaç olan cömerd bir el peşindedir, cömert ise kendisinden isteyecek elleri gözler. Yani fakrın gereği istemek zenginliğin şanı vermektir. Beriki ne kadar almağa muhtaçsa Hak eri de o kadar vermeye müştaktır. Cömertlerin en cömerdi olan Cenab-ı Hak ise:Yok mu benden isteyen, diye kullarını kendisine davet eder.

69

Müminler bir beden:

Müminân ma'dûd lîk imân yekî

Cismişân ma'dûd likin can yekî 4/418

Beden bir ama organları çok. Bedenleri bir araya getiren, birleyip bütünleyen candır. Can giderse azaların hiç biri kalmaz, hepsi ölür. Müminler de böyledir, hepsi bir büyük bedenin uzuvları hükmündedir. Niçin? Çünkü hepsinin ortak bir canı vardır ve o can imandır. Nice hazinelerin bir araya getiremeyeceği kalpler imanla bir araya gelmiş, kardeş olmuştur. İman ipi kopmaya görsün, beden tesbihi dağılır gider.

70-71

Dildaşlık mı üstün gönüldaşlık mı:

Çok olur Hindî ve Türki hemzebân

İki Türk olur veli bîgâne san

Bâ-husûs ola zebân-ı mahremi

Hemzebândan oldu alâ hemdemi 1/1259-60

Önemli olan dil akrabalığı değil gönül akrabalığıdır. Bu yüzden bakarsın bir Hintli ile Türk anlaşırlar da aynı dili konuşan iki Türk anlaşamazlar. O halde gönüldaş olmak dildaş olmaktan daha iyidir...

72

Ayakkabın sıkarsa yalınayak gez:

Pâ-tehî geşten bihest ez-kefş-i teng

Renc-i gurbet bih ki ender-hâne ceng 1/2496

Elbette her ayağa bir ayakkabı, her sırta bir gömlek lazım. Ama ayakkabı darsa insan yalın ayak olmayı tercih eder. İnsanın evi barkı, vatanı elbette gurbetten iyidir ama bazen vatan yaşanmaz hale gelir deşairin dediği gibi-:"Gahi gurbet vatan olur,gahi vatan gurbetlenir". Ayakkabı nedir? Yerine göre arkadaş, eş,dost. O halde eşler ve dostlar dikkat etmeli ve sormalı:Ben nasıl bir ayakkabıyım? Korumakla mı yükümlüyüm, sıkmakla mı? Sonra evim nasıl bir ev? Cennet bahçesi mi, çilehane mi? Aman eşler.. Dikkat!

73

Dostların düşmanındır çünkü..:

Der-hakikat dûstanend düşmenend

Ki zi-Hazret dûr u meşgûlet künend 4/96

A arkadaş! Sen hedefini şaşırmış dostu düşmanı karıştırmışsın. Dostum diye sarıldığın şeyler seni oyalamakta, yolundan alıkoymakta. Haktan hakikatten, cennetten ve cemalden uzaklaştıran dost nasıl dosttur. Gerçek dost sana kapı olandır perde değil, önüne düşüp Hakka iletendir, yolunu kesen değil. Bu nazara göre seni döve söve Hakka doğru kovalayanları zahiren düşman da gözükseler düşman bilme dost bil. Zira hayra vesile olan hayırdır.

XII
KULLUK VE İBADET

A- En Büyük Şeref Kulluk

İlahi nefhadan payına bir hisse düşmüş olan insan, içinde daima potansiyel bir Tanrılık iddiası taşır. Bu potansiyelin sahibi olan insan bazan aslına doğru bir yolculuğa çıkar ve ilahi beni adına maddi benini inkar makamına ulaşarak Hallac gibi "ben yokum var olan O" der, ilahileşir... Bazan ise gücünün kaynağını unutarak egosunu şişirdikçe şişirir ve Firavunlaşır. Özellikle modern insanın problemi olan kulluk bilincinden uzaklaşma, bir kimlik sapmasıdır. Bu dünyada başıboş bırakıldığını sanan bu tür insanlar için, İlahi emir ve yasaklar kabul edilemez bir pranga, kulluk teklifi ise bir nevi kölelik anlamı taşır. Mevlânâ ise aşağıdaki mısralarda kulluğun gerçek hürriyetin ta kendisi olduğunu şu veciz mısralarla ifade ediyor:

Men bende şüdem bende şüdem bende şüdem
Men bende be-haclet be-ser efkende şüdem
Her bende şeved şad âzâd şeved
Men şad ezan ki türa bende şüdem

Yani: *Ben köle oldum, köle oldum, köle oldum. Bu kulluk/kölelik konusundaki eksikliğimden dolayı başım mahcubiyetten önüme düştü. Her köle hürriyetini kazanmakla mutlu olurken benim mutluluğum sana köle olmaktır.*

Şeyhülislam Arif Hikmet Bey de aynı mealde şöyle söyler:

Yare kul olmakla buldum devlet-i hürriyeti
İhtiyarımla esaret geldi kendimden bana

Yani: *Ben hürriyeti sevgiliye kul olmakta buldum; bu esareti ben kendi isteğimle seçtim.*

Mevlânâ'ya göre insanın bu dünyadaki ana varlık gayesi kulluktur ve bunun dışındaki her yöneliş bir sapmadır: "Her şey her yerde kullanılabilir. Ama bir şeyi kendi amacı dışında kullanmak zulümdur. Mesela bir kitabı yastık olarak da kullanabilirsin ama o gerçekte ilim ve irşat için yazılmıştır. Bir kılıç çivi olarak da işe yarar ama böyle yaparsan savaşta mağlubiyeti baştan kabul ettin demektir. İnsan da bin bir türlü iş için kullanılabilir, ama onun varlığından asıl maksat ilim ve hidayettir." (3/114)

İbadet İçin Varız

Şüphesiz kul olmanın bir yönü iman ise diğer yönü ibadettir. "Secde et ve yaklaş" emrine uygun olarak Hakk'a yakınlık taat ve ibadetten geçer. İbadetsiz yakınlık bir vehimden ibarettir. Sahibi meçhul şu beyit bu gerçeği ifade ediyor:

İbadetle bulanlar buldu Hakk'ı
İbadetsiz kimin var Hakda Hakk'ı

Mevlânâ aşağıdaki alıntıda da ibadetin bir ahiret azığı oluşunu, Cennetin ibadetle satın alınacağını şu benzetmelerle açıklıyor: "Zeytinyağı ve fitili olmayan kandilde az çok ışık olur mu? Burnu koku almayanın gül bahçesinden nasibi var mı? Erkekliği olmayana bakire ile evlenmekten ne fayda! Buğdaysız değirmen sadece saç sakal ağartmaya yarar. Ama değirmen buğdayı olana ikbal ve nimet bağışlar. Tıpkı bunlar gibi insanda Cennet için de bir kâbiliyet lazım ki orada nimete ulaşılsın. (6/166)

Gerçek İbadetlerin Anlamı

Ne var ki ibadetten ibadete de büyük farklar var. Bunların kimisi makbul ve muteberdir, kimisi ise sadece kuru emek. Mevlânâ gerçek ibadetlerin anlamı ve insana ne kazandırması gerektiği hakkında şu yorumları yapıyor: "Sofralar kurmak nasıl cömertliğin şahidi ise oruç kişinin helalden bile sakındığına, harama bulaşmasının imkansızlığına; zekat ise Allah için malını dağıtanın başkasının malına göz dikemeyeceğine şahittir! Ama bunlar yalancı şahit iseler -yalancı şahit makbul olmadığı gibi- ilahi adaletin hakimince şahitlikleri kabul edilmez... Aldatma amaçlı ibadet avcının saçtığı tane gibi, tuzaktan ibadettir. Kedi de oruç tutar gözükür ama acemi bir avın yolunu gözler. Hasılı bu ibadetler senin iman ve itikadına şahittir ama önce şahitlerin tezkiyesi lazım. Böyle olmayanın hali gündüz dikip gece sökenin haline benzer." (5/9)

Anbarında Fare Var

Bütün bunlardan anlaşılıyor ki gerçek bir iman ve ibadet ona uygun ameller şeklinde tezahür eder. Eğer böyle olmamışsa onca ibadetten elde kalan şey kocaman bir hiçten ibarettir. Mevlânâ böylesinin halini ne kadar veciz ifade ediyor:

Ger ne mûşi düzd der-anbar-ı mâst
Gendüm-i âmâl-i çil sâle kücâst (1/395)

Yani: *Ey kırk yıldır ibadet eden! Eğer fare bizim tahıl ambarımızı delmemişse kırk yıllık amel buğdayımız hani!*

Fareden kasıt nedir? Riya, ihlas eksikliği, ruhsuzluk, kalpteki kir pas. Hasılı ameli boşa çıkaran hemen her şey. Yunus'a göre; nasıl elbise kiri namaza mani ise kalp kiri de öyledir:

Bir tona kan bulaşıcak yumayınca mismil olamaz
Gönül pası yunmayınca namaz reva olmayısar

Makbul İbadet Nasıl Olur?

O halde Hak katında makbul ve muteber ibadet nasıl olur. Bu tür ibadetin özelliği nedir? İşte Mevlânâ aşağıdaki beyitlerde bunun ip uçlarını veriyor:

Zevk bâyed ta dehed tâat ber
Mağz bâyed ta dehed dâne şecer
İhtiyar âmed ibadetrâ nemek
Ver ne migerded benâhâh in felek (2/3432)

Sevgili okuyucu! Yukarıdaki beyitlerde Hz. Mevlânâ ibadeti bir çekirdek yahut bir bir fidan dikmeye benzetiyor. İnsan fidanı meyve yemek için diker, tohumu ürünü için toprağa atar. Peki toprağa attığımız her çekirdek yeşerir, diktiğimiz her fidan meyve verir mi? Tabii ki hayır. Çekirdekte öz olmalı ki filizlenebilsin, fidan bir meyve fidanı olmalı ki ürün versin. Meyvesiz fidan diken, özsüz çekirdek atan kendi emeğini heba etmiştir. Mevlânâ'ya göre ibadetin özlü olup olmadığının göstergesi de manevi zevktir; onun tadı tuzu sevgi, istek ve aşktır. Yoksa? Yoksa insan dönüp duran ama ne yaptığından haberi olmayan feleğin durumuna düşer. Dönüş bakımından feleğin yaptığı da hacının tavafına benzer; ama bu dönüşlerden biri iradidir, bir amaca yöneliktir; diğeri gayrı-ihtiyaridir. Bu iki hareket nasıl eşit değilse görünüş bakımından aynı olan iki ibadet de öz olarak birbirine denk olmaz. Esasen zevk almayanın ibadetlerini sürdürmesi de pek zordur; oysa onun manevi hazzına varan kişi içinse zor olan ondan ayrılmaktır. Bu iki hale örnek olmak üzere aşağıya bir emirle namaz düşkünü kölesinin hikâyesini nakledelim:

Namaz Düşkünü Köle

Emirin biri sabah namazı vakti hamama gitmek istedi ve Sungur isimli kölesine seslenerek:

- Tez peştemalı, kili, tası hazırla, seninle hamama gidelim, dedi. Bunlar yolda giderken sabah ezanı okunmaya başladı. Sungur namaza pek düşkündü:

- Efendi, siz şu dükkanda biraz eğlenin ben de namazı bitirip geleyim, dedi. Emir:

- Hadi tez git, tez gel, deyip ona izin verdi. Az sonra namaz bitti ve cemaat dağılmaya başladı. Gözü cami kapısındaki emir bekledi, bekledi fakat Sungur bir türlü çıkmıyordu. Emir artık dayanamadı ve içeriye seslenip Sungur'u çağırdı. Köle:

- Efendi, içeriden izin alır almaz hemen geleceğim, az sabret dedi. Efendi şaşırarak sordu:

- Yahu kimden izin alıyorsun? Çıkmana izin vermeyen de kimmiş, bir bilsem! Namaz düşkünü köle şu cevabı verdi:

- Ah emirim! Sizi oraya bağlayan beni de buraya bağladı. O ne sizi içeri alıyor, ne de beni dışarı salıyor.

Mevlânâ bu iki hali kara halkıyla deniz halkının durumuna benzetiyor: "Karadakiler denizde boğulduğu gibi deniz halkı da karada yaşayamaz. Ne deniz kendisindekileri karaya bırakır, ne de kara kendi halkını denize!" (3/116)

Özellikle gece ibadeti pek faziletlidir. Aşağıdaki hikâyede Mevlânâ bu ibadetten zevk alan biriyle ondan rahatsız olan kişinin halini allegorik benzetmelerle anlatıyor. Burada gece dünya hayatını, davul çalmak ibadet neşesini, seher ahireti/cenneti temsil etmekte. Abid için yakın olan o seher dünya bağlısı için pek uzaktadır:

Gece Davulcusu

Biri gece yarısı boş bir konağın kapısında aşkla şevkle seher davulu çalıyordu. Rahatsız olan komşulardan biri dedi ki:

- Bu yaptığın kepazelik nedir! Bir kere seher davulu gece yarısı çalınmaz. İkincisi bu konakta in cin top atmada! Davul sesini duymaya kulak lazım, buradaysa seni duyacak, davul ücreti verecek hiç kimse yok. Davulcu dedi ki:

- Şimdi de sen beni dinle. Bu vakit sana göre gece yarısı ama benim için sevinç sabahı yakın. İçerde kimsenin olmamasına gelince... Bu sana göre öyle. Bu halk niçin Allah yolunda masraflara girip camiler yapar, ya da hac yolunda nice altınlar harcar? Hacı hiç; bu ev boş, Kâbe'nin içinde hiç kimse yok, der mi? Hakk'ın evi hiç boş olur mu? Sen; "Sana ücret verecek bir müşteri yok burada!" diyorsun. Eğer müşteri arıyorsan Hak'tan daha iyi müşteri kim olabilir? O senden birkaç damla gözyaşı alır ve karşılığında cennet kevserleri bağışlar. Ben de gafur olan Rabbimden medet umarak seher davulu çalıyorum. (6/33)

İbadette İtidal

Gerçi her şeyde itidal/orta yol esastır. Ama Hz. Pir'e göre orta oluş nisbete göredir, hale göre değişir. Nitekim deveye göre derenin suyu azdır ama o su fare için deniz gibidir. Birinin tabiatı 10 rekat namaz kılınca bozulur, 500 rekat da kılsa diğerine çok gelmez. Birisi Kâbe'ye yaya gider de diğeri mescidin uzaklığından şikâyet eder. Bir yiğit Allah yolunda can verir, cimrinin ise ekmek verirken canı çıkar. Sonsuzluğun önü arkası yoktur, onun ortası kenarı bulunmaz. (2/129)

Peki ama neden bazıları ibadetsiz yaşayamazken diğerleri ondan zevk alamıyor? Bu neyin göstergesi! Hatta işi cami ve ibadet olan insanların bile ondan aldığı zevk neden ayrı ayrı. Hz. Mevlânâ bunun sebebini bakın nasıl açıklıyor:

Zevk Kabulun Delili, Ya Aksi?

Hz. Şuayb zamanında biri:

- Ben şimdiye kadar birçok büyük kusur ve günahlar işlediğim halde Allah'tan hiç bir ceza görmedim. Aksine malım ve itibarım daha da arttı. Demek ki Allah günah ve isyanlarıma af nazarıyla muamele ediyor, dedi. Hz. Şuayb:

- Yanılıyorsun. Allah isyanı asla hoş görmez. Eger bunun delilini bilmek istersen ibadetlerine bak. İbadetlerinden hiçbir zevk almaman bu günahlarının sonucu ve cezasıdır. Nitekim Tanrı, suçları pek örterim ben, dedi, sırlarını söylemem; belalara uğradığına ancak bir belirtiyi söyleyeyim: Kişi kulluk ediyor, oruç tutuyor, dua ediyor; namaz kılıyor, zekat veriyor, daha da başka şeyler yapıyor hani.... Fakat bir zerrecik bile can tadı bulamıyor. Kulluğu güzel ama manası güzel değil; ceviz çok ama içleri yok. Tat gerek ki kulluklar meyve versin.... İç gerek ki tohum ağaç olsun. Cansız şekil ancak hayaldir. (2/123)

Böylece ibadetteki şekil ve öz meselesine gelmiş bulunuyoruz. Bakalım Hazret bu konuda neler düşünüyor:

Şekil mi önemli, öz mü

Mâ zebanrâ nen(e)girim ü kalrâ
Mâ revanrâ bingirim ü halrâ
Sanma kim manzar zebân u kâldir
Bil ki manzurum kulûb u hâldir (2/1776)

Ey insan! Sanma ki biz bakacağımız şey seçilen kelimelerin güzelliği ve dili kullanma ustalığıdır. Hayır, biz ancak kalpteki niyete ve hale bakarız.

Efendim, beyitte Cenab-ı Hak lisanıyla ifade edilen şey mealen şu: Her şeyin bir zarfı bir de mazrufu olduğu gibi ibadetlerin de bir şekli, bir de özü var. Şekle riayet edilmeyince ibadet bozulur. Ama her şekli ibadet gerçekten ibadet midir? Hz. Mevlânâ aşağıdaki küçük hikâyede ibadetin özü ve çekirdeğinin samimiyet olduğunu, bu öz olduktan sonra şekle ve lafza ait kusurların affa mazhar olduğunu bakın nasıl anlatıyor:

Hz. Musa ve Çoban: Hz. Musa Tur dağına giderken abuk sabuk dua eden bir çoban gördü.

- Allah'ım bana kendini göster ki sana hizmet edeyim. Eskirse çarığını dikeyim, kirlenince saçını yıkayıp tarayayım, acıkırsan önüne süt getireyim... Bütün keçilerimi koyunlarımı sana feda edeyim vs.

Hz. Musa çobanı azarladı ve:

- Behey nadan! Allah senin bu söylediklerinin hepsinden münezzehdir. Dikkat et bu sözlerinle kâfir oluyorsun, dedi. Zavallı çoban mahzun ve mahcup bir şekilde başını alıp uzaklaştı... Bu sırada Musa'ya Cenab-ı Haktan şöyle bir sada geldi:

- Ya Musa! Senden istenen yakınlaştırmak iken sen kulumuzu bizden ayırdın. Biz kale (söze) değil hale bakarız, kalbe ve niyete nazar ederiz. Sen onun diline ve sözlerine değil maksadına bak!

Bunun üzerine Hz. Musa ardından çobanın koştu ve bu duyduklarıyla çobanı müjdeledi. (2/63)

Bilal'in Ezanı

İbadetlerde samimiyetin önemini vurgulayan Mevlânâ diğer bir örneği de Bilal-ı Habeşi'den vererek şöyle diyor:

"Bilal-ı Habeşi ezan okurken Hayyı lafzını iyi telaffuz edemez "heyyi" şeklinde söylerdi. Bazıları Hz. Peygamber'e:

- Daha nübüvvetin başlangıcında ezanın böyle yanlış okunması doğru olmaz. Bu işle daha doğru okuyan birini görevlendirseniz, dediler. Hz. Peygamber ise:

- Bilal'in heyyi okuması nicelerin hayyı okumasından daha iyidir, buyurdu. Zira; eğer sözün eğri kalbin doğruysa kerem sahibi Mevla o eğriliği affeder." (3/8)

Söze değil niyete bakmak. Kabuğa değil öze göre hareket etmek. Ah, bu prensibi bir de insan ilişkilerine uygulayabilsek!

Efendim, ibadette samimiyetin önemini anlamak için şimdi de Muaviye ile şeytan arasında geçen uzunca bir vakayı özetleyelim. Hz. Mevlânâ birçok hikâyesinde yaptığı gibi bu olayı anlatırken de kader meselesinden tevbenin önemine kadar birçok ara konuya da parmak basıyor. Biz de ona uyarak hikâyemizi özetleyelim:

Al Namazı Ver Ahı

Bir gün yorgun yatan Muaviye sabah namazına uyanamadı. Namaz geçmek üzereyken tanımadığı biri onu ayağından çekip uyandırdı. Muaviye bu hale taaccüb etti ve sordu;

- Sen de kimsin ve beni ne amaçla uyandırdın? Beriki:

- Ben şeytanım, dedi, seni namazı kaçırmaman için uyandırdım.

Muaviye daha fazla şaşırdı:

- Allah Allah! Bu nasıl olur? İşi insanları günaha sürüklemek olan şeytanın namaza kaldırdığı nerede görülmüş! Sen böyle bir şeyi sebebsiz yapmazsın, söyle beni niye uyandırdın?

Şeytan onu namaza kaldırmakta bir art niyeti olmadığını iddia ederek dedi ki:

- Bakma benim lanetlendiğime. Benim isyanım hakikatte Cenab-ı Hakk'a duyduğum aşırı sevgiden, onu kimseyle paylaşamamaktan oldu, yoksa ben onun kulluğundan çıkmış değilim. O bana ezelde böyle bir iş takdir etmiş, beni bununla görevlendirmiş; yaptığım şey onun emrinden hariç değil. Sonra ben bu halime şikâyetçi de değilim. Değilim zira güzelden gelen her şey güzeldir ve bu felaket başıma o güzelden gelmiştir.

Sevgili okuyucu! Şeytandaki şu muhakemeye bakın! Nasıl da kendisini savunuyor ve suçu üzerinden atmaya çalışıyor. Hani bir Osmanlı şairinin dediği gibi:

Batıl hemişe batıl-ı beyhudedir veli
Müşkil budur ki suret-i Haktan zuhur eder.

Yani: *Yanlış daima yanlıştır ama işin zorluğu şurada ki doğruluk kıyafetini giyerek ortaya çıkar ve insanı şaşırtır.*

Muaviye de şeytanın bu ikna edici sözleri karşısında verecek cevap bulamadı ve:

-Bu sözler doğru ama o doğruluğun seninle ilgisi yok, dedi. Sen bu aklın bu muhakemenle benim gibi nicelerini iğfal ettin, yoldan çıkardın. Ad ve Lut kavmi senin ayartmanla mahvoldu. Nemrud'un beynini sen yedirdin. Ebu Hakem sana uydu da adı Ebu Cehil'e çıktı. Şimdi bana doğruyu söyle. Beni uyandırmaktan gerçek amacın ne?

Şeytan hâlâ pes etmemişti. Kendisine yeni bir savunma kapısı açarak dedi ki:

-Aslında ben kalplerin mihengiyim. Nasıl ki madenin ayarı mihengle ortaya çıkar Cenab-ı Hak da samimi olan müminle sahte olanı benimle ortaya çıkarır. İnsanlara vesvese vermekten başka benim ne silahım var? Bana uyanlar aslında kendi kötü nefislerine uymaktalar. Ya Muaviye, eğer bir kimse kemik isterse köpek tabiatlıdır, eğer ot isterse ahu tabiatlıdır. Kimi ruh gıdasını arar, kimi nefs gıdasını. Ben iyiyi kötü edemem. Benim gücüm sadece kurumuş ağaçları kesmeye yeter!

Efendim! Kader bahsinde de ele aldığımız üzere şeytan bu sözleriyle şu gerçeğe parmak basıyor: Dünyada iken şeytana ve diğer sapık önderlere uyanlar haşir günü onların yakasına yapışıp kendilerini saptırmakla suçlayacaklar. Bunun üzerine şeytan bir kürsüye çıkıp onları şöyle susturacak:

"Allah resullerini ve kitaplarını gönderip size doğruyu göstermedi mi? Gösterdi! Ama siz onlara uyacağınıza nefsinize böylesi hoş geldiği için bana uydunuz. O halde şimdi beni değil kendi kendinizi suçlayın."

Hasılı şeytanın yukarıda naklettiğimiz güçlü mantığı karşısında Muaviye dedi ki:

- A lanetlenmiş! Benim sana delil ve mantıkla galip gelmem mümkün değil... Ama bildiğim bir şey var ki ne kadar güzel olursa olsun senin hiçbir sözünde hayır yok.

- Peki ama doğru sözle eğriyi nasıl ayırıyorsun?

- Bunun delili kalbimdir. Bir söz var ki onda kalbim huzur buluyor, ferahlıyor öbüründe ise ızdırap ve endişe hasıl oluyor. Şimdi artık namaza kaldırma konusunda gerçeği söyle de hem sen kurtul, hem ben kurtulayım.

Bu cümlelerde de Hz. Mevlânâ kalple ilgili bir gerçeğe parmak basıyor. Nasıl altının sahte ve sahicisi mihenkle belli olursa kalp de doğru ve yanlış olanı tartan manevi bir terazi hükmündeddir. Dışı ne kadar cilalı olursa olsun içi çürük sözler o terazide hemen belli olmakta. Hz. Peygamber'in "Kalbine sor!" sözündeki hikmet de onun bu özelliği olmalı. Ama artık biz bu ara tespitleri bir yana bırakıp hikâyemize geri dönelim ve işin sonuna bir göz atalım. Bu uzun muhavereden sonra muhatabını aldatamayacağını anlayan şeytan nihayet pes etti ve:

- Peki, peki, dedi. Mademki senin elinden kurtuluş yok, o halde bu işin doğrusu şu: Geçenlerde sizden biri sabah namazına mescide yetişemedi. Namazın kaçtığını görünce pişmanlık ve üzüntüyle öyle bir ah etti ki yer, gök titredi. Bu ahı işiten mescittekilerden biri;

- Gel kardeşim, dedi, seninle bir alışveriş yapalım. Benim namazım senin olsun, senin ahın da benim, dedi. Böylece ikisinin de rızasıyla namazla ah el değiştirdi... O gece ahı satın alan gaibden şu sesi işitti:

- Sana müjdeler olsun! Ne kârlı bir alışveriş yaptın. Satın aldığın o ahın hürmetine hem kendi namazın hem de oradaki herkesin namazları kabul olundu.

Ey Muaviye! İşte ben de senin böyle bir ah çekmenden korktum ve seni bu büyük faziletten mahrum etmek için uyandırdım.

Muaviye:

- İşte şimdi doğru söyledin ey Allah'ın düşmanı, dedi. (2/94)

Her Ah Ah mıdır?

Madem ahtan söz ettik, Mesnevî'nin bu babdaki şu nüktesini de aktaralım.

Biri bir ariften şunu sordu:

- Namazda yüksek sesle ağlayıp inlemek namazı bozar mı, bozmaz mı? Arif dedi ki:

- Bunu bilmek için ağlamaya değil, ağlama sebebine bakmalı. Şayet sebep Hak korkusu veya günaha pişmanlık ise böyle ağlayış namazı bozmaz, aksine değer kazandırır. Ama sebep evlat ayrılığı veya beden acısı gibi şeylerse bu ağlayış namazın ruhuna aykırıdır.

Zira namazın manası kendini ve evladını terk etmektir. Tıpkı oğlunu kurban etmekten ve ateşe atılmaktan korkmayan Hz. İbrahim gibi. (5/51)

İbadetin Ücreti ve Bir Testi Su

Çevremizde sık sık bazılarının şöyle düşündüğüne şahit oluruz: Madem ben ibadetlerimi yerine getiriyorum; dünyayı da ahireti de hak ettim gitti! Acaba gerçekten böyle mi? Gerçekten yaptığımız ibadetler dünya ve cennet nimetlerinin karşılığı olabilir mi? Şimdi de bununla ilgili olarak biraz uzun ama şüphesiz pek güzel mesajları olan bir hikâye aktaralım:

Efendim hikâye gece vakti çölde yaşayan fakir bir bedeviyle karısı arasındaki bir tartışmayla başlıyor. Kolay anlaşılması için önce bu sembollerle ilgili bir iki küçük açıklama yapalım: Gece ne demek, Arabi ve karısı neyi temsil ediyor? Efendim, Mesnevî'ye göre buradaki geceden kasıt içinde yaşadığımız dünya hayatı. Zira bu sıkıntılı hayat ahirete nazaran bir nevi gecedir. Savundukları fikirler bakımından Arabi aklı, karısı ise nefsi temsil etmekte. Şimdi bunları hatırımızda tutarak hikâyemize geçebiliriz...

Bir gece karısı bedeviye şu yollu sızlanmış:

- A efendi! Bizim bu halimiz ne olacak? Bu fakirliğimizin sonu neye varacak? Fakirlikten insan içine çıkamaz oldum. Çıksam da beni görenler bir şey isterim korkusuyla yolunu değiştiriyor. Artık bu yoksulluktan bıktım, usandım...

Kocası ona nasihat ederek:

- A kadın, demiş, iyi ama sen ne diye şuna buna avuç açıyorsun ki! Mihnet ve sevinç, darlık ve bolluk bir nefes gibi gelir geçer. Allah herkese yetecek rızkı vermiştir. Bizim de iyi kötü karnımız doyuyor. Daha fazlasını isteyerek kendini üzme. En iyi zenginlik kanaattir, hale razı olmaktır; gel biz de böyle bir zenginlikle zengin olalım. Hem sana ne oluyor ki gençken daha kanaatkardın da kocaldıkça dünyaya sevgin arttı. Bu yaştan sonra dünya senin olsa ne çıkar! Nasıl olsa az müddet sonra hepsini bırakıp gitmeyecek misin? Sonra madem ki seninle biz bir çiftiz; çiftler uyumlu olmalı ve biri diğerine ayak uydurmalı. O halde sen de bu anlayışta bana uymalısın...

Kadın bu sözler üzerine ağzını daha da bozmuş:

- A adam, demiş, sen kim böyle büyük laflar etmek kim! Sen bu laflarla beni susturmaya kalkma. Madem ki rızkımı temin etmek senin boynunun borcu, benim böyle konuşmaya elbette hakkım var. Hem beni incitip kızdırma ki içimde sakladığım eski kabahatlerini de ortalığa döküp saçmayayım.

Ah, ah! Görüldüğü gibi sevgili okuyucu, bu tartışmanın sonu pek hayırlı görünmüyor. İyi de çok zaman biz de bu tip lüzumsuz konuşmalarla aile huzurumuzu bozmaz, ağzımızın tadını kaçırmaz mıyız? Aile şüphesiz mukaddes bir kurum ama huzursuzluk katlanılmaz dereceye gelirse insan şöyle düşünmez mi?: "Ayakkabı dar olursa yalınayaklık hoştur. Vatanda savaş olursa gurbet daha iyi!" Karısının sözlerine katlanamaz hale gelen koca da:

- Peki, peki, demiş. Eğer sen söylediklerimi anlayacak anlayışta olsaydın haline razı olurdun. Yenecek şeylerin hemen bittiğini kalpteki lezzetinse yok olmadığını anlardın... Ama madem ki benden bu kadar şikâyetcisin, seni hemen boşayayım, bunu ister misin?

İş bu noktaya varınca kadın alttan almaya başlamış ve sözü yeni bir mecraya çevirerek kocasına şöyle bir fikir önermiş:

- Duydum ki Bağdat'ta adil ve cömert bir halife varmış ve şehir onun cömertliğiyle bahara dönmüş. Dediklerine göre kimse onun kapısından boş dönmezmiş. Ne olur, sen de kalkıp git ve halimizi arz et. Umulur ki elin boş dönmezsin.

- Ama hanım, oraya eli boş gidilmez ki. Bir şey istemek için de bir şey götürmek lazım. Bizimse o saraya layık neyimiz var!

Biraz düşünen kadının aklına şu gelmiş:

- Testimizdeki yağmur suyu var ya! Şehirde böyle arı duru suyu nereden bulacaklar! Onlara bundan makbul hediye olmaz.

Şimdi ben testinin ağzını sileyim, kapatayım, sen de onu sırtlayıp Bağdat'ın yoluna düş.

Şimdi efendim, hikâyenin sonunu beklemeden belirtelim ki buradaki testi vücudu, su ise ibadet, taat ve marifeti temsil ediyor. Peki padişah? Şüphesiz o da bu varlık ülkesinin sahibini. Bu durumda, Arabi, neyi kime hediye götürecek?O zavallı kimin malını kime satacak?

Hasılı bir testi suyu padişaha götürme fikri Arabinin pek aklına yatmamış ama hanımının çenesinden bıktığı için yola düşmekten başka çare de bulamamış... Zahmetle çölü aşan Arabi nihayet şehre ulaşınca sora sora sarayı bulmuş. O, "Beni burada kim tanır, adam yerine koyup kim huzura alır!" diye tereddütler içinde saray kapısına vardığında sarayın hizmetçileri tarafından hiç ummadığı bir iltifatla karşılanmış. Bu karşılamadan hareketle Hz. Mevlânâ idare eden ve edilen ilişkisine ışık tutacak şu tespitleri yapıyor:

"Bir hükümdar nasılsa köleleri de öyle olur. Zira padişah havuz gibidir, kulları ise çeşme. Havuzda tatlı acı her ne varsa çeşmelerden de o akar." Demek ki hükümdar -yahut günümüze göre devlet başkanı diyelim- halka davranışlarında diğer bütün idarecilere örnek olmak durumunda.

Biz yine saray kapısında bıraktığımız bedevimize geri dönelim. Bedevi gerçi o kapıya mal ümidiyle gelmiştir ama gördüğü güzel muamele ve sultanın parlayan yüzü ona her şeyi unutturmuştur. Onun hali tıpkı su için kuyuya kova sarkıtıp da karşısında Hz. Yusuf'u gören devecinin suyu unutmasına benzer. Bir başka tefsirle de cenneti ümid eden müminin cemalullah karşısında her şeyi unutması gibidir. Hasılı Sultan huzuruna çıkarılan bedevinin hediyesini kabul ederek hizmetçilerine şöyle emretmiş:

- Bu çok değerli ve makbul bir sudur, her damlası bir altın eder. Hemen testiyi boşaltıp içini altınla doldurun sonra da misafirimizi nehir yoluyla memleketine geri götürün!

Zavallı Arabi önce söylenenleri gerçek sanmış ve içinden:

- Meğer bizim hanım haklıymış, getirdiğim su sarayda pek makbul bir hediyeymiş, diye geçirmiş. Fakat az sonra hizmetçiler onu sandala bindirmek üzere Dicle kıyısına indirdiklerinde derya gibi akan nehrin büyüklüğü ve berraklığı karşısında Bedevinin aklı şaşmış. Sonra suya eğilip bir avuç almış ve ağzına götürmüş ki ne görsün! Su şerbetten daha leziz değil mi! Bunun üzerine bizimki az evvelki fikrinden utanmış ve kendisini kınamaya başlamış:

- Vah bana, vah benim zavallı anlayışıma! Sarayının kapısından böyle deniz gibi arı duru bir su akan padişah hiç benim testimdeki o acı ve tozlu suya tenezzül eder mi! Meğer onun hediyemi kabul edişi yine kendi merhametinden ve lütfundan imiş. Anlaşılan o bana beni utandırmadan bir lütufta bulunmak istemiş de lütfunu o bir testi suyun karşılığı gibi göstermiş. (1/91)

Ne hoş bir nükte değil mi efendim? Bu anlatılanlardan şu ortaya çıkıyor: Bizim ibadetlerimiz ve taatlerimiz katiyyen cennetin ve cemalin bedeli olamaz. Zaten bu mülkün sahibi olan Cenab-ı Hakk'ın bizim kendisine arzettiğimiz şeylere ihtiyacı yoktur. O bize cenneti vermek için bu ibadetleri birer bahane mesabesinde kabul buyurur. Hepsi bu! İşte, nüktenin ana mesajı böyle.

Kaç Çeşit Abid Var?

Şimdi bu hikâyeyi Hz. Mevlânâ'nın ibadet ehliyle ilgili bir sınıflandırmasıyla bağlayalım. Ona göre ibadet edenler şu dört amaç için ibadet ederler:

1. Abidan cennet ümidiyle

2. Bendegan cehennem korkusuyla

3. Müridan Allah'tan utanmayla

4. Aşıkan ise sırf Allah için ibadet eder. Bunların ilk üçünün ibadeti bir karşılık içindir, oysa sonuncuların ibadeti sırf Hakk'a racidir. Bu son grubun ibadet amacını Hz. Rabia'nın şu duası özetlemektedir: "Allahım cennet umuduyla ibadet ediyorsam beni ondan ebediyen mahrum eyle. Yok yaptıklarımı cehennem korkusuy-

la yapıyorsam beni oradan hiç çıkarma. Şayet sırf senin sevgin ve rızan içinse ibadetimi kabul eyle. "

Aşığın Namazı Başkadır:

Peki Rabia'nın ibadeti nasıl bir ibadet ve nasıl bir namazdır? Aşağıdaki beyitlerde Mevlânâ esas olarak Hakk'ın huzurunda bulunmak ibaret olan böyle bir namazı ve o namazın saliklerini tasvir ediyor:

Penç vakt âmed namaz-ı rehnümûn
Âşıkanra fi salati dâimûn
Ney be-penç ârâm gired ân humar
K'anderan serhâst ne pansad hezâr
Nist zurgıbba vazife mâhiyan
Z'an ki bî-derya nedârend üns-i cân
Yekdem-i hicran ber-âşık çü sâl
Vasl-ı sâli muttasıl pişeş hayal
Aşk müstaskist müstaskî talep
Der pey-i hem in ü ân çün rûz u şeb
Hiç kes bâ-hîş zurgıbba nemud
Hiç kes bâ-hod bâ-nevbet yâr bud (6/2694)

Yani: *Gerçi günlük namaz beş vakittir ama aşıklar daimi namazdadırlar. Zira onların başındaki sarhoşluk değil beş vakitle nice yüzbinlerce vakitte dahi teskin olmaz. "Beni az ziyaret et" emrine bu vahdet denizinin balıkları dahil değildir, zira onlar denizsiz ölürler. Bir an ayrılık aşıka bir yıl gibidir; bir yıllık vuslatsa sanki bir hayal!.. Aşk susuzdur; o da kendisine susayanı arar, aşk ve aşık geceyle gündüz gibi birbirini takip eder. Aşk aşık için bizatihi kendisidir. Hiç kimse kendi kendisine "Beni az ziyaret et" demez. Yine hiç kimse kendisine nöbetle dostluk etmez.*

Eynema Tuvellû

Yukarıdaki beyitlerden de anlaşılıyor ki ariflerin namazı bir ihsan /her an Hakk'ın huzurunda bulunma nereye baksa O'nu görme şuurudur:

Ger dü çeşm-i Hak-şinâs âmed türâ
Dost pür bin arsa-i her dü-serâ (6/3261)

Yani: *Eğer Hakk'ı gören iki göze sahip olursan her iki alemin de baştan başa Hak ile dolu olduğunu görürsün.*

Mevlânâ bu beyitiyle aslında bir ilahi beyana tercüman olmaktadır: Ayet-i kerimede: Eynema tüvellu fesemme vechullah= Her nereye dönerseniz Cenab-ı Hakk'ın yüzü karşınızdadır, buyurulmuştur. Bu idrâk sahibi için her cihet kıble ve mihraptır; dolayısıyla ömrün her anı manevi bir namaz hükmündedir.

Mevlânâ bu ayetin bize verdiği muhtelif mesajları hatırlatıyor: Madem ki O her an seninle! O halde her an teyakkuz halinde bulun. Öyle ki: "*Başında bir kuş varsa onun ürküp kaçmaması için nefes dahi almaz öksürüğünü tutarsın, biri acı tatlı bir söz söyleyecek olsa sus diye parmağını ağzına korsun. Hakk'ın huzurunda olmak işte böyledir.*" (5/131)

Madem O her an seninle, yaptığın her işin görüldüğünü, bilindiğini sakın unutma! O varken başka dostlar edinmek ve onlardan medet ummak gafletine düşme! O her an bizimle, ama problem bizim bunun farkında olup olmadığımız. Hz. Mevlânâ, insanın bu inanılmaz dalgınlığını aşağıdaki cümlelerle karikatürize ediyor: "*Başının üzerinde bir sepet ekmek var ama sen kapı kapı dolaşıp ekmek dilenmektesin. Dizine kadar su içindesin de gafletle başkasından su istemedesin. Yani, sana lazım olan her şey yanında ama sen onu uzakta aramadasın! Süvarinin atı altında ama o bindiği atı aramada. "İşte at" dense o yine "evet görüyorum bu at, ama benimki nerede" demede. İnci de denizin dibinde ama sadef ona perde olduğu için "deniz nerede" der.*" (5/43) Bu tasvirlerden de anlaşılacağı gibi bazen yakınlık da bir nevi körlüğe yol açmaktadır. İnsanın her an kendisini kuşatan, varlığını borçlu olduğu yüce yaratıcıdan gaflet halinde olması birçok şaire ilham kaynağı olmuştur. Ama bunu Hayali Beğin dillerden düşmeyen şu beyti kadar iyi anlatan şiir çok olmasa gerek:

Cihan-ara cihan içindedir arayı bilmezler
O mahiler ki derya içredir deryayı bilmezler

Yani: *Bu alemi var eden, bezeyip donatan Allah yarattığı varlık aleminden uzakta değildir. O, balığı kuşatan deniz gibi yarattıklarını çevrelemiş, isim ve sıfatlarıyla onlarda tecelli etmiştir. Ancak bunca belirgin oluşuna karşılık denizin farkında olmayan balıklar gibi insanlar da o yüce yaratıcıdan gaflet halindedirler.*

Hz. Mevlânâ aşağıdaki coşkun beyitlerde hem her an Hak'la bulunma halini tasvir ediyor hem de insanları o şuura yükseltmek konusundaki iştiyakını:

Ey bâ-men ü pinhan çü dil ez-dil selâmet mikünem
Tü Kâbeî her câ revem kasd-ı makâmet mikünem
Her câ ki hesti hâzıri ez-dûr der-mâ nazıri
Şeb hâne rûşen mişeved çün yâd-ı nâmet mikünem
Duri be-ten lik ez-dilem ender-dil-i tu revzenist
Z'an revzen-i düzdide men çün meh peyâmet mikünem
Ey âfitab ez-dûr-ı tu ber-mâ firisti nûr-ı tu
Ey cân-ı her mehcûr-ı tu canra gulâmet mikünem

Ey benimle olup da kalb gibi benden gizli olan seni gönülden selamlarım. Sen benim Kâbemsin nereye gitsem hep sana yönelirim. Her yerde hazır ve nazırsın, uzaktan bizi görmektesin. Senin adını andıkça gecem aydınlanıyor, nurla doluyor. Sen benim vücuduma uzaksın ama benim kalbimde sana açılan bir pencere var. Ay gibi o pencereden gizlice sana haber gönderiyorum. Ey güneş uzaktan sen bize kendi nurunu gönderirsin. Senden ayrı kalan her canı sana kul köle yapacağım.

Hak aşığı Yunus Emre ise aşağıdaki mısralarda her yerde Hakk'ı görmenin sırlarını dile getiriyor.

Ey dün gün Hakk'ı isteyen bilmez misin Hak kandadır
Her kandasam anda hazır kanda bakarsam andadır
Her kanda ki gözün baka Çalap hazırdır mutlaka
Şol can ki tapmadı Ḥakk'a assısı yok ziyandadır
Eylegil suretin ören can sırrıdır ana eren

Batın gözüdür dost gören zahir gözü yabandadır
Yunus Emre gözün aç bak iki cihan toludur Hak
Gümanı sıdk oduna yak şöyle-eşkere nihandadır

Yunus daha sonra bu şuurun yukarıda bahsi geçen daimi namaza dönüşmesini mucizevi bir şekilde formülleştiriyor:

Aşk imamdır bize gönül cemaat
Dost yüzü kıbledir daimdir salat

Gönlümüz aşk imamına uyunca her cihette tecelli eden Dostun yüzünü müşahedeye başladı. Böylece her yönümüz kıble oldu, her anımız namaz!

Ne mutlu her nereye bakarlarsa Hakk'ı görebilenlere! Ne mutlu namazı daimi olanlara!

Seni Hak Beğensin

İnsan her an Hakk'ın huzurunda bulunduğu şuuruyla yaşarsa ne olur? Sözgelimi bu kavrayış davranışlarımıza nasıl yansır? Mevlânâ bunu aşağıda bir satıcı-müşteri benzetmesi etrafında açıklıyor. Yaptığımız her işin bir gayesi, bir muhatabı, bir karşılığı vardır. Bu anlamda hepimiz hem alıcı hem satıcı konumundayız. Yaptıklarımızı başkasının beğenisine sunarız ve karşılığında bir şeyler bekleriz. Başkaları da bize karşı aynı mantıkla hareket eder. Oysa, bir insanın başkasını memnun etmesi de zordur, beklediğini elde etmesi de. O halde en iyisi her işimizi sadece bir tek müşteriye beğendirmek ve karşılığını da sadece ondan ummak daha iyi değil mi? İşte aşağıdaki mısralar da bunu cevabı veriliyor:

Müşteri-i mâst Allah eşterâ
Ez-gam-ı her müşteri hin ber-türa
Müşteriî cû ki cûyan-ı tüst
Alim-i âğâz u pûyân-ı tüst
Hin mekeş her müşterira tu be-dest
Işkbâzi bâ dü-maşûka bed-est

Yani: *Bizim müşterimiz Allah'tır, elimizde avucumuzda her ne varsa beğenecek ve satın alacak olan odur. Madem ki müşterin Allah'tır ve madem ki onun verdiği fiyatı hiç kimse veremez; o dururken malını her müşteriye beğendirme telaşından kurtul! Sen başka müşterinin peşinden koşarsın, oysa Cenab-ı Hak, satacak neyin var diye seni aramaktadır. Sen de seni arayan, senin gayretini, çabanı bilen müşteriyi arasana! Öyle ki seni başlangıcını ve sonunu bilsin. Her müşteriye doğru akma, sevgi ve ilgini dağıtma! Böyle yapmak iki sevgiliyle sevişmek gibi kötü bir iştir.* (5/59-60)

Sevgili okuyucu! Eski toplumumuzda sadece Allah rızasını esas alan bu şuurun birçok yansımalarıyla karşılaşırız. Şimdi bununla ilgili küçük bir mukayesede bulunmak üzere aşağıdaki küçük hatıramı sizlerle paylaşayım:

Bir Hatıra

Yıllar önce Kayseri'de, İktisat Fakültesi'ndeki bir dostu odasında ziyaret ediyorum. Ahilik üzerine çalışmalarıyla tanıdığım hatırşinas arkadaşım yeni bir çalışmasını imzalayıp uzatıyor. Nezaket cümlelerini okumak için ilk sayfayı açtığımda yazar hanesinde arkadaşımınkiyle birlikte yedi isimle karşılaşıyorum. A! Demek elindeki 30 sayfalık metin yedi meslektaşın ortak çalışması. Bu da kişi başına yaklaşık 4 sayfa demek! Durum biraz tuhafıma gidiyor, ancak sayfa altındaki bir not beni daha çok şaşırtıyor. İktibas şartlarını gösteren bu notta hangi sayfaların hangi yazara ait olduğu bildiriliyor ve çalışmadan alıntı yapılması durumunda behemehal o kısmı hazırlayan kişinin isminin belirtilmesi gerektiği vurgulanıyor. Kısacası, yaptığı her işin bilinmesini, görülmesini isteyen günümüz insanının tipik bir davranışı ile karşı karşıyaydım. O zaman zihnim Süleymaniye Kütüphanesi'nde çalıştığım yıllara kaydı ve zihniyet bakımından atalarımızla ne kadar farklılaştığımızı düşündüm. O sıralar elyazmalarının katalogunu hazırlayan bir ekibin bünyesinde çalışıyordum ve görevim sırayla her eserin adını, konusunu ve yazarını tespit etmekten ibaretti. Ancak her beş on ciltte bir isimsiz bir eserle karşılaşmak işimi zorlaştırıyordu. Koca bir eser yazmış insan niçin kendi kitabına adını koymayı ihmal ederdi ki! Sonradan öğrendiğim sebep bir hayli şaşırtıcıydı... Eserini sırf Allah rızası için yazan müellif nefsine bir pay çıkarmamak için okuyucuyu kendi isminden mahrum etmekteydi. Bir tarafta 300-400 yaprağa bir ismi çok gören eskiler, diğer tarafta 30 sayfaya 7 isim koyan yeniler! Zihniyet değişiminin en çarpıcı ifadesi! Yukarıdaki beyitlerde Mevlânâ'nın bahsettiği "müşteri olarak Allah'ı kabul eden" esnaf davranışı eski kültürümüzün ahi tipiyle somutlaşmıştır. Hangi meslek koluna sahip olursa olsun ahinin birinci amacı yaptığı ürünün Allah tarafından beğenilecek mükemmellikte olmasıydı. İnsanlardan gelecek dünyevi kar bundan sonra geliyordu. Hasılı nereden nereye!

Serrezi'nin Kulluğu

Kulluk Hakk'ın emrine kayıtsız şartsız itaat etmektir. Şimdi Mesnevî'de bu çeşit kulluğa örnek olarak gösterilen Serrezi'nin hikâyesini nakledelim:

Gazneli Muhammed Serrezi, Hakk'ın cemalini görme ümidiyle yıllarca ot yiyerek yaşamış bir âşıktı. Artık hasreti dayanılmaz hale gelince:

- Ya Rabbi, ya cemalini göster ya da kendimi dağdan atacağım, diye niyaz etti. Gaipten:

- Daha o nimetin zamanı gelmedi. Hem de sen kendini dağdan atsan bile Hak takdir etmedikçe ölmeye gücün yetmez, diye bir ses geldi.

Yine de Serrezi dayanamadı ve gidip kendisini dağdan attı. Atladığı yerin altında gizli bir su vardı, böylece kendisine bir şey olmadı. Zavallı derviş ölümü özleyerek feryat etmeye başlayınca hatiften şu emri aldı:

- Şimdi dağı bırak ve şehre in!

- İlahi! Benim şehirde ne işim olabilir?

- Git ve orada nefsini alçaltarak Abbas-ı Debs gibi dilen. Zenginden al, fakire dağıt.

Serrezi bu emre uyarak şehre inince herkes bu büyük veliyi görmeye, onun feyzinden istifade etmeye koştu. O ise dedi ki:

- Sakın size faydalı olmak için geldiğimi sanmayın... Aksine elimde zenbil kapı kapı dilenmeye, sizden bir şeyler istemeye geldim. Madem ki Cenab-ı Hak benim böyle tamah ehli olmamı emretti, ben de emrini yerine getireceğim.

Şeyh böylece canla başla dilenmeye başladı. Öyle ki bir emirin kapısına aynı gün tam dört kere vardı. Emir artık dayanamadı ve:

- A çirkin! Sana bir sözüm var ama sakın bunu cimriliğimden sanma. Sen ne biçim dilencisin ki dilencilerin bile adını kötüye çıkardın. Günde dört kere bir kapıya gitmek nerede görülmüştür, diye onu enine boyuna azarladı. O da dedi ki:

- Ey emir sus! Ben vazifeliyim. İçimi yakan ateşten haberin olsaydı böyle coşup taşmazdın. Şayet dilendiğim ekmek kendi karnım için olsaydı bir an durmaz hemen onu deşerdim. Ben tam 7 yıl asma yaprağından başka bir şey yemedim; öyle ki bedenim yeşile kesti. Şimdiki halime gelince... Sana sırrımı açmama izin yok. Bu yüzden benden bir açıklama bekleme ve gönlümü incitmekten sakın.

Şeyhin dokunaklı hali emirin de gönlüne tesir etti ve onun doğruluğunu anladı:

- Ey yüce şeyh, madem ki durum böyle, benim neyim varsa senindir, her ne istersen al, dedi. Şeyh ise:

- Hayır bana böyle bir şey için izin verilmedi, dedi ve kalkıp gitti.

Serrezi iki yıl boyunca böylece dilencilik yaptıktan sonra gizliden şöyle bir ses daha işitti:

- Şimdiye kadar emrimizle alıp verdin. Bundan sonra almadan ver! Senden isteyen hiçbir fakiri boş çevirme. Hiç tereddüt etmeden elini hasırın altına sok ve birden bine kadar ne isterlerse karşıla. Borçluları borcundan kurtar ve yağmur gibi yeryüzüne rahmet saç.

Böylece "Halka benim sıfatlarımla görün" sırrına mazhar olan Şeyh bundan sonra almadan vermeye başladı. Bir şey istemeye gelen kişinin ne kadar ihtiyacı olduğu daha o söylemeden bilir ve ihtiyacını görürdü. Ona:

- Nasıl biliyorsun, derlerdi de şöyle cevap verirdi:

- Gönül hanesi bomboş. Orasını silip süpürdüm ve kendime ait bir şey bırakmadım. Nasıl ki suda bir ağacın aksini görsen, bilirsin ki o ağacın aslı dışarıdadır, bendeki her bilgi de bana dışarıdan gelir. Su bulanık olduğunda bir şey göstermez, ama duru olduğunda bakanın yüzüne ayna olur; işte bendeki bilgi de bana yansıyan Hak bilgisinden başka bir şey değil. (5/108)

Serrezi'nin halinden de anlaşılıyor ki kendinden boşalıp Hak'la dolan aşık, kudret elindeki bir kalem olmakta. O kalemin yazdığı her şey hakikatte ele aittir. Bu yüzden aşık 'ben' derken bile 'ilahi zatta yeniden doğmuş bir ben'i kast etmektedir, egosunu değil.

B- İBADETİN RUHU DUA

Şüphesiz ibadetin ruhu da duadır. Çok zaman duamızın kabul görmediğini düşünür üzülürüz. Bu gerçekten böyle midir? Şimdi de Mesnevî'de bu bahisle ilgili bazı düşünceleri aktaralım:

Duam Kabul Olmuyor:

Birisi her gece kalkar, ibadet eder, yalvarır yakarırdı... Bir gün şeytan ona göründü ve şöyle vesvese verdi:

- Ey yüzsüz, gece gündüz sen Hakk'ı anıyorsun da ondan sana hiç cevap geliyor mu! Eğer onun yanında bir değerin olsaydı o sana böyle mi davranırdı. Unutulduğunun farkında değil misin! Artık durumu anla ve sus!

Bu sözlerde bir hakikat gören adam incindi ve ibadeti bırakıp başını yastığa koydu, uyudu. Uykuda Hızır göründü ve ona;

- Hakk'ı anmaktan niçin vazgeçtin, diye sordu. O da;

- Ne zamandır yalvarıp duruyorum ama O'ndan bana lebbeyk/buyur kulum, cevabı gelmedi. Unutulmuş olmaktan ve kapısından kovulmaktan korktum, dedi. Hızır dedi ki:

- Cenab-ı Hakk'ın seni zikirle meşgul etmesi zikrinin kabulüne delildir. Niyazın, yakarışın yakınlığının işaretidir. (3/9)

Cahilin ağzı ve kalbinde kilit vardır, o inlemeyi bilmez. Nitekim Firavun'a, Hakk'a karşı ağlayıp inlemesin diye ömrü boyunca baş ağrısı bile verilmedi. Değil mi ki gönül derdin seni Hakk'a yaklaştırıyor, bu dert dünya mülkünden daha iyidir. Dertsiz gönlün feryadı da soğuktur; dertlilerin feryadı ise çabucak Hakk'a ulaşır.

Hangisi Hayır Hangisi Şer?

Bazen dualarımızın kabul edilmeyişi de bir rahmettir. Zira ayette de belirtildiği gibi bazen hayır sandıklarımızın şer, şer sandıklarımızın hayır olduğunu zamanla öğreniriz. Bununla ilgili olarak Mevlânâ şu örneği veriyor:

"Bir yılancı diğerinin yılanını çalmıştı. Malı çalınan yılanını bulmak için dua edip durmadaydı. Sonra yılan, kendisini çalanı zehirledi ve öldürdü. Yılan sahibi bu hale şükretti ve:

- İyi ki duam kabul olmamış, yoksa halim nice olurdu, dedi. Demek ki bazen Allah bize acır da, hakkımızda şer olacak duamızı kabul etmez. (2/7)

İhlaslı Duanın Sonucu

Şimdi de ihlasla yapılan bir duanın neticesini aşağıdaki hikâyede birlikte takip edelim:

Yolcunun biri yolu üstündeki bir evde misafir olmuştu. Yaşlı ev sahibi kördü ama başucunda bir Kur'ân-ı Kerim asılıydı. Yolcu bu işe şaştı ve:

- Bu kör adamın yanında kitabın ne işi var? diye düşündü. O gece orada yatan misafir gece Kur'ân sesi işiterek uyandı:

- Burada benimle o kör adamdan başkası yok. O halde bunu okuyan kimdir, diye bakınca ne görsün! Amâ ve yaşlı ev sahibi Kur'ân'ı açmış okumuyor mu!

Biziınki içinden:

- Acaba ezberinden mi okuyor, diye geçirdi. Ama iyice bakınca gördü ki ihtiyarın parmakları sahife üzerinde, okuduğu kelimelerin üzerinde dolaşmakta. Bu hale bir anlam veremeyen misafir, ihtiyara bu işin hikmetini sordu. O da dedi ki:

- Ben hafız değilim ama Kur'ân aşığıyım. Gözlerimi kaybedince en çok Kur'ân'dan mahrum kaldığıma üzüldüm ve Cenab-ı Hakk'a:

- Ya Rabbi, senden başka şey istemem. Ama Kur'ân'ı okuyabilmem için gözlerime geçici olarak nur ihsan eyle, diye dua ettim. Hak Teala duamı çevirmedi. İşte senin gördüğün budur. (3/70)

Hz. Mevlânâ bu hikâyeyle hem ihlaslı duanın kabulüne bir misal veriyor hem de bize felaket gibi gözüken bazı musibetlerin başka nimetlerle nasıl telafi edildiğine vurgu yapıyor. Aşağıdaki beyiti bu fikri özetlemekte:

Bi-çerâğî çün dehed o ruşenî
Ger çerâget şüd çi efgân miküni (3/1884)

Göz gitmiş ne gam! Madem ki meclis kandilsiz de aydınlanmakta, mumun sönmesinden niye yakınayım!

Günah İşlememiş Ağzın Duası:

İnsan başkasının ağzıyla dua edebilir mi? Bu bize imkansız görünür. Ama Cenab-ı Hak bir gün Hz. Musa'ya bunun nasıl olabileceğini göstermek üzere:

- Bir şey isteyeceğin zaman bana günah işlememiş bir ağızla dua et, buyurmuş... Hz. Musa:

- Bende öyle bir ağız yok, deyince Cenab-ı Hak buyurmuş ki:

- O halde başkasının ağzıyla dua et. Zira sen başkasını ağzıyla günah işleyemezsin.

- Ya Rabbi, ben başkasının ağzıyla nasıl dua edebilirim?

- İnsanlara iyilik yapmak için gayret et ve hayır dua al. Öyle ki birçok ağız gece gündüz sana dua etsinler. (3/8)

Ne güzel bir dua şekli.

CEVHER BEYİTLER-XII

74

İbadetlere acık:

Lîk şîrînî vü lezzât-ı makar

Hest ber-endâze-i renc-i sefer 3/4188

Ele geçen şeyin tadı, tuzu, değeri oraya varmak için çekilen yol zahmeti kadardır. Çölün tozunu yutmayan, dilini dudağını çöl güneşinde çatlatmayan Zemzemin lezzetini bilemez, ömür boyu hayalini kurmayan Kâbenin kadrini tartamaz. O halde önce yan ki su seni kandırsın, acık ki ekmek damağında bir lezzet bıraksın. Özle ki bulduğunda gerçekten bulmuş olasın.

75

Cömertlik çeşitleri:

An direm dâden sahîra lâyıkest

Can süpürden hod sehâ-yı âşıkest 1/2331

Herkesin bağışı cömertliği nisbetincedir. Mal cömerdine yakışan malından mülkünden vermektir. Bu cömertlik başkaları katında makbuldür ama âşıklar yanında değil. Hak yolunda Ömer çok cömerttir ama o cömertlik Hz. Ebubekirinki yanında aza döner. Ey cömert, ne kadar versen âşıkla yarışamazsın. Zira -Fuzuli'nin dediği gibi- sen yar yoluna kurban kesmedesin; o ise kurban olarak kendisini getirmede:

Yılda bir kurban keserler halk-ı âlem ıyd için
Dembedem saat-be-saat ben senin kurbanınam

76

Azı ver çoğu al:

Mülk-i cismetra çü Belkîs ey gabî
Terk kün behr-i Süleyman-ı nebi 4/781

A ten mülküne dört elle sarılan ahmak! Belkısdan ibret al da o mülkü Süleymanın yoluna ser. Hiç Süleyman olan seni karşılıksız bırakır mı? Onun mülkü nerde seninki nerde! Sen toprak verirsin, onun karşılığı ise inci mercandır. Lakin Süleyman'ın üzerinde de bir Süleyman var. Süleyman da o kapının naçiz bir bendesi. Süleyman da, sen de senin sandığın her şey de zaten onundur. O halde sen tenini canını onun yolunda toprak eyle, başını onun eşiğine koy.Ta ki sana ölümsüz bedenler ve başlar ihsan etsin.

77-78

Nehir kem mi testiden:

Çîst ender-hum ki ender nehr nîst
Çîst ender-hâne k'ender-şehr nîst
İncihân humest ü dil çün cûy-ı âb
İn cihan hücrest ü dil şehr-i ucâb 4/828,29

Bir şey küpte olsun da nehirde bulunmasın mümkün mü? Evde bulunup da şehirde bulunmayan ne vardır. Küp bu dünyadır, nehir ise kalp. Bu dünya dar bir hücredir, gönlün ise şaşılacak şeylerle dolu bir şehir. Sen küpteki kokmuş suya susamışsın, oysa ondan çok daha tatlısı ve fazlası gönül ırmağında. Evde görüp gözünü aldırdığın şeyler şehrin sanatkârları tarafından yapılmıştır. Git de çarşıda onun çok daha güzellerini gör. Hasılı dışarıda lezzet adına her ne varsa gönülde onun çok daha iyileri mevcut. O halde dudağını testiden değil o nehirden kandır. Bu dar hücrede gönül eğleme o sonsuz şehirde gezin.

XIII
KULLUK VE ŞİRK

Mâ çü nâyim ü nevâ der-mâ zi-tüst
Mâ çü kuhim ü sadâ der-mâ zi-tüst

Biz ney gibiyiz, sesimiz soluğumuz senden gelmede. Biz dağ gibiyiz, bir sedamız varsa sendendir.

Hakk'a Kul Olamayan Kula Kul Olur:

Mevlânâ'nın üzerinde ısrar ettiği noktalardan biri hiçbir konuda Hakk'a ortak koşmama lüzumudur. Sebepler zincirine bağlanıp kalan kişiler rızka vesile olanları hakiki sebep zanneder ve neticede kula kul olurlar. Her dönemde makam ve mevki düşkünlerinin amaçlarına ulaşmak için devlet büyüklerine yaltaklanmalarını ve insanlık onurunu ayaklar altına almalarını o aşağıdaki gibi tenkit ediyor:

"Cenab-ı Hak padişahları küçük bir kapı gibi yarattı. Dünyaya bağlananlar Cenab-ı Hakk'a secde edemez de onlara secde eder. Köpeklere ancak aşağılık kimseler eğilir. Nasıl ki farelere hükmeden kedidir, fare kim ki aslandan korkmaya layık olsun. Müminler 'Hak en yücedir' diye zikreder; bu ahmakların Rabbıysa başka kullardır. Ey çanak yalayıcı! Madem ki senin velinimetin o hasistir, sen de yürü kase yalayıcıya git..." (3/114)

Demek ki Allah'a kul olamayanlar kulluktan kurtulamıyor, kendi benzerlerine tapınma derekesine düşüyorlar. Oysa...

Hak Kıskançtır

Oysa Hak gayurdur; hiçbir konuda ortak kabul etmez. Bu babda Resul-i Ekrem: "Sa'd kıskançtır. Ben Sa'd'den kıskancım. Allah benden de kıskançtır." buyurmuştur. Dolayısıyla "Tanrı'nın hakkı tanrıya Sezar'ın hakkı Sezar'a!" mantığının İslam dininde yeri yoktur. Bütün haklar Cenab-ı Hakk'ındır, onun otoritesi mutlaktır ve paylaşma kabul etmez. Onu paylaşmaya kalkanlara ne olur? Ne olacağını aşağıdaki sevimli hikâye bize söylesin:

Kurt, Tilki ve Aslan

Kurt, tilki ve aslan arkadaş olup ava çıktılar. Aslında aslanın avlanmada berikilere hiç ihtiyacı yoktu ama onların kendisinden istifadesi için bu arkadaşlığa tenezzül etmişti. Kâmil insanların avama arkadaş olmaları da bu kabildendir.... Aslan sırayla bir yaban öküzü, bir yaban keçisi ve bir tavşan avladı ve imtihan kasdiyle kurda;

- Hey kurt, karnımız acıktı gel de şu avladıklarımızı benim yerime pay ediver, dedi. Kurt kendince paylaşmaya başladı:

- Bu yaban öküzü size yakışır, zira o da iri siz de irisiniz. Büyüklük bakımından yaban keçisi bana münasiptir. Eh, şu tavşan da tilkiye yeter de artar bile, dedi. Aslan bu taksimden gazaba geldi ve bir pençeyle kurdu öldürüp yere serdi. Daha sonra tilkiye döndü ve:

- Bir de senin paylaştırmanı görelim, dedi. Tilki hemen secdeye vardı ve:

- Ey padişah, öküz sizin sabah kahvaltınız olmaya layıktır, yaban keçisi öğle yemeğiniz, tavşan ise akşam şekerlemenizdir. Sizin artıklarınız da benim canıma minnettir, dedi. Aslan bu taksimi beğendi ve:

- Aferin sana tilki! Bu güzel paylaştırmayı kimden öğrendin, diye sordu. Tilki yerde yatan kurdu gösterdi:

- Şu yerde yatan akılsızdan.

Aslan dedi ki:

- Madem ki edebini bildin ve bir yerde iki padişah olamayacağını anladın, buyur üç avın üçü de senin olsun. Tilki yine secdeye kapandı ve:

- Ya Rabbi iyi ki benim imtihanım kurttan sonra oldu; eğer önce olsaydı halim nice olurdu, diye şükretti. (1/119)

Hz. Mevlânâ'ya göre geçmiş ümmetlerin Allah yanındaki durumu temsili olarak kurdun durumu gibidir. Müslümanlar Hakk'ın azabına müstahak olan geçmiş ümmetlerden sonra geldikleri için şanslıdırlar. Bu yüzden Hz. Peygamber kendi ümmetine "rahmet edilmiş ümmet" demiştir. Hasılı hikâyenin verdiği ders şu: İnsan Cenab-ı Hakk'a karşı; şu senin, bu benim gibi bir edepsizliğe kalkışmamalı, hatta ben bile dememeli, kendisi de dahil her şeyin sahibinin o olduğunu asla unutmamalıdır. Hakk'a karşı hak iddia etmek rüzgardan davacı sineğin haline düşmektir. Şimdi bu davaya bir göz atalım:

Sinek ve Rüzgârın Hali:

Bir sivrisinek Hz. Süleyman'a geldi ve:

- Ey adalet ülkesinin sahibi! Ey kuşlardan balıklara kadar herkese sözü geçen! Sen bize de medet kıl. Zira öyle bir zulme uğradık ki ne çölden ne gül bahçesinden nasibimiz var. Adaletinle bizi bu dertten kurtar, diye yalvardı. Hz. Süleyman şaşırdı:

- Allah Allah! Bizim zamanımızda böyle bir zalim bulunsun hayret. Zira nur gelince karanlık kaybolur, adalet gelince de zulüm. Söyle bakalım kimin zulmünden şikâyet ediyorsun.

- Şikâyetim rüzgârdandır. Zira ondan bize bir an bile rahat yok!

- Peki ama adaletin gereği iki davalıyı birlikte dinlemektir. Çünkü hasımlardan ikisi de olmadıkça gerçek tecelli etmez. Hadi şimdi git ve hasmını buraya çağır!

- A sultanım! Hiç rüzgâr gibi güçlü bir hasım sineğin davetine uyar mı! O ancak senin emrine boyun eğer ve sen emredersen gelir...

Bunun üzerine Hz. Süleyman rüzgâra seslendi ve:

- Ey saba! Sivrisinek senden davacı oldu, haydi gel de hesabını ver, dedi.

Rüzgar bir solukta koşup gelince zavallı sinek uzaklara doğru savrulup gitti.... Hz. Süleyman ardından seslendi:

- Hey! Daha davanı halletmeden nereye gidiyorsun.!

- A şahım, zaten şikâyet ettiğim husus da bu ya! O nereye gelse bana orada durma ihtimali yok. Nerede o varsa ben orada yokum... (3/177)

Mevlânâ Hakk'ın tecellisi karşısında kulun durumunu buna benzetiyor. O nurun tecellisi her şeyi yutar. Bu şirk bahsinde böyle olduğu gibi aşk bahsinde dahi böyledir. Mevlânâ ilahi aşka talip olanların durumu için şöyle diyor: "Hak aşkını dileyen iyi bir av yakalamak için aslanın peşine düşen bilgisize benzer. Av iyi ama hiç tavşan aslanı kucaklayabilir mi? Tavşan peşinde olduğu şeyin aslan olduğunu bilseydi böyle bir işe kalkışabilir miydi hiç!"

Demek ki Hakk'ın önünde tam bir yokluk ve mahviyet gerek. Orada ben demeye cevaz yok! Aşağıda Hz. Mevlânâ aynı mantığı şöyle bir nükteyle açıklıyor:

Ben Olmadan Gelme

Âşığın biri dostunun kapısını çalınca beriki içeriden:

- Kapımdaki kimdir, diye seslendi. Kapıdaki:

- Beni tanımadın mı? Ben senin gözü yaşlı âşığınım, haydi kapıyı aç, dedi.

Ancak ev sahibi bu cevaptan hoşlanmadı ve:

- Yürü git. Şimdi zamanı değil, diye onu savdı. Kapıdan döndürülen âşık ayrılık ateşiyle günlerce yanıp yakıldı ve mum gibi eridi. Ne zaman sonra tekrar gelip edeple kapıyı çaldı. İçeriden:

- Kapıdaki kimdir, diye seslenilince dedi ki:

- Kapıdaki yine sensin ey sevgili. Buradaki, senden başkası değil! Bunun üzerine sevgili kapıyı açtı ve:

- Bir iğne deliğinden iki iplik geçmez, zira iğnenin deliği tektir. Onun gibi bu kapıya da ikilik sığmaz. Madem ki sen senlikten geçip ben oldun o halde hoş geldin, buyur, dedi. (1/120) Bu anlayışı aksettiren diğer bir nükte de şöyle:

Dört Kapı

Bir mürit şeyhinden tasavvuftaki dört makamın; yani şeriat, tarikat, hakikat ve marifetin manasını bilmek isteyince Şeyh dedi ki:

- Filanca mescide git! Orada vaizin sağında solunda oturan 4 kişi göreceksin. Onların her birine birer tokat at, sonra gördüklerini gel, bana anlat, dedi. Mürit şeyhin talimatı üzere söylenen yere gitti ve 4 adamın dördüne de birer tokat aşketti. Adamların ilki tokada aynı şiddette bir tokatla karşılık verdi. İkincisi kendisine vuran müride başını çevirip sert sert baktı. Üçüncüden hiç ses seda gelmedi... Dördüncü ise müridin eline sarılıp ondan özür diledi... Şeyh bu dört davranışı şöyle açıkladı:

- Tokadına karşılık veren birinci adam şeriatı temsil eder. Şeriatın prensibi göze göz dişe diştir. Tarikatı temsil eden ikinci adam tokadın kaynağı olarak seni gördü ve incinerek baktı.. Zira tarikat henüz yolun başıdır, sonu değil. Hakikat ise her şeyin aynı kaynaktan geldiğini bilmektir. Bu makamın ehli ehli olan üçüncüsü tokatla senin aranda bir ilgi kurmadı ve onun Hak'tan geldiğini bildi. Marifet ehli olan sonuncusu ise Hakk'ın seni o tokata vasıta kıldığını bilmiş ve seni yorduğundan dolayı özür dilemiştir.... Mevlânâ'ya göre hakiki maksat işte bu bilgiye ulaşmaktır. Bu bilgiye ulaşan daimi şükür ve rıza makamındadır. Kuldan beklenen nihai makam da budur. Nitekim:

Rıza Şükürdür

Cenab-ı Hak bir gün Hz. Musa'ya:

- Bana hakkıyla şükret, buyurdu. Hz. Musa şöyle niyaz etti:

- Ya Rabbi, sana hangi kul hakkıyla şükredebilir ki? Cenab-ı Hak:

- Gerek rahmet, gerek zahmet, gerek lütuf, gerek kahır sana her ne gelirse hepsini bir bilirsen bana hakkıyla şükretmiş olursun, buyurdu.

Yine bir gün Cenab-ı Hak Hz. Musa'ya:

- Ya Musa ben seni seviyorum, buyurdu. Musa bu iltifatla mest sordu:

- Ya Rabbi! Sevdiğin şey hangi özelliğimse onu bileyim de onu daha da arttırayım. Hak Teala şöyle buyurdu:

- Çocuk dayak yediğinde yine kendisini döven anasına sığınır. Başkasından şefkat istemez. Senin de hayırda ve şerde sığınağın biziz. Rızamızı celbeden işte bu halindir.

Aşağıdaki nüktede yine bu idrake ulaşmış bir aşığın aracı kabul etmeyen ruh hali anlatılıyor:

Araya Girme

Sultan yakın nedimlerinden birine bir sebeple öfkelendi ve onun boynunu vurdurmak istedi. Ancak sultanın sevgili veziri İmadülmülk araya girip şefaatçi oldu ve idamı önledi. Nedim durumu öğrenince vezire fena halde küstü ve selamı sabahı kesti. Başkaları bu nankörlüğe şaştılar ve onu kınadılar. O ise dedi ki:

- Ben sultanım dururken başkasına sığınmam. Vezir ise aramıza girdi ve sultanla aramıza perde oldu... Onun tarafından kurtarılmaktansa başımın padişah eliyle kesilmesini tercih ederdim.

Dini literatür bu nüktenin benzerleriyle doludur. Nitekim tam ateşe atılırken Cibril gelip Hz. İbrahim'e gelip yardım teklif edince o bunu reddetmiş ve:

- Araya girme, demişti. Rabbim benim halimi görüyor. Ondan başkasının uzattığı ele tutunmam ben. (4/112)

Bütün bunlardan demek oluyor ki: Halka lütuf olan şey âşıklara kahırdır.

Niyazi Mısri'nin mısraları bu idraki ne güzel anlatıyor?

Hoştur bana senden gelen
Ya taze gül yahut diken
Ya hilat ü yahut kefen
Lutfun da hoş, kahrın da hoş

Gelse cemalinden vefa
Yahut celalinden cefa
İkisi de cana safa
Lutfun da hoş, kahrın da hoş

Bu hale eren ve Hakk'ın her tecellisinde güzellikten başka bir şey görmeyen aşık daha dünyada iken cenneti yaşar. O daha cennete gitmeden cennet onun ayağına gelmiştir. Aşağıdaki nükte böyle birinin halini anlatıyor:

Nasılsın?

Behlül bir dervişe;

- Nasılsın, ne haldesin? diye sordu. O da:

- Bu dünyadaki bütün işler kendi istediği gibi olan biri nasıl olursa öyleyim. Her sabah güneş benim istediğim gibi doğup batmada. Gece yıldızlar benim isteğime göre parlamada, nehirler benim istediğim yere akmada. Hayat, ölüm, hastalık, sağlık, bunların hepsi tam benim gönlümün muradı üzre.... Daha nasıl olayım!

Bu derviş ne demek istiyor? Mealen şunu: "Değil mi ki bütün bunlar Hakk'ın irade ve isteğiyle olup bitmekte. Ve madem ki ben de Hakk'ın takdirine razı olmuş, O'nun isteğini istek edinmişim. O halde her şey tam olması gerektiği gibi."

Bütün Övgüler O'na Gider

Madem her şey ona aittir. Her şeye ait övgüler de ona racidir. Fatiha suresinde beyan edildiği üzere övme hakkı da onundur, övülme hakkı da.

Nitekim Mevlânâ'nın babası Baha Veled'e;

-Biri sizi pek övdü ve; onun dünyada emsali yok, dedi, demişler. O da şöyle demiş:

-O bizim neyimizi beğenmiş, acaba! Eğer beğendiği ten güzelliğimiz ve ibadetimiz ise bunlar fani olacak. Ama şayet o bizde yansıyan Hak nurunu övüyorsa o güzellik de o övgü de zaten Hakk'a aittir, bize değil!

Cevher Beyitler-XIII

79

Gül mü gül yağı mı:

Gülde rugan olsa mahv-ı cüz ü kül

Şemm-i bûy-ı rugan it isterse gül 5/3139

Gül yağı gülde gizlenmiş, varlığı onun varlığına karılmışdır. O halde o koku nereden geliyor: Gülden mi, gül yağından mı? Sen ister gül diye kokla, ister gül yağı diye, fark etmez. Gül nerede biter gül ağı nerde başlar bilinmez. Kimilerinin varlığı gülle gül yağı gibidir. Kendi varlığını Güller Sultan'ının varlığında erittiği içindir ki nice ariflerin nefesinde o Gülün rayihası tüllenir. Kimileri de "onun adına tutan benim, yürüyen benim, gören ve konuşan benim" ilâhî hitabına mazhar olurlar.

80

Çok aracıdan kaçın:

Vâsıta olsa füzûn vasl oldu dûn

Oldu naks-ı vâsıta vuslat-nümûn 5/799

Lamba ışığı artırır ama lamba lamba üstüne geçirirsen o ışığı boğmuş olursun. Su kaynaktan çıkıp seni eline ulaşıncaya kadar kaptan kapa dökülür ve asli rengini tadını kaybeder. O halde ışığı ateşten, suyu da kaynağından almaya çalış. Kur'an ve Peygamberle arana giren aracılar arttıkça hakikatin rengi bulanır. Hakikat güneş gibi karşında, sense herkese adres sora sora yolunu uzatmadasın. Akılla sevgili arasında binbir kapı vardır, gönül kapısı ise doğrudan sevgiliye açılır.

81-82

Lutfun da hoş kahrın da:

Ey cefâ-yı tu zi-devlet hûbter

Ve'ntikâm-ı tu zi-cân mahbûbter 1/1631

Aşıkem ber-kahr u ber-lutfeş be-cidd

Bu'l-aceb men âşık-ı in her dü zıd 1/1635

Ey cefası mutluluktan güzel, intikamı candan daha sevimli olan! Ben senin lütfuna da aşığım kahrına da. Aynı anda böyle iki zıd şeye âşık olmak ne garip şey! Lakin bu gariplik görünüştedir. Zira sen güzelsin ve güzelden sadece güzellik sadır olur. Senden gelen şeyleri bu iyi bu kötü diye ayırmak ise şaşılığın ta kendisi.

83

Seni koruyan kimdir:

Adl-i şâhîdir hakikat pâsbân

Sanma çavuş u asesdendir eman 4/743

Sanır mısın ki haydutun şerrine karşı malını ve canını koruyan şey sokaktaki bekçi ya da çavuştur. Hayır, gerçekte sen bu güvenliği padişahın adaletine borçlusun. Çünkü o baştır, bunlarsa el ayak. Adalet baştan başlar, elden ayaktan değil. O havuzdur bunlar çeşme, havuzda ne varsa kurnalardan o akar. Korkmaya da sevmeye de layık olan çavuş değil padişahtır. Sen iyiliği de kötülüğü de Şahların Şahından bil, ona istinad eyle.

84

İnkârın isbatındır:

Pes misâlindir senin ol halka-zen

Hâce yok der ana hâce hâneden 4/916

Ey inkârcı! Sen kapı çalan kişiye içerden "evde kimse yok" diyen ev sahibi gibisin. Sesini duyan senin içerde olduğunu anlar da çalma konusunda ısrarını sürdürür. Sen sözünle inkâr etmede sesinle içerde birinin var olduğunu ispatlamadasın. Varlığın ortada dururken bir yaratıcı yok demen ne kadar abes. Eğer sen o yaratıcının sesi ve eserisin. Kendini inkâr etmedikçe yaratıcını inkârın mümkün değil.

85

Yarın deme:

Hîn megû ferdâ ki ferdâhâ güzeşt

Ta bi-külli big(ü)zered eyyam güzeşt 2/1282

Ahmak dün der yarın der. Her işi tehir ede ede sonunda elinde ne dün kalır ne yarın. Dün hayâldir yarın bir vehim, bugünse elinin avucunun altında. O halde ne yapacaksan şimdi yap. Bilmiyor musun ki bu dünya da geçici, sen de geçicisin Yarına kalacağını kim garanti etmiş ki yarınla ilgili böyle planlar yapıyorsun..

O halde ekinini şimdi ek, söküğünü şimdi dik.

86

İster aydan al ister güneşten:

Eyle mehden ya güneşten iktisâb

Oldu mâhın nûru nûr-ı âfitâb 1/2020

Sen ister aydan ister güneşten al, o nur sonuçta güneşin nurudur. Bütün ayna kırıklarında parıldayıp duran ışıkların hepsi o kaynakta birleşir. O halde asıl kaynağı unutup vasıtalara takılma. Sana gelen maddi manevi her iyilik ve feyiz de öylece bir kaynağa çıkar. Sen onu şuna buna ait zannetme. Ne aracısız kal ne de aracıya takıl.

87

Resim ressama kafa tutar mı:

Nakş nakkâşa nice nahvet eder

Çün anı ol sâhib-i sûret eder 1/3139

Eserin kendisini var edene baş kaldırması, onun takdirini değiştirmeye kalkması ne beyhude ve abes bir çaba. Resim kendi ressamına karşı böbürlenebilir mi hiç? Ey insan, sen de ressam elindeki resim gibisin. O halde haddini hududunu bil, yaratılmış olduğunu asla hatırdan çıkarma. Aczine kibir kiri bulaştırma.

88-89

Gül gibi gül:

Kim gülün her bergin etsen çâk çâk
Handeyi terk eylemez bî-vehm ü bâk 3/3280
Her ne kim senden olur dest-i kazâ
Bil yakin senden olur def'-i belâ 3/3281

Ey burnu kanasa hemen kadere küsüp yüzünü ekşiten. Gülden hiç ders almıyor musun? Bütün yaprakları tek tek yolsan gül yine de gülmekten vazgeçmez. Hale razı oluş şükürdür. Gül de daimi bir şükür makamındadır. Hem bilmez misin ki başına gelen sıkıntılar aslında daha büyük bir sıkıntıya set olur da başındaki belayı def ederler. O halde yüzün gülsün yahu!

XIV
KADER VE İRADE

Anki o pençe nebîned der-rakam
Fi'l pindâred zi- cünbüş ez-kalem
Murg ber-bâlâ revân u sâyeeş
Mideved ber-hâk perrân murgveş

Yani: *Kalemi tutan eli görmeyen kişi yazılan yazıyı kaleme ait sanır. Kuş yükseklerde uçmakta, cahilin gözü ise o kuşun yerde koşan gölgesinde.* (1/408) Böylece bilgisiz o gölgenin peşinde ömür okluğunu boşaltır, kendini heba eder.

Sebebden Müsebbibe

Varlık alemi onun sahibi tarafından programlanmıştır. Kainatta Cenab-ı Hakk'ın iradesi dışında bir yaprak bile kıpırdamaz. Hakk'ın yarattıkları hakkındaki bu takdirine kader diyoruz. Ne var ki sebeplere takılan göz ilk elde ilahi iradeyi değil yaprağa çarpan rüzgarı görür ve işi ona hamleder. Etki tepki, sebep-sonuç ilişkisi uzun bir sebepler zinciri oluşturur. Varlık aleminde her şey bir başka şeye sebeptir. Böylece her varlık kendisinden öncekinin sonucu, kendisinden sonrakinin sebebi olmaktadır. Diğer bir ifadeyle hem etkilenen hem etkileyen konumundadır. Sadece Cenab-ı Hak bir sebebe bağlı olmaksızın mevcuttur ve etkilenmeksizin etkileyen bir fail-i mutlaktır. Hz. Mevlânâ bu durumu aşağıdaki benzetmelerle tablolaştırıyor:

· Kuş çekirge avına çıkmıştır ama kendi arkasındaki aç doğan kuşundan habersizdir Aklı çalacağı eşyada ve kapı kilidinde olan hırsız da peşindeki polisten ve onu gönderen Şahtan gafildir. Otlar suyu içer ama bir hayvan da onları midesine indirir. Cenab-ı Hak'tan başka her varlık böyledir. Cenab-ı Hak "sizi doyurur fakat kendisi yemez". Her hayali başka bir hayal, her fikri başka bir fikir yiyip yok etmededir. Avcının hırsı ona kendisinin de avlanacağını unutturur... (5/30)

Bu uzun sebepler zincirinde her varlık kendisini harekete geçiren bir önceki varlığı görebilir. Ama zincirin en arkasında ilk faili göremez. Aşağıdaki alıntıda Hz. Mevlânâ yukarıdaki fikri bir karınca örneğiyle açıklıyor:

Karıncaların Aklı

Bir karınca, kağıdın üstünde giderken kalemi gördü, onu övmeye koyuldu. Bir başka karıncanın da gözü keskindi, berikine; 'kalemi öveceğine, parmakları övsene', dedi; 'çünkü hünerin, parmaklardan meydana geldiğini görüyorum'. Gözü, ikisinden de daha aydın olan bir başka karıncaysa 'ben', dedi, 'kolları öveceğim; çünkü parmaklar, kolların cüz'leri'... Bu böyle uzayıp gitti... Kalemde o güç yoktur ki kendi başına onların haberlerini sahifelere yazsın. Mademki bu şekilde, görünen fiillerin arkasında görünmeyen bir fail var, insan olayları bu gözle değerlendirip, rıza göstermelidir: "At dolaşıyor binici ortada yok. Oklar uçup gitmede yay görünmüyor. Bunca can meydanda, canın canı gizli. O ok, padişahın okudur sakın kırma. Kendiliğinden fırlamış değil kuvvetli bir elin şastından atılmıştır." (2/48)

Her Şey Külli Takdire Hadim

Diğer taraftan bu kainatta külli bir nizam vardır. Bu nizam içinde her varlığa bir rol biçilmiştir. Hepimiz farkında olarak veya olmayarak bu nizama hizmet etmekteyiz. Mevlânâ bununla ilgili şu örnekleri veriyor:

"Dolap beygiri dönüp durur ama amacı ne su çekmektir ne de yağ çıkarmak. O sadece sahibinin kırbacından korktuğu için döner. Öküz de boyunduruğa bir iş yapmak için değil dayak yememek için girer. Onlara bu korku ve itaat kulların işi görülsün diye Cenab-ı Hak tarafından verildi. Her iş sahibi de dünyayı ıslah için değil kendi nefsi için çalışır ama sonunda bu yaptıkları işle umumi nizama hizmet eder. (6/83)

Mevlânâ aynı mantığı hayır ve şerre de uygulayarak bundan şu neticeyi çıkarıyor: Bir ressam iki çeşit resim yapsa ve bunların bir kısmı güzel bir kısmı çirkinlerin resmi olsa ikisi de ressamın sanatına delilidir, yoksa çirkinliğine değil. Ressam çirkini yapmasaydı tablo eksik kalırdı. Tanrı hem kâfiri hem mümini yaratır. Bu yüzden küfür de iman da onun Tanrılığına şahittir. (2/92)

Kaderden Kaçılmaz

Hz. Mevlânâ, aşağıdaki beyitlerde insanın kader karşısındaki aczini, takdir karşısında tedbirin hiçliğini somut benzetmelerle açıklıyor ve sonuçta rahatlığı takdire teslim olmakta görüyor:

Ger şeved zerrât-ı alem hîle-piç
Bâ-kazâ-yı âsuman hîçend hîç
Çün gürized în zemîn ez-âsuman
Çün küned o hişrâ ez-vey nihân
Her çi âyed z'âsuman sûy-ı zemin
Ni mefer dâred ne çâre ni kemîn
Ateş erz hurşid mî-bâred ber-o
O be-pîş-i ateşeş bi'nhâde rû
Ey ki cüz-i în zemini ser-mekeş
Çünki bînî hükm-i Yezdan der-mekeş
Çün halaknaküm şünîdi ez-türâb
Hâk bâşi cüst ez-tü rû metab

Alemin bütün zerreleri birbirine girse de hile kesilse, yine gökten gelecek kazaya karşı hiçtir, hiç. Şu yeryüzü gökten nasıl kaçabilir, kendini gökten nasıl gizleyebilir. Gökten yağana karşı yeryüzü nereye ka-

çabilir, hangi sipere girip gizlenebilir. Güneşten onun üstüne ateş yağsa yeryüzü o ateşe karşı yüzünü yere sererek sessizce ona teslim olmuştur. Ey insanoğlu! Madem ki yeryüzünün bir cüzüsün, onun üstünde yaşıyorsun; o halde sen de Allah'ın buyruğuna, kaza ve kaderine karşı gelme. "Sizi topraktan yarattık." sözünü duydun. Demek ki Allah senin toprak gibi olmanı istiyor, bu emre karşı gelme. (3/18)

Şimdi de takdirden kaçma gayretinin ne kadar beyhude olduğunu gösteren hikâyemizi özetleyelim:

Rüzgara Emret

Kuşluk vakti korku ve heyecandan yüzü gözü morarmış adamın biri telaşla Hz. Süleyman'ın yanına koştu. Hz. Süleyman ona korkusunun sebebini sorunca dedi ki:

- Azrail bana hışımla öyle baktı ki aklım başımdan gitti, perişan oldum.

- Peki benden ne istiyorsun?

- Ne olur rüzgâra emret de beni hemen Hindistan'a götürsün. Böylece canımı kurtarayım.

Hz. Süleyman rüzgâra emretti ve adamı oraya gönderdi. Ertesi günü Azrail yanına gelince Süleyman peygamber ona:

- Dün niçin o biçare müslümana öyle hışımla bakmıştın, diye sordu... Azrail dedi ki:

- Ben ona hışımla değil hayretle bakmıştım. Zira Hak Teala bana onun ruhunu o gün Hindistan'da almamı emretmişti. Kendisini burada görünce hayrete düşmüş ve içimden 'Bu adam kanat takıp uçsa bile bu kadar kısa sürede Hindistan'a nasıl gidebilir?' demiştim. Sonra onu emredilen vakitte Hindistan'da buldum ve Hakk'ın emrini yerine getirdim. (1/39)

Takdir karşısında insanın aczini gösteren en iyi örneklerden biri de Firavun ile Hz. Musa kıssasıdır. Aşağıdaki kıssada Mevlânâ Hakk'ın himayesine mazhar olan Musa karşısında her tedbirin nasıl anlamsız hale geldiğini ifade ediyor:

Firavun-Musa

Firavun rüyasında doğacak bir çocuğun kendi tahtını harap edeceğini görünce bunu müneccimlere yorumlattı ve çare konusunda akıl danıştı. Müneccimler, Musa'nın ana rahmine düşeceği geceyi tespit ettiler ve bu işe mani olmak için bir hile düşündüler. O devirde Yahudilerin sokaktan taht içinde geçen Firavun'un yüzüne bakmaları yasaktı ve buna kalkışanlar hemen öldürülürdü. O gece eşleri birbirinden uzak tutma amacıyla şehre münadiler çıkarıldı ve Firavun'un yüzünü görmek isteyen bütün erkeklerin saraya toplanması gerektiği bildirildi. Onu görme heyecanıyla Yahudi erkekleri sarayın önündeki meydana koştular. Hükümdar yüzü açık olarak halka göründü ve çeşitli ihsanlarda bulundu. Daha sonra oradakilere birkaç geceyi daha kendi misafiri olarak geçirmelerini isteyince hepsi; "Emrinde ve hizmetindeyiz, istersen bir ay bile kalırız." dediler.

Böylece bütün Yahudiler üç gece boyunca orada, evlerinden uzakta kaldılar. Firavun takdire mani olduğunu sanarak seviniyordu. Firavun'un hazinedarı olan İmran da Yahudiydi ama hükümdar ona çok güvenirdi. Buna rağmen ona:

- Sen de bu gece karınla buluşma, diye emretmişti. İmran da emre uyarak o geceyi Firavun sarayındaki odasında geçirmeye karar verdi. Ancak takdirin sevkiyle karısı gece yarısı kalkıp yanına geldi ve kocasından hamile kaldı. İmran tamamen kendi iradesi dışında gerçekleşen bu işin Allah'ın takdiri olduğunu anladı ve karısından bu sırrı gizlemesini istedi. O gece semadaki yıldızları gözden geçiren müneccimler Musa'nın yıldızının parladığını görünce tedbirlerinin boşa gittiğini anlayarak feryat etmeye, kendilerini yerden yere atmaya başladılar. İmran ise suçunu örtmek için dışarı çıkmış tedbirsizliklerinden dolayı onları azarlamadaydı. Öte yandan durumu öğrenen kral küplere binmişti, müneccimlere:

- Şimdi hepinizi asmam lazım. Sizin sözünüze uyup kendimi halka maskara ettiğim yetmiyormuş gibi tedbiriniz de boşa gitti, dedi. Onlar:

- Bu sefer tedbirimiz tutmadı ama bize izin ver çocuğun doğum gününü tespit edelim ve ona fırsat vermeyelim, dediler. Doğum zamanı gelince münadiler her yere şu haberi yaydı:

- Geçen sene erkeklere ihsanda bulunan kral bu sene de yeni doğum yapan kadınlara hediyeler verecek. Herkes bebeğiyle saray meydanına gelsin.

Kadınlar kendilerini bekleyen acı sürprizden habersiz sevinçle sarayın yolunu tuttular. Ancak orada hepsinin erkek çocukları toplanıp öldürüldü. Diğer taraftan askerler her yeri arayarak başka yeni doğum olup olmadığını araştırıyorlardı. İmranın karısı bir evde gizlice çocuğunu dünyaya getirmişti. Firavun'un memurları o evi aramaya geldiklerinde anne Allah'ın emriyle bebeğini yanan tandırın içine attı. Memurlar eli boş olarak çıkıp gittikten sonra da yavrusunu sapasağlam olarak tandırdan çekip aldı. Daha sonra onu yine ilahi bir emirle suya bıraktı. Firavun'un eşi sarayın önünden geçen beşikteki bebeği gördü ve evlatlık edindi. Bu suretle Firavun, Cenab-ı Hakk'ın takdiriyle kendisini alaşağı edecek olan düşmanını kendi evinde besledi ve büyüttü. (3/32)

Kıssanın neticesi şu: Takdire engel yoktur. Bir Arap atasözünün ifadesiyle:"İza câe'l-kaza umiye'l-basar"= Kaza gelince insanın basireti kapanır ve tehlikenin kendisine nereden geleceğini göremez.

Kimden Korkmalı?:

Bu dünyada ümit ve temennilerimiz kadar korku ve endişelerimiz de vardır. Bazen yukarıdaki parçalarda anlatıldığı üzere insan kimden korkması gerektiği noktasında adresi şaşırmaktadır. Oysa; "Ne kahrı dest-i adadan ne lütfu aşinadan bil" diyen şaire kulak vermeli, aşağıdaki beyitlerde tarif edilen ahmağın durumuna düşmemeliyiz:

Ahmakâne ez-sinân rahmet mecû
Z'ân şehî cû k'ân buved der-dest-i u
Bâ-sinân u tiğ lâbe çün künî
K'u esir âmed be-dest-i an süni (5/1691)

Yani: *Ahmak gibi mızraktan bir şefkat umma, o şefkati mızrağı tutan padişahtan bekle. Sahibinin elinde esir olan, onun emrinden başka bir iş yapmayan mızrağa ve kılıca bu yalvarma da neyin nesi!*

Şimdi bu durumla ilgili şu sevimli nükteyi aktaralım:

Şiiler Arasında Bir Ömer

Şiilerin yaşadığı Kaşan'a yolu düşen bir sünnî ekmek almak için ekmekçiye uğrar. Fırın sahibi görünüşünden şüphelendiği müşteriye adını sorar ve Ömer olduğunu öğrenince:

- Bende ekmek yok ama istersen yan komşuma bak, diye başından savar. Sonra da yan komşusuna:

- Hey komşu! Şu gelen Ömer'e bir ekmek ver, diye seslenir... Mesajı alan komşu da tezgahı ekmekle dolu olduğu halde müşteriyi bir başkasına havale eder. Böylece adam bütün şehri baştan başa dolaştığı halde kendisine ekmek satacak bir fırın bulamaz...

Mevlânâ hikâyenin sonunda şöyle diyor: A, bu korku ve ümit dünyasında Kaşan'daki Ömer gibi oradan oraya dolaşıp duran zavallı! Ekmek bulmak için Ali olmaktan başka çare yok. Zira bil ki bütün fırınlar aslında bir tek fırıncıya ait. (6/120) Her elin üzerinde bir el vardır ve ellerin sonuncusu Hakk'ın elidir. Nasıl ki nehirlerin son hududu denizdir ve bütün bulutlar suyunu ondan alır; bütün işler de O'na döndürülürler.

Peki ama bütün fırınların sahibi olan Hak Teala niçin her işte aracılar kullanmakta, kendisini gizlemektedir? Mevlânâ bunun hikmetleriyle ilgili olarak şu hikâyeyi veriyor:

Kaderin İcra Vasıtaları

Azrail can almaya memur edilince Cenab-ı Hakk'a:

- İlahi, bana ne kadar ağır bir görev verdin. Ölümünü benden bilen tüm insanlar bana düşman olacaklar, diye sızlandı. Cenab-ı Hak:

- Ben ölüm için görünüşte bir takım sebepler yaratırım, böylece onlar senden gözlerini çevirip bu sebeplere bakarlar, buyurdu.

Nitekim görünüşte her işin bir tedbiri, her hastalığın da bir devası vardır. Mesela üşüyen kürk giyerse ısınır... Ama Cenab-ı Hak birisini dondurmak isteyince o kişi yüzlerce kürk de giyse bir faydası olmaz. Öyle bir titremeye başlar ki onu ne kürk ne de hamam ısıtabilir. Sağlam göz böylece her şeyin aslını görür, şaşının gördüğüyse fer'dir. Azrail yine:

- Ama bazı arif kulların var ki öndeki perdeleri yırtarlar ve arkada benim olduğumu görürler, deyince Cenab-ı Hak:

- O sebepleri yırtan bakış sende de durmaz ve ta bana kadar ulaşır buyurdu.

Nimetin Kaynağı

Bu tariflere uygun olarak her nimetin hakiki kaynağı yine Cenab-ı Hak'tır. Vesileler o nimetleri bize ulaştıran hizmetçiler konumundadır. Cahilin gözü vesileyi sebep zanneder; gerçeği görmek ise Süleymanca bir göz gerektirir. Sadece vesileyi görenler sanki kendi hizmetçilerine hizmetçi konumuna düşerler. Hz. Mevlânâ bu gerçeği aşağıda-yer altındaki madenleri güneşin pişirdiğine dair eski bir folklorik inanışa işaret etmek suretiyle-yıldızlara tapan bir kavmi uyaran Hz. Süleyman'ın diliyle ifade ediyor:

"Siz yer altındaki madeni altın yapan bir yıldıza, güneşe tapıyorsunuz; yüzünüzü güneşi yaratana döndürün. Gökyüzündeki güneşe tapmakla değeri yüce canlarınızı hor bir hale koyuyorsunuz. Güneş, Tanrı buyruğuyla bizim aşçımızdır, ona Tanrı dersek aptallıktır bu. Tanrı, güneşini tutarsa ne yaparsın; o karartıyı nasıl giderirsin ondan? Geceleyin seni öldürmeye kalkışsalar, nerde güneş ki ona sızlanasın; ağlayıp aman dileyesin? Başa gelenler de çok defa geceleyin olur; o zamansa taptığın ortada yoktur. Çıkrığın dönüşü ipin sarılmasına, boşalmasına sebeptir; fakat çıkrığı döndüreni görmemek ne fena şey!. Sakın ha, sakın, dünyadaki şu sebep iplerini, şu başı dönmüş felekten bilme."

Bu fikirleri insan ilişkilerine çekerek şöyle bir neticeye ulaşabiliriz: Madem ki her iyilik, arada kimin eli olursa olsun, sonuçta dönüp dolaşıp tek bir kaynağa çıkmakta; o halde bizim bütün minnet ve şükrümüz de o ulu kapıya yönelik olmalı. Gerçi yapılan bir iyliği takdir ve iyilik sahibine teşekkür etmek insaniyetin gereğidir. Bunun aksi nankörlük olur.

Buraya kadarı iyi güzel de, yapılan küçük bir iyilik için başkasına minnet eden insanın hesaba kitaba gelmez niyetlerin sahibine karşı duyarsızlığına, şükürsüzlüğüne ne demeli! İşte bunun için Hz. Mevlânâ aşağıda, hem insanların verebileceği şeylerle Allah'ın verdikleri arasındaki farkı nefis ifadelerle ortaya koyuyo hem de bizi nimetin hakiki sahibine şükre davet ediyor:

Minnet Sanadır Allahım

İlahi! Zengin adam, çok cömertlik eder; ama o cömertlik, Sen'in vergine hiç de eşit değil. Zengin adam, külah bağışladı, Sen'se akılla dolu baş verdin. O hırka bağışladı, Sen'se yüce boy verdin. O altın verdi bana, Sen altın sayan el verdin. O katır verdi bana, Seni katıra binecek akıl verdin. O mum verdi bana, aydın gözü ise Sen verdin. O zengin kişi meze verdi bana, Sen onu yiyecek ağız verdin. O maaş verdi bana, Sen ömür verdin, yaşayış verdin. O ev verdi bana, Sen gök verdin, yer verdin; senin evinde o da yaşar, semirir, onun gibi binlercesi de... Hem onun verdiği altın da aslından senin; altını o yaratmadı ki... Ekmek de Sen'in; ekmeği ona veren Sen'sin. O bağışı, o cömertliği de sen verdin ona; cömertlik ettikçe neşesini, sevincini Sen artırdın onun. Bense asıl kıble yapanımı bir yana attım da onu kıble edindim kendime.

İRADE

Kader ve İrade Tartışmaları:

Yukarıda Mesnevî'deki kaderle ilgili fikirleri aktarmaya çalıştık. Şimdi de irade ve bunun insana yüklediği sorumluluklar üzerinde duralım. İslam düşünce tarihinde kader ve irade tartışmaları büyük yer tutar. Birçok itikadi mezhep bu konudaki fikir ayrılığından doğmuştur. Mesnevî'de de bu bahisler sıklıkla karşımıza çıkar. Hz. Mevlânâ başlıca üç kader anlayışını bir teşbihle açıklar.

Ona göre ortada enbiya yolu olan ehl-i sünnetin kader anlayışı vardır. Bunun sağ tarafında cebrilik çölü, sol tarafında ise kaderilik çölü yer almıştır. Cebrilik kulun iradesini inkâr etmektir. Bu inkâr Allah'ın emir ve yasaklamalarını da inkardır. Zira emir ve yasak ancak iradesi olanlar içindir. Emir ve yasağı inkâr ise sonuçta cennet ve cehennemi inkâra gider, zira bu ikisi emre uyup uymamanın karşılığıdır. Sol taraftaki kaderiye çölünün mensupları ise halkın kudretini Hakk'ın kudretinin üzerine çıkarmaları bakımından çıkmaza saplanmışlardır. (5/ 120)

Cebri Suçu Kadere Yükler

Cebrilerle kaderiler arasındaki münakaşa kıyamete kadar sürer gider. Cebri konuşmaya başlayınca sünni şaşırıp kalır, onu ikna etmeye gücü yetmez. Kader konusundaki zorlukta da bir hikmet vardır. Nasıl hazinenin kıymeti anahtarının çokluğundan belli olursa 72 millet de mahşere kadar kalmalı ki gayenin yüceliği bu zahmet ve karışıklıktan belli olsun. Yine Kâbe'nin izzeti, çölün zahmetine ve bedevilerin soygunculuğuna katlanmaktadır. Demek ki makbul olan her yol afetlerle doludur. Hasılı kader konusundaki tartışmalarda bir tarafın karşıyı ikna etmesi pek zordur. Aşağıya aldığımız parçada Mevlânâ kendi hatalarını kadere yükleyen cebri bir kâfirle onu islama davet eden bir müslümanı tartıştırarak bu durumu gösteriyor:

"Bir müslüman tanıdığı bir kâfire:

- Neden müslüman olmuyorsun, deyince beriki:

- Cenab-ı Hak isteseydi beni mümin yapardı, ama yapmıyor, cevabını verdi. Müslüman:

- Cenab-ı Hak senin iman etmeni istiyor ama senin aşağılık nefsin ve şeytanın seni bırakmıyor, dedi. Bunun üzerine beriki şöyle dedi:

- İnsaf et. Bu durumda suç benim mi? Mademki onların isteği Allah'ın isteğine galiptir; insan galip olana uymaz da ne yapar?"

Mevlânâ daha sonra kâfirin ağzından bu duruma şu örnekleri veriyor: "Nasıl ki sen bir bina yapar içini özene bezene süslersin, buranın ya mescit ya da hayır evi olmasını istersin ama biri gelir oraya el koyar ve manastır yapar. Ya da zahmetle bir kumaş dokur kendine kaftan yapmak istersin ama düşman onu elinden alıp şalvar yapar. Bunda binanın ya da kumaşın suçu ne? Onlar kim galipse ona tabidirler. İşte ben de böyle bir bina ya da kumaş gibiyim. Bu alem Allah'ın mülküdür ve bu mülkte Allah şeytanın galip olmasını istemişse benim ona uymaktan başka şansım var mı?" (5/119)

Pes doğrusu! Kâfirdeki şu muhakemeye bakınız. Hz. Mevlânâ kimi konuşturşa ona öyle bir mantık kuvveti veriyor ki neredeyse onun haklılığına bizi ikna edecek. Ama sonra sözü kendisi devralıyor ve bize sağlam gelen bütün bu iddiaları tek bir darbede yerle yeksan ediyor. Yukarıdaki iddianın doğruluk payı nedir? Bizim sapkınlığımız gerçekten şeytanın eseri midir? Şimdi şeytanın ne yapıp ne yapamadığıyla ilgili olarak Mevlânâ'nın şu ilginç benzetmesine bir göz atalım:

Şeytanın Hak Kapısındaki Hali

Bir Türkmenin iri bir köpeği olsa, o köpek sahibinin kapısı önünde yüzünü yere serer bekler. Evin çocukları gelir onun kâh kulağını kâh kuyruğunu çekiştirirler ama köpek aldırmaz. Fakat ne zaman ki oradan bir yabancı geçse hemen aslan kesilip üzerine atılır. O köpek dostlara gül, düşmanlara diken gibidir. Şeytan köpeğini de Cenab-ı Hak yaratmıştır. Ona; 'Ey şeytan köpeği, kapıma gelenlere saldır ki herkesin sadakat derecesi belli olsun. Kim gelecek kim dönecek bilinsin.' denmiştir. Çadıra yönelen misafir köpeğe güç yetiremezse hemen euzu okur. Euzu; sesini ev sahibine duyurmak ve; 'aciz kaldım, şu köpeği önümden çek de sana gelebileyim' demektir. Türkistan Türkü kapıda görünüp bir nara atınca değil köpek, aslan bile olsa kan kusar, siner. Şayet köpeğe sözü geçmezse misafirin de ev sahibinin de başına toprak."

Bu nüktede köpek hem şeytana, hem de insandaki nefse benzetilmiştir. Köpeğin bir görevi de sahibi için av avlamaktır, ama bazen da avlayanla avlanan yer değiştirir:

"Ey kendine Hak aslanı diyen, yıllardır bu nefs ve şeytan köpeğinin elinde aciz kaldın. O sana nasıl av avlasın ki sen onun elinde av olmuşsun!" (5/119)

Yukarıda kendi küfrünün suçunu ilahi takdire ya da şeytana yüklemeye çalışan Cebriyi dinlemiştik. Şeytanın bizim sapıklığa düşmemizdeki payı nedir? Ya da iyiliklerimizde meleğin bir rolü var mıdır? Yoksa insan iyi kötü bütün fiillerinden bizzat sorumlu mudur? Şimdi bütün bu konulardaki fikirlerini öğrenmek için müslümana kulak verelim:

Müminin Cebriye Cevabı

"Ey cebri! Sen satrançtaki taşını sürdün, fikrini söyledin. Şeytan ve nefsin etkisi hakkında şimdi bir de beni dinle. İstek ve irade senin içine yerleşmiştir. Bu şuna benzer:

Uyuyan köpeğin isteği kaybolmuş gibidir ama bir leş ortaya atılınca hemen kuyruğunu oynatmaya başlar. At arpa görünce kişner, kedi ete karşı miyavlar. İnsanda iradenin uyanması da böyle bir vesileye bağlıdır. Şeytan kendi istediği bir şey göstererek sende bir meyil uyandırır, melek de onun aksine sana hayırlı bir şey gösterince gönlüne iyilik meyli dolar. Demek ki gösterilmeden önce hayır da, şer de gizlidir. Öyleyse melek ve şeytan senin ihtiyar damarlarını harekete geçirmek için iki takdimcidir. Namaz sonunda meleklere selam vermen; "Bu namazın kılınması sizin ilham ve duanızın bereketiyledir." demektir. Bir günah işleyince de şeytana lanet edersin, çünkü bu hile ondandır. Sana iki taraftan ilhamlar gelmede ama onu gönderenler perde arkasında, eğer gayb perdesi aradan kalkarsa o zaman sahiplerini görürsün de; "Bana gizlice söz söyleyenler bunlarmış..." dersin. (5/121)

İki Suflör

Mevlânâ bu benzetmeleriyle âdeta bir tiyatro sahnesi tasvir eder gibidir. Oyuncu sahnede oynarken perde gerisindeki suflör ona ne yapması, ne söylemesi gerektiğini fısıldamaktadır. Oyuncu sahibini görmediği bu seslerin melekten mi şeytandan mı geldiğini aradaki perde kalktığında, yani hesap-kitap gününde anlayacaktır. Ancak bu fısıldama, insan için bir mecburiyet anlamı taşımaz. Sonuçta oyunun bütün sorumluluğu oyuncuya aittir. Aslında, her ne kadar sahiplerini göremesek de, söyledikleri şeylerden biz hangi sesin şeytana hangisinin meleğe ait olduğunu anlayabiliriz. Çünkü: "Geceleyin aslanla köpek kükreyip havlasalar her ne kadar onları göremesen de seslerinden onları tanırsın. Gündüz olunca onları sesleriyle karşılaştırır ve emin olursun."

Hesap gününde kendisini suçladığında şeytan sana der ki: "Ey nefsinin esiri olan, ben sana teklifte bulunurdum ama seni zorlamazdım." Melek de şöyle der: "Ben filanca gün sana; biz atan Adem'e secde edenleriz, insanoğlunun dostuyuz. Şeytansa ona isyan edendir. Sakın şeytana uyma, o atan gibi senin de düşmanındır ve bu tuttuğun yol seni cennete götürmez, dememiş miydim? Ama sen beni değil onu dinledin. Şimdi bize ve onlara bak; doğru ve yalanı tamamen anlayacaksın."

Hasılı melek ve şeytan, hayır ve şerrin göstericisidirler ve bu gösterme insanda bir ihtiyar/seçme gücünün varlığına delildir.

Madem Sorumluyuz İrademiz Var

Hz. Mevlânâ insanda bir seçme ve yapma gücü ve kabiliyeti olduğuna dair birçok ikna edici deliller buluyor. Bir irademiz olduğunun en büyük delili, yaptıklarımızdan sorumlu tutulmamızdır. Cenab-ı Hak "köre teklif yoktur" buyurdu. Çünkü Cenab-ı Hak adildir, hiç kimseyi yapamayacağı şeyden dolayı sorumlu tutup cezalandırmaz. Kur'ân baştan başa emir ve nehiyden ibarettir. Demek ki bu emir ve nehiyler insanın yapabileceği şeylerdir. Zira emir, yasak, lütuf ve azarlama ancak iradesi olanlar içindir. Hiç kimse eli bağlı olana; "Mızrağını al da savaşa katıl!" der mi? Nasıl ki öküz boyunduruğa gelmediği için dövülür ama uçmadığı için dövülmezse acize de yapamayacağı şey için kızmak ayıptır. Öküz bile kusuru için mazur değilse öküz sahibi niye mazur olsun! O halde: "Kendi küfrüne sen Hakk'ın iradesi deme. Bu iradede senin de isteğin vardır. Zira istemeden küfür olmaz." (5/126)

Küfür Kader Değil

Hem Mevlânâ hem de bütün ehl-i sünnet alimlerine göre insanın küfrünün kabahat, ibadetinin fazilet olması da ondaki irade dolayısıyladır. Nitekim bütün mahlukat Allah'ı tesbih eder ama bunların fazla bir kıymeti yok; zira bu tesbih cebridir. İnsan ise iradesi sebebiyle kerremna övgüsüne hak kazanmıştır. Zira birinin eline kılıç versen o ya gazi olur, ya yol kesici, seçim kendi elindedir. İrade de bir kılıç gibi iki yönlü kullanmaya müsaittir. (5/126)

Kâfirler kendilerini imana davet eden Resullere karşı cebriliği savunup suçlarını kadere yüklerler ve: "Allah bizim kalbimizi kilitlediyse biz ne yapalım. Toprağa su ol, taşa yakut ol, ya da eskiye yeni ol demekle hiç bunlar olur mu?" derler. Resuller de derler ki: "Cenab-ı Hak bazı kalıcı sıfatlar yanında değişebilir sıfatlar da yarattı. Nitekim duygular değişebilir, nefret sevgiye dönüşebilir. Cenab-ı Hak körlük, topallık gibi çaresiz dertler yanında baş ağrısı, yüz felci gibi tedavisi mümkün dertler de vermiştir. İmansızlık da bu türdendir. Velev ki Hak kâfirin kalbini kilitlese bile biz bize düşen emri yapmakla mükellefiz. Kulluk için yaşarız ve kuma ekin ek dense ona da ekeriz. Çünkü biz emri yerine getirmekle yükümlüyüz, sonuca bakmayız." (3/110)

Vicdan da İradeye Delildir

Mevlânâ'ya göre vicdani hislerden olan irade öfke, sabır da tıpkı maddi hisler gibi gerçektir. Nasıl ki 5 duyumuzla kırmızıyı sarıdan, küçüğü büyükten, acıyı tatlıdan, miski pislikten, katıyı yumuşaktan, soğuğu sıcaktan, kuruyu yaştan ve duvarı ağaçtan fark edip anlıyorsak, vicdani hislerle de doğruyu yanlıştan, güzeli çirkinden ayırabiliriz. Aslında vicdani hisler hayvani hislerden daha gerçek ve daha güvenilir özelliktedir; zira duyu organlarını yanıltmak mümkündür ama vicdanı susturmak mümkün değildir. "Yarın şöyle şöyle yapayım..." diye niyet etmek, ya da işlediğimiz bir kötülük karşısında duyduğumuz pişmanlık hissi ve böylece ulaştığımız hidayet, bu hislerin gücüne delildir. (5/123)

Kaderle İradeyi Nasıl Telif Etmeli

Kur'ân-ı Kerim'de konuyla ilgili ayetlerde bazen insanın çabasının önemi üzerinde durulurken bazen da bunun tersi gibi anlaşılabilecek ifadelerle karşılaşılmaktadır. Mesela, bir yandan "Kalem Hakk'ın emriyle ezelden ebede kadar olacakları yazıp kurudu." denmiş, diğer yandan "Taat günah ile, emanet de hıyanetle eşit değildir." ve "Muhakkak ki Allah yapılan iyiliği zayi etmez." buyurulmuştur...

Mevlânâ ayetler arasındaki bu zahiri tezadı şöyle ortadan kaldırıyor: "Eğer sana; her ne istersen olur, denseydi tembellik etmen caiz olurdu. Değil mi ki her istediğin olacak çalışmana lüzum yok! Ama; Allah'ın dilediği olur, dendi. Madem ki böyle, senin onun dilek ve ihsanına nail olabilmek için gece gündüz çalışman gerekmez mi?"

Peki; "Kalem olacakları yazdı." ne demek? Mevlânâ'ya göre; "Kalem yazdı demek; kalem her işe karşılığını yazdı, demektir. Kalem eğri gidene felaket, doğru gidene de saadet yazmıştır. Hırsızın eli kesilir, şarap içen sarhoş olur... Kalem bunları yazar. Bu demek değildir ki Cenab-ı Hak kuluna; 'bu iş bir kere benim elimden çıktı, boşuna bana halini arzederek ağlayıp durma' demiş olsun. İyi ile kötü kişi bir padişahın yanında aynı ise o padişahın başına toprak. Sen bu dünya padişahlarına bunca hizmet edersin de yine de kendini güvende bilmezsin. Zira bir gammaz senin hakkında bir iftirada bulunsa ona inanırlar da yıllarca hizmetini yele verirler. Asıl sultan odur ki her şeyi görsün, bilsin ve hiçbir iftiracının sözü ona tesir etmesin. Allah her şeyin gerçeğini bilir; vefaya vefa, cefaya cefa yazar, ama isterse de affa kadirdir..." (5/126)

Hangisi Daha Kötü

Kader konusundaki iki yanlış anlayıştan hangisi daha kötü? Hz. Mevlânâ'ya göre cebrilik kaderi inkardan da kötüdür. Çünkü kaderi inkar eden görünmeyeni inkar etmekte ise de hiç olmazsa kendi 5 duygusunu inkar etmemektedir; ama cebri bunları da inkar eder. Kaderi inkar eden; "Duman var ama ateş yok, nur var ama mum yok." der. Cebri ise gördüğü halde ateşi inkar etmektedir. Bir yandan elbisesi yanarken o hala ateşi inkar etmekte, ya da hem elbisesini dikmekte hem de iplik de neymiş, demekte. Bütün alem iradeyi kabul eder, şunu yap, şunu yapma diye emir ve yasaklamalar koyup dururken cebri; "Ne emir var, ne yasaklama, ne hata var ne sevap..." iddiasındadır. (5/123) Mevlânâ'nın ince bir tespiti de şudur: Aslında cebrilik sadece nazari olarak mevcuttur. Hiç kimse pratikte tam anlamıyla cebri olamaz. O, aşağıdaki cümlelerde cebrilerin düştüğü ikilemi ortaya koyuyor: "A cebri! Madem ki Hak'tan başkasında bir yetki yok, niçin hasmına kızıyor, kinleniyor ve işi ondan biliyorsun? Bir evin tavanından bir tahta düşse de başını yaralasa hiç o tavan tahtasına kızar, ona kin bağlar mısın? Sel malını alıp götürse ya da rüzgar sarığını uçursa ona karşı hiç kin tutar mısın? Ama malını çalan hırsızı yakalatır, elini kestirmek istersin. Bir ırz düşmanı sarkıntılık etse kıskançlık ve öfke damarların hemen kabarır. Bir deve bile kendisini dövene kin bağlar da işi sopadan bilmez. Köpek dahi taşa değil taşı atana saldırır. Şayet taşa saldırsa bile bu asıl suçluya güç yetiremediği içindir. Hayvan bile iradenin farkında ise insanın aklı bunu nasıl kavramaz?" Durum böyleyse cebrinin iradeyi inkarı neden? Aslında bu inkar, onun kendi sorumluluğundan kaçmak için yaptığı pazarlıklı bir inkardır. Şunun gibi: "Sabah çoktan ağardı, ama sen daha fazla yemek için gözünü kapamada, daha sahur bitmedi ki! demedesin. Yeme içme hırsın karşındaki güneşi bile kapattıktan sonra artık hangi delil seni ikna edebilir ki!" (5/124)

Zoraki Cebri

Mevlânâ iradi/isteğe bağlı hareketle gayrı-iradi/istek dışı hareket arasındaki farkı şu örnekle açıklıyor: İki elinden biri hastalıktan titriyor, diğerini sen titretiyor olsan bunların ikisinin de hareketi neticede Hak'tandır. O izin vermese el ne kendiliğinden titrer ne de sen titretebilirsin. Fakat bu iki titremeden birinde senin de payın vardır. Sen titrettiğinde bu titreme isteğe bağlıdır; hasta kimsedeki titreme ise mecburidir. (1/60) Cebriyeci kendi isteğine bağlı olan hareketi de hastanın titremesi gibi gösterir. Bu hastalık zamanla onu körleştirir. Zira Hz. Peygamber; "Yalandan hasta olanın şüphesiz ruhu ve bedeni zamanla gerçekten hasta olur." buyurdu. "Hak yolunda kendisine düşen görevi yerine getiren kişi ise gücünün yetmediği yerde ilahi yardıma mazhar olur."

Mevlânâ bu manadaki cebriliği/kadere teslimiyeti makbul görüyor ve beriki cebrilikten onu ayırıyor:

"Ey cebri! Kırılan ayak sarılır, kopmuş olan damar bağlanır. Bu yolda ayağın kırılmadığına göre sen böyle maskaraca ayağını niye sardın! Çalışma didinme yolunda ayağı kırılan kişiye Hak bir Burak hediye eder. O dini sırtladığı içindir ki gücü bittiği yerde onu sırtlarlar. Emre uyduğu için emrine uyulan hale getirirler." (1/44) İnsandaki sorumluluk gücüyle orantılıdır. Mesela henüz emekleyen bebeğin ayağı da bineği de babasının omuzudur. Eli ayağı kuvvetlenmeye başlayınca zahmetler de başlar. Madem yürüyebiliyorsun yürü derler. Cebri ise ayağı varken topallamakta, eli varken avucunu gizlemektedir. (1/38).

Hırsız/Polis

Şimdi de Mesnevî'de yer alan cebriliğin suçları meşrulaştırmak için kullanılışına ait örneklerden bazılarını mealen aktaralım:

Bir hırsız kendisini yakalayan polise dedi ki:

- Her ne yaptıysam Hakk'ın takdiriyle oldu, benim suçum yok.

O da bir yandan hırsızın sırtına bir sopa indirdi ve:

- Emin ol ki ben de şu an her ne yapıyorsam tamamen Hakk'ın takdiriyledir, dedi. (5/124)

Hırsız/Bağcı

Bir adam gizlice bir bağa girmiş ağacın meyvelerini silkeliyordu ki bağ sahibi onu görüp azarlamaya başladı:

- Haktan utanmaz mısın, bu yaptığın ayıp değil mi?

Pişkin hırsız şu cevabı verdi:

- Asıl senin yaptığın ayıp. Hak sofrasını kimden esirgiyorsun! Bağ Hakk'ın bağı, ikram onun ikramı, yiyen de onun kulu!..

Bağ sahibi hizmetçiye bir ip getirmesini emretti ve hırsızı ağaca bağlayıp dövmeye başladı. Hırsız feryat etti:

- Allah'tan utan, benim gibi bir günahsızdan alıp veremediğin ne!

- Allah'ın bir kulu, Allah'ın sopasıyla diğer bir kulun sırtına vuruyor. Değnek de onun, kul da onun, sırt da... Bense sadece onun emrini yerine getiriyorum.

Hırsız bunun üzerine:

- Tamam tamam, suçumu kabul ettim, cebre tövbekar oldum, dedi. (5/125)

Mevlânâ bu kabil kişilere -mealen- şöyle çıkışıyor:

"A ahmak! Bir turp çalsan onun için bile özrün kabul olunmazken nasıl böyle özürlere sığınabiliyorsun. Böyle özürlerle Cenab-ı Hakk'ın hükmü kalkıyorsa aman onu bana da öğret de işime yarasın! Benim de içimde yüzlerce yasak arzular var ama Hak korkusu elimi ayağımı bağlamada. Hadi iyilik et onlardan kurtulma yolunu bana açıkla ki bağlı elim ayağım çözülsün. Ama hayır! Söylediklerine kendin de inanmadığın belli. Zira bak bir meslek seçmiş, bir iş tutmuş, geçimini ona bağlamışsın. Sonra birisinde bir habbe alacağın kalsa hemen aslan kesilir, yakasına yapışırsın. Ama nimetlere şükür sırası gelince elin ayağın tutmaz oluyor, öyle mi! Kimse bu bahanelerle celladın elinden kurtulmadı, kurtulamaz. Cehenneme 'beni mazur gör' dediğinde o da diyecek ki: " Yakmak konusunda sen de beni mazur gör."

Tevekkülün Anlamı:

Tevekkül kadere iman ve teslimiyettir. Ama kadere teslim olmak demek tedbiri bırakmak değildir. Aksi takdirde insan edeb sınırlarını zorlamış olur. Şu nüktede olduğu gibi:

Yahudinin biri Hz. Ali'ye:

- Hakk'ın koruyuculuğuna inanıyor musun, diye sordu.

O da, evet deyince beriki:

- O halde O'na güvendiğini göstermek için kendini bir damdan aşağı at, dedi. Hz. Ali:

- Haşa dedi, kulun Allah'ı imtihan etmesi hiç yakışık alır mı? İmtihan etmek Cenab-ı Hakk'ın işidir, bizim değil. Zerre dağı tartmaya kalkarsa terazisi yok olur. Akıl terazisi de onu tartamaz, dağılır gider. Resmin ressamını imtihan etmesi nerede görülmüş? Resim ressamın önünde daima mahkumdur. Ama imtihansız olarak şunu bil ki eğer sen baş isen Cenab-ı Hak seni ayak altında bırakmaz. Akıllının kıymetli bir inciyi sidik içinde bıraktığı görülmüş mü hiç? (4/15)

Bu nükteden sonra Mevlânâ aşağıdaki beyitlerle tevekkülün sınırlarını çiziyor:

Ger tevekkül mikünü derkâr kün
Kişt kün pes tekye ber-Cebbar kün
Cehd mikün tâ tüvâni ey kiyâ
Der tarik-i enbiyâ vü evliyâ
Hiç gendüm kâri vü cev ber-dehed
Dîde esbî ki küre-i har dehed

Eğer tevekkül edeceksen önce işini yap sonra tevekkül et. Önce ek sonra Cebbar olan Hakk'a sığın. Sen gücün yettiğince gayret et ve böyle yapan nebi ve velilerin yolundan git. Hiç buğday ekip arpa biçebilir misin? Hiç sıpa doğuran at gördün mü? Demek ki her işte mahsul ektiğine göredir.

Demek ki yapmadığını istemek ekmediğin şeyi biçme isteği gibi abestir. Şimdi bu anlayışı özetleyen nüktemizi verelim:

Dikenden susam biter mi?:

Etrafındakileri daima kırıp döken ama buna rağmen Cenneti kimselere bırakmayan huysuz efendisi bir gün Lokman'a:

- Ben bu gün şehre iniyorum sen tarlayı güzelce sür ve susam ek, diye emretti. Akşam işinden dönen efendi tarlasına uğrayınca ne görsün! Lokman tarlaya diken ekip durmada. Efendi öfkeyle bağırdı:

- Hey ne yapıyorsun! Ben sana susam ekmeni söylemedim mi!

Lokman sakin sakin şu cevabı verdi:

- Telaş etme. Her ne kadar diken ekiyorsam da bunların susam olarak biteceğini ümid ediyorum.

Efendi daha çok kızdı ve:

- A akılsız! Hiç dikenden susam bittiği görülmüş mü, dedi. Bunun üzerine Lokman:

- İyi ama sen de yıllardır bu dünyada diken ekip duruyorsun ve buna rağmen Cennete gideceğini ümid ediyorsun ya, cevabını verdi.

Mevlânâ aşağıdaki beyitlerde de tevekkülün anlamına değiniyor. Buna göre tevekkül; kendi görevlerini yerine getirmek, sadece Hak'tan istemek, halka ne yük olmak ne de minnet etmek şeklinde özetlenebilir.

Sadece Hak'tan iste:

Bende bâş u ber-zemin rev çün semend
Çün cenâze ney ki ber-gerden berend
Bâr-ı hod ber-kes menih ber-hiş nih
Serveri-râ kim taleb derviş bih
Güft peygamber ki cennet ez-İlah
Ger hemî-hâhi zi-kes çîzi mehâh
Çün ne-hâhi men kefilem mer türâ
Cennetü'lme'vâ vü didâr-ı Hudâ

Kul köle ol da yeryüzünde at gibi yürü, cenaze gibi halka yük olma. Halka yük yükleme, kendi yükünü kendin taşı. Ululuk talep etm,e derviş ol. Hz. Peygamber dedi ki:Cenab-ı Hak'tan Cenneti istiyorsan başkasından bir şey isteme. Eğer başkasından istemezsen ben senin; Cennet ve cemalullaha kavuşacağına kefilim." (6/12)

Aşağıdaki hikâyede de kabiliyetlerimizin de tedbir ve gayretle artıp eksileceği üzerinde duruluyor:

Tedbir ve Takdir

Gazneli Mahmut yakın beyleri arasında Ayaz'ın aklına tedbirine ayrı bir önem verirdi. Diğer beyler onun hükümdar nezdindeki itibarını çekemiyorlar ve kendilerince küçümsüyorlardı. Bir gün padişah onlara bu konuda bir ders vermek istedi ve ileri gelen 30 beyiyle birlikte ava çıktı. Bir ara uzaktan bir kervan görünce içlerinden birini oraya gönderdi:

- Git de sor bakalım bu kervan nereden geliyormuş?

Az sonra gönderilen bey geri geldi ve dedi ki:

- Sultanım, kervan Rey'den geliyor.

- Peki nereye gidiyor?

Böyle bir soru beklemeyen bey şaşırıp kaldı, verecek cevap bulamadı. Bunun üzerine sultan bunu öğrenmek üzere ikinci bir bey gönderdi. Bey şu haberle döndü:

- Sultanım, kervan Yemen tarafına gidiyor.

- Pekala. Yükleri nedir?

Bunu öğrenmemiş olan ikinci görevli de cevaptan aciz kalınca Gazneli beylerden bir diğerini bu iş için gönderdi. Giden geri gelince dedi ki:

- Kervanda çeşitli mallar var ama daha çok Rey kasesi bulunuyor.

- Ya! Reyden ne zaman çıkmışlar acaba?

Adam bilemeyince bu sefer dördüncü birini bu işle görevlendirdi. Böylece sultan otuz ayrı soru sordu ve bu sorular için otuz bey ayrı ayrı gidip gelmek zorunda kaldılar... Nihayet iş tamamlanınca Sultan dedi ki:

- Bir gün ben imtihan için Ayaz'a:

"Git de şu kervanın nerden geldiğini sor." demiştim. Dönünce ona kervanla ilgili otuz soru sordum ve hepsinin cevabını aldım... Sizin otuzunuzun otuz kerede getirdiği bilgiyi ben ondan bir defada zahmetsizce öğrendim. İşte Ayaz'la farkınız burada."

Beyler mahcup oldular ve:

- Bu kadar kabiliyet Allah vergisidir, çalışmakla olamaz, dediler. Sultan:

- Hayır, dedi, insanın zararı kendi kusurundan, kârı ise gayretindendir. O halde tedbirdeki kusurunuzu takdire havale etmeyin.

Tedbirdeki kusur bize ait olmasaydı Hz. Adem; "Ya Rabbi biz nefsimize zulmettik demezdi..."(6/14)

Faturayı Takdire Çıkarma

Şimdi de Mesnevî'den yukarıdaki fikirleri açan bazı beyitleri aktaralım:

Ber kazâ kim ne behâne ey cüvân
Cürm-i hodrâ çün nihi ber-digerân
Hun küned Zeyd ü kısas-ı o be-Amr
Mey hured Amr u ber-Ahmed hadd-ı hamr
Gird-i hod ber-gird ü cürm-i hod bibin
Cünbiş ez-hod bîn ü ez-sâye mebîn
Çün asel hurdî neyâyed teb be-gayr
Müzd-i rûz-ı tu neyâyed şeb be-gayr

Sen kaderi boş yere sebep gösterme ve suçunu başkasına yükleme. Zeyd kan döksün Amr'a kısas olsun, Amr şarap içsin de Ahmet dövülsün olur mu? Kendi suçunu kendi etrafında gör, hareketi gölgeden zannetme sendendir. Bal yiyince başkasını humma tutar mı, gündüzki çalışma ücretin akşam başkasına verilir mi?

Mevlânâ bu beyitlerin devamında da sözü fiillerimizden sorumlu oluşumuza getiriyor ve mealen şunları söylüyor:

Sen neye çalıştın da ona erişmedin veya ne ektin de onu biçmedin. Senin canından ve teninden doğan işin çocuğun gibidir, gelip eteğinden tutar. Suçu önce kendin işledin, o halde Cenab-ı Hakk'ın vereceği karşılığa razı ol. Kötülük senin fiilindendir, bahtından değil. A ham kişi, ilahi adaleti itham etme, sen kendi nefsini itham et. Kula yakışan tevbe etmektir erce. Zerre kadar iyiliğin de kötülüğün de karşılığı vardır. (6/15)

CEVHER BEYİTLER-XIV

90

Biçtiğin ektiğindir:

Hîç gendüm kârî vü cev ber-dehed
Dîde esbi ki küre-i har dehed 1/1711

Bu dünyada herkes ne ekerse onu biçer. İyilik yaparsan iyilik bulursun, kötülüğünün neticesi ise yine kötülüktür. Buğday ekilen yerde arpa biter mi hiç? Hiç atın eşek doğurduğu görülmüş mü? O halde şuna buna bahane bulma, iyi kötü her ne biçiyorsan bil ki kendi ektiğinden başkası değildir. Gönül kazanmak istiyorsan sevgi tohumu ek, cenneti kazanmak istiyorsan yollara diken serpmekten vazgeç.

91

Gündüz gecede saklı:

Ba'd-ı nevmidî besî ümmid hâst
Ez-pes-i zulmet besî hurşid hâst 3/2942

Dünyanın hali devr-i daim üzeredir. Ümitsizliğin ardında ümitler gizlidir; gecelerin koynunda güneşler saklıdır. Her başlangıç bir son ve her son yeni bir başlangıçtır. Her doğum ölüme adım atmaktır; sana ölüm görünen şey de gerçekte yeni bir doğumdur. Günler, geceler ve bütün hadiseler ilâhî takdirin elinde bir yumak gibi kâh örülür kâh çözülür. İmkân ve imkânsızlık sana bana göredir Cenab-ı Hakka göre değil. O halde ne burnun kanamakla öldüğünü san, ne de güneş batmakla kıyamet koptuğunu. Günlere gecelere değil onların sahibine bağlan ki ümidin hiç bitmesin.

92

Kim göre kötü:

Pes bed-i mutlak nebâşed der-cihan

Bed be-nisbet başed inra hem bedân 4/65

Ne mutlak iyi var ne mutlak kötü. Bu dünyada iyilik de kötülük de nisbidir. Sana kötü gelen bir şey başkasına iyidir. Zehir senin için memat, yılan için hayattır. Çiftçi yağmur bekler, tuğlacı ister ki güneş daha da kızsın. Kainatın mimarı her şeyi bir hikmetle yaratmış ve zıtlar arasında denge kurmuştur. Mümi-nin değerini kâfirle arttırmış, güzelin güzelliğini çirkin-le çoğaltmıştır. O halde hikmete itiraz etme ve hiç-bir şeyin abes yere yaratılmadığını bil.

93

Koku varsa gül de var:

Bûy-ı gül dîdî ki anca gül nebud

Cûş-ı mül dîdî ki anca mül nebud 1/1971

Bir yerde gül kokusu olsun da gül olmasın, mümkün mü? Şarabın bulunmadığı yerde şarap köpüğü görülür mü hiç? Tencere kaynıyorsa ateştendir, aşığın ahı yanışındandır. Ortada bir eser varsa bil ki ona yol açan bir müessir de vardır. Ne var ki o müessir bazen perde gerisindedir. Sen görmüyorum diye onu inkâr etme.

94

Canı tatlı olana..:

Ol ki cânı hande-rû ola çü kand

Halkın âzârından oldu bî-gezend 2/420

İncinmek de incitmek de gönül hamlığındandır. Sen acı olduğun için halkın acısı canına işliyor, dikeni eteğine batıyor. Halkın Hak elinde bir kalem olduğunu farkettiğinde ne gam kalır ne keder. O zaman hoşnutlukla hilatle kefeni, gülle dikeni bir tutar, hoştur bana senden gelen, dersin. Böylece canın şeker gibi tatlılaşır da kendi tadınla başın döner; artık halkı görmezsin ki incitmesinden incinesin.

XV
AŞKA DAİR

Ateş-i aşkest ki ender ney fütad
Cuşiş-i aşkest ki ender mey fütad (1/10)

Ney sesindeki kor da aşktan, meydeki coşkunluk da!

Aşk İmiş Her Ne Var Alemde

Mesnevî'deki aşk bahsine başlamadan önce Yahya Kemal'in mühim bir tespitini aktaralım. Büyük şair; "Klasik şiirimiz neredeyse tamamiyle aşktan ibarettir. Ondan aşk konusunu çıkarırsak neredeyse geriye hiç bir şey kalmaz." der. Hemen her şairimiz için doğru olan bu söz sıra Yunus ve Mevlânâ'ya gelince ayrı bir kesinlik kazanır. Zira bu iki büyük aşk havarisi bir beşerin aşk vadisinde ulaşabileceği en ince gönül ürperişlerini yaşamış ve bunları mucizevi bir dille ifade kudreti göstermiştir. Bunların her ikisi için de aşk bir varlık sebebi; hayatın mayası, özü, esasıdır. Aşk hamları pişiren, kırıkları onaran bir kutsal iksirdir. Yunus aşkın ne olduğu ve ondan mahrum kalanın neden mahrum kaldığını şu nefis mısralarla ebedileştirir:

İşitin ey yarenler ışk bir güneşe benzer
Aşkı olmayan gönül misali taşa benzer
Taş gönülden ne biter dilinde ağu tüter
Nice yumşak söylese sözü savaşa benzer

Aşkı Aşk Tarif Eder

Mevlânâ'ya gelince... Aşkın coşturup köpürttüğü bu büyük gönle göre aşkın beşer diline tercümesi imkansızdır. Aşkı yine ancak aşk tarif edebilir. Sevgili okuyucu... Aşağıdaki mısralarda bu büyük kalbin heyecanlı atışlarını duyuyor musun?

Her kirâ câme zi-aşki çâk şüd
O zi-hırs u ayb külli pâk şüd
İllet-i âşık zi-illetha cüdâst
Işk usturlab-ı esrâr-ı Hudâst
Akl der-şerhaş çü har der-gil bihüft
Şerh-i aşk u âşıki hem ışk güft
Afitâb âyed delil-i âfitâb
Ger delilet bâyed ez-vey rû metab
Her çi gûyem ışkra şerh ü beyan
Çün be-ışk âyem hacil bâşem ez-ân

Elbisesi aşkın eliyle yırtılana ne mutlu! O bütün hırslardan ayıplardan kurtuldu gitti. Âşık hastadır ama bu hastalık hiçbir hastalığa benzemez. Aşk âşığa Hakk'ın sırlarını gösteren bir pusuladır. Akıl âşkı açıklamakta balçığa saplanan merkep gibi çaresiz kalır. Aşkı da âşığı da yine aşk açıklayabilir ancak... Aşk güneş gibidir. Güneşin delili yine güneştir. Bir delil istiyorsan yüzünü ondan çevirme yeter. Ben aşk hakkında her ne söylesem söyleyeyim, aşka ulaştığımda söylediklerimin yetersizliğini görür utanırım. (1/21)

Leyla ve Mecnun Ne Anlatır?

Klasik şiirimizdeki aşk insanda başlayıp insanda biten günümüz aşklarına benzemez. O ne tamamen maddi, ne de bütünüyle platonik ve ilahidir. Başlangıçta beşeri olarak başlar ama sudaki taşın halkalar halinde genişlemesi gibi önce mahlukatı kapsar, sonra ilahileşir. Parça buçuğa dağılan sevgi nihayette tek ve mutlak varlıkta birleşir. Bu birleşmeyle aşk-âşık-maşuk üçlüsü de birliğe ulaşır. Bu aşk anlayışı birçok eser arasında özellikle Leyla ve Mecnun hikâyesinde başarılı bir şekilde anlatılmıştır. Hz. Mevlânâ da aşk bahsinde zaman zaman bu hikâyeye göndermeler yapar. Şimdi biz de bu göndermeleri hikâye özeti içinde kullanmaya çalışalım: hikâyede Mecnun'un asıl adı Kays'tır. Mahalle mektebinde Leyla'yı görmüş ve iki çocuk birbirine âşık olmuştur.

Âşık Olmayan Yok!

Bir Mecnun mu Leyla'ya âşık? Hayır! Mevlânâ'ya göre kainatta aşksız bir şey yoktur; her şey her şeye âşıktır: Balık suya, su balığa; gündüz geceye, gece gündüze...Bunun içindir ki bunlar durmadan dinlenmeden birbirlerinin peşisıra seğirtip dururlar. Bu karşılıkla arama âşık ve sevgili için de geçerlidir: "*Bütün padişahlar kendilerine kul olanın kullarıdır... Bütün mahlukat kendileri için ölene ölürler. Padişahlar kendilerine alçalana alçalırlar. Her canlı kendisine sarhoş olanın sarhoşudur. Güzeller âşıkların esiridir. Onlar âşıklar için canlarını verirler. Her kim âşık ise onu maşuk bil. Zira âşık ve maşuk birbirinden ayrılmaz. Gerçi susamışlar suya talip iseler de suyun aradığı da susamışlardır.* (3/1688)

Bir Netice: Sevdiğin Kadar Sevilirsin

Bazen merak ederiz. Filanca benim hakkımda ne düşünüyor? Dost mu düşman mı, bana karşı göründügü gibi mi değil mi? Yukarıdaki tariflere göre bunu bilmenin en kısa yolu şu olsa gerek: Ben onu seviyor muyum, sevmiyor muyum? Ona olan yakınlığım, uzaklığım ne kadar? Bunların cevabı sorularımızın da cevabıdır. Zira kalp kalbe karşıdır ve duygularımız dağdaki akis gibi geri bize döner.

Aşk Mektebi

Hikâyemiz bir mektep sahnesiyle başlıyordu hani. Âşığın mektepte ne işi var? Gerçi Mecnun bir mektebe gitmiştir ama bu mektep aşk mektebidir; o mektebin hocası da dersi de başkadır. Âşık da bu mektebin ebedi talebesidir:

Âşıkânra şüd müderris hüsn-i dost
Defter ü ders ü sebakşan rûy-ı ost (3/3870)

Sevgilinin güzelliği âşıkların hocası oldu. Âşıkların defteri, dersi ve meşkleri hep onun güzel yüzüdür.

Kays da Leyla dersine devam ededursun, durumun farkına varan iki aile çocuklarını okuldan alır. Kız ailesinden istenir ama red cevabı alınır. Bunun üzerine Kays'ın gönlüne bir ateş düşer ve bu ateş onu yakıp kavurmaya başlar. Neden?

İnsan Aşkla İnsan Olur

Neden aşk ateştir?.. Aşk oyununda neden çileler, belalar ve ızdırablar vardır?.. Çünkü bütün bu belalar aşığın olgunlaşmasına hizmet eder. Ne gibi mi? Mevlânâ bu duruma herkesin anlayacağı şu örneği veriyor:

"*Tencere kaynamaya başladı mı nohut, tencerenin üstüne sıçramaya, yüzlerce coşkunluklar göstermeye koyulur. Niçin beni ateşlere salıyorsun; mademki satın aldın, ne diye bu hallere uğratıyor, baş aşağı ediyorsun, der. Ev hanımıysa kepçeyi vurur da, hayır, der, ateşten sıçrayıp kaçmaya kalkışma, bir güzelce kayna. Seni istemediğimden, sevmediğimden kaynatmıyorum ki, bir tat, tuz elde edesin de, gıda haline gelesin cana karışasın diye kaynatıyorum; bu sınayış, seni horlamak için değil. Bahçede su içer, yeşerir tazeleşirdin hani, o su içmen bu ateşe düşmen içindi. Tanrı'nın rahmeti, kahrından ileridir; bu yüzden de birisini sınaması, rahmetindendir.... A nohut, belalara uğrayıp kayna da ne varlığın kalsın, ne sen kal.*" (3/160)

Demek oluyor ki aşığın olgunlaşması da ateş çemberinden geçmesine bağlı. Aşk hem zehirdir hem panzehir. O çekilmez bir ızdıraptır ama sonsuz bir zevki de içinde taşır. Bu yüzden âşık bir taraftan inler ama diğer taraftan da bu derdin bitmesini hiç istemez. Nitekim babası kendisini Kâbe'ye götürüp bu aşk belasından kurtulmak için dua etmesini istediğinde Mecnun'un duası tam aksi olmuştur:

Ya Rab belâ-yı aşk ile kıl âşina beni
Bir dem belâ-yı aşktan kılma cüdâ beni

Yani: *Ya Rab, beni bir an bile bu aşk belasından ayırma. Beni onun daimi dostu kıl!*

Hz. Mevlânâ Mecnun'un temsil ettiği bu ruh halini şöyle tasvir ediyor:

Cümle rencûrân deva dârend ümid
Nâled in rencûr kim efzûn künid
Z'âteş-i âşık ez-in rû ey safi
Mişeved dûzah zaif ü muntafi
Gûyedeş big(ü)zer sebük ey muhteşem
V'er ne âteşhâ-yı tu mürd âteşem
Gûyedeş cennet güzer kün hemçü bâd
V'er ne kerded her çi men dârem kesâd
Ki tu sâhib-harmeni men hûşe-çin
Men butîem tu vilâyethâ-yı Çin
Hest lerzan z'u cahim ü hem cinân
Ney mer-in-ra ney mer-ânra z'u emân (6/172-3)

Bütün hastalar iyileşmeyi ümid eder, aşk hastası ise derdimi artırın diye feryat eder. Bu sebeple âşıkın ateşi cehennem ateşini azaltır, söndürür. Ona der ki: Çabuk geç, ateşinden ateşim sönecek! Cennet de der ki; rüzgar gibi geç yoksa elimdeki her şeyin değeri düşecek. Sen harman sahibisin, ben ise başak toplayıcı, ben bir putum sen ise Çin (putlar) ülkesi. Ondan Cennet de Cehennem de titrer, ondan ona da buna da aman yoktur. Hasılı aşk böyle zevkli ve belalı bir yoldur. Bu yüzden Fuzuli'nin dediği gibi canı malı tatlı olan o yola heves etmemeli:

İtmesin aşka heves candan cihandan geçmeyen
Can cihan meftununun kârı değildir kâr-ı aşk

Kâbe'de yanık bir gönlün yaptığı dua kabul görmez mi? Elbette görür. Böylece Kays'ın aşkı daha da alevlenir, birken on olur. Ortega Y Gasset'in de tespiti üzere âşıklık bir nevi hipnotizma yahut delilik halidir. Dış dünyadan kopmak ve tek noktaya odaklanmaktır. Kays'da da zamanla delilik emareleri başlar nihayet mecnun (deli) olup çöle düşer. Minyatürlerde çöldeki Mecnun'un bir deri bir kemik çizilmesi anlamlıdır. Zira aşığa bizatihi kendi teni de bir perdedir.

Ten Duvarını Eksilt

Çileler ise bu ten duvarını eksiltir ve âşıkla sevgili arasındaki mesafeyi kaldırır. Bu neye benzer? Aşağıdaki susamışın haline:

Bir ırmak kıyısında yüksek bir duvarın üzerinde susamış biri vardı. Duvar susuzu sudan ayırıyordu. Zavallı su sevdasıyla karadaki balık gibi çırpınmadaydı. Kendisine engel olan o duvardan bir kerpiç alıp suya attı. Sudan kulağına bir şırıltı geldi. Bu ses sevgilinin sesini duyan âşık gibi onu mest etti ve kerpiçleri tek tek koparıp atmaya başladı. Bu sırada sudan bir ses geldi:

-Hey! Bana kerpiç atmanın sana ne faydası var! Adam cevap verdi:

-İki faydası var. Birisi şu: Susamışa su sesi yanmışa rebap sesi, yahut Yakup'a ulaşan Yusuf'un kokusu gibidir. İkincisi de atılan her kerpiç yüksek duvarı biraz daha azaltıyor ve seninle aramızdaki mesafe eksiliyor.

Mevlânâ'ya göre bu durum bir nevi "Secde et yaklaş" emrine uymadır. Zira ten duvarı yüksek olursa başını eğemez, yaklaşamazsın. (2/44)

Leyla Kabından Taşıyor

Artık Leyla zavallı Mecnun'un bütün dünyasını doldurmaktadır. Gördüğü işittiği her şey ona Leyla gibi görünmekte, ondan bir eser taşımaktadır. Bir gün avcı elinde bir ceylan görür ve gözlerini Leyla'nın gözlerine benzettiği ahuyu kurtarmak için dal gibi soyunup üstte başta ne varsa verir. Gece Leyla'nın saçını çözmesidir, yıldızlar dişleri ve ay gülümseyişidir. Böylece zamanla bütün âlem

Leyla kesilir. Bu ruh hali diğer bir aşk hikâyesi olan Yusuf ile Züleyha'da da karşımıza çıkıyor. Züleyha için de yer gök Yusuf'la dolmakta. Şimdi Hz. Mevlânâ'nın tasvirlerine kulak verelim:

Züleyha aşkın tesiriyle öyle bir hale gelmişti ki çörek otundan öd ağacına kadar her şeyin adı ona göre Yusuf idi. Mum ateşin tesiriyle yumuşadı, dese; sevgili bize alıştı ve yaklaştı, demiş olurdu. Bakınız ay doğdu, ya da; söğüt ağacı yeşerdi dese, yapraklar ne güzel oynamada, çörek otu ne hoş yanmada, gül bülbüle bir sır söyledi, ya da; padişah sevgilisine bir sır söyledi dese; bahtınız ne kutlu dese, tozlanmış yer örtülerini silkin dese; saka su getirdi dese, güneş doğdu dese; dün gece bir tencere yemek pişirdiler, yemek çok iyi pişti dese; başım ağrıyor dese, başımın ağrısı geçti dese bu sözlerin hepsinin ayrı manaları vardı. Birini methetse aslında Yusuf'u methetmiş olurdu. Birinden şikâyet etse onun ayrılığından şikâyet etmiş olurdu. Yüzbinlerce şeyin adını ansa onun maksatı da isteği de Yusuf idi. Acıkınca onun adını anınca doyardı, onun kadehi ile sarhoş olurdu. Bir derdi olsa o yüce adı anınca derdi derhal geçerdi. Aşk halinde dostun adı bütün bu işleri yapar.

Mevlânâ aşağıdaki beyitte de yukarıdaki fikirleri çok güçlü bir şekilde ifade ediyor:

Âşıkânra şâdumâni vü gam ost
Dest-i müzd ü ücret-i hizmet hem ost (5/591)

Aşığın mutluluğu da O'dur, gamı da!.. Hizmetin ücreti de odur, onu ödeyen el de o!

Sevgilinin Her Şeyi Sevgilidir

Şimdi şunu sorabiliriz: Leyla neden kabından taşmakta ve kainatta her şey Leyla haline gelmekte? Bunun için hikâyenin amacını bilmek lazım. Amaç Leyla mektebinden geçirilen aşığın bütün mahlukatı sevmeyi öğrenmesi. Zira seven sevdiği ile ilgili her şeyi de sevmek durumundadır. Hikâyede bunun örnekleri veriliyor. Bu sevgi -yukarıda anlatıldığı gibi- önce bir sevgiliye, sonra cümle kuşa kurda yöneliyor ve hepsinin dostluğunu kazanıyor. Öyle ki bir köpek bile bundan nasibini alıyor:

Mecnun bir köpeği okşar, sever, yanında mum gibi erirdi. Biri onu gördü ve köpeğin kötü vasıflarını sayarak yaptığı işi kınadı. Mecnun ise dedi ki: Sen surete bakmadasın. Bu köpek Leyla'nın mahallesini bekçisi. Ben o ayın mahallesini bekleyen köpeğin bir kılını nice aslanlara değişmem. (3/22)

Hasılı Leyla sevgisi kendi etrafındaki her şeyi kapsayacak şekilde genişlemekte ve böylece beşeri sevgi ilahi olana doğru yürüyüşünü sürdürmektedir. Mecnun için bir sonraki durak bizzat kendisini de Leyla gibi hissetmesi, onunla manen birleşmesidir. Şimdi Mecnun'un nasıl Leyla ile bir hale geldiğini Mesnevî cümleleriyle aktaralım:

Mecnun, çektiği dert yüzünden, sevgilisinden uzak bulunduğundan ansızın hastalandı. Özleyiş yalımından kanı kaynadı; sonunda soluk alamayış, tıkanıklık hastalığı belirdi. İlaç vermek için hekim geldi; kan almaktan başka çare yok; pis kanı akıtmak için hacamat gerekiyor, dedi. Oraya hünerli bir hacamatçı geldi. Mecnun'un kolunu bağladı, neşteri eline aldı. Bu sırada huyu husu aşk olan Mecnun, bir nara attı; paranı al da git, dedi, bırak hacamat etmeyi; ölürsem öleyim, bu kocalmış can varsın ölsün. Hacamatçı, sen, dedi, kükremiş aslandan bile korkmuyorsun da hacamat acısından ne diye korkuyorsun? Geceleri aslan, kurt, ayı, yaban eşeği gibi yırtıcı hayvanlar çevrende toplanıyorlar. Mecnun, ben yaralanmadan korkmuyorum, dedi; sabrım taştan meydana gelmiş dağdan da fazladır. Okçuyum, yaralanmazsa esenleşmez bedenim; yaralara aşığım, koşa koşa yaralanmaya giderim. Ama bedenim Leyla ile dolu; içimde Leyla'dan başka bir varlık yok; bu sedef, o incinin sıfatlarıyla dolmuş. Hacamatçı! Korkuyorum ki beni hacamat ederken neşteri, ansızın Leyla'ya vurursun. Gönlü aydın kişinin aklı bilir ki benimle Leyla'nın arasında fark yok!

Demek ki Mecnun/ya da âşık bu durumda kendisini severken bile Leyla'yı/ sevgiliyi seviyor. Aşağıdaki nükte bunun üzerine:

Kendimi Seversem Seni Severim

Bir âşık sevgilisine sordu:

- Kendini mi yoksa beni mi daha çok seversin?

Âşık dedi ki:

- Ben kendimden ölmüş seninle dirilmişim, kendi özelliklerimi yok edip senin özelliklerini kazanmışım. Kendi bilgimi unutmuş senin bilginle alim olmuşum; gücümden geçmiş senin gücünle kuvvetlenmişim. Eğer kendimi seversem seni sevmiş olurum.

Fuzuli de bu fikri aşağıdaki nefis beytiyle özetliyor:

Her ki canı için cananın sever canın sever
Her ki cananı için canın sever cananın sever

Yani: *İki türlü sevgi var. İnsan sevgiliyi kendisine ait olduğu için sevmişse hakikatte sevdiği kimdir? Yine kendisi! Buna mukabil kendi canını sevgiliye ait olduğu için severse kimi sevmiş oluyor? Tabii ki sevgiliyi!*

Mevlânâ yukarıdaki bahsi daha sonra Hak-kul münasebetine getirerek şöyle diyor:

Her kimde gerçek bilgi aynası olursa o kendini gördüğünde bile Hakk'ı görmüş olur. Nitekim:"Benim sıfatlarımla çık halka görün, seni gören beni görmüş, seni murad eden beni murad etmiş olur." buyuruldu. Güneşle dolan lal kendini sevse de güneşi sevmiş olur. O halde ister kendini sevsin, ister güneşi. Ama taş lal olmadıkça kendine düşmandır, zira ortada iki ben vardır. O halde taşın kendisine ben demesi layık değildir. Firavun "Ben Hakk'ım" dediği için alçaldı, ama aynı söz Mansur'u yüceltti. O söz Hakk'ın laneti, bu söz ise rahmeti oldu. (5/81)

Kendime Karşı Senden Yanayım

Mecnun hikâyesinde aşığın her şartta sevgiliden yana olmasının tipik bir örneğiyle karşılaşıyoruz. Buna göre çöl beyi Nevfel, Mecnun'a acır ve Leyla'yı zorla almak üzere kabilesine savaş açar. Ancak güçler çok dengesiz olduğu halde savaşı kazanamayınca bu işte bir terslik olduğunu anlar. Bakar ki Mecnun bir köşeye çekilmiş dua etmekte. Duası da şu:

- Ya Rab! Sen Leyla tarafını galip getir!

Sevgiliyi kendine tercih etmenin ne veciz bir ifadesi!

Diğer bir rivayette ise güzelliğin görüntüde değil gözde olduğu şu tipik örnekle verilmekte:

Kara kuru ve çirkince bir kız olan Leyla'yı gören Nevfel der ki:

- Sen gerçekten deli imişsin. Âşık olacak başka kimse bulamadın mı? Benim cariyelerimin en çirkini bile Leyla'dan on kat güzel. İstersen seni onlardan biriyle evlendireyim de bu dertten kurtul.

Mecnun ona şöyle der:

- Leyla senin gözlerinle böyle görünmede. Bir de benim gözlerimle bak bakalım onda neler neler göreceksin.

Neye Acırmış?

Nevfel Mecnun'un bunca sıkıntıyı boşa çektiğini düşünür. Bu bakış zahir gözünün bakışıdır. Batıni gözün bakışı ise farklıdır. Biri verdiğine acır, öbürü ise daha çok veremediğine. Şimdi bununla ilgili olarak şu etkileyici nükteyi aktaralım:

Cenab-ı Hak'la mülakatdan sonra Hz. Musa Tur dağından öyle bir nurla döndü ki kimse yüzüne bakamaz oldu. O da halkın kör olmaması için yüzüne bakılmasını yasaklamıştı. Ancak Hakk'ın tecellisine âşık olan Safura sabredemedi ve bir gözünü kapatıp diğeriyle o nura baktı ve kör oldu. O bir anlık görüş öyle aklını almıştı ki diğer gözünü açıp bir de onunla baktı ve o gözünü de kaybetti. Yol eri de böyledir... Hak yolunda önce ekmek verir sonra şevki artınca canı bile gözüne görünmez. Bir kadın Safura'ya acıdı:

- Vah yazık, iki gözün de elinden gitti, diye hayıflandı. Safura da dedi ki:

- Vah yazık ama şunun için: Niçin binlerce gözüm yok; ta ki her birini tek tek o nura feda edebileyim. (6/115)

Hakiki İnfak

Mevlânâ'ya göre Hak yolunda üç çeşit infak vardır:

Zahit infakı: Dünya lezzetlerini terk edip ibadetle meşgul olmaktır.

Muhibban infakı: Haktan gelen her şeyi isteyenlere dağıtmaktır.

Âşık infakı: Safura gibi her ne varsa, o aşka kurban etmektir.

Şeyh Sadi gösterişsizce can feda etmesi bakımından bu tür infaka model olarak pervaneyi gösteriyor ve aşkını gürültülü patırtılı bir şekilde ifade eden bülbüle çıkışıyor:

Ey murg-ı seher aşk zi-pervane beyâmuz
K'an suhtera cân şüd ü âvâz neyâmed

Ey seher vakti ortalığı velveleye veren bülbül! Gel aşkı pervaneden öğren. Bak kendisini ateşe atan pervaneden bir ses bir seda geliyor mu?

İkiden Bire

Bu hikâyenin sonunda kocası ölmüş olan Leyla çöle Mecnun'un yanına koşar ama Mecnun onu tanımaz. Çünkü artık varlığı sevgilinin varlığında erimiş olan Mecnun'un kendisi bizatihi Leyla olmuştur. Bu yüzden Fuzuli'nin diliyle ona şöyle söyler:

Ger men men isem kimsin sen ey yar
Ger sen sen isen kimem men-i zar

Yani: *Nasıl sen Leyla olabilirsin? Sen Leyla isen ben kimim, ben Leyla isem sen kimsin! İkimizden birisi fazla!*

Ben Sen Oldum

Emir Hüsrev Dihlevi de âşık ile sevgilinin tek can oluşunu şu nefis beyitle ifade ediyor:

Cân-ı men cân-ı tu cânet cân-ı men
Hiç kes didest yek cân der-dü ten

Benim canım senin canın oldu. Senin canın da benimki. Hayret! Bu dünyada iki ayrı bedende bir canı kim görmüştür?

Şair başka bir beytinde de aynı mealde şunları söyler:

Men tu şüdem tu men şüdi men ten şüdem tü can şüdi
Ta kes negûyed badezin men diğerem tu diğeri

Ben sen oldum, sen de ben oldun. Ben tenim sen can. Bundan sonra kim ben ayrıyım sen ayrısın diyebilir?

Leyla Kadehi

Acaba hikâye niçin böyle bir sonuçla sonuçlanıyor ve Leyla devre dışı kalıyor? Çünkü gerçekte Leyla hakiki gaye değil, o gayeye götüren bir vasıta!.. Tıpkı kadehin içkiye ve sarhoşluğa vasıta oluşu gibi. Şarabı içen ve maksadına ulaşan sarhoş kadehi ne yapsın! İşte Mecnun yanındaki Leyla'nın konumu da budur. Aşağıdaki alıntı bu espriyi anlatıyor:

Ben Köprüyüm: *Bir âşık sevgiliyle buluşunca ona:*

- Neden geçen seneki kavuşmamızda olan tesirin bu sene yok, diye sordu.

Sevgili dedi ki:

- Ben senin istediğin şeyin tamamı değilim, o şeyin pek azı bende var. Ben sevgili değil sevgilinin eviyim. Sevgili tektir ve sevgili gelişin de gidişin de O'na olandır. (3/54)

Aşkın Nihayeti O

Mecnun'u yakan ateş Leyla'yı da yakar ve her ikisinden de bir iz ve eser bırakmazsa geriye ne kalır peki? Geriye kalan; ebed ve ezel Sevgilisi!

Aşk an şu'lest k'u çün ber-furûht
Her çi cüz maşuk bâki cümle sûht

Aşk öyle bir şuledir ki parlayınca Sevgiliden başka herşeyi yakar. Zira:

Tiğ-i lâ der-katl-i gayr-ı Hak berend
Der-niger z'ân pes ki ba'd-ı lâ çi mând

Lâ kılıcı Hak'tan başka herkesi keser atar. Hiç lâdan sonra ortada bir şey kalabilir mi? Kalırsa ne kalır:

Mand illallah baki cümle reft
Şad baş ey aşk-ı şirket-sûz-ı zeft (5/593 vd)

Herşey gider ve geride sadece illallah kalır. O halde aşkın ey aşkta ortaklık kirine bulaşa âşık! Ne mutlu sana, temizlenip kurtuldun.

BİR BAŞKA AŞK HİKAYESİ

Merhum Şeyh Galib aşk edebiyatımızın belki de en güzel örneği olan Hüsn ü Aşk mesnevîsinin başında ilhamının kaynağına şu beyitle işaret eder:

Esrarını Mesnevî'den aldım.
Çaldımsa da miri malı çaldım

Gerçekten konuya yabancı olmayan okuyucularımızın fark edeceği üzere Hüsn ü Aşk ile Mesnevî'nin aşağıda özetleyeceğimiz hikâyesi arasında hem öz hem de bakımından isimler arasında birçok benzerlikler vardır. Zengin çağrışım ve hayallerle süslü bu hikâyenin ana konusu aşk olmakla birlikte bilvesile birçok yan konu da ele alınmaktadır. Biz de özetlememizde ana konu yanında önemli alt bahislere de yer vereceğiz:

Sultan ve 3 Oğlu

Bir sultanın birbirinden değerli 3 oğlu vardı. Bunlar bir gün babalarından, hep sarayda oturmaktan sıkıldıklarından bahisle ülkeyi dolaşmak için izin istediler. Baba onlara izin verirken şu nasihatte bulundu:

- Ülkemde istediğiniz her yeri dolaşın ama Huşruba kalesinden uzak durun. Onun bir adı da Zatüssuver kalesidir ve orada bütün duvarlar insan resimleriyle süslenmiştir. Sakın hevesinize mağlup olup o kaleye doğru gitmeyin.

Efendim, Hüsn ü Aşk'ın da aynen aldığı bu Huşrüba veya Zatussuver isimleri hakkında kısa bir bilgi verelim. Suver; suret kelimesinin çoğulu. Zatussuver kalesi de adı gibi sevgili suretleri/resimleriyle kaplı bir kale. Bunlar öyle güzel ki seyreden aklını yitirmekte. Bu yüzden kalenin diğer adı da Huşrüba, yani "akıl çalan" kalesi. İyi güzel de bu resim kalesinden kasıt ne? Mevlânâ'ya göre bu kale dünyadır, içindeki akıl çelici resimler de dünya güzellikleri, sevgililer. Peki şehzadeler kim oluyor? Onlar da gök tahtından indirilen yüce ruhlar, ebediyet yolcuları. Demek ki mülkün sultanı kullarını hem bu âleme göndermekte hem de onları önceden uyarmakta. (6/136)

Acaba, Cenab-ı Hakk'ın bu dünya kalesini önce güzellerle ve güzelliklerle süslemekten, sonra da şehzadeleri oradan men etmekten muradı ne? Tasavvuf düşüncesine göre bütün güzelliklerin kaynağı birdir: "Nereye dönerseniz dönün gördüğünüz şey Allah'ın cemali!" ayetinde ifade edildiği gibi Cenab-ı Hak altı cihete tecelli etmiş her yeri ayetleriyle süslemiştir. Neden? Güzelliğinin görünmesi için. Nasıl her güzel güzelliğinin görünmesini isterse Hüsn-i Mutlak olan Hak Teala da bilinmek ve görünmek murad etmiştir. Mevlânâ bu görünme isteğine örnek olarak Züleyha'yı gösteriyor:

Züleyha'nın Hilesi

Züleyha istiyordu ki Yusuf'un gözü kendisinden başkasını görmesin. Fakat haramdan kaçınmak çabasındaki Yusuf onunla karşılaştıkça başını çevirmedeydi. Sonunda Züleyha, Yusuf'u icbar için ressamlar tuttu ve onun odasını baştan başa kendi resimleriyle doldurdu. Böylece Yusuf nereye bakarsa baksın zaruri olarak Züleyha'yı görmeye başladı. Tabii her teşbihte bir hata vardır. Züleyha'nın resimlerinin aksine Hakk'ın tecellileri elbette zati değildir, eserlerine akseden kudret ve kemali cihetiyledir. Bunun farkında olan âşık içtiği suda bile Hakk'ı görür; gafilin suda gördüğü şey ise sadece kendi aksidir.

İyi ama Cenab-ı Hak eşyada kendi güzelliğinin görülmesini istediyse ona bakılmasını neden yasaklıyor? Mevlânâ'nın bu konudaki yorumu ilginç. Buradaki yasak aslında daha fazla dikkat çekmek içindir. Nitekim baba men etmeseydi o kale çocukların aklına hiçbir zaman gelmeyecekti. Zira ülke çok genişti ve bu kale de ülkenin bir ucundaydı. Ama "İnsan men edildiği şeyi yapmaya haristir." Bu sebeple o nasihat hepsinin dikkatini bu kaleye yöneltmiştir. Nitekim İlahi emir ve yasaklar da takva sahiplerini haramdan uzaklaştırırken nefsine tabi olanları kışkırtır ve haramların cazibesini daha çok arttırır.

Peki Bu Suç mu?

Şayet, görünen bütün güzellikler tek ve mutlak güzelliğin farklı görüntüleriyse bunlara kapılmakta ne kötülük var? Burada paradoksal bir durum ortaya çıkıyor:

Cenab-ı Hak hem veriyor, hem men ediyor. Niçin? Sufi düşüncesi durumu şöyle açıklar:

Eşya, eşyada Hakk'ı görebilen için O'na açılan bir kapıdır; ama eşyada eşyadan başka bir şey göremeyen içinse bir duvar. Dolayısıyla bu güzellikler asıl güzelliği hatırlatan, ona ulaşma aşkını veren bir müşevvik olursa makbul, yoksa değil.

Gerçi dünyada bir şeye âşık olmayan insan yoktur. Ama küçük insanlar basit şeylere âşıktır. Mevlânâ aşağıdaki beyitte küçük aşklardan kurtulmanın yolunu gösteriyor:

Nebürred aşkra cüz aşk-ı diger

Çerâ yâri negiri z'u nigû-ter (5/89)

Bir aşkı ancak başka bir aşk geçirebilir. O halde niçin o sevgiliden daha güzeline tutulmuyorsun!

Peki insan bu masiva perdesini kendi gayretiyle aşabilir, daima kullukta berdevam olabilir mi? İlahi bir yardım olmazsa asla!.. Bu yüzden herhangi bir işe başlarken iddialı olmamalı, inşallah (Allah'ın izniyle) demelidir. Oysa şehzadeler yola çıkarken inşallah demeyi ihmal etmişlerdir. Mevlânâ inşallah demenin önemini şöyle vurguluyor:

İnşallahın Önemi

İnsan inşallah demeli, sebep zincirine pek itimat etmemelidir. Zira; *bazen okunu sağa atarsın da sola gittiğini görürsün. Kâh ahu avına çıkar ama kendin domuza av olursun. Bazıları bir kazançla hakan olurken niceleri kazanç peşinde eldekini de yitirir, çırçıplak kalır. Hasılı sebepler eşeğin kuyruğu gibi oynar durur, ona pek itimat etme!*

Kalemizi Tanıyalım

Böylece üç kardeşin kalbi yasaklanan kaleyi görme hevesiyle doldu ve oraya doğru yola koyuldular. Kalenin beşi karadan, beşi denizden olmak üzere on kapısı vardı. Beş kapı renk ve koku gibi zahiri hislere diğer beşi ise iç duygular gibi sırra açılıyordu. Üç kardeş kalenin içinde binlerce resim görüp kalakaldılar. Bu benzetmelerle Mevlânâ kapı içinde bir kapı daha açıyor ve insan bedenini fethinin zorluğu bakımından sarp bir kaleye benzetiyor. Beden kalesi dokunma, görme, işitme, tatma, koku alma... gibi beş duyu organıyla dış dünyaya açılmakta, o dünyadan misafirler kabul etmektedir. Ama bu görünür âlem küçük bir dalga ise bir de kenarsız bir umman olan mana âlemi var ki saydığımız duyu organları o âlemden habersizdir. O âleme açılan kapılar ise bizim kalbimiz ve iç duygularımızdır. Dış dünyada her ne varsa beden kalesinde de benzerleri mevcuttur. Aklımız, ruhumuz, kalbimiz dışarıdan içeriye taşınan bu resimlerle dolu. O halde... O halde kale iki manaya geldiği gibi yolculuk da ikileşiyor. İnsan bu dünyada bir yolcu olduğu gibi kendi iç âlemine doğru ikinci bir yolculuğa da çıkmış oluyor. Öyle veya böyle madem ki yolcu yolunda gerek bu güzel resimler onu fazla oyalamamalı ve Mevlânâ'nın aşağıdaki tavsiyelerine uyarak oradan çabucak geçip gitmeli:

Bu Suret Köprüsünden Çabuk Geç

Z'in kadehhâ-yı suver kem bâş mest
Ta nekerdi büt-tirâş u büt-perest
Ez-kadehhâ-yı suver big(ü)zer me-ist
Bâde der-câmest lik ez-câm nist
Sûy-ı bâde-bahş bigüşâ pehn-i fem
Çün resed bâde neyâyed câm kem

Yani: *Bu suretler, şarap içmeye yarayan bir kadeh gibidir. Sen şarap dururken kadehle çok sarhoş olma. Mana şarabı dururken suret kadehine aldanırsan bir nevi put yontucu ve puta tapıcı olursun. O halde bu suret kadehlerinde durmadan geç. Şarap kadeh içindedir ama şarap başka kadeh başka! Sen ağzını şarap sunandan yana aç. Önemli olan şaraba erişmen, yoksa kadehten bol ne var!*

Şehzadeler Âşık Oluyor:

Kaleye gelen üç şehzade orada güzellikte emsalsiz olan Çin padişahının kızına ait bir resim görünce akılları başlarından gitti ve acınacak bir hale düştüler. Bir yandan düştükleri halden dolayı hayıflanıyor ve:

- Yazıklar olsun bize, bizim şimdi gördüğümüzü padişah önceden görmüş ve bizi uyarmıştı. O nasihatı niçin tutmadık, diyorlardı. Peygamberlerle ümmetin hali de böyledir. Din rehberleri akıbetimizi bilip başımıza gelecekleri önceden haber verirler. Ama bu nasihat ancak pek az kulağa girer.

Beride yanık şehzadeler resmin kime ait olduğunu araştırmaya başladılar. Nihayet bir pir onlara şu bilgiyi verdi:

- Gördüğünüz resim Çin kralının kızına aittir. Babası onu kimsenin göremeyeceği bir sarayda gizlemiştir; öyle ki onun damına ne bir kuş konabilir, ne de kimse adını anabilir. Böyle bir sevdaya düşenin vay haline! Hiçbir insan o sevgiliye kendi gücü ve tedbiriyle ulaşamaz, ancak ölü gibi takdire teslim olursa o başka!

Hikâyenin burasında yine bir soluk alalım ve son cümle üzerinde duralım. İnsanı hedefine ulaştıran kendi gayreti midir, ilahi ihsan mıdır? Şüphesiz her ikisi de lazım ama neticede hüküm takdir ve ihsanındır. İhsanı celbeden şey ise kulun aczi. İnsan acziyle tam anlamıyla bir ölü haline gelmeli ki ilahi yardım yetişsin. Mevlânâ bu fikri aşağıdaki örnek hikâyeyle destekliyor:

Sadr-ı Cihan ve Dilenci

Buharada Sadr-ı Cihan isminde cömertlikte benzeri olmayan biri yaşardı. Bu zat bütün muhtaçlara bağışta bulunur ta gecelere kadar altın ve gümüşler saçardı. Haftayı bölmüş, bir günü düşkünlere, öbür günü dul kadınlara, sonraki günleri eşraf yoksullarına, fakir din bilgilerine ve borçlulara ayırmıştı. Herkes kendi günü gelince yol kenarına dizilir; duvar gibi dilsiz, dudaksız onun bağışını beklerdi. Zira Sadr-ı Cihan'ın ihsan için garip bir şartı vardı: Hiç kimse ondan diliyle bir şey istemeyecekti. İstemeyene verir, isteyenden başını çevirirdi. (6/142) Niçin mi? Bu niçini isterseniz Şeyh Sadi'den aldığımız aşağıdaki nükteyle açıklayalım:

Derviş Bulamadım

Devrin sultanı bir işinin olması karşılığında dervişlere bir miktar altın nezretmişti. İşi olunca hizmetçisini çağırıp ona bir kese altın verdi ve şehirde dolaşarak muhtaç dervişlere dağıtmasını emretti. Hizmetçi akşama keseyi ağzı bile açılmamış olarak geri getirdi. Sultan kızdı:

- Sana bunu dervişlere dağıtmanı söylememiş miydim! Niçin emrimi yerine getirmedin!

Hizmetçi dedi ki:

- Sultanım, çok dolaştım ama ihsanınızı verecek bir derviş bulamadım... Sultan:

- Nasıl olur, dedi, bu şehirde sadece benim bildiğim 400 derviş var.

- Var ama sultanım, baktım ki gerçek derviş olanlar hediye almıyor, alanlar ise zaten derviş değil. Bu yüzden keseyi olduğu gibi geri getirdim.

Bu nükte Sultanı güldürdü ve:

- Doğru söze ne denir, dedi.

Hırslı Dilencinin Hileleri:

Hasılı efendim, bizim Sadr-ı Cihan yine bir gün etrafa dağıta dağıta geçerken sıraya girmiş ihtiyar bir dilenci ile karşılaştı. Paragöz ihtiyar haline daha çok acındırmak için:

- Aç ve muhtacım, ne olur bana zekatından biraz ver, diye yalvardı. Bunun üzerine Sadr başını çevirdi ve ona hiçbir şey vermedi. Fakat yaşlı ısrar ediyor, berikinin yolunu bırakmıyordu. Nihayet Sadr:

- Yahu sen ne kadar hayasız bir ihtiyarsın, diye onu azarladı.

Beriki ise şu gülünç ama manidar cevabı verdi:

- Sen benden daha hayasızsın. Bu dünyayı elde ettiğin yetmiyor gibi şimdi de öbür dünyaya tamah ediyor ve bu yolda malını harcıyorsun.

Bunun üzerine Sadr-ı Cihan güldü ve ona da bir şeyler bağışladı. Başka bir gün bu sefer fakihlerin/din alimlerinin sırasıydı. Bir fakih mal hırsıyla ona karşı ağlayıp inleyerek yardım istedi ama Sadr hiç etkilenmedi ve geçip gitti. Ondan bir şeyler koparmaya kararlı olan bilgin ertesi gün ayağını tahtalarla sararak topal gibi sakatlar sırasına girdi. Ne var ki Sadr onu bu haliyle de tanıdı ve yine bir şey vermeden geçti. Dilenci ertesi günü yüzünü örterek, sonraki gün kadın gibi çarşafa girerek şansını tekrar tekrar denedi. Ama her ne yaptıysa fayda vermedi, hangi kılığa girerse girsin Sadr onu seçiyor ve sadakadan mahrum bırakıyordu... Kararlı bilgin nihayet gidip bir kefenciyle anlaştı ve:

- Beni bir kefene sar ve ölü gibi onun yolunun üstüne koy. Ola ki beni görünce gömülmem için yanıma birkaç altın bırakır. Her ne verirse yarısı senindir, dedi. Kefenci söylenenleri yapıp beklemeye başladı. Sadr yolu üzerinde kefene sarılı ölüyü görünce, hayır sahiplerinin alıp gömmesi için üzerine birkaç altın saçtı. Ama kefene sarılı bilgin kefenciye kaptırma korkusuyla bir elini çıkarıp aceleyle altınları toplamaya başladı. Sonra başını ve elini tamamen çıkardı ve kendisini seyreden Sadr'a:

- Bak sonunda sana nasıl oyun oynadım, deyince beriki:

- A inatçı, sanma ki aldandım. Sen ölmedikçe benim sana bir faydam olmadı. Sana fayda veren ölümündür, dedi. (6/142) Mevlânâ bu nükteyle "ölmeden önce ölünüz" sırrına işaret ediyor. Demek ki ihsan ve inayet bu nüktedeki bilgin gibi çok bilmeye değil aksine ölmeye bağlıdır. Ölünce ganimetler böylece kat kat artar. Lakin her ne kadar inayet ölüme bağlı ise de inayet olmadan ölüm de olmaz. Demek ki ihsana vesile olan haller de aslında ayrıca bir ilahi ikramdır.

Neden Söyler Tutmazsın!

Hasılı resim karşısında düştükleri bu perişanlık üzerine büyük kardeş demiş ki:

- Yıllardır biz başkalarına öğüt verir, sabır telkin ederdik, şimdi kendi sabrımıza ne oldu! Elli yıldır kumaş dokurken şimdi ondan kendimize bir parça biçmeyişimiz neden? Sesimiz hep dostların kulağına söylerdi, şimdi susmayalım kendi kulağımız da duysun. Her an baş idik, şimdi neden kuyruk derecesine düştük?

Böylece o, bir şeyi bilmekle yapmak arasında büyük farkı vurgulamış oluyor. Nihayet kardeşler resmin sahibini görebilmek için Çin ülkesine doğru yola koyuldular. Oraya ulaştıklarında sevgiliyi görme ümidiyle uzun süre kalenin kapısında oturup kaldılar. Büyük kardeş artık dayanamadı ve:

- Ben kızını istemek üzere sultana gidiyorum, artık bu yolda ya emelime ererim ya da başımı veririm, dedi. Diğerleri bu yoldan çevirmek için nasihate başladılar ama o:

- Soğuk demiri dövmeye kalkışmayın, bana nasihat beyhudedir. Ben bayrak açacak ve aşkımı ilan edeceğim, dedi ve başını alıp gitti... Büyük kardeş Çin'e varınca sarayın adresini sordu. Fakat danıştığı herkes sultanın hiç evlenmediğini ve çoluk çocuğu da olmadığını söylüyordu. Hatta Padişah bu söylentileri engellemek için:

- Kim benim hakkımda böyle söylentiler uydurur da isbat etmezse onun boynunu vurdurum, diye ferman etmişti. Mevlânâ herhalde bu motifle Kur'ân'daki bir bilgiye telmihte bulunuyor. (6/146) Bilindiği gibi Kur'ân-ı Kerim'de devir müşriklerinin Cenab-ı Hakk'a kızlar isnat ettikleri anlatılmakta ve bu isnatların çirkinliği vurgulanmaktadır. Peki madem padişahın kızı yok, büyük kardeşin çabasının anlamı ne? O bu beyhude çabalamadan ne elde edecek? Hz. Mevlânâ yine bir parantez açarak çabayla elde edilen sonuç arasında daima birebir paralellik olmadığını şu örnekle veriyor:

Kapı Çok Ama Saray Bir

Bir amaç için çalışıp çabalayan kişi âdeta içeri girmek için kapıyı çalıp duran kimseye benzer. Çok zaman onun çaldığı kapı açılmaz ama başka bir kapı açılır ve "Allah onu ummadığı yerden rızıklandırır." Bunun üzerine kul umduğu kapı yerine nimetin başka kapıdan geldiğini vehmeder. Bilmez ki hangi kapı açılırsa açılsın bunların hepsi tek bir saraya aittir. Sözgelimi sen bazen terzilikten kazanç umarsın da rızkın kuyumculuktan çıkar. Fakat hangi meslekten gelirse gelsin sana rızkı veren Rezzak-ı Âlem olan Hak Teala'dır.

Şimdi... Değerli okuyucu diyebilir ki başladığımız aşk hikâyesi ne kadar dallanıp budaklandı, farklı farklı mecralara kaydı. Gerçekten Hz. Mevlânâ klasik şark hikâyeciliğine uygun olarak aynı bahiste konudan konuya geçiyor ve ana hikâyeden uzaklaşıyor. Zira... Zira onun asıl amacı hikâye anlatmak değil, o vesileyle fikirlerini aktarmak ibarettir. Dolayısıyla modern hikâyelerin bütünlüğüne alışmış okur bu dağınıklığı makul karşılamalıdır. Biz de son geldiğimiz noktada amaca ulaşmak için uzun yollar kat eden, çileler çeken büyük kardeşi hala ümitsizce çabalar halde bırakmıştık. Orada büyük kardeş sevgiliyi Çin diyarında aramaktaydı. Oysa insanın uzakta aradığı şey bazen çok yakınındadır. Bilhassa maksat Hak Teala ise o insana kendi kendisinden de yakındır. (6/156) Mevlânâ onu uzakta arayanın haline örnek olmak üzere aşağıdaki hikâyeyi anlatıyor:

Yar Senden Uzak Değil

Miras zengini biri bütün servetini kısa sürede yiyip bitirdi. Mevlânâ'ya göre dini atadan dededen devr alan hepimiz bu mirasyedi gibiyiz. Bize emeksiz olarak gelen o servetin kadrini bilmeyiz. Mirasyedi de fakir olup viranelere düşünce Allah'a yalvarmaya başladı:

- Ya Rabbi, bana ya tekrar mal mülk ver, ya da canımı al. Beni bu yoksullukta bırakma!

Bu yalvarış yıllarca sürmüş ama ne fakir usanmış ne de bir inayet kapısı açılmış. (6/158)

İnsan neden bir amaca kolayca varamıyor. Özellikle de Cenab-ı Hak kendisini arzulayarak yola çıkan dervişleri neden kapısında bekletiyor? Mevlânâ şimdi de bu sorunun cevabını arıyor:

Duada Gecikme Sebebi

Cenab-ı Hak katında kulun çabalaması ve yalvarışı makbuldür. Yalvarana hemen icabet etmez; ta ki bu yalvarış sürsün. Zira yalvarma bizatihi yakınlıktır. Bu şuna benzer: Bir ekmekçinin yanına biri yaşlı ve çirkin diğeri genç ve güzel iki kişi gelse ve ekmek istese ekmekçi ne yapar? Yaşlıya istediğini hemen verir ve savar, ama güzel olanı bir bahaneyle oyalar. Önce der ki; "Taze ekmek şimdi çıkacak, biraz bekle." Ekmek gelince bu sefer; "Biraz daha bekle şimdi helva da geliyor..." der. Böylece onu uzun süre yanında tutmak ister. Müminlerin hemen muratlarına ermemeleri işte bundandır.

Uzun zaman dualar eden Bağdatlı müflise de nihayet inayet kapısı açıldı ve bir gün rüyada kendisine şöyle dendi:

"Mısırda filanca yerde gömülü bir hazine var, hemen kalk ve oraya git, senin rızkın oradadır." Sevinç içinde uyanan adam hemen Mısır yoluna düştü. Ama hazine neredeydi, nereyi kazacaktı bilemiyordu. Bu arada eldeki avucundakini de tüketmiş açlıktan nefesi kokmuştu. Gündüz gözüyle dilenmeye utandığı için bir şeyler dilenmek üzere geceyi bekledi. Bir köşede oyalanıp nasıl dilensem diye hayaller kurarken devriye gezen bekçi onu gördü... Meğer o sıralar geceleri sokağa bazı hırsızlar dadanmış, bekçi de onları aramakta imiş. Dolayısıyla yabancıyı gören bekçi ondan şüphelendi ve hırsız zannıyla dövmeye başladı. Zavallı adam feryat edip suçsuz olduğunu söylüyordu ama nafile. Bizim müflis servet hayalleri kurarken başına gelen bu hallere hem şaşıyor, hem de kaderine sitem ediyordu. Bilmiyordu ki kendisine şer görünen bu halin arkası lütuf ve keremdir. (6/159) Erzurumlu İbrahim Hakk'ı merhum ne güzel söylemiştir:

Hak şerleri hayreyler
Zannetme ki gayreyler
Arif anı seyreyler
Mevla görelim neyler
Neylerse güzel eyler

Ne var ki insan başına gelen bir felaketin aslında felaket değil bir kerem olduğunu ancak işin sonunda anlayabilir. Mevlânâ bu duruma şu örneği veriyor:

•Hayır mı Şer mi?:

Cenab-ı Hak bir gün Azrail'e:

- Canını aldığın insanlar arasında en çok kime acıdın, diye sordu. O da:

- Ya Rabbi, ben emir kuluyum, ne emredersen itirazsız onu yaparım. Ama bazen gençlerin canını alırken, keşke Rabbim bunların yerine benim canımı alaydı, diye düşünürüm. Hele bir keresinde emrinle bir gemiyi batırmıştım da insanlar bölük bölük denize gömülmüş, geriye sadece bir tahtaya tutunmuş olan küçük bir çocukla anası kalmışdı. O sırada annenin de ruhunu almamı emrettin. Ben derhal emrini yerine getirdim ama onun derdi hala içimde yara olarak kaldı, dedi. Allah Teala buyurdu ki:

- Peki, şimdi sen de o işin sonunda ne oldu dinle... Ben dalgalara o çocuğu ağaçlar, reyhan gül ve sümbüllerle dolu bir sahile bırakmasını emrettim. O sahil nice çiçekler, türlü türlü meyvelerle ve arı duru pınarlarla doluydu. Yüzlerce güzel sesli kuş çocuğa ninni söyledi, gül yaprakları ona yatak oldu. Güneşe; "onu incitme!" rüzgara "hızlı esme!" buluta "yağmur yağdırma!" şimşeğe de "çakma!" diye buyurdum. Çevrede yeni doğum yapan bir kaplan vardı; ona çocuğu emzirmesini emrettim. Böylece çocuk orada bin naz ve niyazla büyüdü. (6/180)

Mehmet Kaplan'dan Bir Hatıra

Bu sözler bana merhum hocamız Mehmet Kaplan'ın bir sözünü hatırlatıyor. Bir gün derste her nasılsa söz o vadiye intikal edince şöyle demişti:

- Çocukluğumda ayakkabıcı olan babamın yanında çalışıyordum. Amacım büyüdüğümde onun yerine geçmekti. Babamın beklenmedik vefatı bütün hayallerimi yıktı. Ne işi yürütecek yaştaydım ne de bana sahip çıkacak kimsem vardı. Ortada kalakalmıştım. Nihayet bazı yakınlarım çareyi beni şehirdeki yatılı bir okula yazdırmakta buldu. Böylece hayatım umulmadık bir mecraya girdi ve ben şimdiki ben oldum. Eğer babam ölmeseydi ihtimal ki onun mesleğini sürdüren bir ayakkabıcı olarak kalacaktım. Demek ki o zaman en büyük bir felaket zannettiğim o vefat benim için ilahi bir lütuf imiş.

Anahtar Bekçide:

Dönelim hikâyemize... Dayak yiyen müflis bekçiye yalvarıp yakarıyor, suçsuz olduğuna yeminler ediyordu. Nihayet bekçi durdu ve;

- Madem ki suçsuzsun, gece vakti burada ne arıyorsun?

- Hadi söyle de anlayalım, dedi. Adam Bağdat'tan niçin geldiğini, rüyasını ve define meselesini anlattı. "Yalan insana şüphe verir, doğru ise itminan" hadisi uyarınca bu sözlerdeki doğruluk bekçiye tesir etti ve adamın suçsuz olduğunu anladı. Nitekim her söz pazardaki akçeler gibidir, kimi sahte, kimisi sahicidir. İşi bilen kişi bunları birbirinden ayırır. Hasılı bekçi bizimkini konuşturup onun sözlerindeki doğruluk kokusunu alınca dedi ki:

- Tamam sen hırsız değilsin, bunu anladım; ama fazlasıyla ahmaksın. Hiç insan bir rüyaya kapılır da ta Bağdat'tan buraya kadar yol zahmeti çeker mi? Ben de kaç kere rüyamda Bağdat'ta filanca mahalle ve filanca evde bir hazine var diye gördüm ama böyle bir hayal peşinde oraya kadar gitmedim, dedi. Müflis baktı ki bekçinin tarif ettiği mahalle ve ev kendi mahallesi kendi evi! Hemen Cenab-ı Hakk'a şükürler etti ve bekçiye:

- Gerçi sana göre ahmağın tekiyim ama kendime göre pek akıllıyım, pek hoşum ben, dedi.

Kendimi Biliyorum Ya!

Nitekim adamın biri gurbetteki bir fakiri:

- Burada kimse seni bilmiyor, diye küçümsemişti. Beriki dedi ki:

- Ben kendimi biliyorum ya! Halk beni bilmese de olur. Ya eğer tersi olsaydı... Onlar benim yerime görse ve bilseydi de ben kör ve bilgisiz olsaydım, halim nice olurdu. (6/152)

Yanılmamız da Rahmet Sebebi:

Bağdatlı böylece hem şaşırarak hem sevinerek evine doğru yöneldi. Kendi içinden "Meğer gafletle üzerinde oturduğum hazineyi görememiş ve fakirlikten ölmüşüm. Ama benim bu sapıklığım da neticede bir hayra sebep oldu..." diyordu.

Nitekim münkirlerin amacı da dini horlamaktır ama bu durum nice mucizelerin zuhuruna sebep olmuştur. Eğer kötü inkar etmese mucize ve bürhan nereden zuhur ederdi? Nitekim cahiller peygamberleri kınayınca Cenab-ı Hak mucizelerle onlara lütufta bulunur. Firavun Musa'yı takip etmese ne Musa'ya o mucizeler verilir, ne de kavminin de şüphesi zail olurdu. Hatalardan sonra büyücülere erişen lütfu gör. Kâbe'yi alçaltmak için gelen Ebrehe'nin gayretinin onun şanını yüceltmekten başka işe yaramadığını hatırla. Öyle ki Mekke yoksulları onun getirdiği altınlarla zengin oldu. Oysa Ebrehe asker götürdüğünü sanıyordu, meğer götürdüğü altınmış.

Bu ara hikâyelerden sonra biz yine evvelki aşk hikâyesini bıraktığımız yere geri dönelim. Çin sultanının kızına kavuşulmayacaksa zavallı aşığın çektiği bunca sıkıntı ne olacak? Bu zahmetin bir karşılığı bulunmayacak mı! Aslında böyle bir karşılık var. Aşkın karşılığı bizatihi kendisidir, aşığa verdiği sonsuz zevktir. Bu babda yine Mevlânâ'ya kulak verelim:

Âşık İçin Aşk Her Şeydir

Rûz-ı o vü rûzi-i âşık hem o
Dil hem o dilsûzi-i âşık hem o
Mâhiyanra nakd şüd ez-ayn-ı âb
Nân u âb u câme vü dârû vü hâb
Hemçü tıflest o zi-pistân şir-gir
O nedâned der-dü âlem gayr-ı şir
Dâne güm şüd ângehi o tin buved
Tâ nemürdi zer nedâdem in buved

Âşıkın günü de gündeliği de odur. Gönlü de odur, gönül yangını da. Nasıl ki balık için su hem ekmek, hem su, hem elbise, hem ilaç ve hem uykudur. Âşık memedeki süte esir olan çocuk gibidir, iki âlemde de sütten başka bir şey bilmez. Ancak tohum kaybolursa ağaç biter, sen de kaybolmalısın ki sendeki aşk ortaya çıksın. 'Sen ölmedikçe altın vermedim' sözünün sırrı işte budur." (6/152)

Aşağıdaki alıntıda Hz. Mevlânâ hem aşktaki nihai gayeyi hem de küçük isteklerin büyük kapılara açılışını şu veciz ifadelerle ortaya koyuyor:

Gaye Sensin Allah'ım

Birisi, ekmek almak için ekmekçi dükkanına koştu; fakat ekmekçinin güzelliğini görünce de can verdi gitti. Birisi, hava almak için gül bahçesine gitti; derken bahçıvanın yüzü, ona seyir seyran yeri oldu. Hani kuyudan su çeken bedevi gibi, o da Yusuf'un yüzünden ab-ı hayatı tattı. Musa, ateş elde etmeye gitti; öylesine bir ateş gördü ki ateşten vazgeçti. İsa, düşmanlardan kurtulmak için sıçradı; o sıçrayış onu dördüncü kat göğe yüceltti. Buğday başağı,

Adem'e tuzak olmuş da varlığı, insanlara başak kesilmiş. Doğan, yem için tuzağa yönelir; derken padişahın bileğini, elini bulur; devlete, ikbale ulaşır. Çocuk, babası kendisine ihsanda bulunacak, kuş alacak ümidiyle mektebe gider, hüner, bilgi elde eder. Abbas, kin güderek Ahmed'i kökünden söküp atmak için aslı olmayan kendi dinine güvenip savaşa gelmişti; halifelikte o, onun oğulları, kıyamete dek dine arka oldular; halifeliğe şeref veriyorlar. Ben de bu kapıya, bir şeycik istemek için geldim; fakat dehlize girer girmez yüceldim, başköşe oldum gitti. Ekmek ümidiyle armağan olarak su getirdim; fakat ekmeğin kokusu beni cennetlerin başköşesine götürdü. Bundan önce kendi kanatlarımla uçuyordum; şimdiyse hareketim, adalet sahibi padişahın eliyle. Gelip geçici oynayış benden uçtu gitti; fakat şimdi hareketim, kımıldayışım, ölümsüz; çünkü O'nun eliyle, O'ndan.

Sırrın Sonu Sükut

Büyük kardeş Çin padişahına varınca maksadına da ermiş oluyor. Mevlânâ diyor ki: "Artık susmak gerek, zira bin defa da söylense bundan ötesi anlaşılmaz. At ve eğer denize kadardır, orada bineğin tahtadan olmalı. Bu binek karadakilere faydasız ama denizdekilere rehberdir. Sükut sırrın narasıdır. Kimi naradan sağır olur, kimi ise sukuttan usanır. Biri rüyasına binlerce nara atar, bağırır, ama yanında oturan bundan habersizdir. Ve asıl bu habersiz kişi uykuda ve sağırdır. Tahta binek sükuttur ama onu da kıran tamamen denize gark olur, artık bunu şerh imkansızdır vesselam..."

Efendim, biz de bu vesselâma uyarak Mesnevî'nin sustuğu yerde susalım ve aşağıdaki manzum duayla sözlerimizi noktalayalım.

CEVHER BEYİTLER-XV

95

Aşk nedir ?:

Pürsîd yekî ki âşıkî çîst

Güftem ki çü men şevi bidânî *(C.2/önsözden)*

"Biri bana: Âşıklık nedir? diye sordu. Dedim ki: Ben ol da bil. "Sen âşıklığı nasıl bilebilirsin ki o bilgi kitaptan defterden öğrenilmez. Ateşi mangalda balı da kavanozda görmek bilmek değildir. Çünkü bu bilgi zevk bilgisidir; onu tatmayan bilmez. Bildim diyenin bilgisi sadece zandır. Madem öyle sen düşmeyi düşenden öğren, yanmayı pişmişten sor. Aşkın kokusunu da aşığın yanık nefesinden kokla. Bu işaretlerden yola çık ve aşkı bilmek için âşık ol.

96

Aşk denizinde akla yol:

Pes çi bâşed aşk deryâ-yı adem

Der-şikeste aklra anca kadem 3/4770

Aşk nedir? Bir yokluk denizi! Ayak karada yürür, denizde değil. Akıl bir bağdır, olaylar arasında ilgi kurar. Ancak yokluk denizinde varlık yoktur ki sebep sonuç olsun. Bu yüzden aklın ayağı oraya basamaz. Aşka ulaşmak için ilk engel sensin, kendi varlığın, kendi aklın. Denize dalmak için bir libas gibi kendi varlığından soyunmalı, aklını kenarda bırakmalısın. Hasılı akılda aşk şarkısını söyleyecek dil dudak yok.

97

Sevgili cennetindir:

Her kücâ dilber buved hod hemnişin

Fevk-i gerdûnest ney zîr-i zemîn 3/4555

Eğer âşıksan şunu bil! Yükseklik alçaklık, değer ve değersizlik sevgiliye göredir. İstersen çukurda ol ona yakınsan bil ki yerin gök tahtı. Şayet onsuz isen göklerde de olsan say ki yerin zir-i zemin. Neden? Çünkü sevgiliyi gören başka şey göremez. Sevgili cennettir ve cennet sevgilinin bulunduğu yerdir, sevgilisiz cennetse cehennem. Ona sahip olanın eksiği yoktur, onsuz olanın ise varlığı bir vehim. O halde sen mevkiye makama bakma, sevgiliyi yanına getirmeye bak.

98

Gam aşığın helvası:

Aşıkânra derd ü gam helvâ şeved

Nâkesânra lik an belvâ şeved 3/3050

Gam ve keder, neşe ve sevinç sahibine göre değişir. Aşkın yolu belalıdır, dikenlidir ama âşıkların başı o belayla hoştur; ayakları o dikenle yaralanmaya teşnedir. Aşksız kendine âşıktır.Eli ayağı sevgiden de sevgiliden de kıymetlidir. Bu yüzden aşkın dert ve belasına sabredemez. Âşık ise sevgilinin her şeyine âşıktır. Ondan gelen zehir aşığa panzehirdir; çekilen dert devanın ta kendisidir.

99

Aşığın gözüyle bak:

Bakma ol kendi gözünle hûba sen
Tâlibân çeşmiyle bak matlûba sen 4/75

Güzellik gözdedir, nesnede değil.. Bir şeyi güzel gösteren istektir, aşktır. İsteksiz bakışa güzel de çirkin görünür. Bu yüzden Leyla'yı sen başka görürsün Mecnun başka görür. O halde güzele kendi aşksız gözünle bakmayı bırak, Mecnun'un tutuşmuş gözleriyle bak.

XVI
OKUYUCUYA DUA

Bad-ı men sad sâl-i diğer in gazel
Çün cemâl-i Yusufi bâşed semer
Z'ânki dil hergiz nepürsed zir-i hâk
İn z'i dil güftem negüftem ez-ciğer
Men çü Dâvudem şümâ mürgân-ı pâk
V'in gazelhâ çün Zebûr-ı mıstar
Ey Hüdayâ per-i in mürgân meriz
Çün be-Dâvudend ez-cân yârgir (Şems Külliyatı,G. 1052)

Hz. Yusuf'un güzelliği solar mı hiç? Bu gaze/şiir de güzelliğiyle benden sonra yüz sene sonra bile dillerde dolaşacak. Değil mi ki gönül için toprak altında çürüme yoktur ve benim bu sözlerim de gönülden çıkmıştır, ciğerden değil. Ey okuyucular! Ben Davut gibiyim, bu gazellerimse Zebur'un satırları! Onları okuyan sizler de Davud'un zikrine katılan temiz kuşlar gibisiniz. İlahi! Sen, Davud'a dost olan bu kuşların kanatlarını kırma!... (Amin)

İçimizdeki Mevlana

Cihan Okuyucu

Her şey sahibinden öğrenilir. Aşkın hocası da âşıktır ancak. Pası kiri yakan kutsal alevi bulmuştu. Herkesi oraya, o kudsi ateşe davet etti Mevlana. Mecusiyi, Ermeniyi, tevbesini bin kerre bozanı, doğruyu ve eğriyi... Onlar oraya farklı libaslarda girdiler, bir olup çıktılar. Bütün bu insanlar kendilerini ayıran dillerini unuttular, yeni ve ortak bir dil buldular. Üzüm demeyi yeniden öğrendiler.

Mevlana bir aş ustasıydı; kırk yumurtayı bir sahanda kaynatıp tek yumurta etmenin sanatını elde etmişti. Bir ney gibiydi; kendinden boşalmış sahibinin soluğuyla dolmuştu. Bir beşer beşeriyetinden ne kadar sıyrılabilirse o kadar sıyrılmıştı kendisinden. Demirdi ama ateşte erimişti, şekerdi ama suda yok olmuştu. Tevazuyu topraktan öğrenmişti, cömertliği yağmurdan; insan seçmezliği güneşten bellemişti. Onun için rahmet gibi her tarlaya yağıyor, güneş gibi her bacadan giriyordu.. Biliyordu ki Tanrı katında alçak da birdi yüksek de; padişah da aynıydı kul da. O yüzden cümle cihana bir nazarla baktı.

BİLGE